河北大學燕趙文化高等研究院

INSTITUTE FOR ADVANCED STUDY OF YANZHAO CULTURE,HEBEI UNIVERSITY

成果文庫

中国与其他金砖国家产能合作研究：

以供给侧结构性改革为背景

徐永利 著

人民出版社

目　　录

导　论

一、问题的提出

（一）研究背景

1. 中国进入经济转型时期

改革开放后，中国经济持续快速增长。2018 年国内生产总值（GDP）超过 90 万亿元，2019 年接近 100 万亿元，继续保持世界第二大经济体的地位。从增速来看，2003—2007 年经济年均增长高达 11.7%，2008 年全球金融危机爆发之后，中国经济增长速度开始呈现逐年放缓的态势，2008—2011 年年均增长 9.8%，2013 年增长 7.8%，2015 年降为 7.0%，2019 年进一步下降到 6.1%（见图 0-1），经济增长由高速向中高速转换，进入调整换挡期。

与此同时，按照三次产业产值占 GDP 比重由高到低排序，产业结构开始从二、三、一向三、二、一产业过渡，2012 年第三产业产值比重首次超过第二产业产值比重，2015 年第三产业产值比重突破 50%，2019 年第三产业占比为 53.9%（见图 0-2），超过一、二产业产值之和，但远低于发达国家的一般标准。依照传统经济理论，中国仍然处在工业化中后期加速阶段，产业结构正由工业主导向服务业主导转型，面临经济结构优化升级的现实需要。

伴随增速换挡和结构升级，中国经济步入新常态。经济增速放缓的原因

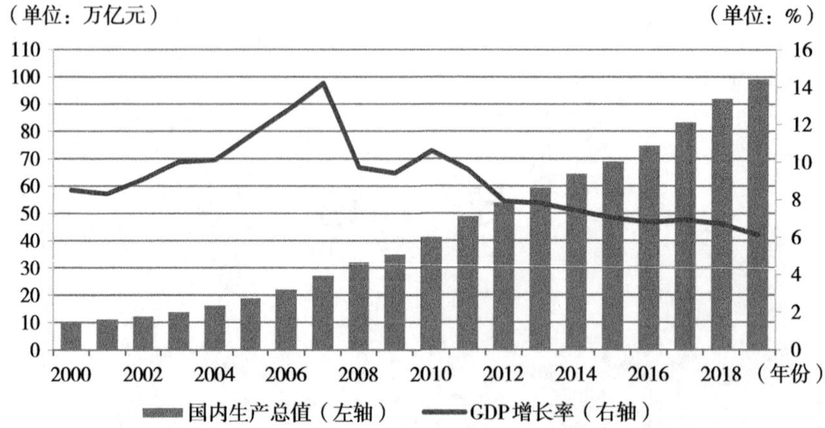

图 0-1　2000—2019 年中国国内生产总值及 GDP 增长率

资料来源:中国国家统计局:《中国统计年鉴》(2001—2020 年)。

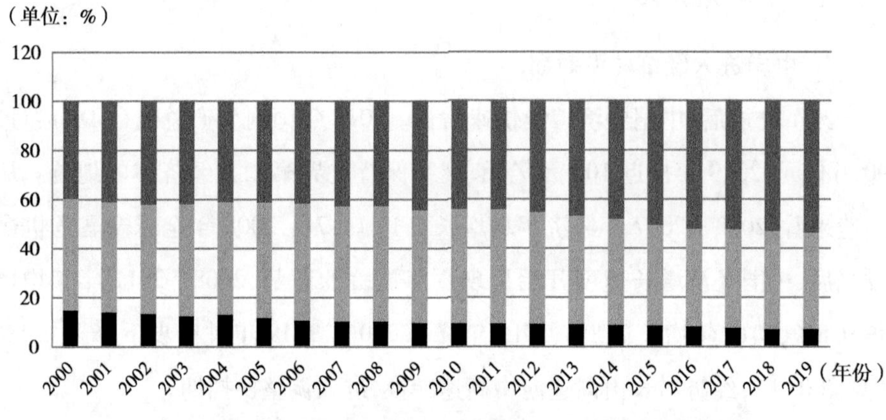

图 0-2　2000—2019 年中国三次产业产值比重

资料来源:中国国家统计局《中国统计年鉴》(2001—2020 年)。

是多方面的,除了外部周期性因素,如国际大环境造成的影响①,结构性因素也是不可忽视的。中国社会科学院的《2014 年中国经济形势分析与预测》蓝

① 林毅夫:《中国经济增速下降在于外部周期性因素》,《人民日报》2014 年 7 月 11 日。

皮书认为，由于中国服务业的劳动生产率远远低于制造业，当越来越多的劳动力和资源开始从制造业向以服务业为主的第三产业转移，中国经济整体的劳动生产率将下降，由之决定的经济增长速度也会放缓。

从劳动力供给来看，每年高达1000万人的劳动投入增长，是支撑中国经济高速增长的主要因素。随着人口老龄化日趋严重，劳动力成本上升，劳动投入的增长率日趋下降，摩擦性失业和结构性失业也将长期并存。从投资贡献来看，粗放型经济增长主要是依靠投资及出口拉动，投资率和储蓄率居高不下，面临结构性失衡，根据中国国家统计局数据计算，1981—2014年中国GDP增长了128.94倍，同期固定资产投资则增长了532.57倍，年均投资增速高于经济增速5个以上百分点。2014年资本形成对经济增长的贡献为45.9%，消费对经济增长的贡献仅为51.4%。2017年最终消费支出对经济增长的贡献率为58.8%，资本形成总额对经济增长的贡献率有所下降，但仍达到32.1%的较高水平。长期高速增长的固定资产投资一定程度上也导致了大量的产能过剩，使得整体资本收益率下降和投资效率低下。此外，从技术水平来看，在过去一个较长时间段中，形成了以市场换技术的模仿经济，跟随模仿的过程主要是吸收消化和学习，创新难以实现，技术进步的贡献率较低。产出是劳动、资本和技术的函数，劳动力和资本投入增长率下降，技术进步缓慢，三个因素叠加使中国经济增长率逐年下降，进入构转型阶段。

显然，过去四十多年中国经济发展取得了巨大的进步，但同时也出现了各种问题和困扰。生态退化、环境污染和空气质量下降，给可持续发展带来了极大的压力和阻碍。因此，迫切需要优化经济结构，转变经济发展方式，用增长速度的适度放缓换取综合效益的提高和增长质量的改善。

2. 供需关系失衡与产能过剩问题亟待破解

从投入产出来看，经过多年工业化的快速发展积累，中国已经成为世界工业门类最齐全的第一制造大国，但是伴随而来的是产能过剩形势日趋严峻，传统产业产能大面积过剩，新兴产业产能不断出现的恶性竞争也导致了行业发展受到困扰。按照国际产能利用率一般标准,超过 90%为产能不足,79%—90%为正常水平,低于 79%的为产能过剩,低于 75%为严重产能过剩,中国工业总体处于产能过剩状态,部分行业已经属于严重产能过剩。① 国家信息中心发布的数据显示,2003 年之后,钢铁、煤炭、水泥、玻璃、石油、石化、铁矿石和有色金属等行业亏损面持续扩大,产业利润大幅下滑,产能严重过剩。2012 年新型行业风电设备制造的产能利用率为 67%,光伏电池只有 57%,多晶硅仅有 35%。② 2014 年中国的产能利用率平均约为 78.7%,已低于 79%标准线,处于几年来的较低水平,其中有 7 个行业的产能利用率在 70%以下。③ 至 2015 年底,钢铁、煤炭、水泥、玻璃、石油、石化、铁矿石、有色金属八大行业的生产价格指数(PPI)已连续 40 多个月呈负增长状态。④ 2017 年,煤炭和有色金属等部分行业产能过剩的状况开始出现扭转迹象,但也有行业出现新的过剩,如汽车工业(见表 0-1)。

表 0-1　2015—2018 年部分行业产能过剩情况

年份	2015	2016	2017	2018
电力生产	正常	过剩	过剩	轻度过剩
煤炭开采	过剩	过剩	轻度过剩	轻度过剩
建筑工程施工	过剩	过剩	过剩	过剩
黑色金属冶炼及压延业	过剩	过剩	过剩	轻度过剩
化学原料及制品	过剩	过剩	过剩	过剩
水泥	过剩	过剩	过剩	过剩
平板玻璃	过剩	过剩	过剩	过剩
有色金属冶炼及压延业	过剩	轻度过剩	轻度过剩	轻度过剩

① 邹蕴涵:《我国产能过剩现状及去产能政策建议》,《发展研究》2016 年第 7 期。

② 李毅中:《发改委、工信部正制定化解产能过剩总体方案》,《第一财讯》2013 年 7 月 31 日。

③ 邹蕴涵:《我国产能过剩现状及去产能政策建议》,《发展研究》2016 年第 7 期。

④ 赵玲玲:《2016 年供给侧改革国企面临什么关口?》,《中国企业报》2015 年 12 月 29 日。

续表

年份	2015	2016	2017	2018
汽车制造	正常	正常	轻度过剩	过剩
船舶	过剩	过剩	过剩	过剩

资料来源:根据鹏元研究《2017 年产能过剩行业境况梳理及 2018 年展望》,见 http://www.sohu.com/a/213401211_739558。

在市场经济条件下,适度的产能过剩有利于发挥竞争机制的作用①,中国处于特殊的经济发展阶段,在较低的资源配置效率下,形成相对的产能过剩,这也是市场的正常反应。然而,在现实当中,部分行业的产能过剩情况已经大大超出市场承受范围,尤其是一些市场已经饱和的产业的绝对过剩,必然会对经济平稳运行造成严重的影响。产能过剩并非完全是市场因素所致,形成原因是多方面的,增长阶段转换与世界经济深度调整是导致产能过剩的直接原因,而产业政策缺陷和地区性投资补贴是部分行业产能过剩的重要因素。②不可否认的是,近年来一些地方经济部门过度重视招商引资,缺乏全局观念,在增加资本投入的同时,并未顾及产出质量和项目发展的持续性,忽视投入和产出之间的综合效益联系。重复投资建设导致恶性竞争,行业普遍开工不足,企业收益率下降,实体企业发展环境恶化,后续增长动力缺乏。产能过剩问题已经严重阻碍了经济的健康发展。

3. 供给侧结构性改革步入关键阶段

随着经济结构失衡、人口红利减弱、世界经济格局动荡等一系列内因与外因的作用,传统供给体系与现代需求结构之间产生严重的不匹配现象,中低端产品过剩而高端产品供给不足,产能过剩、供需错位和低效供给,严重制约中国经济转型与持续增长,风险不断累积。与此同时,居民收入增长而企业利润

① 朱宏任:《适度的产能过剩有利于发挥竞争机制的作用》,中国网,见 http://finance.china.com.cn/roll/20130123/1253894.shtml。

② 李平、江飞涛、王宏伟等:《中国的经济结构调整与化解过剩产能》,经济管理出版社 2016 年版,第 27—29 页。

下降,消费上升而投资下降,传统产业疲态显露而以互联网和信息技术为依托的新经济生机勃勃,区域经济发展此消彼长,诸多经济指标和经济现象出现了背离,经济结构分化愈发显著。这种情况不是传统意义上的通缩和滞胀,传统宏观调控和需求管理的经济理论也难以充分解释并发挥作用。因此,迫切需要从供需双向着手,供给侧和需求侧合理匹配,在适度扩大总需求的同时,强调供给侧结构性改革,从生产、供给端入手,调整优化供给结构,改善供给环境,平衡市场供求关系,通过去产能、去库存、去杠杆、降成本、补短板,优化存量资源配置,防范化解金融风险,不断激发微观经济主体的活力,增强经济持续增长动能,使供给体系更加适应需求结构的新变化,为启动扩大内需、打造经济发展新动力寻求路径。

中国社会主要矛盾已经发生了历史性变化,由过去人民日益增长的物质文化需要同落后的社会生产之间的矛盾,"转化为人民日益增长的美好生活需要和不平衡、不充分的发展之间的矛盾","经济已由高速增长阶段转向高质量发展阶段,正处在转变发展方式、优化经济结构、转换增长动力的攻关期"。① 要实现向高质量发展阶段的转换,必须从数量追赶转向质量追赶,从规模扩张转向结构升级,从要素驱动转向创新驱动。经过一段时间的实施,供给侧结构性改革已经顺利完成了阶段性任务,改革领域已经从以"三去一降一补"为主,拓展到深入推进"三去一降一补","从方向上看,去产能将从以退为主转向进退并重,从总量性的去产能转向结构性的优产能"②,围绕经济发展中的新现象、新问题和新矛盾,供给侧结构性改革也将不断向纵深拓展。

4. 加快推进国际产能合作具备了现实条件

开展国际产能合作,是新形势下经济、产业、技术、资本等相关条件所决定的必然结果,是保持中国经济中高速增长和迈向中高端水平的重大举措、增强

① 习近平:《决胜全面建成小康社会　夺取新时代中国特色社会主义伟大胜利——在中国共产党第十九次全国代表大会上的报告》,人民出版社2017年版,第11、30页。

② 《2018,供给侧改革如何深化》,《人民日报》2018年1月8日。

国际竞争优势的重要内容。① 从现实条件和国际环境来看，产能合作的动力主要有以下四个方面。

第一，长期的高投资率和大量的储蓄剩余，为中国的产能输出和资本输出创造了条件。中国国际收支长期失衡，经常项目和资本和金融项目（不含储备资产）在 2014 年前持续双顺差，使外汇储备规模持续增加，2018 年超过 3 万亿美元。长期累积的储蓄剩余和外汇储备，也使资本输出动力增强，国际产能合作成为宏观经济内外均衡发展的必然要求和选择。

第二，作为世界制造业中心地位的确立，中国是目前世界唯一包含全部工业产业门类的国家，钢铁、水泥、汽车、家电等 220 多种工业品产量位居世界第一，与此同时培育了一批具备国际竞争优势的行业和企业，一些企业进入世界 500 强，在部分领域拥有较强的国际竞争力，为国际产能合作奠定了微观基础。

第三，全球化进程的加快推动了国际产业转移合作，依托信息化和智能化，新型生产组织方式逐渐取代分工明确、规范严格的标准化大工厂生产组织方式，多层次分工逐步形成新型的竞合关系，为具有不同比较优势的国家，特别是发展中国家的企业融入国际生产体系提供了更多的机会。

第四，世界各国开展广泛合作的需求和愿望不断增强，特别是发展中国家谋求合作共赢，建立更加公平包容互惠的国际经济秩序的愿望空前上升。在开放经济下，开展国际产能合作有利于宏观经济平衡、产业结构调整、贸易商品结构改善和企业国际竞争力提升。通过国际产能合作，推动优势产能和优质装备"走出去"，"同发达国家的关键技术和先进装备结合起来，同广大新兴经济体和发展中国家的城市化、工业化需求对接起来，既可以为全球经济持续复苏和健康增长注入新动力，又可以为中国经济稳中求进开辟新空间，还可以为各国企业合作共赢创造新机遇"②。

① 《国务院关于推进国际产能和装备制造合作的指导意见》（国发〔2015〕30 号）。

② 《徐绍史主任出席中国中部国际产能合作论坛》，国家发展改革委员会网站利用外资和境外投资司子站，见 http://www.ndrc.gov.cn/gzdt/201606/t20160606_806604.html。

(二)研究意义

全球化通过贸易、投资与合作纽带把各国紧密联结在一起,促进了世界经济增长和繁荣进步。2008 年全球金融危机爆发之后,全球需求疲弱,国际贸易不振,经济增长低迷,逆全球化思潮、贸易保护主义开始抬头,世界经济发展面临前所未有的挑战,需要新的增长动能。发挥不同国家的比较优势,加强国际产能合作,推动产业链的充分融合,重构与优化全球贸易通道,有助于解决全球供需结构失衡与经济迟滞问题,也有利于形成新增长极,推动世界经济复苏。

金砖国家都是新兴发展中大国,自然资源丰裕,市场潜力巨大,产业体系完整,在过去几十年里实现了较快的经济增长,但是在外部环境恶化和内部治理问题的影响下,经济波动风险也在不断加大,迫切需要寻找可持续发展的合适路径。开展产能合作、提高资源配置效率,是促进金砖国家经济结构调整和转型升级,实现互利互惠共同发展的有效方式。

当前,中国正在进行供给侧结构性改革,面对复杂多变的世界经济形势,传统贸易方式已经难以担当推动经济可持续发展的重任,需要充分利用国际国内两个市场、两种资源,通过扩大国际产能合作,积极参与全球市场竞争和价值链重构,推动中国对外贸易投资多元化发展。金砖国家是中国的主要贸易伙伴国,彼此经济关联性和依存度不断提高,各国拥有庞大的市场成长空间,增进中国与金砖国家的产能合作,对于中国深化供给侧结构性改革具有助力作用。

基于以上现实问题,有必要在梳理相关理论脉络的同时,对中国与金砖国家之间产能合作的现状、问题、潜力和机会进行全面分析,拓宽合作路径,创新合作方式,提出保障措施,通过全面深入开展产能合作,在实现各国互利共赢的同时,不断改善中国供给质量和供给结构,促进产业转型升级和经济结构优化。具体的研究意义主要体现为以下三点。

第一，与以往国际产业转移有所不同，国际产能合作出现得较晚，理论体系尚未建立起来，在理论和实践方面仍有很大的探索和提升空间。本文从供给结构视角，明确了产能合作分析框架及其理论内涵，对金砖国家产能合作的机会、路径和模式进行较为系统的研究，有利于进一步丰富和拓展发展中国家的经济增长和国际产能合作理论，具有较高的学术研究价值。

第二，当前中国正在加快经济转型与结构调整，以提高质量和效益，推动经济可持续增长，很大程度上取决于产能结构的优化，与金砖各国开展产能合作对此具有一定的促动作用。在开放的经济环境下进行国际产能合作，需要充分了解金砖国家的经济增长机会、区位条件与合作潜力，更好地发挥互补优势，提高合作效率，增进互惠互利。针对这些迫切要求和实际问题，在已有的研究文献基础上，拓展和创新产能合作模式并提出相应对策，为中国经济结构转型和供给侧结构性改革背景下开展国际产能合作提供借鉴与参考，具有较强的应用价值。

第三，金砖国家作为发展中大国和新兴经济体的代表，在资源禀赋、市场潜力、政治稳定性、经济结构等方面，具有良好的合作基础和广泛的合作空间，本书提出通过路径优选和模式创新，深化中国与金砖国家的产能合作，增强新工业革命伙伴关系，有利于金砖国家共商、共享、共建和共同发展，也有利于世界经济的稳定与繁荣，具有特殊的现实意义。

二、国内外研究现状及评述

（一）国内外研究现状

产能合作是最近几年出现的经济热题，围绕中国与金砖国家产能合作的文献相对较少，国内外早期和现今的研究大多集中于传统的经贸往来及投资合作领域，可参考借鉴的相关或相近的成果大体上分为以下几个方面。

1. 金砖国家经济基础和增长方式

金砖国家都是资源大国，在要素禀赋和比较优势方面，既有相同点也有差异点,有利于开展合作,这也是学者早期较为关注的问题。程极明(2006)较早研究了金砖四国经济状况并与美国作了比较,认为这些大国客观上拥有丰富的资源和巨大的市场,只要主观上战略、正确政治稳定,就会有所发展。扶涛(2010)认为,劳动力和物质资本投入在金砖四国的经济增长中都处于重要的地位。姚淑梅(2013)认为,金砖国家普遍基础设施投资不足、工业增长乏力,合作空间依然较大。王文、刘英(2017)认为,金砖国家拥有丰富的人力、自然资源和优势产业,是加强合作的重要根基。这些学术研究与基本事实相吻合,即金砖各国资源储备丰富,要素优势明显,市场容量巨大,工业发展和基础设施建设存在各自短板,为开展产能合作提供了必要条件。

金砖国家初始条件和资源结构存在差异,各国选择了不同的经济增长方式,大都属于粗放型增长,普遍面临经济转型问题,需要寻找适合的路径进行结构改革。曲文轶(2007)、常亚青(2008)、赵福昌(2011)等研究了金砖国家经济增长方式的特点,得出了相似的结论,认为巴西是国内服务型经济,俄罗斯依赖能源和原材料资源,印度是以服务业为主导,中国则是制造业出口和投资推动,巴西、俄罗斯和南非利用资源商品满足印度和中国等国家的巨大市场。各国经济模式反映了各自的基本国情。林跃勤(2012)对金砖国家经济增长方式作了多指标分析,认为金砖国家经济增长模式虽有差别,但整体上效率较低,需要加快转型。潘家华(2017)认为,金砖国家经济发展面临巨大的环境压力,环境合作潜力巨大。陆佳琦(2018)认为,金砖国家需要加快产业升级转型,通过推进基础设施建设和着力发展新兴产业等方式探寻新的增长动力。

国外学者对金砖国家经济增长也作了研究,Jim O.Neill(2012)认为,金砖国家经济增长方式和人口结构不同,增长预期也不同,俄罗斯劳动力减少不利于经济增长。Garavan、Thomas N.、Alexandre Ardichvili、Elena Zavyalova、Vera Minina(2012)通过金砖国家人口、GDP、研发水平、人均 GDP、人均受教育程度等指标,分析金砖四国的人力资本竞争力,顺序排列从高到低分别为俄罗斯、巴西、中国和印度。David Floyd(2012)对新兴市场国家和金砖国家的国内市场环境和潜力进行了评估,认为经济发展潜力很大,但是在基础设施方面有许多问题需要克服。Hamid Poorsafar(2013)认为,金砖四国经济增长出现放缓,面临经济转型、人口转型和结构性赤字。Jeffrey D.Wilson(2015)认为,金砖国家作为资源大国,资源财富支撑其经济发展,并有助于增强其在国际事务中的影响力。上述学者研究视角和结论虽有不同,但学术关注的焦点大致相同,如何挖掘潜力加快转型发展,是金砖国家面临的普遍问题。

2. 金砖国家经贸合作机制

十几年来金砖国家间形成了不同层面的经贸合作机制,然而从实际效果和预期来看,仍有不少约束条件,合作机制还需要进一步密切。Michael Kahn(2014)从要素角度研究了金砖国家的合作机制和约束条件,认为成员之间利益诉求存在较大分歧,合作机制还不够稳定。对此,国内学者赵鸣文(2011)、杨洁勉(2011)、马莉莉(2012)、王玉华(2012)、樊勇明(2013)、李稻葵和徐翔(2015)等研究了金砖国家合作机制的产生发展和前景,认为金砖国家存在合作的共同利益基础,合作机制有待完善。

如何拓展经济合作机制是学术研究的重要议题,一些学者对金砖国家自贸区或贸易投资协定的构建进行了研究,观点和结论总体上类似,大都认为建立金砖国家自贸区已经具备相应条件,但仍需论证。Sachin Kumar Sharma、Murali Kallummal(2012)利用GTAP模型,从福利影响、宏观经济影响、产出影响、就业影响、贸易影响等方面对建立金砖国家自由贸易区的可行性进行了分析,认为金砖国家自由贸易协定对印度的影响是积极的。谷永芬、温耀庆(2016)认为,建立金砖国家自由贸易区是具有可行性的。张晓涛、王淳(2017)、杨枝煌(2017)认为,尽管金砖国家之间目前还存在较多的贸易摩擦,但金砖国家之间贸的易联系较为紧密,具有建立自贸区的贸易基础。福建社科院"金砖国家研究"课题组(2017)对金砖国家自由贸易区建设也作了研究,认为金砖国家自贸区合作还处于构想阶段,金砖国家自贸区建设应循序渐进。

徐秀军(2017)认为,金砖国家有必要在经济上建立一种更加紧密的合作联盟,规划更深入的经济一体化方案,并将建立金砖国家自由贸易区作为长远目标。此外,韩宏(2017)认为,中俄两国可以建立双边自由贸易区,改善贸易结构和贸易水平,促进两国经贸的发展。屠新泉、娄承蓉(2017)建议金砖国家签署投资协定,这既有利于为经济领域的制度化建设开辟道路,实现跨境投资法律制度的统筹衔接、节省集团内部投资政策协调成本,也有助于提升金砖集团在规则制定方面的影响力。

经贸合作需要多层次的机制保障,政府要提供政策和便利条件,产业也应有更多的分工合作联系。杨枝煌(2017)认为,中国与俄罗斯具有地缘和传统合作优势,可以考虑建立重点产业合作体系、双边全面战略合作体系、区域和国际多边合作体系等中俄经贸合作三维新体系。梅冠群(2017)认为,金砖国家产业金融领域的机制化安排还较为薄弱,应重点推进贸易自由化和便利化,完善投资贸易机制。董虹蔚(2018)认为,金砖国家在国家层面和产业层面都具有合作经济基础,可以通过产业间分工、价值链分工和分工细化方式建立区域价值链合作机制。

3. 金砖国家贸易互补性、竞争性与合作潜力

各国之间不同的互补性和竞争性,会带来不同的经贸合作机会,作为新兴大国,金砖国家都有各自的比较优势,互补性和竞争性存在差异,这也是国内外学者研究的一个热点问题,成果相对较多。Matthias Heyder、Ludwig Theuvsen(2011),P.LelioIapadre、Lucia Tajoli(2014),对金砖国家贸易问题进行了研究,认为金砖国家发挥的区域贸易作用是不同的,双边贸易在金砖国家之间发挥着重大作用,国内和国际贸易促进了直接和间接出口。Javeria Maryam、Umer Jeelanie Banday,Ashok Mittal(2018)认为,巴西和俄罗斯在自然资源产品方面具有比较优势,而印度和中国在制成品和加工产品方面具有比较优势。

许小苍(2008)、蔡春林(2009)、王永中(2011)、汪巍(2012)、白洁和商海岩(2012)、林跃勤(2012)、黄薇(2014)、耿晔强(2015)等对金砖国家产业和贸易进行了研究,得出了大致相同的结论,认为金砖国家初始条件和资源禀赋不同,产业结构各有特点,存在互补性贸易机会。冯凡、邓娟等(2011)分析了中国与金砖国家贸易关系的特点,指出中国与巴、俄、印三国出口商品具有较强的互补性,中国应加大与金砖国家经贸合作力度。王秋红、侯雯雯(2015)认为,中国对其他金砖四国贸易总体上属于潜力开拓型,中国对其他金砖四国的贸易潜力尚未被充分发掘,双边贸易还有较大的增长空间。李天国(2017)进一步论证并得出相似的结论,认为金砖国家不同成员国在要素禀赋方面各自具有鲜明的特点与优势,形成较强的货物与资源互补性。

上述文献大都认为金砖国家互补性较强,贸易合作潜力较大,但也有学者提出了相反的观点。崔宇明(2015)运用指数模型得出了不同的结论,认为金砖国家商品贸易各有比较优势,贸易联系并不紧密,各国贸易之间的竞争性仍然大于互补性。欧阳峣(2015)研究了新兴大国经济转型中的贸易关系,认为中国与金砖国家双边贸易呈现增长态势,体现了各自的比较优势,但结构比较单一。马海燕、刘林青(2017)认为,金砖国家早期资源禀赋不同,竞争力都比较弱,近年来内部出现显著分化,产业互补与竞争并存,中印产品结构具有明显相似性。

对此,学者进一步从产业角度对互补性和竞争性的强弱作了具体研究。汤碧(2012)利用显性比较优势指数、贸易结合度指数、产品相似度指数以及贸易互补指数侧算了中国与其他金砖国家农产品贸易的竞争性和互补性,认为巴西、印度、俄罗斯和南非是近年来中国农产品贸易逆差的主要来源,中国与其他金砖国家农产品贸易的竞争性并不十分突出且趋于缓和,中国与其他金砖国家的农产品贸易存在互补性并具有较大贸易潜力。赵息(2018)认为,金砖国家产业优势差异显著,产业层面贸易互补性特征明显,仅少数种类货物贸易存在竞争关系。

也有一些学者从双边视角对中国与其他金砖国家双边贸易作了研究,虽然方法、视角和结论不尽相同,但普遍认为中国与金砖各国存在互补性机会,其中中俄、中巴、中南的互补性关系更为明显。谢文泽(2008)、宣国江(2009)、吕宏芬和俞涔(2012)、牛海彬(2014)等对中国与巴西作了研究,认为应加强资源和农产品领域合作。赵捷(2017)则认为,中国与巴西农产品贸易互补性较弱,在部分类别农产品贸易强度较大,存在较为紧密的贸易关系。

程伟(2009)、姜振军(2015)、郭晓琼(2016)、刘志中(2017)、徐坡岭(2018)等对中俄作了研究,认为两国互补性较强,双边贸易潜力较大。Д.А.伊扎托夫、臧颖(2015)研究了近30年俄罗斯远东地区与中国之间的经济合作历程,用中俄从封闭向开放的历史实践详细阐述了中俄经济的互补性和合作共赢的巨大潜质。

杨荣珍(2006)、沈开艳和权衡(2008)、任佳(2009)、祝树金(2009)、杨文武(2012)、文富德(2015)、张彬(2017)等对中印进行了比较,认为中印经济增长方式不同,产业互补性和竞争性并存。中印之间存在产业竞争性,具体体现在哪些方面,对产业合作有什么影响,现有文献并没有给出充分的解释。

武敬云(2011)、张哲(2011)、田泽(2014)等对中国与南非的贸易互补与竞争作了研究,认为存在合作机会。佟继英(2017)认为,中国与南非出口贸易结构比较符合双边比较优势,但在各类商品上仍存在不相适应之处,这表明出口贸易结构与进口国的需求结构尚存在一定程度的偏差。

此外,学者对金砖国家服务贸易也作了探讨,结论大体上较为接近。陶明、邓竞魁(2010)研究了金砖四国服务贸易的发展状况及竞争优势,认为金砖国家在服务贸易领域尚未形成类似商品贸易领域的优势,在服务贸易领域除印度之外均缺乏竞争力。姚海棠、方晓丽(2013)认为,金砖五国服务贸易竞争力总体较弱,但前景向好。桑百川(2014)认为,金砖国家的服务贸易结构仍然以传统服务贸易方式为主,在现代服务贸易国际竞争中总体处于劣势。武俞辰、赵景峰(2017)认为,金砖五国总体服务贸易竞争力较弱,存在巨大的合作发展空间。

4. 金砖国家直接投资与产能合作

在直接投资方面，国外学者从不同视角进行了研究。Montfort Mlachila、Misa Takebe（2011）认为，金砖国家最初的外商直接投资主要用于自然资源行业，但随着时间的流逝，投资已扩展到农业、制造业和电信服务业。Dirk Holtbrügge、Heidi Kreppel（2012）认为，巴西和印度公司的国际化主要是由市场驱动的，中国和俄罗斯公司得到了政府的大力支持以进行海外投资，当东道国提供高水平的基于技术的资源以及管理知识时，来自金砖四国公司的对外直接投资更有可能发生。Danielle le Clus-Rossouw、Wilma Viviers、Elsabé Loots（2015）对金砖国家 FDI（外商直接投资）和 OFDI（对外直接投资）进行了研究，认为政府作用和经济动机对产业投资有不同影响，加强经济联系有利于提高贸易和投资绩效。对于外商直接投资的影响因素，LABES，Sebastian-Andrei（2015）采用面板数据分析方法，选取金砖国家 1992—2012 年的时间序列，考虑变量是贸易开放度、人均 GDP、人口、汇率和人力资本，结果表明影响外商直接投资流入的最重要因素是贸易开放度、人均 GDP 和汇率。与之略有不同的是 Rehman M.U.（2017）采用面板数据分析法，以 1981—2012 年度数据对决定金砖国家外商直接投资流入的因素进行了调查，发现所选取的变量市场规模、贸易开放度、人力资本、宏观经济稳定性、基础设施质量、加入世界贸易组织（WTO）是金砖国家外商直接投资流入的潜在决定因素，其中贸易开放度（以贸易总额与 GDP 之比衡量）似乎是金砖国家外商直接投资流入的无关紧要的决定因素，对于决定外商直接投资流量的其他变量，实证结果总体上是稳健的。Dan P.（2017）用 Pearson 相关检验方法分析研究了 2000—2015 年金砖国家外商直接投资流入的决定因素，考虑到的变量有基础设施、市场规模、市场开放程度、自然资源、人力资源、政治稳定、汇率、外债、通货膨胀、工资、税率、国内生产总值和外国直接投资存量。结果表明，除自然资源外的所有变量对外商直接投资均有影响，自然资源和外商直接投资存量之间没有显著相关性。其中，基础设施和外商直接投资存量之间巴西、南非表现出很强的相关性,俄罗斯和印度存在中度相关性。所有国家以人均 GDP 衡量的市场规模指数与外商直接投资存量之间都存在密切的相关性,市场开放度仅在俄罗斯和印度表现出显著的相关性。Asongu S.A.,Akpan U.S.,Isihak S.R.(2018)采用面板分析法对金砖国家外商直接投资的决定因素进行了研究,结果表明市场规模、基础设施的可用性和贸易开放度在吸引外商直接投资方面发挥着最重要的作用,而自然资源的可用性和制度质量的作用微不足道。以上几位学者对于贸易开放度和自然资源对直接投资的作用虽然得出各自不同的结论,但相同的是基础设施、市场规模、人力资源、经济稳定性对于直接投资均有明显影响,这也为本书后续研究提供了启发。此外,Sahin S.,Journal B.E.,Anbar A.(2018)还探讨了金砖国家外国直接投资、国际贸易和金融发展之间的相互关系,认为外国直接投资促进了巴西、俄罗斯和中国金融发展,国际贸易促进了巴西、俄罗斯和南非金融市场的发展,金融发展刺激了巴西、印度的国际贸易,而在印度不仅国际贸易刺激了外商直接投资,而且外商直接投资也诱导了国际贸易。外国直接投资、国际贸易与金融发展并非此消彼长,而是相互作用、相互促进,开展多元化经贸合作有利于当地的经济繁荣。

国内学者对国际直接投资比较关注,在金砖国家投资研究方面大都与现实紧密结合,结论普遍认为投资的规模尚小,也存在一些问题,但是潜力较大。范黎波、施屹舟、郑伟(2013)研究了中国对金砖国家直接投资的现状,认为加强对金砖国家直接投资是"走出去"战略实施的有力支撑,但在实际投资规模、投资结构和管理水平等方面还存在诸多问题。鲍洋(2015)通过模型测算金砖国家引进外商直接投资的潜力,认为金砖国家对外商直接投资的吸引力呈现逐年上升趋势,中国在加大向欧美市场"走出去"的同时应着力提升对金砖国家的投资水平。李继宏(2015)认为,中国与金砖国家之间双向投资规模小,流入与流出存在明显差距,国别投资不平衡,与各国投资环境和中国企业缺乏国际管理经验有关,其中自身实力和管理水平不足,这是一个易被忽视但又很现实的重要问题。此外,李杨、黄宁(2016)认为,金砖国家之间缺乏具有制度约束力的实质性投资合作规范，投资联系远远落后于金砖国家在全球的投资地位，内部投资潜力无法充分发挥出来。

产能合作是近年来出现的新词汇，有较高的学术关注度，特别是国内学者对此有了一些研究成果，主要涉及产能合作的特征、动因、方式和机会，提出了一些有价值的观点，而专门针对中国与金砖国家开展产能合作的文献并不多，但仍有参考和借鉴意义。周民良（2015）分析了跨国产能合作利弊，提出要加强对跨国产能合作的科学管理。刘瑞、高峰（2016）通过对国内过剩产能和国内外产业转移经验研究，提出不同区域和国家产能合作应侧重不同产业领域。张述存（2016）、张雨微（2016）分别从资源和环境视角进行了研究，认为国际产能合作应注意环境生态保护问题。田丰（2017）研究了金砖国家经济增长、结构转型与产能合作，认为优势产能合作是当前金砖国家间产能合作的最主要特征之一。

产能合作与传统产业转移既有相同之处，也有诸多差异，学者们基于不同的层面和视角进行了探讨，给出了各自的看法，主要集中在动因和方式两个方面。

对于产能合作的动因，白永秀、王泽润、王颂吉（2015）认为，产能合作是在对外直接投资增长强劲、工业价值链升级刻不容缓、发展中国家工业化进程加快的背景下提出的。夏先良（2015）认为，国际产能合作迎合金融危机之后各国都想通过基础设施建设拉动本国经济恢复的这种需求，同时拓展产业发展新空间，打造经济增长新动力，推动产业转型升级。张述存（2016）认为，从全球产业链的角度看，开展国际产能转移，通过扩大对外投资和国际贸易等方式将产能从本国转移到其他国家和地区，有利于化解国内产能过剩、助推产业转型升级、实现国家间优势互补和资源优化配置。熊勇清（2016）认为，国际产能合作将实现从“产品输出”向“资产输出”、从“产能优势”向“市场优势”、从“买卖关系”向“合作共赢”的三重转变，引领中国制造业海外市场转型。袁丽梅、朱谷生（2016）从企业和国家两个层面梳理了开展国际产能合作的动力因素,认为产能合作也是企业学习先进技术、提高全球竞争力的需要。刘勇(2018)认为,国际产能合作有助于帮助发展中国家推进工业化进程,实现合作共赢。金陈飞、池仁勇、陈衍泰(2018)进一步强调比较优势是国际产能的重要基础,经济禀赋、发展水平和不同行业比较优势的差异,形成并决定了合作共赢的空间潜力。显然上述这些动因表述较为宽泛,主要体现在宏观层面,而微观参与逻辑是什么,与传统产业转移引发条件有何不同,还需要进一步归纳提炼。

对于产能合作方式,张洪、梁松(2015)以中国与哈萨克斯坦产能合作为例引入共生理论,认为组织模式上具有连续性,行为模式上呈现由非对称向对称互惠共生发展的趋势,进而提出应优化共生目标和分配机制,建立国际产能共生合作长期关系。李晓玉(2016)认为,国际产能合作历经了美国和日本两种完全不同的模式,对中国当前开展产能合作仍有借鉴意义。曲凤杰(2017)认为,中国与相关国家产业贸易和资本存在互补性,推进国际产能合作构筑新雁群模式具备一定的可行性。秦艳、蒋海勇(2017)认为,“全产业链”模式虽然还在探索阶段,但应是今后中国开展国际产能合作的重要形式。叶会华(2019)具体研究了钢铁行业的国际合作方式,认为钢铁企业国际产能合作主要有契约和投资两大模式。从这些有关产能合作组织结构和传统国际产业转移借鉴的观点来看,对称共生模式具有可行性,而全产业链模式似乎更具操作性,虽然相关构建条件、构建路径、构建形态的探讨还不够深入具体,但是对于金砖国家如何拓展产能合作模式仍有很好的启示。

一些学者从国别和区域视角对产能合作进行了研究,更加具有针对性和典型意义,其中也不乏一些共用价值较高的观点。武文卿(2015)研究了拉美经济对中国经济发展的依赖性,认为中国经济下行波及拉美,中拉经济关系步入“新常态”。连俊(2015)梳理了中拉产能合作“3×3”新模式。张勇(2016)认为,随着中国供给侧结构性改革全面铺开,以及拉美实施再工业化战略,两者的产业对接及共同参与全球价值链,便水到渠成。万军(2017)认为,通信基础设施建设为中拉产能合作提供了切入点和抓手。朱文忠(2018)认为,中国在工业发展过程中积累了丰富的基础设施建设经验,装备制造技术发展领先,这正与需要大规模进行基础设施建设和工业化升级的拉美各国形成了很强的互补,也为中拉开展产能合作提供了重要契机。芦思姮(2018)认为,拉美国家亟待构建内生发展动力,并制定高效合理的产业政策,在这一背景下,近年来逐步深化的中拉产能合作机制正在成为拉美实现这一目标的有效外部助力。谌华侨(2018)认为,扩大中巴产能合作基金有助于巴西"投资伙伴计划"和中国"一带一路"倡议对接。

杨文兰(2017)认为,产能合作符合中俄两国经济发展实际需要和利益诉求,但是面临着许多不确定的因素,未来两国应该以矿业开发为基础、农林牧业加工为抓手、高端装备制造为重点、高新技术研发为核心,实现产能合作的协同发展。周延丽、韩艳丽(2017)认为,产能合作是复杂的系统工程,中俄开展产能合作既需双方建立不同层面的沟通对接机制,也需要金融、服务、信息等方面的平台支持。

陈利君(2016)认为,中国制造业实力较强,印度制造业相对落后,产能合作与"印度制造"衔接,契合了中印双方的战略需求。彭蕙(2017)认为,借助中国制造业优势有助于实现"印度制造"宏伟蓝图,也有利于中印两国经济发展形成良性互动。谢向伟、龚秀国(2018)认为,中国制造业优势和印度市场潜力决定了中印产能合作空间巨大,应从基础设施和制造业领域逐步扩展到节能环保、信息产业、跨境电商与物流等新兴产业产能合作。龚秀国(2018)认为,影响中国对印度开展产能合作的主要因素并非是印度的人口红利,而是印度市场规模、研发投入和中国对印度的出口。

杨涛、胡仁杰(2017)基于中国和南非的产业互补性及南非的投资价值,认为两国开展基础设施建设、工业制成品、有色金属及矿业、汽车及农产品领域的产能合作既可以促进南非经济社会发展,又有助于加快中国经济结构调整和转变经济发展方式。张旭、段文奇(2017)认为,新形势下中国与南非投资合作,应搭建中非商贸投资协同服务平台,并以此为合作载体,解决市场信息不对称等问题,提高投资合作效率,培养专业人才,倡导建立中国南非投资合作发展基金,助力民营企业对非投资。黄玉沛(2017)认为,中国与南非产能合作已涉及多个行业领域,成功的经验主要在于选择合适的合作伙伴、行业协会发挥作用,本土化管理和服务以及经济特区模式。

5. 金砖国家产业链分工及跨国公司

中国在国际产业分工中占有一定优势,金砖各国也各自具有优势行业,但金砖国家整体上处于全球产业链分工的中低端环节,学者对此研究方法有所差异,而得出的结论大致相似。刘祥和(2014)对金砖四国的分工地位作了综合测度,结果表明,无论是行业层面还是国家整体层面,中国的分工地位均领先于其他三国,但是印度在计算机、研发、教育、社区服务等方面比中国有较大优势。张桂梅(2015)认为,金砖国家在全球价值链中还处于初级发展阶段。田慧芳(2017)认为,在全球生产体系中五国基本上仍处于产业价值链的较低端,并没有形成完整的产业链和相应的产业环境。常冉、杨来科(2018)认为,俄罗斯制造业处于全球价值链高端位置,巴西处于较上游位置,中国制造业不断向价值链高端靠近,但印度的制造业水平不断向价值链下游滑落。刘似臣、张诗琪(2018)研究表明,中国装备制造业出口增加值主要以数量优势和出口增加值率的提升取胜,印度的装备制造业出口增加值稳步上涨,相比其他国家,中间产品出口增加值比重更大。杨杰(2019)探讨了金砖国家 56 个行业参与全球价值链分工地位差异,认为中国全球价值链长度与增加值出口规模均居金砖国家之首,金砖国家共有 19 个行业全球价值链分工地位较为接近,但多数行业在全球价值链分工地位存有一定差异。

基于上述分工研究得出的结论,金砖各国在全球价值链的地位较为清晰,而中国与其他金砖国家产业链内部协作关系更值得探讨。蒋昭乙(2018)将金砖国家在全球价值链分工中的依赖关系划分为“上游依赖”和“最终需求依赖”,同时借鉴“后向关联度”和“最终需求贡献度”两个指标加以计算和测量,利用 WTO-OECD 发布的附加值贸易数据分析后发现，在“上游依赖”方面，金砖五国对外部的依赖度大于对内部的依赖度，金砖五国内部在生产协作中的经济往来逐渐密切。张志明（2019）认为，金砖国家的价值链合作呈现出“直接价值链合作模式为主、间接价值链合作模式为辅”的特点。

在分工合作行业领域方面，各国资源条件差异体现的较为明显。郝宇彪、田春生（2014）研究了中俄能源合作的发展、动因和制约因素，认为加强中俄能源合作仍是互利共赢的选择。贾少学（2016）认为，中俄之间着重开展能源合作，通过能源投资制度调整，强化环境保护、资源开采、企业管控流程中的法制规范，借以发挥俄罗斯的能源大国优势。林伯强（2017）认为，中印两国之间的能源合作仍然处于比较初级的阶段，具备深入挖掘的潜力。蔡春林、刘美香（2017）认为，从行业分布看，在金砖国家投资合作初期，中资主要是投向铁矿石、石油等自然资源产业。随着合作的深入，中资逐步向农业、制造业和服务业等领域进行投资。林伯强（2017）认为，金砖国家之间的新能源市场仍然存在着壁垒。徐秀军（2018）认为，中国与其他金砖国家在电子商务、高端装备制造业、新材料、新能源、生物产业、节能环保等新兴产业领域，也有广阔的发展合作空间。

此外，国外学者从跨国公司层面作了实证研究，得出的结论有所不同，既有乐观的预期，也有谨慎的描述。Peter Enderwick（2009）通过对新兴大国的国家政策进行研究，进而发掘新兴大国崛起对其国内跨国公司企业国际化战略的影响，认为新兴市场的兴起促进了业务国际化，并增加了世界经济中的专业化程度。Andrea Goldstein、Fazia Pusterla（2010）对南—南外商直接投资以及北—南外商直接投资流动情况进行了研究，并以巴西和中国为例对新兴国家跨国公司的共性及特征进行了论述，认为金砖国家特别是中国和巴西对外商直接投资的吸引力逐年增强。在企业和行业层面上，中国公司虽然具有将低成本和技术相结合的巨大潜力，如在电子和 ICT 领域中国绝对领先于巴西，但多数情况与巴西跨国公司对比优势并不明显。David B.Heinz，Matthias Tomenendal（2012）通过对大量跨国公司进行调研发现，新兴市场国家特别是金砖国家的市场潜力并没有诸多文献所描述的那么巨大,金砖国家的市场前景远未达到德国等发达经济体的水平。

6. 金砖国家经贸合作风险

开展包括产能合作在内的各种国际经贸合作,会面临诸多不确定性风险,这也是学术研究不容忽视的一个问题,但研究文献很少。桑百川、郑伟、徐紫光(2012)对中国与其他金砖国家之间的贸易摩擦问题进行了梳理和分析,认为经贸往来增加的同时,贸易摩擦数量也呈现出上升趋势,提出通过对话和交流,循序渐进积累合作条件,破解金砖国家之间贸易摩擦难题。对此,于璐瑶、冯宗宪(2017)认为,反倾销是造成金砖国家贸易摩擦的主要因素,应该提高产品异质性和比较优势,着重解决关税壁垒问题。

除了贸易摩擦,朱孟楠(2014)认为,金砖国家风险分散程度较低,大多数成员国都会在应急储备下受益,因此有必要加大应急储备建设规模。赵德宇、刘苏文(2016)从风险防控角度研究了国际产能合作中的风险防范对策,提出应通过加强国际合作机制等方式防控风险。李天国(2017)认为,金砖国家面临逆全球化挤压、国际资本流动冲击、内部企业债务压力等风险,应加强金融技术投资合作机制建设。

针对中国与拉美国家开展经贸合作的风险,万军(2016)认为,当前中拉国际产能合作初见成效,但合作广度和深度不足,面临拉美政局变动、经济政策缺乏持续性、当地社会沟通及履行环境保护责任等挑战。王飞(2018)认为,中拉产能合作存在巨大潜力,但是还面对着汇率风险、国别政治风险、各国用工劳资制度差异、贸易保护主义等各种阻力和挑战。实际上诸如政治、汇率、用工、贸易保护等风险不仅体现在中拉合作方面,在中国与其他金砖国家合作当中也普遍存在,相关研究亟待加强。

此外,张晓涛(2017)结合全球竞争力指数、营商环境指数、商务成本、比较优势指数等统计指标,分析了俄罗斯相比周边国家而言在投资环境方面存在的优势与不足,强调中俄在合作过程中要学会扬长补短,充分利用政策、技术等手段改进投资环境。毋庸置疑，开展国际产能合作离不开良好的贸易投资环境支撑，金砖国家应该共同努力，不断改善营商环境，减少不确定性风险，提高投资者信心，对此也需要更多的学术关注。

（二）对现有研究文献评述

产能合作这一概念是由中国近年来提出的，在短时间内国内外学术界研究尚不够充分，而具体针对金砖国家产能合作的文献就更少，比较类似的是关于产业跨国转移或者对外直接投资以及经贸合作的一般规律性研究，主要始于 20 世纪后期，以传统贸易与分工理论为基础。初期研究大多集中在经济增长与社会发展的比较方面，随着金砖国家合作机制的深化，经贸合作逐渐成为热题，如贸易互补性与竞争性研究、经贸合作机制、直接投资等逐渐成为热点，构建了一些分析框架，得出了许多有价值的结论，但是在金砖国家产能合作方面，研究的广度、深度和延展性上存在一些局限，主要有以下三方面的不足。

第一，从国别角度来看，现有文献大多是对单一国家或两个国家进行分析，主要集中在中俄、中印、中巴双边方面，对金砖国家产业合作全面研究的文献较少，随着中国与金砖国家经贸合作的不断深化，有必要在前人文献成果基础上进行更加全面深入的研究。

第二，在研究对象和内容上，现有研究大多集中在金砖国家之间贸易往来、直接投资和经济结构方面，如关于货物贸易和服务贸易互补性及竞争性测算、金砖国家自由贸易区建设等，得出了一些有价值的结论。而对金砖国家之间经贸合作的潜力和机会全面研究成果不够充分，尤为缺乏有针对性的产能合作研究，特别是对于中国供给侧结构性改革背景下与金砖各国开展产能合作的系统研究鲜有见到。

第三，在研究的深度和方法上，现有相关成果普遍基于传统贸易投资理论，主要采用传统贸易指标分析互补性潜力，互补性和竞争性计算方法比较单一，得出的结论和对策也大多偏重宏观，对于中国与金砖国家产能合作的潜力、路径、领域、模式及影响因素等深入系统研究的还较为少见,尚未形成成熟的理论体系,缺少针对性强和现实可行的对策建议。

总体来看,现有文献成果当中关于中国与金砖国家产能合作的专门研究还比较缺乏,本书将基于中国供给侧结构性改革的背景,从产业、贸易、投资等多个维度,对中国与金砖国家产能合作的现状、机会、方式和保障进行研究,尝试创新和拓展合作模式,以期对现有学术研究成果提供有益补充,同时为中国与金砖国家产能合作实践活动提供一些参考。

三、研究内容及研究方法

(一)研究对象

国际产能合作是国家间产业互通有无、优势互补的经济合作方式,是中国供给侧结构性改革中对外贸易与产业投资转移相结合的新型模式,与传统产业转移和直接投资相比具有更加广泛的内涵。本书研究特定参与主体的新型经济协作关系,主要是基于供给的互补性与竞争性,从投资、贸易、技术、典型产业和跨国公司等多维视角,对中国与金砖国家产能合作的机会、路径和方式进行探讨。国际产能合作最早由中国提出,考虑到供给侧改革背景下中国企业"走出去"的实际需要,结合金砖各国对中国直接投资远远低于中国对各国直接投资的客观现实,在相关研究中立足中国,面向金砖国家,着重探讨中国与其他金砖国家经贸往来以及对金砖各国的投资活动。

(二)基本思路

围绕国际产能合作视角,按照比较供给条件—分析合作潜力—明确合作领域—拓展合作模式—提出保障措施的逻辑思路,从理论研究、基础条件与合作现状、优势与机会分析、合作策略选择四个层面,对中国供给侧结构性改革与金砖国家的产能合作进行研究。

第一，系统梳理并构建中国供给侧结构性改革中与金砖国家产能合作的理论框架，包括供给侧改革理论、国际产业分工理论和产能合作理论，从学理上对后续研究提供支撑。

第二，分析金砖国家产能合作的基础条件与合作状况，从资源条件、增长方式、经济结构、经营环境、劳动力等方面，比较金砖国家经济增长的基本状态和趋势，并对中国与金砖国家产能合作的现状和典型产业进行分析。

第三，从产业分工、产品结构、贸易结构等视角，深入探析金砖国家产业的互补性与竞争性。从跨国公司品牌竞争力和技术创新视角，明确产业竞争优势、劣势、机会和风险。分析金砖国家的投资环境，进而找到产能合作的落脚点。

第四，归纳提炼，提出中国供给侧结构性改革过程中，与金砖国家深入开展产能合作的路径、领域和可行模式，以及相应的保障措施。具体研究思路见图 0-3。

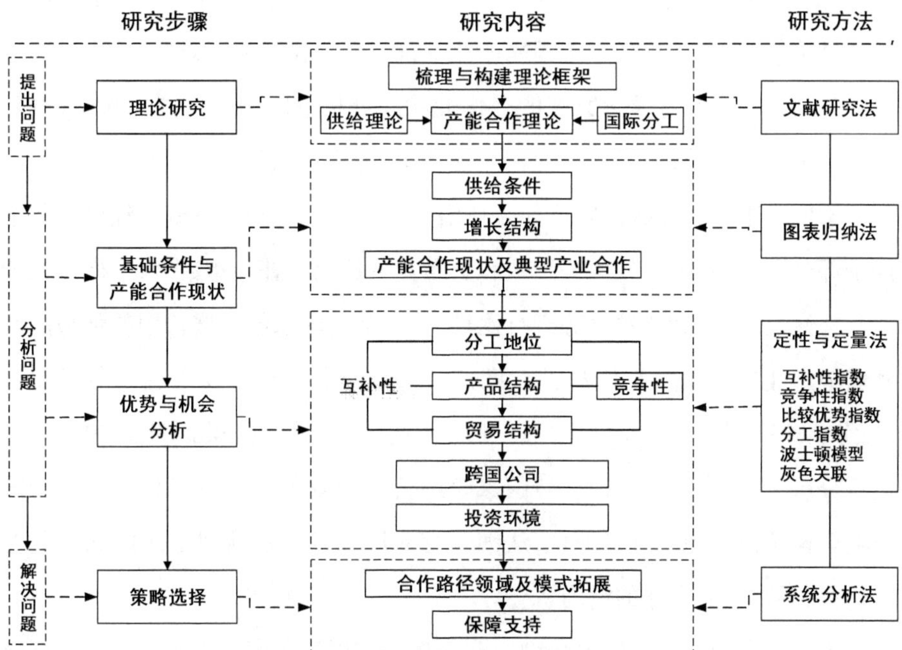

图 0-3　研究思路框架

(三)内容框架

本书主要研究内容包括以下几章。

导论。阐述研究的背景意义,对国内外相关研究文献进行梳理评述,在此基础上提出研究思路框架和方法,并对创新与不足作出说明。

第一章国际产能合作相关理论。借鉴前人相关研究成果,梳理供给侧结构性改革理论的渊源和内涵,探讨国际产业转移理论的动因、模式和局限,诠释国际产能合作理论的特征含义,界定金砖国家产能合作的内涵,并分析开展产能合作的内在作用机理。

第二章金砖国家产能合作的基础条件。包括六个部分内容,一是梳理金砖各国自然资源条件,二是分析金砖国家经济增长状况,三是比较金砖国家对外开放程度和经营环境,四是分析金砖国家人口结构与劳动力素质,五是分析中国与其他金砖国家产业结构的发展变动状况和制造业结构,包括工业产品生产供给能力,六是梳理金砖国家产业政策规划与投资准入条件。

第三章中国与金砖国家产能合作现状。分析中国与金砖国家投资发展、贸易往来与商品结构、工程承包合作的现状、主要特征和存在的问题。

第四章中国与金砖国家产能合作潜力:竞争力、互补性及分工地位。包括四个部分,一是利用比较优势指数和贸易竞争性及互补性指数,对金砖国家产业互补性、竞争性和比较优势进行比较,分析金砖国家经济增长中的强势产业和弱势产业供给状况及其发展态势。二是研究金砖国家技术创新与研发水平,分析金砖国家技术梯度差异。三是对金砖国家跨国公司品牌、规模等方面进行分析,比较中国与其他金砖国家跨国公司的竞争优势。四是分析金砖国家在全球价值链中的分工地位,从细分行业层面进一步梳理金砖国家产业竞争优势,寻找产能合作的潜力机会。

第五章中国与金砖国家典型产业合作——以汽车产业为例。以汽车行业为例,包括五个部分,一是中国制造业产能供给状态与典型产业选择的基本依据,二是分析金砖国家汽车市场需求和供给结构,三是测算中国与金砖国家汽车产业竞争力与互补性,四是分析中国与其他金砖国家汽车产业合作现状,五是中国与其他金砖国家汽车产业合作存在的问题和前景展望,提出对相关行业的一些启示。

第六章金砖国家投资便利化及对直接投资影响的实证分析。一是对金砖国家投资便利化水平进行测算,二是对中国对其他金砖国家直接投资的影响因素进行实证分析。

第七章中国与金砖国家产能合作差异化选择。包括五个部分,一是概括提炼中国与其他金砖国家产业合作类型,二是探讨产能合作路径,三是依据波士顿模型对金砖国家商品贸易进行细分选择,四是根据条件和潜力,分析产能合作的重点领域,五是探讨现代信息技术背景下拓展产能合作领域。

第八章中国与金砖国家产能合作模式。包括三个部分,一是借鉴传统产业转移模式,二是分析归纳中国与金砖国家在产能合作中的现有模式类型及其特征,三是提出中国与金砖国家新型产能合作模式。

第九章中国与金砖国家产能合作的保障措施。根据前面章节研究得出的结果,提出相应的保障措施和对策建议。

最后是结语与展望。

(四)研究方法

本书研究涉及不同的国别区域,视角和领域多维交织,具有一定的时间和空间跨度,因此采用了多种研究方法,主要有以下几种。

1. 文献研究法,根据研究目的,通过广泛调查文献来获得资料,从而全面了解金砖国家基础条件、经济结构和发展现状,帮助形成关于研究对象的一般印象和把握事物的全貌。

2. 实证研究法,依据现有理论和实践需要,确定相关指标进行实证测算,通过定量分析使研究结果更加准确,以便更好地把握本质、理清关系。例如采用互补性指数、竞争性指数和比较优势指数，对金砖国家产业互补性与竞争性进行比较研究；采用波士顿矩阵模型，对中国与金砖国家合作的产业领域进行机会分析；建立灰色关联模型对金砖国家投资环境进行分析。

3. 定性分析法，运用归纳和演绎、分析与综合、抽象与概括等方法，对获得的各种材料进行思维加工，从而由此及彼、由表及里，达到认识事物本质、揭示内在规律的目的。

4. 图表归纳法，将研究内容中的大量数据图表化，能够形象地展现形态特征和动态规律，有利于直观、系统地反映数据与结果。对金砖国家资源、产业演变、贸易投资合作现状以及跨国公司优势等内容，进行图表处理，便于归纳、分析和比较。

5. 系统分析法，把要解决的问题作为一个系统，通过系统目标确定、要素环境分析、指标归类分解和综合归纳，对中国与金砖国家产能合作进行各个层面综合分析，便于揭示问题，进而有效地提出可行的解决方案。

6. 比较研究法，通过横向和纵向比较，分析金砖国家产业互补性、竞争性和比较优势，进而对中国与金砖国家扩大合作机会、构建产能合作模式和实施保障进行多维度的系统研究。

由于研究内容复杂宽泛，在研究过程中尤其注重三个结合，即理论与实际相结合、定性分析与定量分析相结合、比较研究与系统归纳相结合，通过研究方法的合理组织与综合运用，尽量使研究结果真实明确客观，具有说服力。

四、创新与不足

金砖国家产能合作是近年来一个较新的学术研究热点，现有成果大都集中于宏观层面的经贸关系研究，与产能合作直接相关的文献资料较少，本书在研究视角、内容、方法等方面尝试作了一些探索和补充，可能的创新之处主要有以下方面。

1. 运用互补性指数、竞争力指数和分工指数对中国供给侧结构性改革中与金砖国家产能合作的互补性与竞争优势进行定性和定量研究,从技术研发、跨国公司与典型产业的视角,在行业和微观层面进一步深入分析金砖国家产业竞争优势和产能供给状态差异,通过多种工具的结合使用以及原有指数方法的双边调整,对产能合作机会潜力进行了较为全面的探讨。

2. 构建投资便利化水平综合评价指标体系,包括基础设施环境、商业投资环境、制度环境、金融环境 4 个一级指标以及 26 个二级指标,通过熵值法对金砖国家投资便利化水平进行测算,同时运用灰色关联方法实证分析中国对金砖国家直接投资的影响因素,较为客观地展现了金砖各国投资便利化水平和投资影响因素。

3. 结合金砖国家资源丰裕程度、产能供给状况和国家发展需要,提出中国与金砖各国产业合作类型可以采取差异化策略,按照市场型贸易对接、优势型随动转移、竞争型产业链分工、高端型分包协作四个路径开展针对性产能合作,尝试运用波士顿矩阵模型分析中国与金砖各国贸易商品领域细分组合并提出相应选择策略。

4. 基于新技术革命、共生理论、人力资本、金融支持,提出中国与金砖国家产能合作的四种新型合作模式。在新技术革命合作模式拓展中提出专项开源合作和定向孵化合作模式,在共生模式拓展中提出"金砖制造+产业链"共生模式、"金砖制造+供应链"共生模式、"金砖制造+技术链"共生模式,在人力资本合作模式拓展中提出"三 H 模式",在金融支持模式拓展中提出"项目+保险+资本"多元融资模式。这些基于以金砖国家为主体的合作模式并非完全封闭的体系,在操作层面对其他发达经济体和发展中国家具有兼容性。

总体来看,无论是学术界还是应用层面,围绕金砖国家产能合作的理论研究和实践活动仍然处于初始阶段,对中国供给侧结构性改革中与金砖国家产能合作方面的学术研究还较为缺乏,本书从产能合作视角对金砖国家进行了多指标、多维度、多学科的研究,力图尽可能全面、客观并有所创新。当然,目前的研究还存在许多不足之处,在理论支撑上不够充分,在数据获取和研究方法上具有一定的局限,研究内容不够丰富和深入。比如虽然对金砖国家产能合作潜力进行了研究,结论也较为乐观,但由于国际形势的变换和各国政治经济的波动,加大了合作中的不确定性并可能导致更多的投资风险,对于产能合作中存在的风险问题尚缺乏讨论,主要源自风险识别与风险管控可能会涉及政治、经济、文化、法律、宗教等诸多内容,是一个非常复杂的研究领域,需要假以时日进一步深入研究。

广义的产能合作涉及投资、贸易、工程承包、成套设备和技术输出等方式,其中贸易产品可以包括最终产品和中间产品,但是如何在进出口货物贸易中严格区分产品流向生产部门还是消费环节,哪些贸易产品属于产能合作的细分范畴,相关数据的获取存在较大难度,后续还需要在界定、归类和统计分析上进行专题研究。此外,产能合作涉及多个相关产业,本书尽管以汽车产业合作作为典型进行研究,有较好的启示意义;但不同行业有不同的特点,尤其是新技术、新材料和新业态等领域开展产能合作,与传统行业合作相比有一些新的特征,需要大量的最新数据资料支撑,而新兴产业微观数据的权威性、即时性和完整性较难统一,本书没有对此进行论证,在后续的研究当中也需要及时跟进完善。

第一章　国际产能合作相关理论

开展国际产能合作是中国深化供给侧结构性改革的需要,也是加强与世界各国互利共赢、促进世界经济复苏的有效途径。不同于以往的国际投资和产业转移,产能合作面临更为复杂多变的国际形势,如何更有效地推动实施国际产能合作已成为一个亟待解决的现实问题,不仅需要更多的实践探索,也需要在合理把握传统经济理论的同时,顺应时代发展和国际经济格局变革的要求,深入进行理论研究、融合与拓展。

产能是一个包括生产技术在内的供给概念,从经济层面来说可以在一定程度上反映供和需的平衡以及质和量的统一。国际产能合作出现的时间较短,是一个比较新的研究领域,在浩瀚的经济学理论中尚没有一个全面的解释框架和理论体系。供给侧结构性改革理论鼓励和支持企业"走出去"开展合作,而推进国际产能合作也是优化供给结构的重大举措,与供给侧结构性改革目标相契合。传统国际产业转移理论,主要是基于对经济全球化进程中的西方国家跨国公司国际产业投资活动进行研究而形成的,在动因、模式和效应等方面的研究较为充分,对于当前复杂形势下开展的国际经济实践活动,虽然存在一定的局限,但在理论脉络上仍然具有延续性和借鉴价值。

考虑到本书的选题需要和相关理论的作用机制,尝试从供给侧结构性改革理论、国际产业转移理论和国际产能合作理论三个方面进行梳理，通过供给侧结构性改革理论支持、国际产业转移理论借鉴、国际产能合作理论实施，对产能合作的动力、主体、目标、机制进行讨论，以期形成一个明晰的生产供给条件→挖掘产业合作潜力→借鉴国际产业转移经验→创新产能合作模式的逻辑框架（见图 1-1），为后续研究中国与金砖国家产能合作提供必要的理论支撑。

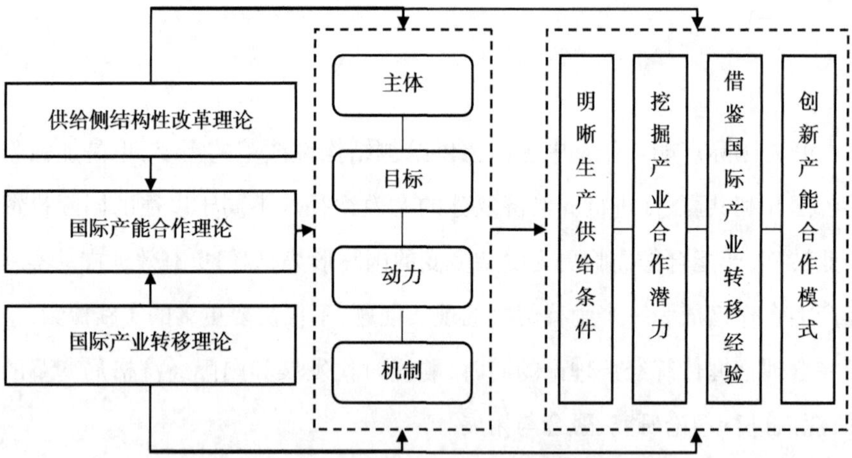

图 1-1　国际产能合作理论分析框架

第一节　供给侧结构性改革理论

一、供给理论的渊源

由于土地、资源、劳动力、资本、技术和知识信息等生产要素是供给侧的主要内容，因此宽泛地来看，供给理论在经济理论长期发展中一直占有重要地位。

供给理论研究源远流长，早在 18 世纪，重农学派（Physiocrates）就主张自然法则支配经济体的运作，强调土地要素供给和农产品供给的重要性，推断财富起源于农业或者自然，认为在各经济部门中，只有农业既能生产物质产品又能在投入产出中增加财富。[①] 亚当·斯密（Smith，A.）在1776年出版的《国民财富的性质和原因的研究》一书中论述了劳动生产力增进的原因，强调了劳动和资本因素在经济发展中的作用，认为分工有助于劳动生产率的提高和财富的增长。[②] 让·巴蒂斯特·萨伊（J.B.Say）在1803年出版的著作《政治经济学概论》中提出了鲜明的供给管理思想——"萨伊定律"，认为供给会创造需求，或者说产品生产本身能创造自己的需求，国民财富的增加本质上取决于生产而不是销售，由于市场具有自我调节作用，不可能在所有经济部门产生普遍性的生产过剩和就业不足，而只能在国民经济的个别部门中出现短暂的供求失衡现象。[③] 大卫·李嘉图（D.Ricardo）在1817年出版的《政治经济学及赋税原理》一书中论证了有限土地及其所导致的报酬递减对经济发展的约束作用，同时着重研究了分配问题，指出财富的增长取决于财富在三个社会阶级之间的分配比例，通过财富在各个阶级之间的分配来确定有利于生产力发展的条件。[④] 弗里德里希·李斯特（F.List）于1841年出版了《政治经济学的国民体系》，认为财富的生产力比财富本身不知道要重要多少倍，尤其是对于相对落后的国家来说，首先要考虑的是如何培植生产力，同时强调了工业、技术进步和各经济部门平衡对经济发展的作用。[⑤] 卡尔·海因里希·马克思（Karl Heinrich Marx）1867年《资本论》（第一卷）论证了劳动价值理论，指出物质资料的生产是人类社会存在和发展的前提和基础，不论是生产还是再生产都需

---

① ［美］哈里·兰德雷斯、大卫·C.柯南德尔：《经济思想史》，周文译，人民邮电出版社2014年版，第61—62页。

② ［英］亚当·斯密：《国富论》，郭大力、王亚南译，商务印书馆2014年版，第9、340页。

③ ［法］萨伊：《政治经济学概论》，陈福生、陈振骅译，商务印书馆1997年版，第141—151页。

④ ［英］李嘉图：《政治经济学及赋税原理》，郭大力、王亚南译，译林出版社2011年版，第12—35页。

⑤ ［德］弗里德里希·李斯特：《政治经济学的国民体系》，陈万煦译，商务印书馆2012年版。

要生产资料和劳动力，任何社会都必须持续的把一部分产品转化为生产资料或生产要素，否则就不能进行再生产。① 阿尔弗雷德·马歇尔（A.Marshall）兼收并蓄，在研究供给理论时继承了古典经济学传统，同时增加了自己的解释和发挥，在1890年出版的《经济学原理》中，把生产中起作用的各种因素概括为生产要素，在土地、劳动力、资本和知识的基础上增加了工业组织，认为资本是由知识和组织构成的，资本是财富的主要成分，与其说资本是满足需求的直接源泉，不如说是生产的一个要素。② 约瑟夫·熊彼特（Joseph Alois Schumpeter）1912年《经济发展理论》一书对企业家创新进行了论述，强调企业家的主要职能就是把一种从来没有过的关于生产要素和生产条件的"新组合"引入生产体系。③ 各个时期的学者对生产要素的界定虽有不同，但上述观点均强调了生产供给的重要性。

随着第二次世界大战结束，国际生产秩序开始恢复，发展中国家各自选择不同的经济道路和方式，发展经济学也应运而生，不同阶段的研究焦点和方法有所不同，如20世纪40年代主要研究农业与工业化问题，50—60年代倡导双元经济学并强调工业化、计划化和资本积累，70年代重新强调市场机制的作用和外向性发展，80年代之后发展经济学出现多元化趋势；但大多数的研究依然是从供给视角分析经济发展。柯林·克拉克（Colin Clark）于1940年出版了《经济进步的条件》一书，按照国民经济结构三大部门，概括了经济发展过程中劳动力就业结构的变动规律，认为随着经济的发展和人均收入水平的提高，劳动力从第一产业向第二、第三产业等非农业部门转移。④ 张培刚

① ［德］卡尔·马克思：《资本论》（全新修订版），曾令先、卞彬、金永译，江苏人民出版社2011年版，第153—155页。

② ［英］马歇尔：《经济学原理》，章洞易译，北京联合出版公司2015年版，第84—128页。

③ ［美］约瑟夫·熊彼特：《经济发展理论》，郭武军、吕阳译，华夏出版社2015年版，第111—137页。

④ Colin, M. A. *Clark. The Conditions of Economic Progress*, London: Macmillan&Co. Ltd, 1940, p.395.

1947 年在博士论文《农业与工业化》中论述了农业与工业之间的联系渠道与机制，强调重工业发展对农业的推动作用，认为工业化的推动因素主要包括技术进步、制度创新和企业家。① 哈罗德—多马（Harrod &Domar）模型（1946、1947）论证了资本积累对经济发展的作用，哈罗德强调经济实际增长率取决于投资率和资本的边际效率。② 阿瑟·刘易斯（W.A.Lewis）1954 年在《劳动无限供给条件下的经济发展》一文中提出了发展中国家的二元结构模式，认为发展中国家在经济开始时通常由两个不同的部门组成，经济发展过程就是经济活动与人口从无限剩余劳动供给的传统农业部门向现代资本主义部门转移的过程，经济发展的中心事实是迅速的资本积累。③ 索洛（Solow，1956）论证了技术进步对经济发展的决定性作用。④ 西奥多·舒尔茨（T.W.Schultz）在 20 世纪 60 年代建立了比较系统的人力资本理论，强调人力资本在经济增长中的作用大于物质资本，对人力投资带来的收益率超过了其他形式资本投资收益率。⑤ 罗伯特·卢卡斯（Lucas，R.）1988 年在《论经济发展的机制》一文中进一步将人力资本作为内生变量，论证了人力资本是经济长期增长的决定性因素。⑥ 迈克尔·托达罗（Michael P.Todaro）1992 年在《经济发展与第三世界》一书中对发展中国家的经济制度、收入分配、发展状况和多样化进行了研究，认为一个国家经济增长潜力极大地受到该国所拥有的物质资源和人力资源的影响，原材料和资源的日益缺乏，让国际社会系统内所有国家之间的相互

---

① 张培刚：《农业与工业化（中下合卷）：农业国工业化问题再论》，华中科技大学出版社 2002 年版，第 102—106 页。

② 何正斌：《经济学 300 年（上）》，湖南科技出版社 2009 年版，第 418—423 页。

③ ［美］威廉·阿瑟·刘易斯：《二元经济论》，施炜等译，北京经济学院出版社 1989 年版，第 1—46 页。

④ Solow，R.M.，"A Contribution to the Theory of Economic Growth"，*Quarterly Journal of Economics*，1956，pp.65-94.

⑤ 何正斌：《经济学 300 年（下）》，湖南科技出版社 2009 年版，第 186—192 页。

⑥ Robert E.Lucas，Jr.，"On the Mechanics of Economic Development"，*Journal of Monetary Economics*，1988，pp.3-42.

依赖日益增长。① 霍利斯·钱纳里(Hollis B.Chenery)1979 年在《结构变化与发展政策》一书中将不同收入水平的国家纳入分析框架,认为对于发展来说重要的是经济转变,强调转变的过程包括所有经济函数的变化,如生产能力、资源使用、城市化、收入分配和人口等。② 狄帕克·拉尔(De Parker Lal)1983 年在《发展经济学的贫困》一书中讨论了发展中国家的外部环境、贸易和工业化、贫困与就业等问题,概括了结构主义与新古典主义的基本理论分歧,指出随着把资源从具有比较弱势的产业部门转向有比较优势的部门从而形成生产专业化,一个进口竞争性制成品的国家将能够提高综合生产率和实际收入。③显然,发展经济学形成了诸多不同的思路和观点,大都强调了物质资本特别是技术和人力资本在生产力改善和经济增长当中的作用,同时更加关注要素资源的组合结构及动态配置。

与需求侧强调发挥政策调控作用有所不同,制度经济学和改革经济学主要研究制度,强调发挥制度的作用,是从供给侧着手,解决经济长期可持续发展问题,因而制度经济学家或改革经济学家总是考虑如何改革制度,来优化各主体的权利配置,调动各主体的积极性和创造性,优化资源配置,提高经济效率,实现经济健康可持续发展。④

此外,一些学者从国家竞争力层面所作的理论研究也是着重于供给侧。例如迈克尔·波特(Michael E.Porter)在《国家竞争优势》一书中提出了"国家竞争优势钻石理论",认为一国的经济由各种产业集群组成和提供竞争优势,竞争的形态会随不同的产业及产业环节而改变,国家常常是在企业努力创造、

---

① [美]迈克尔·P.托达罗:《经济发展与第三世界》,印金强、赵荣美译,中国经济出版社 1992 年版,第 19—26 页。

② [美]霍利斯·钱纳里:《结构变化与发展政策》,朱东海、黄钟译,经济科学出版社 1991 年版,第 9—22 页。

③ [英]狄帕克·拉尔:《发展经济学的贫困》,刘泸生译,三联书店上海分店 1992 年版,第 41—43 页。

④ 李佐军:《供给侧改革理论渊源与实践依据》,《上海证券报》2016 年 3 月 19 日。

持续以全球竞争优势的过程中逐渐现身并发挥功效的。① 理查德·维尔特(Richard H.K Vietor)在《国家竞争力》中指出国家经济发展最重要的资源是自然资源、人力资源、科技资源和资本资源,强调积累资源固然重要,但有效利用各种资源也很重要。② 如何有效利用资源,更好地发挥企业作用,创造更多的物质财富? 德隆·阿西莫格鲁(Daron Acemoglu)和詹姆斯·A.罗宾逊(James A.Robinson)在《国家为什么会失败》一书中认为决定一国贫富差距的关键在于制度,包容性经济制度创造包容性市场,经济制度利用包容性市场潜在的能力鼓励技术创新、投资人力、动员多数人的才能和技能,为技术和教育繁荣铺平道路,对于经济增长异常重要③。

20 世纪 70 年代,美国经济开始滞胀,生产停滞与通货膨胀交织出现,也等于宣告了第二次世界大战后长期被西方国家奉行的凯恩斯需求管理政策的失灵,在此背景下反对政府干预、强调供给管理的理论开始兴起。货币主义者和理性预期学派对凯恩斯主义提出了尖锐批评,供给学派则以"萨伊定律"为理论根据,强调凯恩斯国家干预政策破坏了总供给和市场调节机能。美国和英国接受了供给学派理论和政策主张,供给管理政策在之后的实践运用中产生了明显的效果,美、英等国家经济逐渐走出滞胀泥潭,经济和企业重新恢复了活力,通货膨胀得到控制,原本非主流的供给学派也一跃而成为当时备受关注的经济学流派。

供给学派认为供给是推动经济发展的动力,供给与生产率才是经济发展的决定性因素,经济增长与资源环境、人口结构、基础设施等供给因素的变化有关,会受到要素投入以及全要素生产率的影响。乔治·吉尔德(George Gil-

① [美]迈克尔·波特:《国家竞争优势(上)》,李明轩、邱如美译,中信出版社 2012 年版,第 63—67 页。

② [美]理查德·维尔特:《国家竞争力》,刘波、徐晴译,中信出版社 2015 年版,第 5—9 页。

③ [美]德隆·阿西莫格鲁、詹姆斯·A.罗宾逊:《国家为什么会失败》,李增刚译,湖南科学技术出版社 2015 年版,第 53—58 页。

der)指出供给本身就会创造需求，生产者在提升需求的过程中起到了一种领导和倡导作用，以需求为导向的企业往往会受到需求的约束而很少会创造新产品，如果我们一味强调需求，会导致经济陷入停滞状态。①

在供给管理政策方面，供给学派认为提高税率短期可以提高税收收入，但中长期来看会影响纳税者生产经营积极性，反而导致税收收入下降，因此主张降低税率，削减政府开支，减少政府干预，赋予企业经济自由。阿瑟·拉弗(Arthur Laffer)在20世纪70年代提出了拉弗曲线，给出了降低税率的解决方案：税率提高到一定程度时会造成产量不断减少，而低税率则可以使产量不断增加，也可以带来较高的税收水平。② 与激进的供给学派观点有所不同，马丁·费尔德斯坦(Martin Feldstein)研究了20世纪70年代前后美国的经济政策效果，强调资本积累和市场刺激的作用，提出应该平衡预算收支，减轻财政赤字压力，认为以赤字刺激替代增加投资和提高净出口，会卷入一种"定时配合错误"的风险之中。③

大体上来说，供给学派理论可以归纳为"四减四促"。其中，"四减"是指减税、减管制、减垄断、减货币发行或控制通胀，旨在调动积极性，促进生产供给；"四促"是指促进私有化、促进市场竞争、促进企业家精神的发挥、促进技术创新和智力资本投资。④ 除此之外，供给学派还从理论上解释了生产过剩和企业竞争行为，认为过剩是一种表面现象，其根源并非需求不足，而是缺乏创造性的生产供给，某种商品过剩是由于生产过多或者别的商品生产过少所

---

① [美]乔治·吉尔德：《财富与贫困：国民财富的创造和企业家精神》，蒋宗强译，中信出版社2019年版，第64—79页。

② [美]拉弗、摩尔、塔诺斯：《繁荣的终结》，王志毅译，凤凰出版社2010年版，第166—183页。

③ [美]马丁·费尔德斯坦：《20世纪80年代美国经济政策》，王健等译，经济科学出版社2000年版，第24—49页。

④ 李佐军：《供给侧改革理论渊源与实践依据》，《上海证券报》2016年3月19日。

致，生产给产品创造需求，仅仅鼓励消费并无益于商业开展。[①] 企业在创造需求方面发挥着能动性作用，大企业成功的关键不是数量或规模，而是产品性能、制造模式和营销模式。小企业在技术革新上更为有利，长远来看新兴产业的小企业必然会在市场竞争中成为赢家。[②]

无论是从市场实践规律还是古典经济理论看来，消费和投资需求是由生产供给通过分配形成的，需求通常会受制于购买力和消费意愿进而呈现出一定的被动性，而供给则更多地表现为主动力量，外部冲击会引发供求关系出现短期波动，但在市场机制作用下，供需最终能够实现平衡。由此也可以大致得出一个结论，供给理论与整个经济学发展历史相伴成长，并非始于萨伊定律和供给学派，其中围绕生产端或供给侧的研究产生了诸多学说，只不过萨伊和供给学派都更为明确地提出了供给创造需求且供给管理在供需关系上处于决定性地位的主张。

二、中国供给侧结构性改革现实环境

供给学派研究的主要是美国和英国等发达经济体供需总量在周期波动中如何实现均衡的问题，中国现实基本国情和经济条件与欧美发达国家有很大区别，经济变量大多仍处于低位待发状态，继续保持中高速增长的潜力很大，因此不可能完全照搬西方供给学派的理论去指导发展实践。改革开放以来，中国采取了一系列既有需求端也有供给端的改革举措，如采取积极财政政策增加投资来扩大需求，以及深化国有企业改革、完善公司治理结构等供给改革措施，对保持经济持续稳定增长发挥了重要作用。无论是与西方国家供给学派兴起的年代还是与中国自身改革开放走过的四十多年相比，当前的供给测

---

① ［法］萨伊：《政治经济学概论》，陈福生、陈振骅译，商务印书馆 1997 年版，第 145—149 页。

② ［美］乔治·吉尔德：《财富与贫困：国民财富的创造和企业家精神》，蒋宗强译，中信出版社 2019 年版，第 138—151 页。

结构性改革在背景、内容、目标等方面都具有诸多特殊性。

一是国际环境不同。实行改革开放,分享经济全球化的红利,吸收借鉴国际先进经验和技术,极大地促进了中国的经济发展。随着经济总量不断超越欧洲以及日本、美国等发达国家,中国成为仅次于美国的世界第二大经济体,面临的国际环境也越来越复杂,有些国家针对中国采取了一些贸易保护和投资限制手段。与此同时,美国次贷危机和欧洲主权债务危机引发的全球市场疲弱恢复缓慢,国际工业品市场普遍萧条,全球生产供给相对过剩,新兴市场汇率大幅波动,世界经济发展内在动力不足。特别是近年来贸易保护主义和单边主义抬头,国际政治经济秩序出现重大变化,原有的全球贸易、金融、生产体系和机制受到冲击。前所未有的国际环境,大大增加了经济增长的不确定性,对中国推进供给侧结构性改革提出了新的要求。

二是经济发展阶段不同。中国已经进入工业化中后期阶段,从持续多年的高速增长向中高速增长转换,从重化工业向新兴产业和服务业转换,技术密集、知识密集或智力密集型产业日趋成为主流。城市化率从人口区域结构变动角度决定经济规模边界,其制约作用是综合性的。① 中国城镇化还远未完成,2021 年常住人口城镇化率超过 64%,与发达国家城镇化率普遍都在 80% 水平相比仍有较大发展空间,城乡基础设施及公共服务均等化还刚刚启动,城乡公共设施的人均投入之比远远高于城乡居民人均可支配收入之比,城乡差别很大,特殊的二元经济增长结构需要新的改革举措。此外,中国人均国民收入达到 1. 14 万美元,进入中等收入阶段,相比高收入国家存在很大差距。

三是人口、资源和环境约束不同。人口规模是决定经济增长的重要因素。发达国家人口规模大多越过了顶峰阶段,基于劳动力的经济潜力已达到边界。2016 年中国开始实施全面二孩政策,2021 年进一步实施三孩生育政策,随着人口政策调整及配套措施的陆续推出,未来出生率必然会有所上升,人口规模

① 陈宗胜:《供给侧结构性改革的理论特色》,《人民日报》2016 年 11 月 21 日。

还未达到峰值。然而与此同时，近 10 年来 65 岁及以上人口逐年增加，生产性人口占总人口的比重开始下降，2015 年 60 岁及以上人口为 2.22 亿人，占总人口的 16.15%；2020 年 60 岁及以上人口超过 2.6 亿人，比重达到 18.70%，其中 65 岁及以上人口 1.9 亿人，占比 13.50%，人口老龄化进程明显加快；预计到 2025 年，60 岁以上人口将达到 3 亿人，成为超老年型国家。① 人口老龄化的高峰即将到来，意味着创造价值的劳动力减少，人口红利逐渐消失。因此，随着人口数量的增长和结构的变化，即要满足新生人口的各种需求，也要满足老龄化人口所需，为经济发展提供了多向选择。与此同时，连续三十多年的高投入高产出带来了经济的快速增长，也引发了资源短缺和环境污染等问题，绿色低碳开始成为经济发展的重要主题。各种新的约束条件，使供给侧结构性改革必须调整传统物质要素投入的驱动方式，着重提高全要素生产率。

四是技术背景不同。全球化经历了从国家主导的远洋贸易、跨国公司主导的大工业化合作，到信息化主导的现代产业链分工三个阶段，在此过程中人类生产力水平发生了巨大变革，从机械化、电气化、自动化到智能化，进入工业 4.0 时代，信息技术已经渗透到经济社会的各个领域，移动互联、大数据、量子计算和智能技术等不断创新融合，向生产制造及服务行业广泛延展，带动相关领域涌现出越来越多的新技术、新工艺、新模式和新业态，一些传统行业边界被打破，全球生产方式也出现更加模块化、精细化、柔性化及协同化趋势。伴随信息技术大量应用和全球气候变暖，以数字化和网络化为典型特征的新技术革命体现出尤为明显的低碳和绿色发展动态，一些高污染、高能耗产业转移已经没有空间。显然，新一轮全球科技和产业革命正在到来，为供给侧结构性改革提供了新机遇，也提出了新的课题。

五是要解决的问题与措施不同。供给学派面对的是西方国家当时普遍同时存在的通货膨胀、高失业率和经济增长停滞等滞胀难题，凯恩斯需求理论对

---

① 《2018 年中国人口老龄化发展趋势、老龄化面临问题及应对措施分析》，中国产业信息网，见 http://www.chyxx.com/industry/201710/572977.html。

此束手无策,一些学者开始倡导萨伊定律并宣扬供给会自动创造需求的主张。而当前中国经济增长所面临的问题迥然不同,增速放缓但仍保持中高速增长,就业相对稳定,物价水平长期处于低位。而经济增长质量不高,资源配置效率低下,产业结构面临升级,地方债务较高、银行不良资产较多等存量问题凸显,高端消费上升与低端产品供给过剩明显失衡,商品品质、款式、功能等丰富程度不足,无法满足持续升级的消费选择。短期来看供给侧结构性改革主要解决的是如何通过去产能、减库存、调结构,补短板、降成本、增效益,提高生产质量和效率,而长期来看主要是如何推动经济持续健康发展,以满足人民日益增长的高质量社会需求。

供给学派认为西方发达国家当年的滞胀现象,其主要原因是政府对需求过度干预形成的,因此供给学派理论核心就是否定需求创造供给的假设,主张供给创造需求,强调经济应当由市场自发调节,反对由政府行政干预,通过减税消除滞胀。目前中国进行的供给侧结构性改革,是基于新形势、新常态、新问题下改进实际经济工作的思路,并不否定需求管理,更加强调在保持总需求适度的同时,侧重对供给方面进行调整和改革,通过体制机制改革,将构成供给要素所包含的经济潜力充分释放出来,以提供足够的有效供给。减税刺激只是其中一个选项,需要采取更多的措施,如土地有效供给、劳动力素质的提高、金融科技和教育体制创新、企业活力的增强等。

中国供给侧结构性改革根本上不能简单照搬西方供给学派理论,需要结合中国特殊的发展现实,在改革和实践中不断创新发展和完善中国特色的供给侧改革理论,从而推动经济发展和社会进步。自 2010 年以来,一些中国的经济学家在吸收和借鉴传统理论认知的基础上,结合中国自身的经济运行实践,凝练提出并构建了新供给经济学,认为“新供给创造新需求”,供给自动创造需求会因为“供给过剩”“供给老化”“供给约束”和“供给抑制”等原因随时可能中断,主张只有“放开新产业供给约束,减少新经济供给抑制”才能恢复“供给自动创造需求的自动平衡机制”,通过短期放松供给约束、解除长期供给抑制等经济改革措施，整个经济的潜在增长率才能够得以不断提升。①

三、供给侧结构性改革理论内涵

供给和需求是市场经济内在关系的两个基本方面，供给是需求的基础和前提，并决定着需求对象、结构和层次，反过来需求又为供给提供了动力。二者相互关联、相互作用。国内外大量实践表明，供给体系的优劣会直接影响经济的持续增长。对于供给侧改革，李稻葵（2015）认为中国面临潜在的供给短缺的局面，需要进行三类供给侧改革：加快生产侧的新陈代谢、提供短缺的基本产品和服务、利用好新型技术来改善相关产业的业态。② 厉以宁（2015）认为供给侧改革是中期调控，主要在于经济结构的调整，包括产业政策的调整、技术政策的调整、资源配置的调整。③ 吴敬琏（2016）则强调供给侧结构性改革就是为了提高供给效率而对一些制度环节和政府职能进行的改革，不能把它们与政府用行政手段进行的"调结构"混为一谈④。贾康（2016）给出了明确的界定，指出供给侧改革就是以改革为统领、结构优化为着眼点，使供给体系质量效益提升，在深化改革中解放生产力的系统工程。⑤

供给和需求的关系属于经济范畴，离不开政府与市场的互动协同作用。李佐军（2016）认为供给侧结构性改革是从供给侧入手，针对结构性问题而进行的改革，实质是正确处理好政府与市场的关系，要更多地发挥好企业和个人的作用。⑥ 郑永年（2016）认为供给侧改革就是从调整政府与市场的关系入手来解决供给和需求的问题，通过政府所能做的来减少已经过度的产能和刺激

---

① 滕泰、冯磊：《放松供给约束，解除供给抑制》，《中国证券报》2013 年 5 月 27 日。

② 李稻葵：《"十三五"时期需要什么样的供给侧改革》，《人民政协报》2015 年 12 月 8 日。

③ 厉以宁：《论从供给方面发力》，《北京日报》2015 年 12 月 7 日。

④ 吴敬琏：《供给侧改革不能简单理解为"调结构"》，《财经界》2016 年第 6 期。

⑤ 贾康：《供给侧改革十讲》，东方出版中心 2016 年版，第 5—6 页。

⑥ 吴敬琏等：《供给侧改革引领"十三五"》，中信出版社 2016 年版，第 65—68 页。

新的需求,达到政府和市场之间的平衡。① 冯俏彬(2017)指出,由于政府是制度供给的唯一主体,因此供给侧改革强调和重视以政府为主体进行一系列的制度创新和制度供给,供给侧结构性改革就是要放开要素市场,并形成市场正常运行的各项基础性制度条件。②

中国供给侧结构性改革,字面上包含四个关键词:中国、供给侧、结构性和改革,“供给侧”不同于供给经济学,“结构性”不同于结构主义,“改革”也不同于制度主义,主要体现为要结合中国自身发展实际情况和问题;着重生产要素、生产主体和生产机制等供给体系;强调合理结构与均衡配置,不仅要总量调整,也要结构性调整;用改革的办法完善各种制度建设来推进生产关系和供给结构调整,更好地满足需求,促进经济社会持续健康发展。

2015 年 11 月中央财经领导小组第十一次会议首次提出“供给侧结构性改革”,随后中央经济工作会议明确提出,着力加强结构性改革,在适度扩大总需求的同时,去产能、去库存、去杠杆、降成本、补短板,提高供给体系质量和效率,推动社会生产力水平整体改善。2016 年 12 月中央经济工作会议进一步提出,“供给侧结构性改革,最终目的是满足需求,主攻方向是提高供给质量,根本途径是深化改革”。因此,供给侧结构性改革的主要方向就是要提高供给体系的质量和效率,通过提高劳动力素质和管理水平,改进生产工艺和产品结构,优化产业结构和资源配置,扩大有效供给,用改革的办法推进供给结构调整,增强微观主体内生动力,以更好满足人民群众不断升级的需求。

供给侧结构性改革是综合研判世界经济形势和中国经济发展新常态作出的重大决策,是基于中国实践的综合性理论创新,是新时期世界经济发展大潮中的经济转型升级的探索,以最大限度解放和发展生产力为目的,充分发挥社会主体的作用,不断提高资源配置效率,减少低端和无效供给,增加高端和有

---

① 吴敬琏、厉以宁、郑永年等:《读懂供给侧改革》,中信出版社 2016 年版,第 3—5 页。

② 冯俏彬:《透视供给侧结构性改革》,北京出版社 2017 年版,第 37—41 页。

效供给，建立适应生产力发展的制度体系和新型所有制模式，培育多元创新激励机制和经济增长新动力，形成具有全球竞争优势的市场格局。

供给侧结构性改革的实施，要正确处理好短期效应与长期发展的关系，尤其是要处理好政府与市场的协调、产业生存与素质提升的互动、新旧动能之间的转换、内部和外部市场的平衡等问题。

一是转变政府职能，供需两端协同发力。政府职能的转变首先要处理好政府与市场的关系，既要遵循市场规律、充分发挥市场机制在资源配置中的作用，也要更好地发挥政府职能，维护市场秩序，规范市场行为，激发市场活力，实施简政放权，降低制度性交易成本，给市场参与主体提供更多的便利条件，为企业和社会创造良好的制度和法律环境。

要保持经济中高速增长，必须协调好供给和需求两端的关系，从供需两侧加大结构性改革力度，既要改善供给结构，提高供给质量，扩大有效供给，继续运用好结构性减税等手段，加快城乡之间要素流动和优化配置，增强企业活力，推动产业创新，促进生产性服务业、高新技术产业和先进制造业发展，让制度创新和技术进步的倍增效用更加显现；也要通过必要的财政和货币政策，挖掘消费需求潜力，发挥需求侧对稳定经济增长的作用。把供给侧管理和需求侧管理有效结合起来，相互配合、协调推进，以供给扩展需求，以需求拉动供给，实现结构优化和经济稳定增长。

二是优化资源配置，提高劳动供给质量。世界经济发展的理论和实践已经证明，财富增长主要取决于所投入生产要素的结构、数量和质量，推进供给侧结构性改革，必须着力提高资源配置效率和生产要素质量，包括劳动力素质、技术供给能力、金融服务效率、资源环境支撑等各个环节。

劳动力是经济发展最宝贵的资源，也是影响经济增长的主要动因。充裕的劳动力和不断提高的劳动力素质，为中国过去经济高速增长提供了有利的支撑。但是近些年来开始出现人口老龄化现象，劳动人口的总数和占比都出现了下降，根据中国国家统计局统计数据，2021 年 60 周岁及以上人口超过

2.67亿人，占总人口的比重为18.9%，人口老龄化的压力不断增大。三孩政策的适时推出，在进一步释放生育潜力的同时，可以一定程度上减缓人口老龄化的压力，保障未来劳动力供给，但对于人口红利的依赖已经难以延续，劳动人口的数量优势必须向质量优势转变。

劳动力素质是供给要素的一个重要内容，直接关系到供给质量，无论是从现阶段还是未来发展的要求来看，既要加大基础教育普及程度，还要加大职业教育和高层次人才的培养力度，全面改善办学质量，提高社会成员的综合素养。2014年5月，《国务院关于加快发展现代职业教育的决定》提出牢固确立职业教育在国家人才培养体系中的重要位置，统筹发展各级各类职业教育，坚持学校教育和职业培训并举。党的十九大报告进一步明确提出，“推动城乡义务教育一体化发展，高度重视农村义务教育，办好学前教育、特殊教育和网络教育，普及高中阶段教育，努力让每个孩子都能享有公平而有质量的教育。完善职业教育和培训体系，深化产教融合、校企合作。加快一流大学和一流学科建设，实现高等教育内涵式发展”①。通过多项改革举措，改变粗放式教育方式，促进多层次教育培训平台建设，全面提升劳动力素质和人力资本价值。

三是淘汰落后产能，加快产业升级。面对当前诸多经济问题，供给侧结构性改革需要从要素分配、生产流通和消费渠道等各个环节着手，尤其要针对不断变化的市场需求，化解过剩产能，加大力度促进产业升级，优化存量资源配置，扩大优质增量供给，提高供给的适应性和灵活性，实现供需动态平衡。经过几年的改革实践，产能过剩问题得到一定程度的缓解，2016年企业成本降低1万亿元以上，规模工业企业每百元主营业务收入成本下降0.10元，2017年和2018年分别下降0.25元和0.20元②，煤炭、钢铁等行业的经营效益出现好转，经济运行呈现稳中向好的态势，但是仍有一些行业产能依然明显过剩，

① 习近平：《决胜全面建成小康社会　夺取新时代中国特色社会主义伟大胜利——在中国共产党第十九次全国代表大会上的报告》，人民出版社2017年版，第45—46页。

② 中国国家统计局：《国民经济和社会发展统计公报》（2016—2018年）。

效益低下，如电力行业全行业大面积亏损，部分消费品制造行业出现产能利用率不足的迹象。企业杠杆率和经营成本偏高，产品结构和技术结构不合理，制约了实体经济发展。

对于化解产能过剩问题，2015 年 12 月中央经济工作会议提出，“要按照企业主体、政府推动、市场引导、依法处置的办法，研究制定全面配套的政策体系，因地制宜、分类有序处置，妥善处理保持社会稳定和推进结构性改革的关系”；2018 年国家发展改革委《关于做好 2018 年重点领域化解过剩产能工作的通知》（发改运行〔2018〕554 号）提出了具体的实施要求，“坚持用市场化、法治化手段去产能，把处置‘僵尸企业’作为重要抓手，把提高供给体系质量作为主攻方向，重点在‘破’‘立’‘降’上下功夫，将去产能与国企改革、兼并重组、转型升级、优化布局结合起来，加快优质产能释放，实现新旧动能转换和结构调整”。

经济增长的过程就是生产要素从低生产率部门向高生产率部门转移、产业从中低端向中高端跨越的过程。抓好“三去一降一补”、实现经济稳健增长，依然是现阶段推进供给侧结构性改革的重要任务，必须积极推动国有企业改革和混合所有制改革，建立过剩产能退出机制，采取关、停、并、转等手段，按照市场规律，对不适应市场需求的落后产能进行必要的限产、减产、转产或淘汰，对仍有市场潜力的传统产业进行技术改造，促进产品升级换代和传统产业提质转型。同时加快培育壮大新兴产业，鼓励高端制造业和生产性服务业发展，不断满足和适应市场需求偏好的新变化。

四是实施创新驱动，提升全要素生产率。党的十九大报告指出，“创新是引领发展的第一动力，是建设现代化经济体系的战略支撑。要瞄准世界科技前沿，强化基础研究，实现前瞻性基础研究、引领性原创成果重大突破”，“深化科技体制改革，建立以企业为主体、市场为导向、产学研深度融合的技术创新体系”①。长期来看，实施创新驱动战略是发展生产力的根本举措，也是中

① 习近平：《决胜全面建成小康社会　夺取新时代中国特色社会主义伟大胜利——在中国共产党第十九次全国代表大会上的报告》，人民出版社 2017 年版，第 31 页。

国从经济大国迈向经济强国的必由之路。目前从经济总量上看,中国已经是世界第二大经济体,但是在科技创新与关键技术领域,与西方发达国家还存在不小的差距,必须通过加快现有技术创新和前沿技术突破,逐步改变技术落后的被动局面。

改善供给结构、提高供给质量、促进转型升级,根本的出路在于创新,大力推进创新驱动,提高要素质量和配置效率,破解资源环境的约束,创造更多的新技术、新业态、新模式和新增长点,为经济发展提供源源不断的动力源泉,提高中国在全球价值链的分工地位,实现经济社会持续发展。全要素生产率的提升需要有优良的创新环境,要有便利的平台资源和有效的激励机制,需要提高全社会的质量意识和创新意识,培育创新精神和工匠精神,同时还要加强产权保护,促进科技成果的形成、应用和转化。

五是促进企业发展,增强国际竞争能力。作为重要的市场主体和经济活动参与者,企业处于供给体系的关键位置,通过各种生产要素的组织,为市场提供产品与服务,实现客户价值和创新价值两个基本职能,满足社会需求,推动生产力发展。没有高质量的企业,就无法实现更高水平的供需平衡,从这个意义上来说,搞活企业,培育一批优秀的世界级公司,也是供给侧结构性改革的落脚点所在。

因此,推进供给侧结构性改革,必须紧紧抓住企业环节,优化企业所有制结构,深化国有企业改革,提升大企业活力,促进中小企业发展。充分发挥市场作用,激励和推动企业提质增效,改善供给质量,提高有效供给水平,增强企业的核心竞争力和世界影响力。鼓励优质富余产能"走出去",积极开拓国际市场,广泛参与国际生产分工和价值链重构,开展多层次、多领域及多种形式的产能合作与经贸往来,让更多的企业拥有全球化的视野和竞争实力,不断夯实和强化中国制造业在国际产业竞争中的优势地位。

第二节　国际产业转移一般理论

伴随生产力发展和经济全球化进程,各国之间的经济联系也日趋紧密,通过生产要素与资源在不同国家之间的流动和重新组合配置,形成了多种形式的国际经济合作方式,既有国际投资合作、国际技术合作、国际劳务合作等要素类型,也有垂直型和水平型产业分工合作类型,为世界各国经济增长提供了支撑和动力。

国际产业合作主要集中在贸易合作之外的生产领域,国际分工变化和跨国公司发展加速了国际经济合作进程。工业革命之后,各国技术差距不断扩大,产业开始从高梯度国家向低梯度国家转移,推动了国际经济的深度融合。大规模的产业转移经历了 20 世纪 50 年代美国主导的传统劳动密集型产业转移、60 年代以日本和西德为主的劳动密集型产业转移、70 年代西方国家重化工业对外转移、80 年代从发达国家到新兴工业化国家再到发展中国家的梯度产业转移、90 年代发达国家和发展中国家开始常规技术转移五个实践阶段(也有学者将第二次世界大战以来国际生产转移划分为三个或四个不同阶段,在此不再区分赘述),对此,世界各国学者们从供给条件、经济发展、技术进步和政策效应等多个视角进行了广泛研究,归纳起来主要集中在形成动因和转移方式两个大的方面,对国际产业转移现象给出了较多的解释,形成了一些重要的产业转移理论,可以为当前开展国际产能合作提供一定的理论借鉴和启示。

一、产业转移形成动因

研究产业转移动因的理论文献相对较多,大体上可以分为两个方面:一是基于要素禀赋与比较优势,这也是关注度较广且在较长时间之内一直延续的经济议题,实际上早期很多学者从 H—O 要素禀赋理论出发开始尝试对产业转移的动因进行解释,大都认为客观存在的比较优势以及优势转换是产业转移发生的主要动因;二是基于周期性方面,从微观产品和行业及宏观发展角度对产业转移形成动因进行动态研究,强调产业周期或产品生产投资周期也会引发产业转移。其中不乏有一些影响力较大的理论,概括如下。

(一)基于要素禀赋和比较优势动因

1. 劳动密集型产业转移理论。美国经济学家阿瑟·刘易斯(Arthur Lewis)在1977年出版的《国际经济秩序的演变》一书中,从劳动力成本的角度分析了产业转移的经济动因。20世纪60年代,劳动密集型产业由发达国家转移至发展中国家,同时发达国家从发展中国家进口劳动密集型产品,工业国在比较穷的国家投资生产制成品,使本国非熟练劳动力脱身出来转到生产率更高的经济部门。他认为导致这种现象的主要原因在于,第二次世界大战后,欧洲国家工业经济快速增长,而人口的增长几乎为零,剩余劳动力或低工资劳动力来源枯竭。① 劳动力成本的上升,引发劳动密集型产业由发达国家向发展中国家转移,这一现象在近几十年的国际生产转移当中也得到了部分验证。

2. 边际产业扩张理论。日本经济学家小岛清(K.Kojima)对赤松要"雁行理论"进行了研究拓展,1977年小岛清在其代表作《对外直接投资》一书中提出了"边际产业扩张论",之后在《对外贸易论》一书中又进一步加以论述,将直接投资的动机分为自然资源导向型、市场导向型和生产要素导向型三种类型,认为对外直接投资应该从投资国已经处于或即将处于比较劣势的产业(既边际产业)开始依次进行。② 投资国转出的这些具有比较劣势的产业,在投资对象国仍然具有比较优势,对于接受投资的国家属于先进生产技术,可以发挥潜在的比较优势。这一理论主要源于日本早期对发展中国家进行劳动密集型产业转移实践,在1980年之前日本企业对外直接投资活动中得到较多

① [美]刘易斯:《国际经济秩序的演变》,乔依德译,商务印书馆1984年版,第24—25页。

② [日]小岛清:《对外贸易论》,周宝廉译,南开大学出版社1987年版,第423—448页。

应用。

3. 技术创新产业升级理论。20 世纪 90 年代英国学者坎特韦尔(John A. Cantwell)和托兰惕诺(Paz Estrella Tolentino)以发展中国家为研究对象,从技术进步角度动态考察对外直接投资行为的演变,提出了"技术创新产业升级理论",认为产业技术水平是决定一国对外直接投资的关键因素,技术升级是产业转移演变的动力,技术水平提升促进了产业结构升级和对外投资,投资的产业和地域布局会随之有所不同。① 随着产业转移,投资区位不断扩展,先以资源为目标向周边国家进行产业转移,然后逐步向更广范围的国家直至发达国家开展投资。

技术创新产业升级理论解释了发展中国家对外直接投资和产业转移的现象,在不同技术水平条件下,发展中国家企业对外投资,应针对不同的对象国,采取不同的产业转移方式。

4. 小规模技术优势理论。美国经济学家刘易斯 · 威尔斯(Wells, L.T.)1977 年在《发展中国家企业的国际化》论文中首先提出该理论,1983 年在《第三世界跨国企业》一书中作了进一步阐述,认为发展中国家跨国公司的竞争优势主要来自较低的生产成本,而这种低成本与其母国的市场特征相关。威尔士认为,发展中国家跨国公司的竞争优势具体可以表现在三方面:一是拥有为小市场需要服务的小规模生产技术优势,低收入国家市场需求量有限,大规模生产技术无法从小市场中获得规模效益,而制造规模小,可以通过不同的方式实现。管理费用较低的发展中国家企业开发的生产技术恰好满足了小市场的需求,进而获得竞争优势。二是就地取材和特殊产品的优势,使用当地资源,生产种族产品,对外投资主要是为服务于国外同一种族团体的需要而建立的,以民族为纽带的对外投资占有一定比例。三是接近市场的优势,生产成本低是发展中国家跨国公司具有的竞争优势,采取产品低价营销战略,有利于占

① Cantwell J., Tolentino P.E., "Technological Accumulation and Third World Multinationals", Discussion Paper in International Investment and Business Studies, 1990, 139:1-58.

领消费市场。① 小规模技术理论是关于发展中国家跨国公司的投资理论,发展中国家跨国公司的竞争优势仅仅局限于小规模被动技术和特殊的市场结构,很难解释当今发展中国家更多的对外直接投资现象。

5. 内部化理论。英国学者巴克利(Peter. J. Buckley)、卡森(Mark Casson)以发达国家跨国公司为研究对象,在1976年出版的《跨国公司的未来》一书中提出了内部化理论。②

内部化理论认为,不完全市场竞争中,企业将中间产品通过外部市场来组织交易,难以保证利润最大化目标,通过建立内部市场,利用企业管理手段协调企业内部资源,用企业内部的管理机制代替外部市场机制,降低交易成本,可以避免市场不完全竞争对企业经营效率的影响。跨国公司拥有跨国经营的内部化优势,企业对外直接投资是企业管理与控制权的扩张,而不在于资本的转移,企业通过内部组织以较低成本在内部转移优势,形成企业对外直接投资的真正动因。

内部化过程的决定要素包括行业特定因素、地区特定因素、国别特定因素和企业特定因素,行业因素的影响最重要,组织管理能力也会直接影响市场内部化的效率。内部化理论揭示了企业为了克服市场不完全给企业带来的损失从而要到国外进行直接投资,由于拥有技术管理及人力资本等内部优势使企业对外进行直接投资成为可能。

6. 垄断优势理论。1960年美国经济学家斯蒂芬·海默(Stephen Hymer)在博士论文《国内企业的国际化经营:对外直接投资的研究》中首先提出垄断优势学说,之后在70年代,查尔斯·金德尔伯格(Charles Kindelberger)对其进行了补充和发展。该理论认为,考察对外直接投资应从"垄断优势"着眼。市

---

① [美]威尔斯:《第三世界跨国企业》,叶刚、杨宇光译,上海翻译出版公司1986年版,第21—65页。

② 彼德·J.巴克利、马克·卡森:《跨国公司的未来中国金融》,冯亚华、池娟译,北京出版社2005年版,第31—56页。

场存在缺陷，意味着不同国家的有些企业在竞争中居于垄断或寡占地位，不同企业的经营能力各不相同，当企业拥有某种产品的生产优势时，就自然会设法充分发挥，试图通过同时拥有并控制多家企业而获利，导致跨国公司和直接投资的出现。产品市场、生产要素、规模经济和政府政策原因造成的市场不完全，是对外直接投资的根本原因，同时跨国公司的市场、生产、规模经济和信息等垄断优势是对外直接投资获利的条件。

海默认为，一个企业之所以要对外直接投资，是因为相比东道国同类企业来说具有垄断优势，从而进行跨国生产可以赚取更多的利润。这种垄断优势包括知识资产优势和规模经济优势。资金技术、生产组织、市场管理和一体化等优势，使跨国公司拥有一定的价格控制能力和外部规模经济的优势。因此，为了在更大范围内发挥垄断优势，跨国公司可以将部分劳动密集型工序转移到国外生产，开展横向和纵向投资。

（二）基于周期性动因

1. 产品生命周期理论。美国经济学家雷蒙德・弗农（Raymond・Vernon）研究了美国工业结构转换及产品国际循环，1966 年在《产品周期中的国际投资和国际贸易》一文中提出了产品生命周期理论，将产品生产技术周期与各国的比较优势结合起来，动态地考察了发达国家从出口、对外直接投资到进口的转换过程。认为产品在不同国家有不同的发展阶段，不同阶段各国生产成本不同，从而导致贸易、技术转让和投资活动发生。①

弗农把产品生命周期划分为新产品阶段、成熟阶段和标准化阶段，每一种产品都要经历创新、成熟到标准化过程，不同阶段的要素条件和产品成本有所不同，在新产品阶段，产品属于知识密集型，对技术研发能力和市场收入水平都有很高的要求，本国产品具有竞争优势，产品供应国内需求，可以采取出口

① 雷蒙德・弗农：《产品周期中的国际投资和国际贸易》，《经济学季刊》1966 年 5 月。

方式进入他国市场;在成熟阶段,新产品市场不断扩大,生产技术越来越纯熟,技术垄断被打破,研发成本降低,产品成为资本密集型,价格成为主要竞争因素,企业可以获得规模效益,生产者就有了对国外市场直接投资的动机;在标准化阶段,实现了高度标准化生产,劳动力成本成为关键,价格成为竞争的主导因素,企业开始考虑向劳动力成本较低的发展中国家直接投资,将生产转移到欠发达国家,再从这些国家进口该产品。

按照产品生命周期理论,产业转移是生产者回避产品生产的比较劣势、顺应产品生命周期变化而实施的区位转移,是产品生命周期特定阶段的空间演化,揭示了发达国家对外直接投资的动因。

2. 投资发展周期理论。1979 年英国经济学家邓宁(J.H.Dunning)在夏威夷“发展中国家企业大会”上提出了投资发展周期理论,在国际生产折中理论的基础上,从动态角度解释了各国在国际产业转移中的地位,同时强调折中主义范式仍然是一种有用且强大的通用框架。①

邓宁实证分析了 1967—1978 年 67 个国家直接投资和经济发展阶段之间的联系,认为一个国家对外直接投资的倾向取决于三方面因素:经济所处阶段、要素禀赋及其市场结构、中间产品跨国交易市场不完全的性质及其不完全的程度。一国的对外投资规模与其经济发展水平有密切关系,人均国民生产总值越高,其对外直接投资净额就越大。

该理论按照人均国民生产总值将一国对外直接投资划分为四个阶段:第一阶段,基本上是最贫穷的国家,企业不具有所有权优势和内部化优势,外国的区位优势也无法利用,几乎没有对外直接投资,外商直接投资流入也很少;第二阶段,对外直接投资规模较小,但随着国内投资环境的改善,为了获得进入本地市场的权力,外国投资开始流入并逐渐扩大;第三阶段,国家经济实力增强,积累并具备了所有权优势和内部化优势,对外直接投资快速增长,逐步

① Dunning J.H.,“The Eclectic Paradigm of International Production: A Restatement and Some Possible Extensions”, *Journal of International Business Studies*, Vol.19, No.1, 1988, pp.1-31.

接近利用外资规模；第四阶段，本国企业拥有强大的所有权优势和内部化优势，对外直接投资规模巨大，进入直接投资净输出阶段。

邓宁的国际生产折中理论强调企业拥有不同的所有权特定优势（O 优势）、区位特定优势（L 优势）和内部化特定优势（I 优势），会引发不同的国际经济活动，只有三个优势均具备时才会导致对外直接投资。投资发展周期理论结合"OIL"范式的微观基础和宏观经济角度，考虑了国民经济发展水平和阶段对投资的影响，对国际产业转移的动因和规律作了进一步解释。

二、产业转移形态模式

产业转移实质上是产业生产要素在不同国家和地区迁移流动的过程，既有时间跨度，也有空间维度，在特定条件下采取特定的转移方式，形成了一些跨越地理空间的形态模式，对此学者也有各自的理论解释，影响较大的主要有雁形形态、梯度转移和集群模式。

（一）雁行形态理论

1932 年日本经济学家赤松要（Kaname Akamatsu）在其《我国经济发展的综合原理》一文中对日本明治初年以后纺织产业发展和工业成长模式进行了研究，1935 年在论文《我国羊毛工业品的贸易趋势》中作了进一步阐释，提出了"雁行产业发展形态"理论，认为日本的产业通常经历了进口—国内生产—出口等阶段并呈周期循环，某一产业随着进口的不断增加，国内生产和出口的形成，其图形就像三只大雁展翅翱翔，形成一个倒"V"，如同飞机编队按序飞行。①

在一国范围内，"雁行形态"先是在低附加值的消费品中出现，然后才在生产资料产业中出现，继而在整个制造业的结构调整中都会出现。进入产业

① Kiyoshi Kojima, "The 'flyinggeese' model of Asian Economic Development: Origin, Theoretical Extensions, and Regional Policy Implications", *Journal of Asian Economics*, 2000, No.11, pp.375-401.

化初期,一些经济技术落后的发展中国家,只能把某些产品的市场向发达国家开放;国内产品需求达到一定规模,并初步掌握产品的生产技术,为本国生产这种产品提供了市场和技术条件,加之资源和劳动力优势,该产品开始本国自己生产,逐步替代进口;伴随生产规模扩大,本国产品的国际竞争力不断上升,推动产品出口。

20世纪70年代,赤松要与小岛清、山泽逸平等学者进一步拓展了“雁行形态理论”,将东亚地区经济起飞的动态过程及产业分工转移,描述为“雁行发展模式”。雁行形态理论主张投资国将本国按生产成本的排序已处于比较劣势的边际产业依次向被投资国进行转移。依照科技复杂程度,一个国家或地区在经济发展中往往会经历劳动和资源密集、资金密集、技术和知识密集三个产业梯级,随着人均收入增长和工业化水平的提高,一些逐渐失去优势的产品,将会转移至低梯度的国家或地区。科技先进、资金雄厚并率先实现产业化的日本居于东亚经济发展的雁头地位,主要从事技术开发并依次把成熟的或者具有潜在比较优势的产业转移出来,而亚洲“四小龙”作为东亚经济发展的雁身,积极利用日本的资金、技术,重点发展资本密集型产业,同时又将失去竞争力的劳动密集型产业依次转移到其他东盟国家。东亚国家和地区按照梯次顺序进行产业转移,形成了涵盖技术密集—资本密集—劳动密集型产业、以日本为核心的垂直的东亚雁行产业分工体系。

(二)梯度转移理论

学术界普遍认为经济梯度转移理论来自费农的产品生命循环周期理论和冈纳·缪尔达尔(Gunnar Myrdal)、阿尔伯特·赫希曼(A.O.Hirschman)等的“二元经济结构”理论,国内学者围绕区域经济发展,对梯度理论也作了大量研究,将梯度理论从静态发展到动态阶段。按照梯度理论,不同国家和地区之间,在生产要素、技术水平、经济发展等层面的高低不同,产业结构会存在明显的梯度差异,这使产业转移成为可能。每个国家和地区都处在一定的经济梯度上，新产品、新技术都会随着时间的推移，由高梯度地区向低梯度地区转移。发达区域也可以将相对落后的产能向欠发达区域转移，前者腾出空间来发展先进产能，后者通过接收仍然具有实用性的产业发展自身经济。与梯度理论不同，逆梯度理论强调打破梯度极差，一定条件下落后地区也可以通过引进先进技术实现跨越式发展。此外，缪尔达尔认为在某些特定区域的梯度发展过程中存在极化效应、扩散效应和回流效应，共同制约着地区生产分布的集中与分散状况。

（三）集群模式理论

产业发展经历了企业从“单打独斗”到“抱团取暖”的过程，无论是行业相关企业之间联合，还是单一企业建立生产供应体系，从空间上均出现了集群式或园区式的生产方式，相应地也反映在国际产业转移当中。

麦克尔·波特在20世纪80年代对产业集群的涵义作了界定：特别领域相互关联的公司、供应商、下游企业和专门化的中介机构在地理上的集中，构建专业化生产要素集聚地，使企业形成互助关系、克服内在僵化、发展国际竞争力。[①] 保罗·克鲁格曼（Paul Krugman）对区位经济活动做了研究，从1991年发表论文《报酬递增与经济地理学》，到1999年出版《空间经济学：城市、区域和国际贸易》等著作，将空间区位问题同规模经济结合在一起，基于区域经济与规模经济的角度，解释了工业活动的集中性，认为产业集群能导致生产某一产品的平均成本下降，进而产生收益递增的规模效应，并建立了精致的空间基本模型，对哪一种制造业会在哪里集中作了进一步论证。[②]

钱颖一（1999）运用“栖息地”（habitat）的概念来解释集群企业的竞争优

① ［美］迈克尔·波特：《国家竞争优势》（上），李明轩、邱如美译，中信出版社2012年版，第132—139页。

② ［日］藤田昌久、保罗·克鲁格曼、安东尼·J.维纳布尔斯：《空间经济学》，梁琦译，中国人民大学出版社2013年版，第250—256页。

势，认为企业集群区是创业公司的“栖息地”，它至少包括开放型生产结构、人才流动频繁、法律环境较为宽松、容许失败、生活和工作观、外国移民多、股票交易市场七个方面的因素。① 郑胜利、黄茂兴（2002）指出产业集群是地域化经济的高级阶段，集群内存在前向、后向和水平的产业联系，“产业集群中，产业联系在内容上已经大大拓展了，它不仅包括企业之间的物质联系，更强调非实体的信息和知识联系，它不仅是一种线性的产品链关系，更是一种非线性的创新链关系”②。张少军、刘志彪（2009）从价值链视角研究了国际产业聚集现象，指出全球价值链（GVC）是世界发达国家进行国际产业转移的一种主要组织方式，在全球价值链模式下国际产业转移形成了国际生产分散和产业集聚。③

无论是从理论还是从实践都可以看出，产业集群的形成是一个生产力不断集中的动态演化过程，从产业集聚的初级阶段到形成完整配套体系的成熟阶段，可以体现在一国之内，也可以体现在跨国层面。产业集群具有节约交易成本、学习创新和外部经济效应三个鲜明特征，集群区内的各个企业地理邻近，共享基础服务设施，缩短了时间和空间距离，容易建立信用机制和业务关联，大大减少包括仓储运输、信息搜寻、沟通谈判以及合同执行等在内的有形和无形交易成本，彼此实行高度的分工协作，提高了生产效率，使整个产业集群拥有了外部规模经济。

三、传统产业转移理论的局限

全球经贸往来正逐渐显现不可逆转的发展态势，发展中国家产业合作成为国际经贸合作领域不容忽视的重要力量。传统产业转移理论对早期的国际

① 钱颖一：《经济社会体制比较》，《硅谷的故事》2000 年第 1 期。

② 郑胜利、黄茂兴：《从集聚到集群——祖国大陆吸引台商投资的新取向》，《世界经济与政治论坛》2002 年第 3 期。

③ 张少军、刘志彪：《全球价值链模式的产业转移——动力、影响与对中国产业升级和区域协调发展的启示》，《中国工业经济》2009 年第 11 期。

直接投资和产业转移现象有了较为清晰和明确的解释，为新兴发展中国家产业合作提供了一定的理论启示，但是也存在一些局限。

国际直接投资理论大都认为垄断优势和技术因素是国际直接投资的决定性因素，投资顺序应该是从发达国家向发展中国家或在发达国家之间流动。垄断优势理论突破了传统贸易理论框架和完全竞争模型，从流通领域转入生产领域，对企业对外直接投资的条件和原因作了分析说明，强调知识和技术的重要作用，跨国公司为了发挥垄断优势而进行横向投资，而利用劳动密集型生产工序转移到他国的纵向投资来进一步维护自身优势，跨国公司通过横向和纵向投资巩固垄断地位，增强获利能力。然而在现实当中，不具有技术等垄断优势的发展中国家对外直接投资日益增多，一些新兴经济体国家在引进外资的同时，即向发达国家进行投资，相互之间投资也在逐渐加强。对此，以美国等西方发达国家为研究对象的投资理论不能很好地给予解释。

投资周期理论将一国的对外直接投资与其国民生产联系起来，从宏观上揭示了对外直接投资与经济发展的辩证关系，但过于强调用人均国民生产水平来说明对外直接投资的变化，而忽视了其他诸多因素的影响。产品循环周期理论较好地解释了 20 世纪 70 年代之前跨国公司对外投资行为，突出了产业转移梯次顺序，而对于在技术创新阶段进行对外转移的现象则无法解释，也不能很好地解释发展中国家的对外投资。

梯度理论强调创新活动源于高梯度地区，之后会按照产品生命循环顺序依次向低梯度地区转移，低梯度地区的发展机会大多集中在没有发展前途的产业部门，在市场作用下形成极化、扩散和回流效应，地区间不平衡会进一步扩大。梯度理论对区域产业转移有较清晰的解释，但是梯度转移容易导致不同国家或地区之间的梯度差距拉大，发展中国家或落后地区会一直处于追赶状态而落后于发达国家和发达地区。而发展中国家在要素、战略和便利性等特定环境存在诸多局限，也使国家之间产业平行转移或逆梯度转移困难重重，梯度转移理论对此无法解释，从当前现实来看，梯度转移引发的梯级差异扩大现象也已受到越来越多的质疑。“雁行模式”同样强调了产业梯次转移,实质上属于垂直型分工结构,处于低梯级的发展中国家在转移分工中始终处于被动地位,不可能赶上发达国家。“雁行模式”的基础是各国存在产业梯度差异,而随着各国经济的发展,梯度差异日益缩小,较小梯度国家之间无法实现雁行形态的产业转移。此外,按照边际产业转移理论,会形成落后产能的异地重生,一些高污染高能耗产业的跨区转移,不符合当今环保潮流。

小规模技术理论虽然把研究对象从发达国家扩大到发展中国家,摒弃了西方学者以垄断优势进行对外直接投资的观点,将企业自身的小规模技术、民族产品和低成本等优势与发展中国家市场特征联系起来,但发展中国家企业技术相对落后,在国际直接投资中难以成为主流,更无法解释一些发展中国家的科技企业出现的对外投资现象。

上述理论主要从产品、企业和产业视角进行研究,基于比较优势理论和新古典分析框架,在规模报酬不变和完全竞争市场结构的条件下,不同国家比较优势的差异或比较优势的动态变化引发了产业转移。实际上国际直接投资的动因是多方面的,经济全球化变革、区域一体化实践、现代新技术应用及分工组织创新,都将对国际投资产生深刻的影响。实践是检验真理的唯一标准,国际产业转移将会伴随未来全球经济合作而一直发展下去,相关理论也必然会不断延续、不断拓展、不断推陈出新。

传统产业转移理论解释了特定时期的特定现象,对当前的国际产能合作也具有一定的借鉴意义。根据传统产业转移理论,开放环境下,金砖国家作为发展中国家,市场并不完善,在技术要素资源等方面存在一定的比较优势差异,具有产业转移的条件和动因,有利于开展周期型产业转移和优势型产业转移。近年来,新兴发展中国家经济实力不断上升,对外直接投资活动日趋活跃,中国与其他金砖国家的产业合作也在逐年增加。从现阶段实践活动来看,直接投资并未完全遵循传统理论轨迹,将边际产业或劳动密集型产业向他国大量转移,而是更多地集中在能源、基础设施建设、电子信息技术和机械制造等领域，呈现投资多元化态势。中国具有充沛的产能资源，制造业具有明显的竞争优势，应该进一步强化技术优势，积极发挥主导作用，结合其他金砖国家市场需求，充分利用各方的互补条件和比较优势进行互利合作。

伴随经济全球化进程和科学技术进步，一轮又一轮的大规模产业转移推动了国际经济结构和分工格局的形成，加快了生产要素世界范围的流动。从国际产业转移实践的大趋势来看，19 世纪后期英国向美国实施了产业转移，20 世纪中期美国开始向日本、欧洲进行产业转移，之后日本、欧洲向亚洲"四小龙"产业转移，各个时期产业转移的背景、内容、方式和结果有所不同，但对全球价值链的构建都产生了重要影响，产业合作的高度和宽度不断提升。目前正在进行的产能合作主要是由中国主导的新一轮产业转移，本次转移具有明显的双向特征，一方面中国优势产能向发展中国家转移，另一方面经过前几次的转移，发达国家可用于转出的产业越来越少，产业空心化的担忧使一些中高端制造业向西方国家回流，给产能合作带来了诸多挑战。

可以预见的是，未来中国与其他金砖国家的产业合作以及金砖国家之间的相互投资将会继续快速发展，发展中国家的对外投资合作会更具多样性。传统国际产业转移和投资理论，如产品生命周期理论、投资周期理论、边际转移理论和国际生产折中理论等对于国际产业转移有较强的解释力，面对新一轮产业转移或者产能合作，新的实践、新的变化、新的特点，都需要探索更加符合现实的国际产能合作理论加以阐释和指导。

第三节　现代国际产能合作理论内涵

一、国际产能合作的内涵界定

几次大规模国际产业转移推动了全球工业化进程，也促进了中国改革开放以来的经济发展。进入 21 世纪，面对全球经济结构新的变革，发展中国家加快了工业化、城镇化进程,需要更加广泛地开展多种形式的产业转移及产业合作。2014 年中国与哈萨克斯坦领导人共同提出了产能合作计划,产能合作成为中外合作新模式。① 2015 年 5 月,国务院发布了《关于推进国际产能和装备制造合作的指导意见》,第一次以国务院文件的高规格形式推动开展国际产能及装备制造产业合作,由此"国际产能合作"成为经济学热词。关于产能合作的概念与内涵,学术界作了许多研究并给出了解释,目前尚未形成系统性理论。

一些学者从对外直接投资转移视角研究了国际产能合作,强调产能合作主要就是投资合作,向东、刘武通(2015)认为国际产能合作就是产业与投资合作,即一国根据需要引入别国有竞争力的装备、技术、生产线、管理经验等,推动基础设施共建与产业结构升级相结合,提升工业化和现代化水平。② 夏先良(2015)认为国际产能合作是一种国家间产业互通有无、调剂余缺、优势互补的合作方式,是一种国际产业转移与对外直接投资相结合的新模式,实质上是直接投资对原有贸易方式的替代。③ 毫无疑问,产业与投资的结合是产能合作的核心,通过直接投资,跨国建厂或并购企业,形成本地化的生产能力,是现阶段及未来产能合作的一个主要方式。

也有学者将贸易方式纳入产能合作并作了解释,强调除了直接投资,产能合作还包含商品输出。卓丽洪(2015)认为,国际产能合作就是产能国际转移,是通过国际贸易、国际投资等方式,将产能从一个国家(地区)转移到另一个国家(地区),从而实现生产要素的跨国配置组合。郭朝先(2016)认为国际产能合作是在具有意愿和需要的国家间进行产能供求跨国配置的联合行动,包含产品输出和产业转移两种渠道。④ 陈衍泰等(2016)认为国际产能合作就

① 武寒:《产能合作,中外合作新模式》,《光明日报》2014 年 12 月 31 日。

② 向东、刘武通:《创新推动国际产能合作》,《人民日报》2015 年 8 月 17 日。

③ 夏先良:《构筑"一带一路"国际产能合作体制机制与政策体系》,《国际贸易》2015 年第 11 期。

④ 郭朝先、刘芳、皮思明:《"一带一路"倡议与中国国际产能合作》,《国际展望》2016 年第 3 期。

是产能的跨国家配置,合作路径有产业转移和跨国贸易两种形式。① 按照基本经济理论和实践活动,无论是即期交易还是跨期交易,一般商品贸易都可以长期单独存在,也可以成为投资的前期过程,在一定条件下进行生产能力转换,从产品出口到生产投资再到商品进口。与此同时,在贸易商品结构中,资本品和中间品大都具有生产性和增值性,这些商品贸易本身就是生产能力的空间转移。此外,补偿贸易与加工贸易相结合,也是一种常见的利用外资形式。由此可以看出,在某种意义上贸易本身也是资本投资行为,可以向投资过程转换,产能合作并不能简单排除贸易方式。

实际上,产能合作作为一种新的国际产业合作实践活动,其实现路径不仅涵盖了传统投资和贸易方式,还包含更广泛的形式,已经超越了国际上单一、传统的合作模式,目前在国际上的技术流动、投资及贸易就是最好的例证。②对此,魏敏(2016)认为在国际贸易理论中,产能合作并非是新概念,可以从广义和狭义上进行界定,国际产能合作是指整个产业国际化经营程度的优化和高度国际化,其实现路径包括国际贸易、对外直接投资和契约性国际生产。③刘勇、黄子恒等(2018)则进一步强调国际产能合作是基于国际产业分工与产业发展的全球化内在需求,通过国际贸易、国际投资、国际开发合作等方式,将产业发展布局从一个国家或地区转移扩展至另一个国家或地区,重构全球产业链、价值链与资本链,实现生产要素在全球范围内的重新配置组合。④

此外,部分学者还从“两个市场、两种资源”统筹利用视角对产能合作作了拓展,袁丽梅、朱谷生(2016)认为,国际产能合作是将中国产业优势、资金

---

① 陈衍泰、范彦成、李欠强:《“一带一路”国家国际产能合作中东道国选址研究——基于国家距离的视角》,《浙江工业大学学报(社会科学版)》2016 年第 3 期。

② 綦怀琴、王俊:《“一带一路”框架下国际产能合作路径探析》,《人民论坛》2016 年第 8 期。

③ 魏敏:《中国与中东国际产能合作的理论与政策分析》,《阿拉伯世界研究》2016 年第 6 期。

④ 刘勇、黄子恒、杜帅、吴斌、孙欣如:《国际产能合作:规律、趋势与政策》,《上海经济研究》2018 年第 2 期。

优势与国外需求相结合,以市场为导向,以企业为主体,单独或者与国外企业合作开展各种形式的工程承包、投资设厂等企业经营活动。① 熊勇清(2017)认为国际产能合作是以国内外合作双方资源的特异性和梯度差距作为基础,并以国内外合作企业产能、市场和技术等资源的共享对接为核心内容。② 李晓华(2019)认为中国推动的国际产能合作可以概括为"能力建设导向的包容性产能合作",与以往国际直接投资在参与主体、投资领域、结果等方面都呈现出显著不同的新特征,在带动中国企业成长的同时,也会帮助发展中国家进行自生能力建设③,尤其强调通过基础设施和生产制造多个领域的广泛互动合作,使东道国宏观经济治理能力得到有效改善,同时促进其行业和企业的市场竞争能力提升。

显然,国际产能合作的内涵已经远远超出了传统产业转移与投资理论的范畴。当前国际合作环境与传统产业转移时代相比,已经发生了重大变化,对产能合作提出了更多、更新和更高的要求。而在信息不对称、公共产品缺失和市场结构不完善的条件下,跨国公司自发推动的投资行为并非完全有序,市场机制难以实现资源的最优配置。特别是对刚进入工业化阶段的发展中国家而言,普遍存在资本不足、人才缺乏、要素市场和配套设施不健全,都会导致市场出现失灵,需要政府站在宏观层面,通过新的理念、新的机制和必要的产业政策来加以引导。因此,国际产能合作需要有更多的包容性、前瞻性、共生性和互惠性。

概括起来,国际产能合作是不同国家或地区之间基于互补条件、比较优势和发展需求,共同参与国际分工,通过产品输出、资本输出、技术输出等诸多形式,将产业资源或产能供给环节进行跨国配置转移,以实现互利共赢目标的一

① 袁丽梅、朱谷生:《我国开展国际产能合作的动力因素及策略》,《企业经济》2016 年第 5 期。

② 熊勇清、苏燕妮:《国际产能合作实施的战略价值及模拟分析——基于"两种资源、两个市场"统筹利用视角》,《软科学》2017 年第 5 期。

③ 李晓华:《能力建设导向的包容性国际产能合作》,《经济与管理研究》2019 年第 5 期。

系列经济活动。国际产能合作三个关键词包含三个层面的含义,“国际”意味着需要两个或两个以上的经济体共同参与,可以是新兴经济体和发展中国家,也包括发达国家,在政策推动下,以各类企业为主导进行市场化运营,参与主体具有广泛性和开放性。“产能”反映企业在一定技术条件下的生产规模和生产能力,富于产能优势的国家,通过直接投资、贸易、工程承包、技术合作等多种方式,将优质产能、技术标准等转移到相对缺乏的国家,最终促进各国产业结构优化升级。“合作”需要各方协同联动,以互需为条件,满足各自的国家需要;以互动为手段,并非胁迫或被动接受,而是各方平等参与;以互利为目标,通过合作,参与各方优势互补,各得其益,共同发展。

国际产能合作涉及多个主体、多条路径和多种领域,其内在驱动因素主要源于相关合作主体对国家经济持续增长、产业结构转型升级、企业国际竞争力提升都有着共同或相似的迫切需求,具有开展合作的区位优势与主观意愿,进而形成政策推动、行业协调、企业主导的多层次动力传导机制,合作系统更加立体多元(见图1-2),合作内容也更为丰富。各国基于要素禀赋、经济发展水平、市场供给结构和发展战略规划形成合作需求,发挥参与各方的比较优势,通过政府激励推动、产业政策引导和支持、学术界与民间参与等多维促动,跨国公司以重点项目单元、产业集群或生产园区为依托,采取投资、贸易、技术、合约、工程承包和联合开发等方式,在基础设施、资源矿产、制造业等多个领域,开展互利互惠合作,产生知识溢出效应、技术溢出效应、人才溢出效应、福利溢出效应和价值增值效应,有利于合作各方加快产业转型升级和经济增长,促进区域协同发展。

产能合作的类型具有多样性,可以有多种划分方式。例如,按照驱动因素,可以将国际产能合作划分为市场开发型、资源互补型,技术拓展型、成本导向型、产能利用型等;按照不同的业务合作单元,可以划分为商品输出型、生产协作型、研发联动型、渠道延伸型等;按照产品及服务领域,可以划分为资源类、基本建设类、消费品类、资本品类和无形资产类等;按照参与主体所发挥的

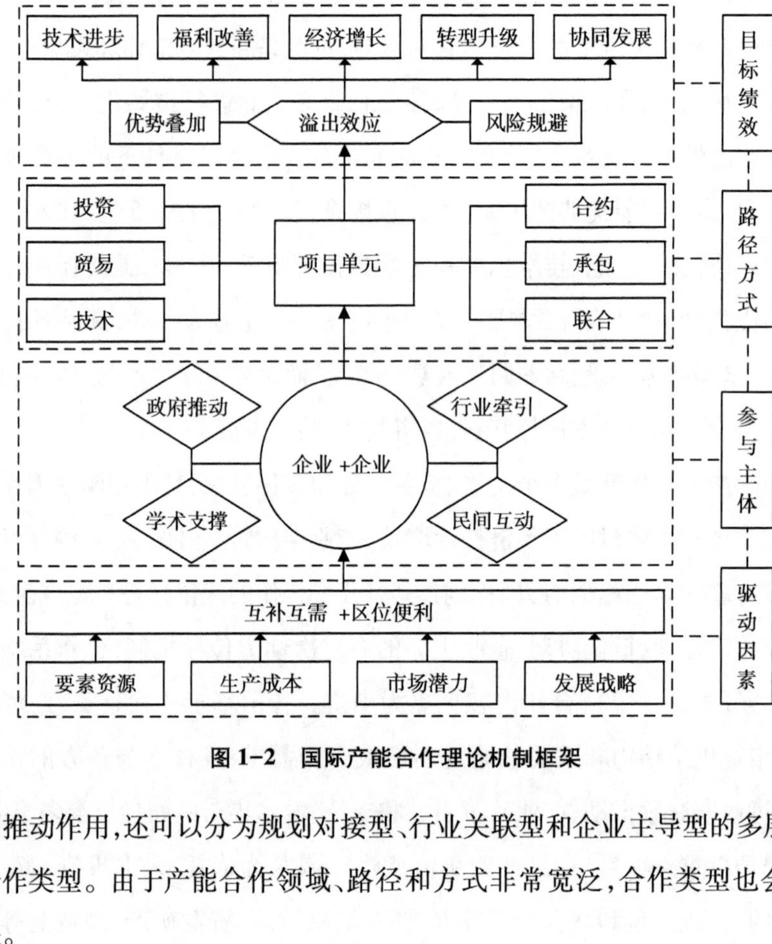

图 1-2 国际产能合作理论机制框架

不同推动作用,还可以分为规划对接型、行业关联型和企业主导型的多层次产能合作类型。由于产能合作领域、路径和方式非常宽泛,合作类型也会不断扩展。

二、国际产能合作的主要特征

中国提出的国际产能合作,是发展中国家主导的一种平等共赢的新型经济合作方式,是在全球经济治理变革下的理论与实践的探索创新,不同于传统产业投资转移,国际产能合作具有以下几个鲜明的特点。

(一)强调优势互补,互利共赢

传统国际产业转移在发达国家跨国公司主导下,追求经济价值最大化,以短期获利为最高目标，转移的大多是边际产业，投资领域主要集中在能够快速收回投资的制造行业。在满足短期高额投资回报的同时，跨国公司为了长期利益，会倾向于对发展中国家相关产业进行资源锁控和技术抑制，使发展中国家始终成为发达国家原料输出地或制成品加工组装地，长期陷入“低端产业陷阱”和“低收入陷阱”而无法自拔。

国际产能合作不同于历史上西方国家主导的对外投资与产业转移，不是单向落差式转移，也并非落后产业转移或过剩产能倾销，更不是濒临淘汰的高能耗、高污染产业的输出，而是借助优质产能合作，按照取长补短优势互补的原则，根据各国国情，将不同国家的产业控制力、规模产能、要素优势和消费需求等重新组合配置，提升整体资源配置效率及合作各方产业发展水平。中国倡导的国际产能合作，其内容已大大超越了“边际转移模式”、“雁行模式”和“产品周期转移模式”等传统方式，更加着眼于长期利益，注重经济效益和社会效益的合理平衡，投资领域既包括生产制造业，也包含与各国经济社会发展密切相关但投资回收期限较长的基础设施建设，涉及工程施工、装备制造、技术服务、金融贸易等发展中国家普遍关注的诸多领域，尤其强调生产能力的移动和再造。

处在工业化发展阶段的发展中国家，普遍欠缺制造能力，迫切需要引进先进技术和现代管理，中国有一定优势条件，愿意在产能合作的基础上加强交流、互助互学，帮助发展中国家提高企业生产技术和管理水平。中国制造业具有较强的规模优势和产业竞争实力，依照其他发展中国家的初始条件、资源禀赋、产业结构等互补条件，将产能整体或部分输出到不同国家，既有利于解决中国面临的富余产能消化和产业结构优化升级问题，也有利于帮助广大发展中国家建立更加完整的工业体系和制造水平提升，促进其“造血”功能建设和加快工业化进程。

产能合作不等同于一般贸易和投资，它不仅强调优势产品装备的输出，更加强调生产管理、技术标准、经营理念的融合，充分结合发展中国家的战略需要、市场需要、技术需要和产业需要,真正考虑参与各方的优势和意愿,形成利益共同体。在国际产能合作进程中,各国面临共同的发展机会,通过积极参与分工合作,坚持机制共融、经验共享和模式共创,可以提高相关国家在国际生产体系中的地位,推动基础性产业和制造业规模发展,降低产业升级的综合经济技术成本,实现广泛的互惠共赢,为发展中国家的工业化、城镇化及现代化发展提供动力,也为世界经济注入新的活力。

(二)强调多元互动,平等包容

国际产能合作是以中国为代表的发展中国家倡议、面向发展中国家以及发达国家的产业转移新浪潮。产能合作在合作主体、内容、方式、机制、领域等方面具有多层次、多样化和互动性,也有更大的包容性。一方面,还有许多发展中国家及转型国家,面临经济结构升级,具有引进产业技术的迫切需求。另一方面,中国作为快速崛起的发展中大国,拥有齐全的产业体系,制造业规模、技术和标准等处于世界产业链的重要地位,产业升级空间很大,企业具备走出去的动力和能力,中国的产业地位和发展阶段恰好能够适应大多数发展中国家的需求,彼此有较高的匹配程度。在开放、自由的竞争环境下,中国与其他国家在合作当中拥有同等的地位、相同的发展机会和平等的选择权利。

以往的跨国生产投资大都是企业的个体行为,传统国际产业转移主要发生在发达国家与发展中国家之间,国家不直接或较少参与,跨国公司是进行产业合作的主体和推动力量。而国际产能合作是国与国之间的发展共享,从客户、企业、行业组织到政府机构,有更广泛的参与者。国家层面搭建平台框架,营造公平、开放、便利的营商环境;行业组织提供服务支持,找准定位,与企业需求充分融合;企业自主决策实施广泛的市场化和内部化对接,落实具体投资经营活动。

传统生产转移常常会将技术、人员和资源控制在一个封闭体系内,对外缺少兼容性,日本产业转移所形成的"金字塔"形生产网络尤为明显,而欧美企业虽然主张全球采购，但其管理系统仍然具有排他性。在封闭体系内，跨国公司拥有绝对的话语权和主导权，而其他参与的当地企业大都处于被动从属地位。国际产能合作并非封闭系统，在实践当中重视由单向控制到多方协作转变，由垂直形式向水平共生转变，由内向封闭向环境兼容转变，避免出现传统产业转移模式下的各种陷阱，在产能转移中促进参与国家共同实现产业转型和升级。

产能合作也绝不仅仅是个别领域生产节点的移动，而是将基础设施、制造业和信息技术紧密结合起来，对现代国际生产体系进行不断丰富和充实的过程，包含产业链上下游和配套行业以及产业间、产业内、产品内的不同分工，不止涉及资本、技术、设备和人才投入，还涉及员工素质、标准规范、生产管理、市场运营和服务保障等多个环节交融合作，通过多种形式的资源对接、生产对接、市场对接和综合能力建设，不断延伸和完善产业体系，推动全球价值链的重新整合。

（三）强调模式创新，绿色发展

产能合作重视对传统产业转移方式的借鉴，但不是完全囿于其中，而是需要根据新技术、新境况的持续变化不断进行创新突破。自 2008 年全球金融危机爆发以来，世界经济格局发生重大变革，原有的全球治理与国际合作规则受到挑战。与此同时，现代生产分工出现了精细化、模块化、扁平化趋势，传统产业投资转移模式已经表现出明显的非适应性特征，亟待更多的理念创新、模式创新、路径创新和机制创新。国际产能合作是国际产业分工转移的高级形式，构建包容共享、协同创新的新型经济关系，成为产能合作的特征和方向。经过十几年的实践探索，积累了一些创新成果，金砖国家新开发银行、亚洲基础设施投资银行、丝路基金等新型投融资组织的建立，有助于完善国际经济合作新机制；企业联盟、示范工程、三方合作等新路径也有利于进一步深化产能合作；产业新城、工业园区、经济特区、自由贸易区等正在形成产能合作的新模式。

没有创造,没有突破,就必然会裹足不前,甚至陷入原有的困局当中。长远来看,产能合作必将会是一个不断创新的过程,伴随参与各方智慧的不断融合,将源源不断地产生新动能、新思路和新方法。

绿色发展作为环境保护与经济增长的重要结合点,是全球治理的重要内容,也是各国共同追求的目标。2015 年 9 月,联合国峰会通过了 2030 年全球可持续发展议程,涵盖 17 个可持续发展目标,其中明确提出采取行动应对气候变化及其影响、确保可持续消费和生产模式、保护海洋和陆地生态系统、防治荒漠化、遏制土地退化现象。当然,实现其中任何一个可持续发展目标都面临巨大挑战,需要加强地区合作,对教育、卫生、基础设施进行更多的投资,创建渠道来进行能力建设。① 中国是绿色发展理念的倡导者和践行者,提倡绿色、循环、低碳的生产生活方式,积极鼓励生态环保领域的国际合作。顺应和引领绿色低碳潮流,开展可持续的能力建设,自然成为落实推进国际产能合作的核心内容与有效途径。

国际产能合作就是要秉承生态文明和绿色发展理念,结合各国发展诉求,分享绿色发展经验,将现实问题与可持续发展有机结合,强调先进技术与自然环境的和谐统一,彻底摒弃传统转移模式中污染落后产业异地重生的做法,让低碳意识全面覆盖从传统行业到新兴产业各个领域的合作项目建设,坚持采用绿色技术和标准,在增量资产中着重环保、健康、节能产业的开发利用,对存量资产实施技术改造、设备更新和工艺升级,降低污染排放和能耗强度,引导和激发企业大力开发绿色技术、生产绿色产品、建设绿色园区。通过绿色产能合作,培育低碳化的产业体系和社会生态,最大限度地实现资源有效利用和生态环境的持续改善,缓解资源环境约束,推动产业转型升级和高质量发展。

总之,由上述特征和内涵界定可以看出,国际产能合作从内容上丰富了国际产业转移理论,并在实践基础上进一步结合新形式、新环境而进行了拓展与

① 联合国亚洲及太平洋经济社会委员会(ESCAP),见 https://news.un.org/zh/story/2019/07/1038711。

创新，既吸收借鉴了传统经济理论的精华，在目标、主体、方式、范畴、路径和结果等方面，又与以往产业转移有所不同，具有明显的包容性和互惠性特征，使更多的发展中国家有机会参与到国际生产分工中来，平等合作，互利共赢。当然，国际产能合作是一个长期而复杂的过程，面临许多压力和挑战，在动力机制、传导效率、风险管控、利益协调等方面还需要进一步探索，未来伴随实践活动的深入开展和学术研究的持续积累，产能合作理论也会不断充实和完善。

第二章　金砖国家产能合作的基础条件

开展国际产能合作需要具备一定的基本条件。自然资源是经济发展的刚性基础和财富增长的重要源泉,通常会决定一国的经济增长模式。人口是推动经济社会发展和进步的根本力量,一定的人口基数有利于形成经济规模和构建完整的经济体系,人力资本和劳动力素质则是保持创新能力的关键支撑。产业结构是在生产分工基础上形成的,体现着一国经济发展水平和发展阶段。经济增长的数量、质量与结构是内在与外在多重因素综合作用的结果,而产业规划和配套支持政策对于一个国家经济发展的指向作用是不可忽视的。这些条件在某种程度上决定了一国的经济结构、发展路径和产业方向,关系到一国自身供需平衡,也会对开放合作形成不同的引力或阻力,使产能合作在方式、规模、领域和空间上具有多种选项与可能。金砖国家都是资源大国,为了更有针对性地开展产能合作,需要首先厘清金砖国家在资源禀赋、发展水平、经济结构、主导产业、开放程度以及市场政策空间等方面所拥有的现实条件和差异。

第一节　自然资源供给

巴西位于南美洲东南部,面积852万平方公里,是拉美地区最大的国家,居世界第5位。巴西80%以上地区处于热带,只有最南部地区处于亚热带,属热带和亚热带气候。境内以高原与平原为主,高原和平原约占国土面积的1/2和1/3,由北而南分别有圭亚那高地、巴西高原、巴拉圭盆地,耕地面积7456万公顷。巴西海岸线7400公里,河流众多,拥有世界上最大的热带雨林和世界12%左右的淡水总量,水力资源和森林资源丰饶,森林覆盖率居世界前列。

巴西矿产资源极为丰富,已探明储量的矿产有70多种,铝、铁、锰、铌、钽、锌、金等的储量和产量都在世界上占有非常重要的地位。铌、钽储量、产量和出口量均居世界第1位,铁矿、铀矿、铝矾土和锰矿储量居世界前3位。此外,还有较丰富的铬矿、镍矿、金矿以及石墨、滑石、高岭土等非金属矿。巴西能源主要包括石油、水电、核能等,目前已经进入世界10大石油生产国之列。

俄罗斯位于欧洲东部和亚洲北部,东、北、西部分别毗邻太平洋、北冰洋和大西洋,南北宽为4000公里,东西长度超过9000公里,国土面积1713万平方公里,是世界国土面积最大的国家。地形东高西低,南高北低,多为平原和高原,大部分地区处于北温带,冬季漫长而严寒,温差普遍较大,近80%的人口和包括首都莫斯科在内的大多数城市均在欧洲部分。现有耕地面积超过12270万公顷,多部分地区气候和土壤条件并不利于开展农业生产。俄罗斯森林覆盖面积高达815万平方公里,居世界首位,占国土面积的一半左右。河流湖泊众多,是世界上水力资源最为充沛的国家之一。

俄罗斯矿产资源十分丰富,拥有世界最大的矿物原料储备,也是世界重要能源生产大国。铁矿石储量居世界第1位,铝蕴藏量居世界第2位,铀和黄金储藏量居世界前5位,镍、锡、铜及石棉、石墨、云母等矿藏也储量富足。此外,天然气约占世界探明储量的1/5,居世界第1位,煤蕴藏量超过1500亿吨,居世界第2位,石油储量占世界探明储量的5%,居于世界前十行列。

印度位于亚洲南部,东临孟加拉湾,西靠阿拉伯海,国土面积329万平方公里,居世界第7位,是南亚次大陆最大的国家。印度海岸线长约8000公里,平原约占国土面积的40%,其余为山地、丘陵和高原,整体上地势低平,大部分山地、高原海拔不超过1000米。印度大部分地区属热带季风气候,一年分为凉季、暑季和雨季三季。耕地面积15500万公顷,居世界第2位,土壤肥沃,适宜农业生长。印度河流众多,但各地降雨量差异很大,水资源面临短缺,森林面积约77万平方公里。

印度矿产资源品种比较齐全,矿藏近100种,其中云母储量、产量和出口量均居世界首位,铁矿石、铝土、煤的储量位居世界前5位,核燃料资源与水电资源也较为充沛,石油和天然气资源则相对贫乏,可开采储量不多。印度三面临海,是一个海洋大国,沿海蕴藏着丰富的生物和矿物资源。

中国位于亚洲东部,国土面积为960万平方公里,地势西高东低,呈阶梯状下降,直到东部沿海,全部山地、丘陵和高原占国土面积接近70%,平原和盆地分别约占12%和19%。耕地面积13500万公顷,不到世界耕地总面积的10%,而人均耕地面积只有0.1公顷,远低于世界平均水平。中国气候类型复杂多样,大部分地区位于北温带和亚热带,南北气温差别较大,河流湖泊众多但地区分布不均,森林面积182万平方公里。

中国地质构造复杂多样,资源品类丰富,已探明储量的有150多种,包括煤、锡、铀、钼、钨、稀土、钛、锑、汞、铅、锌、铁、金、银、硫、磷、石墨、铜、铝、锰、硼等,总储量居世界前列,其中钨、稀土、锑的储量占世界第一。非金属矿中硫铁矿、菱镁矿居世界首位,磷矿、石棉等居世界前列。石油天然气储量在世界排位相对靠后,均在前10名之外。

南非位于非洲大陆最南部,东、南、西三面为印度洋和大西洋所环抱,国土面积为122万平方公里,海岸线长达3000多公里。东部、南部和西部边缘地区为沿海低地,北部主要为山地、灌丛草地或干旱沙漠。南非属热带草原气候,多数地区气候干燥,降雨量较少,河流湖泊数量不多,森林面积127万公顷,耕地面积1200万公顷。

南非矿物资源丰富,已探明储量并开采的矿产有70余种,黄金、铂族金属、铝硅酸盐、锰、铬、铂的储量居世界第 1 位，其中黄金储量 3 万余吨，占世界总储量的 30%，铂族金属 7 万吨，占世界储量比重超过 80%，蛭石、钒、钛族矿石、氟石居第 2 位，锑、铀、铅、煤、锌、铁矿石等也大都居于世界前 10 位。南非的能源主要依靠煤炭和太阳能、风能、核能及生物能源，油气资源较为缺乏，石油、天然气主要依赖进口。

上述金砖国家资源数据①较为清晰地表明，金砖国家均为自然资源大国，其中巴西水利及贱金属矿产、俄罗斯能源矿产和森林、印度非金属矿产、中国贱金属和非金属矿产、南非贵金属矿产资源极为丰裕，中国、印度和南非的油气资源相对欠缺。各国资源禀赋比较优势并不完全相同，能源矿产品类差别较大，具有很强的互补性。

第二节　经济增长水平

21 世纪以来，金砖国家经济快速增长，国内生产总值（GDP）逐年提高，2018 年金砖五国 GDP 总量超过 20 万亿美元，比 2000 年的 2.74 万亿美元增长了 7 倍，占世界经济总量的比重达到 23%。其中，中国 GDP 总量和增长幅度在金砖国家中均位列第一，贡献也最大。印度位于第二，总体也处于持续上升过程。巴西、俄罗斯和南非经济增长则存在不同程度的波动，经济增长具有明显的不稳定性。受 2008 年全球金融危机影响，2009 年巴西和俄罗斯 GDP 均出现下降，之后经济增长恢复乏力，2016 年再度出现较大幅度的调整，俄罗斯最为明显，国内生产总值从 2013 年最高的 22983 亿美元大幅下降到 2016 年的 12878 亿美元，降幅高达 44%，接近 2008 年全球金融危机后 2009 年的低谷水平，同期巴西和南非也有较大降幅，2018 年巴西、俄罗斯和南非 GDP 与最高值仍有一定距离（见表 2-1）。

① 数据来源：《金砖国家联合统计手册（2018）》《对外投资合作国别（地区）指南（2018 年版）》。

表 2-1 2000—2018 年金砖国家经济总量(GDP,现价)

国别 年份	巴西	俄罗斯	印度	中国	南非
2000	6553	2600	4766	12110	1365
2008	16955	16608	11051	46010	2871
2009	16689	12227	14352	51100	2972
2010	22082	15249	17436	61010	3753
2011	26118	20538	18240	75760	4169
2012	24592	21941	18280	85600	3963
2013	24644	22983	18570	96110	3668
2014	24168	20860	20410	104830	3509
2015	18013	13747	21030	110630	3177
2016	17958	12878	22740	111950	2958
2017	20553	15778	25975	122500	3494
2018	18686	16576	27263	136082	3663

资料来源:《金砖国家联合统计手册(2018)》《国际统计年鉴(2019)》。

从表 2-2 可以看出,2000—2018 年,除了在较为低迷的 2015 年和 2016 年,金砖国家 GDP 平均增速分别为 2. 1 和 2. 5,略低于世界平均水平,其余年份金砖国家年均增速整体上远高于发达国家及世界平均增速,即便是在金融危机期间,得益于中国和印度的大幅增长,金砖国家依然超过了世界平均水平。但是金砖各国之间存在显著差异。其中,中国和印度一直保持较快的经济增长速度,平均增速在金砖国家中排名前两位,中国正在持续推进供给侧结构性改革,新旧动能加快转化,2010 年以来经济增速出现放缓,正在从高速增长阶段转向高质量发展阶段。印度虽然国内经济结构性矛盾的困扰并未实质性解决,但是仍然稳定保持在较高的增长水平。俄罗斯、巴西经济震荡剧烈,受国际经济环境变动影响较大,近两年已有走稳迹象,呈现良好的复苏态势。南非经济没有过大的起伏波动,一直处于低速增长通道。

表 2-2　2000—2018 年金砖国家 GDP 增长率　　单位:%

年份＼国别	巴西	俄罗斯	印度	中国	南非	世界
2000	4. 4	10. 0	3. 8	8. 5	4. 2	4. 4
2007	6. 1	8. 5	7. 7	14. 2	5. 4	4. 2
2008	5. 1	5. 2	3. 1	9. 7	3. 2	1. 9
2009	−0. 1	−7. 8	7. 9	9. 4	−1. 5	−1. 7
2010	7. 5	4. 5	8. 5	10. 6	3. 0	4. 3
2011	3. 9	4. 3	5. 2	9. 5	3. 3	3. 1
2012	1. 9	3. 7	5. 5	7. 9	2. 2	2. 5
2013	3. 0	1. 8	6. 4	7. 8	2. 5	2. 7
2014	0. 5	0. 7	7. 3	7. 3	1. 8	2. 8
2015	−3. 5	−2. 3	8. 0	6. 9	1. 2	2. 9
2016	−3. 3	0. 3	8. 2	6. 7	0. 4	2. 6
2017	1. 0	1. 6	7. 2	6. 7	1. 4	3. 2
2018	1. 1	2. 3	7. 0	6. 6	0. 8	3. 0

资料来源:世界银行数据库。

经济增长可以体现为数量和质量两个方面,从能够反映经济增长质量的部分常用指标来看,金砖国家之间也存在较为明显的差异。

劳动生产率是衡量经济增长质量和效益的核心指标,是一个国家技术、资本、人力要素和经营管理等综合作用的结果,从每个就业者创造的国内生产总值(用当年的 GDP 除以社会平均就业人数,反映一国全社会劳动生产率)来看,金砖国家表现得参差不齐,2000 年以来,五国劳动生产率普遍提高,中国增幅高达 353. 65%,印度增长了 167. 24%,俄罗斯增长了 65. 42%,均高于同期世界 49. 99%的平均增长率,南非和巴西分别增长了 23. 42%和 17. 04%,明显低于世界平均水平。

从生产率绝对数值上来看(见表 2-3),俄罗斯和南非最高,2018 年分别为 51395 美元和 43590 美元,远高于世界平均值,达到中等收入偏上国家水平,仍远远低于高收入发达国家水平。巴西、中国和印度均低于世界平均水平,巴西为32492美元,中国为29732美元。印度最低,只有18095美元,相当于中低收入国家平均水平的3/4,显示金砖国家劳动生产率水平普遍较低,特别是印度。中国2000年一个劳动者创造出的GDP仅为6554美元,在金砖国家中最低,不到南非的1/5和俄罗斯的1/4,远低于世界中低收入国家平均水平,随着经济快速增长,生产力水平持续改善,全社会劳动生产率已经超过印度,与俄罗斯、南非和巴西的差距也在逐渐缩小。导致这种差别的原因是多方面的,五国的人口基数、产业结构和科技水平不同,此外劳动力技能也存在较大差距,俄罗斯的劳动力素质优势得到充分体现,印度则在就业素质和产出效率上相对落后,中国经济改革和教育普及政策收到了明显效果。

表2-3　每个就业者创造的国内生产总值(2011年不变价美元)

年份 国别	2000	2005	2010	2015	2018
世界平均	24262	26798	30347	33861	36392
高收入国家	77455	83203	86080	89650	92858
中等收入国家	12149	14828	19401	23580	26444
中低收入国家	11394	13817	17912	21530	23969
低收入国家	3190	3458	3941	4009	4103
巴西	27761	27884	31707	32248	32492
俄罗斯	31069	39840	46426	49099	51395
印度	6771	8161	11944	15491	18095
中国	6554	10013	16778	23324	29732
南非	35318	38656	43332	42782	43590

资料来源:中国国家统计局:《国际统计年鉴(2019)》。

人均国内生产总值和人均国民总收入是衡量各国经济发展水平的重要指标,一定程度上也可以反映一国居民的生活水平。金砖国家近年来人均GDP增长较快,2018年俄罗斯达到11289美元,位居金砖国家之首,中国以9771美元紧随其后,巴西接近9000美元位列第三,南非超过6000美元居于第四,而排在最后的印度只有2016美元。人均国民总收入指标也体现出这一顺序和差距。按照世界银行(2017 年)收入分组标准为:人均国民总收入低于 1005 美元为低收入国家,在 1006—3955 美元为中等偏下收入国家,在 3956—12235 美元为中等偏上收入国家,高于 12236 美元为高收入国家。2018 年俄罗斯人均国民总收入为 10230 美元,位列金砖五国之首,中国和巴西和分别为 9470 美元和 9140 美元,南非为 5720 美元,俄罗斯、中国、巴西和南非已经进入中等偏上国家行列,印度最低,只有 2020 美元,仍然处于中等收入偏下水平(见表 2-4)。金砖国家之间的差距较大,也表明各国处在不同的经济发展阶段,存在经济梯度。

表 2-4　2018 年金砖国家经济增长质量指标

指标 \ 国别	巴西	俄罗斯	印度	中国	南非
人均 GDP(现价美元)	8921	11289	2016	9771	6340
人均国民总收入(美元)	9140	10230	2020	9470	5720
外汇储备(亿美元)	3655	3717	3698	30727	436
居民消费率(%)	64. 3	49. 4	59. 4	38. 7	59. 9
资本形成率(%)	15. 4	22. 7	31. 3	44. 1	17. 9

资料来源:中国国家统计局:《国际统计年鉴(2019)》。

在经济全球化不断深化发展的背景下,国际经济联系日趋紧密,一国经济也更易于受到其他国家经济影响。一定的外汇储备是一国进行经济调控必不可少的手段,有助于保持国际收支平衡和调节总供给与总需求的关系,促进宏观经济稳定。得益于开放经济下的外部投资和经常项目顺差,金砖国家外汇储备增长较快,2018 年,金砖国家外汇储备总额达 4. 22 万亿美元,相比 2000 年增长了 15 倍。其中,中国达到 3. 07 万亿美元,超过其他金砖国家总和,居于世界首位;巴西、俄罗斯和印度数量接近,分别为 3655 亿美元、3717 亿美元和 3698 亿美元;南非相对较低,仅为 436 亿美元,在金砖国家中排名最后。

居民消费率和资本形成率可以体现出经济增长的结构特征,也是反映经济运行质量的常用指标,两个指标世界平均水平处在60%和20%左右。巴西、南非、印度和俄罗斯的居民消费率与世界平均值总体接近,低于发达国家水平,中国只有38.7%,远远低于世界平均水平,消费市场还有巨大的提升空间。而资本形成率指标,中国高达44.1%,投资仍然是拉动经济增长的主要驱动力,印度31.3%和俄罗斯22.7%的资本形成率也均高于世界平均水平。南非不到18%,巴西只有15.4%,投资不足也使其经济增长受到一定的制约。

第三节　对外开放程度与经营环境

经济全球化和国际分工水平的提高,促进了生产要素在全球各地区的流动,推动了世界范围内资源配置效率的改善和各国生产力的发展,世界各国的经济联系也日益加深,闭关锁国已经没有了生存空间。

国际经济往来与一国开放程度存在着密切的关系,一般来说开放经济包含产品市场贸易、资本市场自由流动和要素市场开放三个层次。通过要素、商品与服务跨国流动,发挥比较优势,吸引外资和对外投资双向互动,实现最优资源配置和最高经济效率。一国经济发展水平越高,市场化程度越高,对外开放程度也越高,营商环境也越有利于企业开展经营合作。

一、对外开放程度

一国经济的对外开放度,具体可以反映在对外经济关系的多个指标和各个方面,以下选择外贸依存度、直接投资、全球化指数和关税水平等指标作为衡量依据进行对比分析。

金砖国家对外贸易整体上呈现出快速发展趋势,金砖各国的贸易增长率均远超过世界平均水平,中国进出口贸易额在金砖国家中排名第一,俄罗斯、印度、巴西和南非分列其后。中国与其他金砖国家之间贸易增长尤为显著,2016年中国与金砖国家间贸易额近3000亿美元,占世界贸易总额的16%。

2018年,中俄、中巴双边贸易额突破1000亿美元,中印也接近千亿美元水平,均创出历史新高。各国统计数据表明,金砖国家无论是内部之间还是对其他国家的进出口贸易额均有不同程度的上升,贸易关系正在不断增强。

从贸易依存度指标(进出口总额/GDP)来看(见表2-5),南非最高为58.2%,俄罗斯为46.8%,印度和中国较为接近,分别为40.4%和37.8%,巴西最低只有23.0%。从进出口比例来看,货物和服务的出口总额与进口总额比值,印度低于100%,其他四国均高于100%,俄罗斯最高为125.7%。进一步从货物出口与货物进口来看,印度同样最低为68.8%,远低于100%,其他四国均高于100%,俄罗斯最高达148.3%,巴西和中国分别为141.8%和127.4%,南非为106.2%。上述数据显示,金砖五国总体的外贸依存度差别较大,南非和俄罗斯明显高于其他三国,巴西对外贸易依存程度相对较低。南非进出口总体基本保持均衡,印度进出口表现为明显的逆差,其他三国则呈显著的贸易顺差,在货物贸易方面体现的尤为明显,可见印度对进口商品的依赖程度较高,俄罗斯、巴西和中国对商品出口的依赖程度较高。

表2-5　金砖国家对外贸易依存度指标　　单位:%

指标＼国别	巴西	俄罗斯	印度	中国	南非
进出口总额/GDP	23.0	46.8	40.4	37.8	58.2
出口总额/进口总额	113.6	125.7	91.5	109.5	104.8
货物出口额/货物进口额	141.8	148.3	68.8	127.4	106.2

资料来源:根据《金砖国家联合统计手册(2018)》整理所得。

从市场开放程度来看,按照联合国贸发会议(UNCTAD)的贸易开放度指标(进口额/GDP),金砖国家整体对外开放程度不断提高,根据2018年数据计算,南非为28.4%,在金砖国家中开放度最高,其次是印度(21.1%)、俄罗斯(20.7%)和中国(18.1%),巴西市场开放度最低,只有10.8%。从贸易依存度和市场开放度结合来看,南非在金砖国家中指标最高,对外开放程度较高,而巴西两个指标均最低,显示其经济开放水平有限,仍然属于较为封闭的经济体。

从投资指标来看,根据 2017 年 8 月联合国贸易和发展会议发布的数据,2015 年全球 FDI 流入额较 2014 年大幅增长 34.0%后,2016 年全球 FDI 流入额同比下降 1.6%,可以看出近年来全球 FDI 增长出现明显波动,FDI 发展面临诸多挑战。而不同类别国别/地区的 FDI 流入和流出增速分化加大,从吸引外资和对外投资两个角度来看,金砖国家整体表现出较强的上升趋势。

从 FDI 流量方面来看(见表 2-6),2016 年金砖国家整体吸引了 2707 亿美元的直接投资流入,较 2000 年增长 235.35%,2018 年有所减少,仍达到 2612 亿美元。在流出方面,2016 年金砖国家对外直接投资 2267 亿美元,较 2000 年增长 3077.60%,约占世界对外直接投资比重的 12%,增长态势强劲,2018 年流出有所回落。总体来看,金砖国家实现每年 FDI 净流入几百亿美元,流入与流出均保持良好的增长态势,FDI 流入和流出在全球份额总体上都在增加,但是金砖国家内部表现并不一致。

中国吸引外资最高,显示出国际资本对中国市场继续看好,印度吸引外资虽然不到中国的 1/3,但表现出明显的增长态势,2018 年较 2000 年有较大增长,表明外资对印度市场前景较为乐观,俄罗斯吸引外资也在快速增长。南非 2016 年流入相比 2010 年明显减少,但 2018 年又大幅度增加,外资强势回流。而巴西 2010 年之后出现明显下降,2016 年 FDI 流入大幅减少,2018 年略有小幅回升,外资投资相对较为谨慎。

在改革开放和"一带一路"建设推动下,2016 年中国的对外直接投资流量高达 1961 亿美元,创出历史新高,较 2010 年增长了 185.05%,FDI 净流出额为 624 亿美元,成为全球第二大对外投资国,在金砖国家中排名第一。南非 2016 年 FDI 流出额也大幅增加,呈现净流出。而印度和俄罗斯出现大幅下降,巴西则为-59 亿美元,2018 年为-130 亿美元,期间巴西和俄罗斯两国经济呈现负增长,企业对外投资意愿有所下降。

表 2-6　2000/2010/2016/2018 年金砖国家 FDI 流量　单位：百万美元

指标	年份	巴西	俄罗斯	印度	中国	南非
流入	2000	32779	2651	3588	40715	887
	2010	77687	31668	27414	114734	3636
	2016	52751	37176	44486	133710	2235
	2018	61223	13332	42286	139043	5334
流出	2000	2282	3152	514	916	271
	2010	22060	41116	15947	68811	-76
	2016	-5934	26951	5072	196149	4474
	2018	-13036	36445	11037	129830	4552

数据来源：UNCTAD 数据库。

从 FDI 的存量（见表 2-7）来看，无论是流入还是流出，金砖国家总体保持持续增长。在 FDI 流入上，中国继续大幅度增长，2018 年比 2000 年增长了 741.85%。印度也明显增长，显示中国和印度的投资吸引力依然较高。巴西近 10 年来变化不大，而俄罗斯和南非出现不同程度的下降。FDI 流出上，五国都呈现出增长态势，中国总量和增幅最大。截至 2018 年，巴西、印度、俄罗斯 FDI 存量表现为净流入，中国存量差额在逐年减少，2016 年之后中国与南非为净流出。

表 2-7　2000/2010/2016/2018 年金砖国家 FDI 存量　单位：百万美元

指标	年份	巴西	俄罗斯	印度	中国	南非
流入	2000	112250	29738	16339	193348	43451
	2010	640330	464228	205580	587817	179565
	2016	563539	393910	318320	1354613	135454
	2018	684213	407362	386354	1627719	128809

续表

指标 \ 国别 \ 年份		巴西	俄罗斯	印度	中国	南非
流出	2000	51946	19211	1733	27768	27328
	2010	149333	336355	96901	317211	83249
	2016	203186	334275	144086	1357390	175636
	2018	229066	344090	166193	1938870	237976

资料来源:UNCTAD 数据库。

根据中国商务部、国家统计局和国家外汇管理局联合发布的《2018 年度中国对外直接投资统计公报》,2018 年在全球对外直接投资流出连续 3 年下滑的环境下,中国对外直接投资流量和存量占比均创新高,稳居世界前三位,对外直接投资与吸引外资大体上持平,对外投资覆盖 188 个国家和地区,在全球外国直接投资中的影响力不断扩大。

从贸易保护和自由化措施来看(表 2-8),印度、俄罗斯和巴西分别居于全球前列,印度、俄罗斯成为全球贸易保护措施的主要推行者,2017 年印度贸易保护措施就高达 73 项,仅次于美国,居世界第二位。俄罗斯贸易保护措施一直较高,2015 年高达 98 项,与印度持平,2017 年相比之前年份明显降低,只有 12 项。巴西近两年的贸易保护措施也有所减少。中国在 2017 年推出 22 项,作为最大的新兴经济体,中国继续成为全球遭遇反倾销和反补贴调查最多的国家。根据中国商务部统计数据,2017 年中国共遭遇 21 个国家(地区)发起贸易救济调查 75 起,较 2016 年减少 44 起,其中遭遇美国发起 337 调查 24 起。

近年来,全球贸易保护主义有所抬头,贸易自由化方面推进动力普遍不足,进展较为缓慢,而新兴国家表现出相对较强的贸易自由化意愿。2009—2017 年,巴西、印度、俄罗斯、中国和南非累计出台的贸易自由化措置分别为 402、305、242、192 和 122 项①,金砖国家合计为 1263 项,超过发达经济体,显示以金

① 《新兴经济体发展 2018 年度报告》,对外经济贸易大学出版社 2018 年版,第 47 页。

砖国家为代表的新兴经济体在促进贸易自由化方面发挥了更为积极的作用。

表 2-8　2010/2015/2017 年金砖国家贸易自由化　　单位:百万美元

指标 \ 年份 \ 国别		巴西	俄罗斯	印度	中国	南非
贸易保护主义措施	2010	42	52	96	31	11
	2015	57	98	98	26	22
	2017	21	12	73	22	18
贸易自由化措施	2010	11	18	32	21	13
	2015	22	44	29	25	10
	2017	24	10	13	10	12

资料来源:《新兴经济体发展 2018 年度报告》,对外经济贸易大学出版社 2018 年版。

在全球化指数方面(见表 2-9),俄罗斯排在金砖各国首位,南非、中国和巴西紧随其后,印度最末,排在第 101 位。在经济全球化指数上,五国的排名都比较靠后,俄罗斯表现最好,排在第 108 位,南非紧随其后,中国、巴西较为接近,分别处在第 148 和 152 位,印度最低,在全部 200 个国家地区中只排在第 166 位。在社会全球化排名顺序上,南非和俄罗斯居前,其后分别是巴西、中国和印度。但是政治全球化排名与上述情况相反,各国普遍排名较高,印度在四国中最高,世界排名达到第 12 位,其后分别是中国、俄罗斯、南非和巴西。由此可以看出总体上金砖国家经济全球化水平还较低,五国当中俄罗斯和南非全球化程度明显高于其他几国,印度全球化程度最低。

表 2-9　2018 年金砖国家全球化指数/排名

指标	巴西		俄罗斯		印度		中国		南非	
	指数	排名	指数	排名	指数	排名	指数	排名	指数	排名
全球化指数	59. 64	96	68. 25	48	56. 77	101	61. 23	87	66. 72	54
经济全球化	36. 40	152	50. 95	108	29. 78	166	38. 50	148	50. 48	112

续表

指标	巴西		俄罗斯		印度		中国		南非	
	指数	排名	指数	排名	指数	排名	指数	排名	指数	排名
社会全球化	60.93	114	65.81	93	45.23	151	51.60	137	66.58	89
政治全球化	81.58	52	90.42	28	95.31	12	93.6	14	88.83	34

资料来源：中国国家统计局：《国际统计年鉴（2018）》。

金砖国家关税水平总体上呈现不断下降的态势（见图 2-1），特别是 2000 年之后，下降趋势更为明显，印度从 2000 年接近 30%的关税水平下将到 2018 年的 5%以下，平均关税水平下降最为显著。俄罗斯和南非平均税率在金砖国家中最低，巴西则最高。从表 2-10 和表 2-11 可以进一步看出，俄罗斯、南非的非农和非燃料产品进口关税水平最低，0—5%水平的产品占全部统计产品的 60%左右，其贸易开放度也相对较高；中国、印度产品关税主要集中在 5%—10%水平，以制成品、其他制成品和化学制品为主，2016 年数量占全部统计商品数量的 48.68%和 88.13%，印度的贸易开放程度略高于中国；巴西的开放程度最低，2016 年出口总额/GDP 为 12.14，进口总额/GDP 只有 11.31，远低于其他金砖各国，产品关税以 10%—20%水平为主，占全部统计商品数量的 52.69%，2018 年进一步提高到 56.31%，其中一半是制成品。值得指出的是，2016 年印度制成品、机械和运输设备有 118 个产品高于 50%关税，制成品、化学产品有 6 个产品高于 100%关税，2018 年 50%以上关税的产品虽然降为 38 个，但是 100%以上关税水平产品却增加到 78 个，对特定产业部门或产品给予保护。除印度外，其他金砖国家非农和非燃料产品已大都取消了 50%以上的关税（2018 年俄罗斯 50%以上关税产品新增 4 个），较低的关税水平对于促进金砖国家市场开放有着积极的作用。

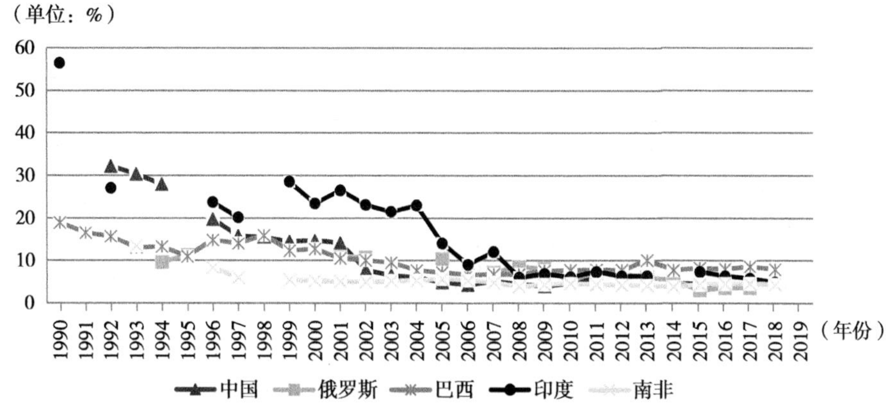

图 2-1　1990—2018 年金砖国家平均关税水平

资料来源：WITS 的 ASH weighted average。

表 2-10　2016 年金砖国家贸易开放程度和非农和非燃料产品的进口关税水平

国别 指标	巴西	俄罗斯	印度	中国	南非
贸易开放程度(进口总额/GDP,%)	11. 31	20. 71	22. 45	17. 45	30. 14
贸易开放程度(出口总额/GDP,%)	12. 14	25. 87	18. 96	19. 65	30. 65
0—5%关税产品数量(个)	4714	8565	1333	4093	6575
5%—10%关税产品数量(个)	1380	3234	14908	10215	1042
10%—20%关税产品数量(个)	8551	2257	532	5767	1917
20%—50%关税产品数量(个)	1582	6	18	908	1488
50%—100%关税产品数量(个)	0	0	118	0	0
100%以上关税产品数量(个)	0	0	6	0	0

资料来源：UNCTAD 数据库。

表 2-11　2018 年金砖国家贸易开放程度和非农和非燃料产品的进口关税水平

国别 指标	巴西	俄罗斯	印度	中国	南非
贸易开放程度(进口总额/GDP,%)	13. 61	21. 08	25. 35	18. 72	29. 59
贸易开放程度(出口额总/GDP,%)	14. 63	31. 18	19. 57	19. 73	29. 95
0—5%关税产品数量(个)	4480	8692	1554	4114	6567

续表

指标＼国别	巴西	俄罗斯	印度	中国	南非
5%—10%关税产品数量(个)	1339	4068	15367	8492	1207
10%—20%关税产品数量(个)	9584	1573	815	3577	1898
20%—50%关税产品数量(个)	1600	0	98	812	1518
50%—100%关税产品数量(个)	0	4	38	0	0
100%以上关税产品数量(个)	0	0	78	0	0

资料来源:UNCTAD 数据库。

二、经营环境

营商环境是一个国家或地区软实力的重要体现,是涉及经济社会发展和对外开放众多领域的系统工程,包括社会要素、经济要素、政治要素和法律要素等各个方面。营商环境的优劣直接影响着区域内投资多寡和企业运营成本,也会对所在地区的经济活力、市场潜能和竞争优势带来不同预期,最终对财税收入、社会就业、经济发展等产生重要影响。

按照世界银行发布的《2018 年全球营商环境报告》,营商难易程度排名包括开办企业、办理施工许可证、获得电力、登记财产、获得信贷、保护中小投资者、纳税、跨境贸易、执行合同和办理破产 10 个指标,在 190 个经济体中,俄罗斯排名第 35 位,同比上升 5 位,在营商环境总体方面处于金砖国家首位;中国排名第 78 位,与上年持平,合同执行排名世界第五、金砖国家第一;营商环境进步最大的是印度,排名较上年跃升 30 位,升至第 100 位,主要在中小企业保护、信贷等方面有较大的改善,但是在执行合同上表现较差;南非排名第 82 位,巴西为第 125 位,分别下降 8 位和 2 位,印度和巴西排名均在 100 名之后,总体经营环境亟待改善。

从世界银行发布的《2019 年营商环境报告》数据进一步来看,俄罗斯排名第 31 位,位置小幅上升,仍然位居金砖国家之首。中国营商环境便利度排名大幅上升至第 46 位，较上一年度上升 32 位，其中作为最重要的评判标准之一的跨境贸易指标，从第 97 位上升到第 65 位，进步和改善程度最大。印度和巴西排名也有较大幅度的提升，印度排名从第 100 位大幅上升到第 77 位，巴西排名从第 125 上升到第 109 位，南非排名同比没有变化。在开办企业方面，中国和俄罗斯排名较高，南非、印度和巴西均在 130 名之后（见表 2-12）。总体来看，俄罗斯和中国营商环境排名相对较高，更有利于外商投资和创建企业，巴西、印度和南非开办企业难度较大，在趋势上金砖国家营商环境改善程度较为明显，尤其是中国和印度。

表 2-12　2019 年金砖国家营商环境排名

指标＼国别	巴西	俄罗斯	印度	中国	南非
营商环境便利度排名	109	31	77	46	82
办理施工许可证排名	175	48	52	121	96
开办企业排名	140	32	137	28	134
开办企业所需手续数（个）	10.6	4	10	4	7
开办企业所需时间（天）	20.5	10.1	16.5	8.6	40
开办企业成本占人均收入比重（%）	5.0	1.1	14.4	0.4	0.2

注：企业经营环境排名是所有经济体按其企业经营环境的宽松程度排名，排名越高说明该国的政策法规环境越有利于企业经营。该指数是一国在开办企业、申请建筑许可、获得电力、注册财产、信贷融资便利程度、投资者保护、缴纳税款、跨境贸易、合同执行和解决破产这 10 类指标的百分等级的简单平均。每类指标由若干指标组成，每类指标的数值也是由其构成要素的百分等级的简单平均所得。

资料来源：世界银行《2019 年营商环境报告》。

从开放程度和营商环境综合来看，金砖国家正在加快进行改革和开放，无论是吸引外资还是对外投资活动都在不断增长，在贸易、投资、市场开放度等领域均取得了长足的进步；但是各国存在较为明显的差异，南非和俄罗斯开放程度较高，俄罗斯和中国营商环境相对较好；中国的贸易和投资总量指标最高，各个方面的进步也最为明显；印度和巴西的开放程度还远远不够，市场营商环境和贸易保护不利于其未来的经济发展，对产能合作也会有一定影响。

实际上,金砖国家在对外开放和经济快速发展中面临许多制约因素,主要表现在外部因素和内部因素两个方面。2008 年由美国次贷危机引发的全球金融危机爆发之后,全球经济持续低迷,各种社会矛盾不断积累,随着近几年世界经济逐渐摆脱金融危机的阴影,以美国为代表的主要发达国家经济开始企稳复苏,而与此同时,全球治理结构正在悄然发生深刻变化,贸易保护主义和“逆全球化”思潮逐渐抬头,一定程度上给全球化进程踩了“脚刹车”甚至开始“倒车”,国际秩序与社会经济发展受到诸多不确定性因素干扰。部分发达国家试图采取量化宽松政策,通过本币主动贬值,提高出口竞争力。美国为实现自身的经济持续复苏,奥巴马政府提出了“出口倍增”和“再工业化”计划,特朗普政府进一步推出“美国优先”战略,这些举措一定程度上将会吸引部分资金和高新技术产业回流美国本土。得益于开放的经济环境,金砖国家积极参与国际贸易和生产分工并获得了发展机会,如果“逆全球化”、保护主义和利己主义成为主流,开放型的外部条件必然无法继续充分满足,发展中国家不可避免的会面临较大的输入性通货膨胀压力,从发达经济体获得资金与技术的困难也会大大增加,技术外溢效应不断弱化,对于新兴发展中国家尤其是金砖国家来说具有深刻影响。

当然,全球化进程绝非由个别国家意志能够完全掌控,而是应由发达国家和发展中国家共同提供动力,从单极向多极化结构转变,未来全球化将会呈现出更加多样性的趋势,发展中国家之间相互合作有了更多的机会。金砖国家作为最大的发展中国家和经济大国,过去几十年实现了高速经济增长,但是影响经济长期健康发展的各类风险也在不断集聚,出口产品主要集中在附加值较低的资源和劳动密集型产业,发展方式面临调整,经济增速分化加大,金融稳定性和经济持续性难度增加,面对“逆全球化”带来的外部冲击,需要突破传统思维界限,抓住世界经济转换和价值链重构带来的机会,以更大的视野和力度推进自身营商环境改善和对外开放。

三、基础设施

发达国家和发展中国家的大量实践都已经表明，包括交通在内的基础设施对于经济社会发展有先导性、基础性和战略性作用。基础设施是为国家或地区社会经济活动和居民生活提供的公共工程系统，经济性质的基础设施具有公共产品属性，包括交通、通信、能源、水务等多个领域。完善的基础设施能够降低运输、信息和交易成本，有利于促进生产要素流动和国际经贸往来，对保障社会经济活动的有效运行与合理分布具有重大意义，也是经济是否能够持续稳定发展的必要支撑。基础设施建设能够带来数倍于投资额的社会总需求和国民收入，具有显著的"乘数效应"，直接推动生产率提高和经济增长，同时还会产生空间配置效应和结构效应，创造更多生产性合作和技术升级的机会，对于广大新兴发展中国家来说尤为重要。

公路和铁路依然是金砖各国主要的运输方式。巴西客货运输以公路为主，有路面公路占比在金砖国家中最低，铁路运输也较为落后，大多设施年久老旧，缺乏联通全国的铁路网，主要用于货运，平均速度远远低于世界铁路平均时速。航运市场起步较早，主要有 LTAM、GOL、Azul 等在内的 20 多家客货运输航空公司，共有机场 2545 个。巴西河流纵横，为水路运输提供了条件，全国共有 51 个公共港口，122 个混用私人码头和 9 个专用私人码头。① 俄罗斯以铁路、公路和航空为主，多为苏联时期建造，设施较为陈旧。公路主要位于欧洲部分，近 30%的公路质量不符合养护标准。铁路交通占有重要位置，铁路网运营总里程 8.6 万公里，仅次于美国和中国，居世界第三位，电气化铁路占比 51.2%。现有航空公司 46 家，机场总数 232 个，已开通上百条国际航线。② 印度的公路、铁路及航空在发展中国家中属于比较发达，国家、邦级和边境三级公路，把全国各地大中小城市连接成一个庞大的网络，公路网长度居

① 商务部：《对外投资合作国别（地区）指南》（巴西 2019 年版）。

② 商务部：《对外投资合作国别（地区）指南》（俄罗斯 2019 年版）。

于金砖国家第一位，但公路路况普遍较差，运输能力不足。铁路总长世界排名比较靠前，全国约有 8500 列火车站，日均发车量达到 21000 次，是当地居民长途旅行的首选出行方式，但铁路设施设备车辆相对老化落后。航运市场发展速度较快，拥有 126 个运营机场。水运是印度外贸运输的主要方式，95%的外贸通过水运完成，全境拥有 12 个主要港口和 187 个非主要港口。[①] 南非拥有非洲最完善的交通体系，铁路公路运输基础较好，公路分为国家、省及地方三级，四通八达的公路网不仅覆盖本国，还与邻国往来相通，十分方便。南非铁路与津巴布韦、莫桑比克、赞比亚等国相接，总里程占非洲铁路总里程的 35%，一半以上为电气机车，95%的铁路用于货运，年度货运量约 1.75 亿吨。航空运输业也比较发达，现有民航机场 27 个。南非海洋运输业拥有非洲最大、设施最完备的海运网络，共有商船约 990 艘，总吨位 75.5 万吨，年港口吞吐量约 12 亿吨，96%的出口贸易通过海运实现。[②]

在电力供应结构方面，巴西水电在发电量中占比第一，达到 65.80%，对水电依赖程度最高，其次为热电。其他各国均以热电为主，其中南非和印度占比均超过 80%，对热电的依赖程度较高。俄罗斯的核电占发电量比重位于第 2，明显高于其他国家。中国和印度排在第 2 位的是水电，南非位居第 2 位的则是核电。发电量占比位居第 3 位的类型中，巴西和中国为风电，俄罗斯和南非为水电，印度为核电。各国能源供给状况差异巨大，印度能源短缺情况较为严重，能源净进口占能源消费比重高达 34.3%（见表 2-13），中国也存在能源短缺现象，俄罗斯和南非表现为能源净出口，尤其是俄罗斯能源极为富余。

① 商务部：《对外投资合作国别（地区）指南》（印度 2019 年版）。

② 商务部：《对外投资合作国别（地区）指南》（南非 2019 年版）。

表 2-13　金砖国家交通和能源基本状况

指标＼国别		巴西	俄罗斯	印度	中国	南非
铁路总长度(万千米)		3.0	8.6	6.7	12.7	2.1
公路网长度(万千米)		158.1	150.9	589.5	477.4	23.2
有路面的公路占比		15.6	70.6	63.2	79.5	58
电力装机容量(万千瓦)		15042	26653	37712	176214	4809
发电量(百万千瓦时)		578897	1090973	1432358	6142486	252747
发电量占比前三位	热电占比(%)	25.66	64.77	82.96	72.24	89.8.
	水电占比(%)	65.80	17.11	8.55	19.43	1.58
	核电占比(%)	—	18.02	2.65	—	5.95
	风电占比(%)	5.78	—	—	3.86	—
能源净进口占能源消费比重(%)		11.9	-83.7	34.3	15	-14.5

数据来源:《国际统计年鉴 2019》,《金砖国家联合统计手册 2018》。

根据中国对外承包工程商会于 2019 年 5 月发布的《“一带一路”国家基础设施发展指数报告(2019)》,从基础设施指数排名来看,俄罗斯、巴西和印度分居第 5、6 和 8 位,在 71 个国家(包括 63 个“一带一路”沿线国家和 8 个葡语国家)中基础设施条件相对较好。在需求指数排名上,俄罗斯、巴西和印度分别排名第 1、3 和 10 位,印度两个指标同比都有上升,表明各国对交通和能源行业基础设施建设发展均具有强烈的需求。

从全球视角来看,世界经济论坛发布的《全球竞争力报告(2018)》对 140 个国家的基础设施状况进行了评价排名,金砖国家表现各异(见表 2-14)。中国基础设施指数排名第 29 位,在金砖国家中位次最高,机场联通性、班轮运输和电气化率位居世界前列。俄罗斯排名第 51 位,火车服务效率、电气化率上排名靠前。印度排名第 63 位,机场联通性、班轮运输位次靠前,但电气化率、电力传输和分配损失及接触不安全的饮用水排名靠后,电力供应面临较大缺口。南非排名第 64 位,道路连通性指数和航空运输服务效率排名靠前。巴西最低,排名第 81 位,道路质量、海港和火车服务效率等指标排名均靠后。整体来看,巴西的基础设施相对落后,俄罗斯的道路质量较差,印度在电力和饮用水保障上存在明显短板,南非的电气化率还有待提高,不利于各国自身经济发展及开展国际合作,各国在基础设施领域仍有较大的改善空间,蕴含诸多投资合作机会。

表 2-14　2018 年金砖国家基础设施指数排名

指标＼国别	巴西	俄罗斯	印度	中国	南非
基础设施	81	51	63	29	64
道路连通性指数	74	38	76	17	5
道路质量	112	104	51	42	58
铁路密度(道路公里数/平方公里)	79	69	38	58	46
火车服务效率	97	15	26	25	65
机场连通性得分	17	18	4	2	39
航空运输服务效率	73	52	53	63	34
班轮运输连接性指数	47	53	28	1	44
海港服务效率	105	45	40	48	51
电气化率(%)	73	1	105	1	102
电力传输和分配损失(%)	96	64	110	21	50
接触不安全的饮用水(%)	57	54	106	75	95
供水的可靠性	78	53	74	68	93

资料来源:世界经济论坛:《全球竞争力报告(2018)》。

第四节　人口与劳动力素质

毫无疑问,持续的经济增长是在一定的人口、资源、环境条件下实现的,人口数量、质量和分布构成,是推动社会经济发展的根本力量和重要条件,是一个国家或地区保持创新能力与国际竞争力的关键要素。金砖国家都是人口大国，人口总数超过30亿人，占世界人口总量的40%以上，庞大的人口基数为金砖国家的经济增长提供了保障。然而各国人口结构和劳动力素质差异较大，随着逐渐进入老龄化社会，人口红利正在消失，原有经济发展模式将面临挑战，如何挖掘内部人力资本潜能，充分利用外部资源扩大合作，促进产业转型升级，也成为金砖国家未来经济发展需要破解的重要议题。

一、人口数量与结构

表2-15显示了金砖国家人口结构的主要特征，各国年龄构成、人口密度、劳动力数量差别很大。巴西2018年全国人口2.09亿人，居世界第5位，主要分布在西北部和东南部太平洋沿岸一带，人口高度集中在少数大城市，而亚马逊平原人口密度不到1人/平方千米。俄罗斯2018年总人口1.44亿人，相比2017年减少了300万，世界排名第9位，人口分布极不均衡，人口密度只有8.8人/平方千米，也是世界上人口减少速度最快的国家之一，为了鼓励生育，俄罗斯政府实施了“母亲基金”项目和一系列福利补贴政策，人口激励政策取得了一定成效，2013年人口实现了自然正增长，但2018年人口自然增长率依然为负数。印度独立后，人口急剧膨胀，2001年超过10亿人，2017年人口12.84亿人，2018年增加到13.53亿人，居世界第2位，人口自然增长率高

表2-15　2018年金砖国家人口结构

指标 国别	人口总数（亿人）	人口密度（人/平方千米）	年龄构成/%			劳动人口数（亿人）
			0—14岁	15—64岁	65岁	
巴西	2.09	25.1	21.4	69.8	8.9	1.05
俄罗斯	1.44	8.8	17.8	67.6	14.6	0.74
印度	13.53	454.9	27.4	66.4	6.2	5.12
中国	13.93	148.4	17.6	71.2	11.2	7.86
南非	0.58	47.6	28.8	65.7	5.5	0.23

资料来源：中国国家统计局：《国际统计年鉴（2019）》。

居金砖国家之首,根据印度《全国人口政策 2000 报告》预测,到 2045 年将超过中国成为全球人口最多的国家。印度人口密度高达 454. 9 人/平方千米,人口剧增为经济增长提供了必要条件,但同时加大了未来减少贫困、普及教育和增加就业的压力。中国人口达 13. 93 亿人,是世界上人口最多的国家,约占世界人口的 20%、亚洲人口的 33%。中国劳动人口基数庞大,同样给就业和城市化发展带来了巨大挑战。南非人口 0. 58 亿人,数量居世界排名第 25 位,人口自然增长率较高,联合国 2017 年《世界人口展望》报告显示,2030 年南非总人口预计达 0. 64 亿人,2050 年将上升至 0. 73 亿人。

从年龄结构来看,巴西劳动人口 1. 05 亿人,65 岁以上人口占总人口比重为 8. 9%,略高于世界老龄化 7%的划分标准。俄罗斯劳动人口 0. 74 亿人,老龄化指标高达 14. 6%,远远高于其他四国和国际划分标准,已进入老龄化社会。印度劳动人口 5. 12 亿人,占人口总数的 40%,劳动适龄人口占总人口的比重相对较低,而 14 岁以下年龄人口占比高达 27. 4%,老龄化率只有 6. 2%,略高于南非,人口构成相对年轻化,劳动力持续供应充裕。中国劳动人口 7. 86 亿人,数量高于其他四国总和,劳动力供给数量较为丰足,2018 年 65 岁及以上人口已占总人口的 11. 2%,相比 2008 年老龄化比重 8. 3%提高了 34. 94%,与 2000 年第五次人口普查相比,老龄化率呈现加速上升态势,表明中国的人口老龄化仍在进一步发展,中国和俄罗斯一样,人口年龄结构开始向老年型转变。南非劳动人口总量只有 0. 23 亿人,劳动力数量供给有限,但是老龄化率在五国中最低,只有 5. 5%,远低于世界老龄化平均水平,属于年轻型的人口结构。长期来看,印度未来拥有更明显的人口红利预期。

金砖国家处在工业化和城市化进程的不同阶段,城市化水平差别较大,从城市人口比重来看(见 2-16),巴西城市化率一直是五国中最高的,2018 年达到 86. 6%,之后分别是俄罗斯和南非,三国均高于世界平均水平,中国城市化人口增幅最快,2014 年开始超过世界平均水平,印度最低,2018 年只有 34. 0%,明显低于世界平均水平。近二十年来,金砖国家整体城市化发展较

表 2-16 金砖国家城市人口比重 单位:%

国别 年份	世界	巴西	俄罗斯	印度	中国	南非
2000	46.7	81.2	73.4	27.7	35.8	56.9
2005	49.0	82.8	73.5	29.2	42.5	59.5
2010	51.5	84.3	73.7	30.9	49.2	62.2
2016	54.3	85.9	74.1	33.1	56.8	65.3
2017	54.7	86.2	74.2	33.5	57.9	65.8
2018	55.3	86.6	74.4	34.0	59.2	66.4

资料来源:根据中国国家统计局历年《国际统计年鉴》整理。

快,巴西城市化率稳定在80%以上,俄罗斯基本保持在74%左右,中国从2000年的35.8%提高的2018年的59.2%,增长了23个百分点,上升幅度最为明显,城市化发展进程在明显加快,印度虽然城市人口不断快速增长,但是城市化水平依然较低。中印两国未来城市化水平仍有较大的提升空间,围绕城市化进程开展产业合作的机会很多。巴西、俄罗斯和南非的城市化率虽然也有小幅度的提高,但增速较低,目前已经达到或接近发达国家的平均水平,城市化发展潜力有限。

二、就业与劳动力素质

金砖国家都是劳动力供给和需求大国,就业一直是各国政府面临的共同问题。巴西在早期工业高速增长阶段,选择的是一条土地集中化和资本密集型的农业现代化道路,大量失地或少地农民离开农村涌入城市,带来城市化的快速扩张和第三产业的发展,吸纳了更多的劳动力,2018年就业人数达到9076万人(见表2-17),经济活动人口超过1亿人。俄罗斯经济活动人口不到8000万人,由于相关就业法律保障和劳动力人口的减少,就业状况总体平稳,2018年就业人口为7253万人。与其他金砖国家不同的是,印度拥有8亿多农村人口,非正规就业大量存在,不充分就业数量一直比较高,就业人数只

表 2-17 2018 年金砖国家就业情况

指标＼国别	巴西	俄罗斯	印度	中国	南非
就业人数(万人)	9076	7253	36057	77586	1661
男性(万人)	5170	3711	30432	—	—
女性(万人)	3959	3503	11613	—	—
第一产业就业比重(%)	9.4	5.8	43.9	26.8	5.2
第二产业就业比重(%)	20.4	26.9	24.7	28.6	23.2
第三产业就业比重(%)	70.2	67.2	31.5	44.6	71.6

资料来源:《国际统计年鉴(2019)》《金砖国家联合统计手册(2018)》。

有 3.6 亿人,经济活动人口占总人口比重不到 40%。南非人口密度 47.6 人/平方千米,高于巴西和俄罗斯,经济活动人口 2300 万人,就业人口 1661 万人,南非人口基数不大,劳动力供应相对充足,没有老龄化问题。作为非洲经济最发达的国家之一,南非每年都会吸引大批非洲其他国家劳动力前来工作;但是由于经济增长乏力,所提供的工作岗位有限,就业形势并不乐观。

中国劳动力资源丰富,2018 年就业人口达到 7.76 亿,城镇和乡村就业人口分别为 43419 万人和 34167 万人(见表 2-18),城镇就业人数持续增加,农村就业人数持续减少,与城镇化建设不断推进和第三产业快速发展有关。

表 2-18 中国城乡就业人数　　单位:万人

年份	城镇就业人口	乡村就业人口
2000	23151	48934
2005	28389	46258
2010	34687	41418
2016	41428	36175
2017	42462	35178
2018	43419	34167

资料来源:历年《中国统计年鉴》。

从表 2-19 可知，中国城镇就业人数主要分布在私营企业、个体部门、国有和集体单位及有限公司，其中私营企业就业人数从 2000 年的 1268 万人猛增到 2018 年的 13952 万人，增长了 10 倍，而国有和集体单位则从 9601 万人下降到 6087 万人，降幅达 36.6%。私营企业就业份额增长较快，国有和集体部门就业份额有所下降，也体现了民营经济所占比重在持续上升，民营企业的发展壮大有利于进一步开展多元化的国际产能合作。

表 2-19 中国城镇增加就业人员的主要部门及人数 单位：万人

年份	国有和集体单位	有限责任公司	股份有限公司	私营企业	港澳台商投资单位	外商投资单位	城镇个体
2000	9601	687	457	1268	310	332	2136
2005	7385	1750	699	3458	557	688	2778
2010	7113	2613	1024	6071	770	1053	4467
2016	6623	6381	1824	12083	1305	1361	8627
2017	6470	6367	1846	13327	1290	1291	9348
2018	6087	6555	1875	13952	1153	1212	10440

资料来源：历年《中国统计年鉴》。

从三次产业就业分布来看，五国差别较大，按照吸纳就业人口比重从高到低顺序排列，巴西、俄罗斯、南非都是三、二、一的就业结构，与发达国家就业规律一致；中国就业结构虽然也是三、二、一排列，但是第一产业就业比重高达 26.8%，农业生产率水平较低，服务业就业比重为 44.6%，就业吸纳能力仍有提升空间；印度为一、三、二结构，农业吸纳了近一半的就业人口，服务业就业比重只有 31.5%，就业结构性矛盾突出，面临产业结构转型升级。

劳动参与率是劳动力数量与人口之间的相对比率，在一定程度上可以体现出劳动者参与经济活动的意愿和经济活跃状况。从金砖各国的劳动参与率指标来看（表 2-20），2000 年以来，俄罗斯、巴西和南非有所上升，中国和印度出现下降，2015 年受世界经济疲弱的影响，各国都出现了不同程度的减少。

五国当中,中国的劳动参与率指标最高,2018 年达到 76.2%,巴西和俄罗斯也超过世界平均水平,印度和南非均低于世界平均水平。

通常来说,女性就业与第三产业增长具有同步性,与接受教育水平密切相关,高中以上受教育程度可大大提高女性劳动参与率。在女性参与率指标方面,2000 年以来,中国和俄罗斯一直明显高于世界平均水平,巴西上升明显,2018 年也远超世界平均水平。南非女性参与率指标一直较低,2018 年略高于世界平均水平。印度劳动参与率最低,且呈下降趋势,2018 年女性劳动参与率只有 24.8%,远远低于 53.1%的世界平均水平,反映了印度经济发展中投入的劳动力数量明显不足,适合女性的就业岗位偏少,同时受传统就业习俗和受教育程度较低的影响,妇女参与就业的意愿并不强烈。中国女性劳动参与率在五国当中最高,2018 年虽然较 2000 年有明显下降,但仍然达到 69.0%,说明中国较快的经济增长中投入的劳动力数量相对较多,第三产业发展较快,女性劳动力就业意愿较强。中国女性劳动者受教育程度明显要好于印度,适合女性就业的职位也越来越多,但是随着收入增长、老龄化和社会保障水平提高等因素的影响,中国劳动参与率总体上已经出现降低趋势,劳动力供给格局开始发生转变。

表 2-20　金砖国家劳动参与率　　单位:%

国别	劳动参与率			女性劳动参与率		
	2000	2015	2018	2000	2015	2018
世界	69.4	62.9	66.9	55.6	49.6	53.1
巴西	67.8	67.1	70.3	53.9	56.3	60.6
俄罗斯	71.0	63.5	74.1	66.4	56.6	68.9
印度	59.6	53.7	54.2	31.9	26.8	24.8
中国	82.5	70.9	76.2	76.8	63.6	69.0
南非	59.2	53.0	59.6	52.4	46.2	53.4

资料来源:中国国家统计局:《国际统计年鉴(2017)》《国际统计年鉴(2019)》。

劳动力素质是影响就业和经济增长的内生性因素，金砖国家劳动力素质差异明显，一定程度上也决定了五国生产力发展水平的不同。

巴西教育体系分为基础教育和高等教育两级，基础教育又分初级教育和中等教育，初级教育包含小学和初中，中等教育相当于高中阶段，高等教育指各类大学，学制一般为四年，学前教育相对较为薄弱。巴西实行九年义务教育制(6—14 岁)，对贫困生入学实行国家助学金制度。学校包含公立和私立，私立中学和公立高校各自拥有较好的教育资源，一般幼儿以及小学教育是由地方政府负责筹办管理，中等教育由州政府管理，高等教育由联邦政府管理，实行联邦、州和市的三级管理体制。

俄罗斯是教育大国，教育体系分为普通教育和职业教育。普通教育涵盖学前教育、普通初等教育、普通基础教育和普通中等(完全)教育四个层次。职业教育则涵盖初等职业教育、中等职业教育、高等职业教育和大学后续职业教育四个层次，普通教育为 11 年义务制。在自然科学和基础研究方面，俄罗斯高等教育水平居世界领先地位。

印度实行“12+3”教育模式，即 12 年中小学和 3 年大学本科，此外还包括职业和成人教育。印度各类教育发展并不平衡，重视高等教育、职业教育和成人教育，基础教育资源不足。印度有很多条件优越学费昂贵的私立学校，也有很多国际学校，而农村教育条件还比较落后。联合国教科文卫组织于 2016 年发布的全球教育监测报告认为，印度全民教育的实现落后了半个世纪，要到 2050 年才能实现全民初等教育目标。

中国实行从小学到初中的九年义务教育，自改革开放以来，成人教育和高等教育迅速发展，根据教育部 2016 年发布的《中国高等教育质量报告》，2015 年，中国在校大学生规模达到 3700 万人，位居世界第一，各类高校 2852 所，居世界第二位。教育投入的增加和教育层次的提高，使劳动力受教育情况得到明显改善，为经济持续增长提供了源源不断的人力资源保障。

南非学制分为学前、小学、中学、大学、研究生 5 个阶段。小学、初中教育为九年义务教育阶段。南非高等教育水平处于世界先进水平,居非洲大陆第一,然而基础教育水平相对落后。为了进一步对接国家 2030 发展规划和全球 2030 教育行动规划,南非基础教育部颁布了《2019 行动规划:面向 2030 学校教育》,旨在促进基础教育质量提升。

联合国人类发展指数(HDI)由三个指标构成:预期寿命、平均受教育年限和人均 GDP 的对数,分别反映了人的长寿水平、知识水平和生活水平。按照联合国开发计划署《人类发展报告 2019》人文指数划分标准,超高人文发展国家在 0. 801—0. 954、高人文发展国家在 0. 700—0. 799、中等人文发展国家在 0. 557—0. 698、低人文发展国家在 0. 377—0. 549,俄罗斯成为超高人文发展国家,巴西、中国和南非进入高人文发展国家行列,印度也达到中等人文发展国家水平。在平均受教育年限上,俄罗斯在五国中最高,达到超高人文发展国家 12 年的平均水平,南非紧随其后也达到 10 年,超过了高人文发展国家平均水平。巴西和中国不到 8 年,略低于高人文发展国家平均水平,印度只有 6. 5 年,仅比中等人文发展国家平均水平高 0. 1(见表 2-21)。

表 2-21 金砖国家人文发展指数和平均受教育年限

国别 \ 指标	人文发展指数	平均受教育年限(年)
世界	0. 731	8. 4
超高人文发展国家	0. 892	12. 0
高人文发展国家	0. 750	8. 3
中等人文发展国家	0. 634	6. 4
低人文发展国家	0. 5047	4. 8
巴西	0. 761	7. 8
俄罗斯	0. 824	12. 0
印度	0. 647	6. 5
中国	0. 758	7. 9
南非	0. 705	10. 2

资料来源:中国国家统计局:《国际统计年鉴(2019)》;联合国开发计划署:《人类发展报告(2019)》。

金砖国家15岁及以上成人识字率总体在不断提高，俄罗斯多年一直保持在99%以上水平，2017年为99.7%，在五国中最高，达到高收入国家的水平，已经消除了文盲。中国、巴西和南非也高于世界平均水平，印度只有72.2%，成人识字率和劳动力接受教育程度大大低于其他四国，也明显低于世界平均水平，尤其是女性识字率只有63.0%（表2-22），一定程度上加大了女性就业的难度。

表2-22　金砖国家15岁及以上成人识字率　　单位：%

国别	总计		男性		女性	
	2000	2017	2000	2017	2000	2017
世界	80.8	86.1	86.2	89.7	75.4	82.5
巴西	86.4	93.1	86.2	92.9	86.5	93.2
俄罗斯	99.4	99.7	99.7	99.7	99.2	99.7
印度	61.0	72.2	73.4	80.9	47.8	63.0
中国	90.9	96.4	95.1	98.2	86.5	94.5
南非	82.4	87.1	84.1	87.7	80.9	86.5

注：南非2000年数据为2004年数据。
资料来源：根据中国国家统计局：《国际统计年鉴2019》和世界银行数据库整理。

大中小学生入学率指标进一步体现出五国之间的教育水平差异（表2-23），2017年俄罗斯81.9%的高等教育粗入学率，远远高于其他四国和世界平均水平，俄罗斯经济活动人口中接受高等教育的比重高达60%，中等教育的程度也达到了30%，表明俄罗斯劳动人员受教育层次较高。巴西和中国高等教育粗入学率分别为51.3%和49.1%，均高于世界平均水平。印度和南非较低，分别只有27.4%和22.4%，远低于世界平均水平，高端劳动力供给不足。中等教育粗入学率方面，南非、俄罗斯、巴西和中国都大大高于世界平均水平，印度中学入学率依然较低，2017年只有73.5%，低于世界平均水平。在初等教育粗入学率方面，五国差异不明显，基本上实现了初级教育普及。

表 2-23　金砖国家大中小学生入学率　　单位:%

国别	高等教育粗入学率		中等教育粗入学率		初等教育粗入学率	
	2005	2017	2005	2017	2005	2017
世界	24.3	37.9	64.1	75.4	102.2	103.7
巴西	26.0	51.3	101.3	100.8	133.3	115.4
俄罗斯	72.6	81.9	82.9	103.4	95.2	102.6
印度	10.7	27.4	54.0	73.5	102.7	113.0
中国	19.1	49.1	62.1	94.3	113.5	100.9
南非	—	22.4	87.4	104.7	105.9	100.9

资料来源:中国国家统计局:《国际统计数据(2019)》。

通过各阶段入学率指标可以看出,俄罗斯劳动力受高等教育程度明显高于其他四国,劳动力具有高层次知识结构优势,有利于高端产业发展。印度的劳动力知识结构整体层次偏低,小学文化程度的劳动者依然占绝大多数,适合劳动密集型产业发展,而对技术密集型产业发展存在严重制约,不利于经济转型升级。南非和巴西中等教育程度的劳动者占比较高,可以保障一般技术性产业发展。中国的情况好于印度,劳动力素质有明显提高,但是高层次劳动力依然不足,难以完全满足现代产业升级和经济结构转型的迫切需要。金砖各国劳动力数量供给和素质结构的差异体现出较好的互补关系,有助于在教育、人力资本和产业投资领域开展多层次合作。

第五节　产业结构

一、三次产业结构

金砖国家初始条件、资源禀赋和经济发展方式不同,形成了各自的产业结构。

从第一产业产值占 GDP 比重来看(表 2-24,以下第二产业占比和第三产业占比同表2-24)，2000年以来五国整体上处在下降过程中，巴西和南非基本维持在5%和10%左右，俄罗斯和印度略有下降，俄罗斯2017年为4.4%，在五国中最低，印度2018年为14.5%，在五国中最高。中国降幅最大，从2000年的14.7%下降到2018年的7.2%，降幅高达51%。农业比重下降符合一般经济规律，西方发达国家第一产业的产值比重基本上都维持在3%左右，在金砖国家当中，俄罗斯和巴西接近西方国家水平。作为传统农业大国，印度和中国第一产业占比依然较高，印度第一产业比重近年来虽然有所下降，但仍远远高于其他四国，经济增长对第一产业的依赖程度明显高于其他国家。中国第一产业的比重持续下降，产业结构调整态势极为明显。与发达国家相比，金砖国家农业比重整体偏高，第一产业仍然具有重要的经济地位，这是人口大国的基本国情所决定的，未来随着技术进步和生产率提高，第一产业所占的比重还会有降低的空间。

表2-24　金砖国家三次产业产值比重　　单位:%

年份		2000	2005	2010	2015	2016	2017	2018
巴西	第一产业	5.5	5.5	4.8	5.0	5.5	5.3	4.4
	第二产业	26.7	28.5	27.4	22.3	21.2	21.5	18.4
	第三产业	67.7	66.1	67.8	72.7	73.3	73.2	62.6
俄罗斯	第一产业	5.8	5.0	4.8	4.6	4.7	4.4	3.1
	第二产业	33.9	38.1	34.8	33.1	32.5	33.4	32.1
	第三产业	49.7	56.9	61.4	62.3	62.8	62.2	54.1
印度	第一产业	25.3	19.5	21.0	20.1	20.4	15.5	14.5
	第二产业	23.7	33.6	24.3	27.4	26.9	26.2	27.0
	第三产业	51.0	46.9	54.6	52.5	52.8	48.9	49.0
中国	第一产业	14.7	11.6	9.5	8.8	8.6	7.9	7.2
	第二产业	45.5	47.0	46.4	40.9	39.9	40.5	40.7
	第三产业	39.8	41.3	44.1	50.2	51.6	51.6	52.2

续表

年份		2000	2005	2010	2015	2016	2017	2018
南非	第一产业	10.7	10.0	11.9	10.1	10.4	10.6	2.2
	第二产业	24.5	23.0	20.9	21.3	21.2	20.9	26.0
	第三产业	64.8	67.0	67.2	68.6	68.4	68.6	61.4

资料来源:根据《金砖国家联合统计手册(2018)》和历年《国际统计年鉴》整理。

从第二产业产值占 GDP 比重来看,五国基本上处于 20%—40%。印度 2018 年较 2000 年有所上升,巴西、俄罗斯和中国均有不同幅度的下降。南非第二产业所占比重在 2000 年之后大体上呈小幅下降的态势,但 2018 年有明显上升。巴西和南非工业产值比重相对较低,两国分别是拉丁美洲和非洲的工业强国,有较好的工业基础,近年来工业在经济中的份额下降,经济恢复迟缓,制造业的经济地位有所降低。印度工业化程度不高,第二产业发展缓慢,工业对经济增长贡献率在五国中一直排名靠后,21 世纪以来随着制造业不断受到重视,开始出现工业化加速的迹象,第二产业产值占比有所上升,2005 年曾达到 33.6%,近年有所下降但仍高于 2000 年水平。俄罗斯工业生产形势在 2000 年以后逐步企稳,对经济的支撑作用有所增强,2018 年工业占比为 32.1%,高于南非、巴西和印度。中国的第二产业所占比重和对经济增长的贡献率明显高于其他四国,2005 年工业占比高达 47%,之后虽有小幅下降,但仍保持在 40%的较高水平,中国已经成为世界制造中心,制造业的进步为经济社会发展提供了必要的条件。

从第三产业产值占 GDP 比重来看,五国总体处于上升态势,巴西和俄罗斯上升都比较快,中国第三产业产值比重增长最为明显,从 2000 年的 39.8% 提高到 2018 年的 52.2%,南非也有小幅提高,而印度变化不大,基本上保持在 50%左右。巴西 2016 年服务业占比达到 73.3%,高于其他四国,接近发达国家水平,南非和俄罗斯也都超过了 60%。中国的第三产业比重在五国中相对较低,与印度差别不大,表明中国服务业虽然进步较快,但发展相对滞后,随着产业结构不断调整升级，服务业对经济增长的贡献还应该有较大的提升潜力。

按照经济发展的一般规律，伴随工业化进程，第三产业占 GDP 的比重会超过第一产业和第二产业，成为国民经济中占比最高的产业。金砖国家第一产业比重都在下降，第三产业比重都在上升，均呈三、二、一产业分布特征，产业结构符合经济发展规律，但与发达国家的标准相比还有一定距离。五国三次产业结构高度和工业化进程存在明显差异，2017 年第三产业比重世界平均为 65%，高收入国家为 70%，中等收入国家为 54%，巴西已经达到高收入国家水平，并接近发达国家标准，南非超过了世界平均值，接近高收入国家水平，俄罗斯服务业产值比重虽然距离高收入国家均值较远，但也明显高于世界平均水平，表明上述三国已经进入工业化后期阶段。印度和中国服务业刚刚超过 50%，尚低于中等收入国家平均水平，产业结构高度偏低。印度工业发展相对滞后，中国制造业地位突出，印中两国仍处在向工业化中后期过渡阶段，产业结构调整升级的空间还很大。与其他四国相比，中国在三次产业结构高度上并无梯度优势。

根据配第—克拉克定理，随着人均国民收入水平的提高，劳动力会从第一产业依次向第二和第三产业转移。就业结构与产值结构始终保持着紧密关系，二者的变动具有一致性，产业结构水平越高，就业结构与产值结构的偏离程度就越低，资源配置效率就越高。

金砖国家就业结构与产值结构顺序并不完全一致，存在一定程度的偏离，产业效率和均衡状态有所不同。从结构顺序上(表 2-25)，按照产值和就业在三次产业中所占比重由高到低排列，巴西、俄罗斯和南非产值和就业均按三、二、一顺序分布，与发达国家产值比重与就业比重的顺序基本一致。印度和中国的产值与就业结构顺序各自不同。印度产值比重按三、二、一排列，而就业比重按一、三、二产业分布。中国产值比重 2000 年按二、三、一产业分布，就业比重按一、三、二排列，而 2018 年产值变为三、二、一排列，就业比重也调整为三、二、一顺序。

表 2-25　金砖国家三次产业结构排列顺序

国别	2000 年		2018 年	
	产值比重	就业比重	产值比重	就业比重
巴西	Ⅲ>Ⅱ>Ⅰ	Ⅲ>Ⅱ>Ⅰ	Ⅲ>Ⅱ>Ⅰ	Ⅲ>Ⅱ>Ⅰ
俄罗斯	Ⅲ>Ⅱ>Ⅰ	Ⅲ>Ⅱ>Ⅰ	Ⅲ>Ⅱ>Ⅰ	Ⅲ>Ⅱ>Ⅰ
印度	Ⅲ>Ⅱ>Ⅰ	Ⅰ>Ⅲ>Ⅱ	Ⅲ>Ⅱ>Ⅰ	Ⅰ>Ⅲ>Ⅱ
中国	Ⅱ>Ⅲ>Ⅰ	Ⅰ>Ⅲ>Ⅱ	Ⅲ>Ⅱ>Ⅰ	Ⅲ>Ⅱ>Ⅰ
南非	Ⅲ>Ⅱ>Ⅰ	Ⅲ>Ⅱ>Ⅰ	Ⅲ>Ⅱ>Ⅰ	Ⅲ>Ⅱ>Ⅰ

注:根据中国国家统计局和印度统计部门的历年数据整理所得,Ⅰ表示第一产业,Ⅱ表示第二产业,Ⅲ表示第三产业。

五国就业结构与产值结构体现出非均衡性差异,三次产业生产发展与劳动力就业存在矛盾。巴西、俄罗斯和南非工业化进程起步较早,三次产业产值比重与就业比重顺序一致,产业结构相对合理。印度第一产业"低产出、高就业"特征极为明显,第二和第三产业表现为"高产出、低就业"特征,一方面,说明农业产业依然是就业主要渠道,吸纳了大量劳动力人口,但农业生产率较低,农村劳动力转出压力极大;另一方面,服务业和工业效率较高,就业吸纳能力不足,与印度第三产业侧重发展非劳动密集型的软件信息服务行业有一定关系。中国的就业与产值比重虽然从不同顺序已经调整为相同顺序排列,但是产业偏离程度依然较大,与印度相似,农业表现为明显的"低产出、高就业"特点,就业仍然较多地依赖农业产业,工业和服务业生产率相对略高,劳动力就业不足,仍有就业吸纳潜力。在未来一段时间内,印度和中国都面临产业结构从非均衡向均衡调整的压力。

二、工业制造业内部结构

工业是国民经济结构中最重要的物质生产部门,能够体现一个国家或地区的综合经济实力,也是农业和服务业发展的重要支撑。从全球工业化进程来看,其实质上就是从劳动密集型的轻工业逐渐过渡到资本密集型的重化工业，再到技术密集型的高新技术产业的工业结构升级过程。不同发展阶段的国家由于工业化进程和资源禀赋的差异，工业产品和门类的结构差别较大。

金砖国家有各自的工业发展历程，形成了较为齐备的工业生产体系，制造业在各国都占据了主要地位，根据世界银行 2018 年的数据，中国制造业占 GDP 的比重为 29.4%，高居五国之首，俄罗斯、南非和印度分别为 12.3%、11.8%和 14.9%，巴西只有 9.7%，在五国中最低并且近年来持续下降。各国工业结构中制造业地位不同，中国制造业在工业和国民经济中的位置举足轻重，具有明显的规模优势，与其他各国存在较大的梯度落差。中国与金砖国家开展产能合作的重点领域主要集中在第二产业，各国工业制造业内部结构的差异，客观上为产能合作提供了非常有利的条件。

巴西工业门类比较齐全，轻重工业结构相对均衡，整体结构优于俄罗斯和印度。在矿产资源、电子通信、清洁能源、汽车和飞机制造等行业都具有一定的国际优势，水电建设能力和技术居于世界前列，卫星移动通信和数字化网络技术接近世界发达国家的水平。

在巴西制造业中，食品饮料烟草、机械和运输设备占比较高，其中食品饮料占比为 23.34%（见表 2-26），在金砖国家中最高，具有明显优势，化工与纺织服装也具有一定优势。

表 2-26　2016 年金砖国家制造业内部主要行业所占比重　　单位：%

待业 / 国别	食品饮料和烟草	纺织和服装	机器和运输设备	化工	其他
巴西	23.34	6.41	18.38	14.04	37.83
俄罗斯	15.86	1.81	8.24	15.26	58.84
印度	9.81	8.51	18.93	16.14	46.62
中国	11.83	9.99	24.53	10.81	42.85
南非	22.18	1.79	14.60	6.99	54.43

资料来源：世界银行数据库。

在主导产业方面,钢铁业产值超过GDP的3%,丰富的铁矿石资源为巴西钢铁产业参与国际竞争增添了优势,粗钢构成中,按材质分碳钢超过90%,合金钢不到10%。纺织业是巴西传统产业,巴西是世界主要纺织品生产和成衣制造国,牛仔裤、内衣和泳衣享有盛誉,粗斜纹布、针织布产量和服装生产均居世界前列,化纤行业相对薄弱,聚酯纤维有一半以上依赖进口。巴西家电行业受外资控制程度较高,以加工、组装和本地销售为主,2017年电视机产量达到1056万台,洗衣机产量为733万台,冰箱产量945万台(见表2-27),家电产量远远超过了俄罗斯、印度和南非。汽车工业是巴西重要的支柱产业,2018年产量超过288万辆,产值占工业总产值的20%左右,主要是以中低排量乘用车为主。航空工业以120座级以下支线客机为主,制造技术和生产能力接近美欧发达国家水平,产品销往美国、英国、法国、德国等四十多个国家,约占世界支线飞机市场份额的50%。

表2-27　2018年金砖国家主要工业产品产能

国别 指标	巴西	俄罗斯	印度	中国	南非
粗钢(万吨)	3490	7170	10650	92830	630
煤(万吨)	950	43968	67624	368300	25232
原油(万吨)	13186	52264	3469	18911	—
天然气(万亿焦耳)	—	24530345	1256288	5760231	21225
水泥(万吨)	7275	5467	27970	231625	—
化肥(万吨)	288	2257	1815	5842	—
汽车(万辆)	288	177	517	2781	61
电视机(万台)	1056	838	—	15933	—
电冰箱(万台)	945	305	920	8548	—
洗衣机(万台)	733	450	431	7501	—

资料来源:家电数据来自《金砖国家联合统计手册2018》,其他数据来自《国际统计年鉴(2019)》。

俄罗斯是世界科技大国和军工生产强国，受体制改革影响，原有工业格局被打破，2000 年之前工业生产一度出现剧烈波动。21 世纪以来，政府采取了一系列措施，鼓励扶持制造业发展，生产形势逐渐恢复正常。俄罗斯经济结构是以资源产业为核心、以能源工业为支柱的基本格局，对能源和重工业依赖较大。俄罗斯工业结构并不均衡，资本密集型的重工业比较发达，在能源、冶金、石化、金属加工等领域位居世界前列，而轻工业相对薄弱，生活消费用品产能明显不足，部分商品如纺织、家电、汽车等，需要靠进口来弥补国内生产缺口。

俄罗斯制造业在工业产值中所占的比重不到 50%，其中纺织和服装、机器和运输设备所占比重均低于其他四国，尤其是劳动密集型行业的纺织服装，只占制造业产值 1.81%的比重，远远低于中国、印度和巴西，与南非接近。虽然俄罗斯机械工业具有较好的基础，但机器和运输设备占比仅为 8.24%，在金砖国家中最低。家电生产能力低于中国、印度和巴西，电视、冰箱、洗衣机三者合计产量也只有 1500 万台左右，无法满足国内市场需求。制造业发展存在瓶颈，轻工业产值比重过小，一定程度上制约了俄罗斯工业发展。

在主导产业方面，能源石化工业是俄罗斯国民经济的主要支撑部门，其中以石油和天然气为原料的化工产品生产占整个化工行业生产的 70%。根据《BP 世界能源统计年鉴》，2016 年俄罗斯石油产量居世界第二，仅次于沙特阿拉伯，天然气产量 5794 亿立方米，仅次于美国，同样高居世界第二，排在金砖国家首位，中国、印度和巴西分别为 1284、276 和 235 亿立方米。机械行业和金属加工业是俄罗斯工业的传统强项，产值约占国内生产总值的 20%。有色金属行业也是俄罗斯重要的基础产业，产值约占国内生产总值的 1/10，是仅次于燃料动力部门的重要外汇来源之一。钢铁行业产量波动较大，随着住宅建设扩大和汽车产业发展，钢铁市场逐渐恢复，产量不断提高，粗钢产量从 2000 年的 4000 多万吨，增加到 2018 年的 5446 万吨，高过巴西和南非，低于中国和印度。

印度工业发展较为缓慢,在国民经济中所占的比重一直不高,但也形成了比较完整的民族工业体系,工业门类主要包括纺织、食品、化工、机械电子、汽车和制药等。印度传统轻纺工业和资源工业相对发达,珠宝、成衣、皮革制品等在国际市场占有一定地位,重化工和机械制造行业发展迟缓,资本品和消费品生产落后,尤其是能源供应不足制约了工业发展。2004 年,印度政府提出设立国家制造业竞争委员会,以加强和维持食品加工、纺织服装等制造业的发展,2005 年发布了《印度制造业国家战略》白皮书,2014 年开始启动"印度制造"计划,加大制造业投入,生物制药和汽车产业成为新的经济增长点,移动通信设备行业增长速度也较快。

印度制造业占工业产值的比重超过一半,其中化工行业较为发达,占制造业比重为 16. 14%,远高于其他四国,纺织服装行业占比也较高,达到 8. 51%,在五国中仅次于中国,机器和运输设备行业占比 18. 93%,也高于巴西、俄罗斯和南非,具有一定优势,而传统的食品饮料和烟草行业占比只有 9. 81%,在五国中最低。

主导产业方面,印度曾是世界上仅次于巴西、澳大利亚的第三大铁矿石出口国,铁矿石供应长期过剩,资源优势和低成本推动印度钢铁工业迅速发展,2008 年粗钢产量超过 5000 万吨,相比 1990 年增长了 5 倍,2018 年粗钢产量达到 10650 万吨,远高于俄罗斯、巴西和南非。纺织业是印度传统优势产业,在世界纺织业中占有难以替代的特殊地位,纺织品产量在五国中仅次于中国,丝绸产量约占世界总产量的 1/6。生物医药行业是印度重要的新兴产业,政府设立了专门的"国家药品实验室"和"国家药物教育和研究所"等研究机构,2011 年《药品和化妆品规制(修订版)》放宽了临床试验的申请条件,允许在印度进行同期临床试验,2012 年颁布了《生物仿制药指南》,为生物仿制药研发和生产提供制度支持。2017 年印度制药企业向美国食品药品管理局(FDA)提交的药品认证申请文件(DMF)高达 3950 件,是提交认证申请最多的国家,获得美国 FDA 仿制药(ANDA)文号 2661 个,获得 FDA 认证企业达到 265 家,拥有欧盟 CEP 认证和世界卫生组织 GMP 认证的分别为 220 家和 1400 家。[①] 印度是除美国之外拥有经美国 FDA 批准认证的药品生产工厂数量最多的国家，在研究技术和生产规模上形成了一定的比较优势。汽车工业对印度经济的发展至关重要，广阔的市场为汽车行业增长提供了巨大的潜力，政府采用“以市场换技术”战略，吸引外资和技术，重视自主研发和创新能力培育，2006 年发布了《汽车发展规划（2006—2016 年）》，允许外商 100%直接投资汽车行业，强调先进技术是引进外资的核心及重视零部件的本土化生产，政策和市场共同作用促进了汽车产业快速发展，2006 年汽车产量超过 100 万辆，2017 年实现汽车生产 480 万辆，产量世界排名第五，生产能力超过 500 万辆水平，成为新兴汽车生产大国。由于受到居民收入较低和基础设施落后的制约，目前印度汽车产品主要以中低排量的乘用车为主，具有成本优势的自主品牌占据了市场主要份额。

中国工业起步较晚，但发展速度很快，在国民经济所占的比重较高，已经形成了涵盖所有工业门类的全产业体系（根据国民经济行业分类标准《GB/T 4754—2017》，行业分类共有 20 个门类、97 个大类、473 个中类、1380 个小类），构建了完整均衡的工业生产结构，主要行业包括轻纺服装、机械电子、冶金、石化、汽车、造船、航天等。从工业生产技术水平和生产能力来看，综合实力明显领先于巴西、俄罗斯、印度和南非，梯度差异较大。例如 2017 年中国汽车产量达 2900 万辆，远远超过巴西、俄罗斯、印度和南非四国的总和，是世界最大的汽车生产和消费国家。根据中国国家统计局发布的统计数据，中国在粗钢、煤炭、水泥、平板玻璃、电解铝、化纤、汽车、造船、工程机械、家电等 220 个行业的产品产量位居世界第一，工业制造业的规模优势非常明显。而其他金砖国家在这些领域大都存在不同程度的供给缺口，与中国工业整体生产能力形成较强的互补性和匹配性，为开展产能合作提供了多种选择。

中国制造业在工业结构中占有绝对优势地位，制造业的产值占工业产值

---

① “Pharmaceuticals Export Promotion Council of India”, Annual Report, 2016—2017, p.17.

的70%以上,占国民生产总值的1/3左右。从制造业的内部构成来看,与其他国家制造业内部轻重分明的状况明显不同,中国各部门比重较为均衡,其中纺织服装、机器和运输设备所占比重在五国中最高,机器和运输设备对各国的优势非常明显,纺织服装对俄罗斯和南非优势较大。但食品饮料和烟草仅对印度具有相对优势,化工则只对南非具有相对优势。不同的梯度优势有利于开展差异化的对外投资和产业转移。

主导产业方面,钢铁行业由于近年来基础设施投资加大和房地产市场的快速增长,行业持续快速发展,2018年粗钢产量达到92830万吨,比10年前翻了近1倍,约占全球产量的50%。轻工业通过引进技术设备、吸收消化和自主创新的道路,实现了跨越式发展,产品覆盖居民日常衣食住行各个消费领域,其中彩电、冰箱、洗衣机、塑料和五金制品等行业多种产品产量稳居世界第一。汽车工业是中国重要的支柱产业,得益于市场和政策共同作用,2000年以来行业出现爆发式增长,目前已经成为世界最大的汽车产销国,汽车产品涵盖各个系列多种排量的乘用车、商用车和专用车。

南非工业化进程起步较早,主要发端于19世纪下半期的“矿业革命”。①20世纪初,工业化开始从采矿业向制造业转变,第二次世界大战之后制造业继续保持高速发展,20世纪60年代进入重化工业阶段,着力发展汽车制造、炼油、采矿设备、机械制造、军火工业以及电子计算机和原子能等高科技行业,形成了以矿业为中心的现代采矿业、冶炼业,以及相关的加工制造业、金融业和科技产业体系②,成为整个南半球工业化程度最高的国家。20世纪80年代之后,受国际社会制裁影响和实施“去工业化”治理,工业生产出现波动。进入21世纪,政府和企业加大了对信息技术应用的投入,信息技术产业迅速发展,形成新的经济增长点。南非工业体系相对完善,主要部门包括制造业、建筑业、能源业和矿业,矿产依然是主要经济来源,是世界最大的黄金生产国和

① 沐涛:《南非的工业化道路及其经验教训》,《社会科学》1997年第8期。

② 杨立华:《列国志南非》,社会科学文献出版社2010年版,第243页。

出口国，深井采矿技术居世界前列，发电量占全非洲的60%左右。

南非制造业产值约占国内生产总值的12%，主要行业有食品加工、服装纺织、钢铁、金属制品、运输设备、机器制造、化工等。其中食品饮料和烟草占制造业比重高达22.18%，位居金砖国家之首，纺织服装、机器和运输占比偏低，化工只占6.99%，远低于其他四国。

主导产业方面，作为食品生产和贸易大国，食品加工业是南非重要的传统产业，2017年食品贸易额达到154.2亿美元，与2016年同比增长9.7%①，对包装食品的需求非常旺盛。矿产行业曾经为南非经济增长和产业发展做出了特殊贡献，由于资源品类众多、储量丰裕，南非在多种矿产上一直是世界主要生产国和供应国，虽然近些年产值比重有所降低，但在国民经济中的重要作用无法取代，铂金、黄金和煤炭出口全球居于前列。2014年采矿业占GDP总量的8%，初级矿产品销售总额为261亿美金，出口额占到出口总额的28%②，2016年矿业产值占GDP比重为7.3%。汽车产业是仅次于采矿业与金融服务业的第三大行业，也是南非制造业的重要组成部分，2018年汽车产量超过60万辆，汽车工业产值约占GDP的7%，全球主要汽车生产企业和零部件厂商都在南非建立了生产基地，主要面向本地及非洲市场。

第六节 相关发展规划与投资准入条件

中国与其他金砖国家产能合作，不单单是企业的个别投资行为，而是各国基于各自规划，融入全球价值链和世界经济格局的重要切入点，通过资金、技术、人才及其他资源的不断重新配置，实现合作各方的经济发展目标，其中必然会受到相关国家政策的牵引或制约，因此开展投资合作必须充分了解当地的政策规划和投资限制条件，以适应各国的产业发展方向和市场需求。

---

① 资料来源：联合国商品贸易数据库。

② 《南非矿业的投资机遇》，《中国矿业报》2016年7月6日。

一、国家发展规划

巴西能源和矿业部早在2006年便推出了《2030年国家能源发展规划》,强调能源结构多样化,重点开发水能、核能、风能和生物能源,大幅提高风能与生物能源发电在总发电量中的比重。

2011年政府推出“强大巴西”工业发展计划,提出“创新产生竞争力,竞争力促进增长”的政策口号,强调科技创新和科技成果产业化,主要内容一是对服装、家具、计算机软件等劳动和技术密集型行业以及汽车、家用电器等耐用消费品生产行业,实行相应的税收减免政策;二是扩大创新金融支持,设立出口和企业创新融资基金,将信息和通信技术设备、混合动力汽车等单列为重点科技项目,鼓励企业科技创新、研发新产品和更新技术设备,加大科研成果的产业化,提高工业创新能力和竞争能力;三是政府优先采购国内企业产品,特别是医疗保健、国防建设、信息通信和纺织服装等部门产品。

2016年巴西政府开始实施国家发展战略“投资伙伴计划”(PPI),以期弥补早先推行的“经济加速增长计划”和“物流投资计划”所造成的空白,加大基础设施领域的投资,刺激私人领域参与的积极性,改善经济颓势,推动薄弱环节的发展。2016年9月13日,“投资伙伴计划”委员会第一次会议公布了34个特许经营权项目清单,陆续开展项目招标,涉及机场、港口、铁路、公路、配送电等多个领域,到2018年,共推出168个招商项目,吸引各方投资2090亿雷亚尔(约合564亿美元)。① “投资伙伴计划”由上届政府提出,本届政府继续沿用,该计划将大型基础设施建设项目的顶层设计规划、决策、协调和管理提升到最高领导层,提高了项目决策效率。

巴西通信部门2016年5月发布了“智慧巴西”国家宽带发展计划,根据计划,到2019年投入18.5亿雷亚尔(约合5.29亿美元),使巴西拥有光纤网

① 《巴西将再次推出78个基础设施建设招商项目》,中华人民共和国商务部美洲大洋洲司网站,见 http://mds.mofcom.gov.cn/article/zcfb/201808/20180802777846.shtml。

络的城镇数量由53%提高至70%，使宽带网络覆盖巴西95%的人口，多个大型网络基础设施建设项目将陆续开工实施，主要包括在亚马逊部分区域铺设网络，建设6条连接巴西与欧洲、非洲和美国的海底光缆，用以提高网络数据传输能力和保障通信安全，对于2010年起政府实施“我的生活，我的家”居民住房保障计划中新建的房屋，也将架设宽带网络设施，此外全国约3万所城市和农村的公立学校也将开通宽带、无线网，并建立多媒体中心。

俄罗斯政府重视制定中长期社会经济发展纲要，全部国家规划分为“新生活品质”“创新发展和经济现代化”“确保国家安全”“区域均衡发展”“国家有效管理”五个纲要板块，经由政府批准的国家规划共有44个，其中41个已审议通过并进入实施阶段，其他3个处于制订阶段。①

俄罗斯经济发展部2008年制定了《2020年前俄罗斯联邦社会经济长期发展构想》，提出调整产业结构，发展创新经济，2020年人均国民生产总值要达到3万美元，高科技产品将在5—7个领域中占全球市场5%—10%的份额。2013年对《2030年前俄罗斯交通运输发展战略规划》进行了修订，在完成交通系统现代化和交通领域创新发展目标过程中，促进航空工业发展。2014年发布了《2035年前俄罗斯能源战略草案》，在2009年出台的《2030年前俄罗斯能源战略》的基础上做了调整，计划2035年天然气产量增加到8800亿立方米、石油5.25亿吨、煤炭4.35亿吨，能源投资总额达2.5万亿美元。此外，政府还出台了《2014—2020年信息技术产业发展战略及2025年远景规划》和《2020年前创新发展战略》，强调优先发展食品加工、化工、机械制造等行业的同时，对工业进行大规模技术改造，提高包括核能、航空技术产品和航天器材在内的高新技术产品市场份额，增加IT研发投入，推动信息技术应用与普及，保障信息安全，并推出了一系列配套保障措施和税收信贷等优惠政策。

2019年初，俄罗斯政府在官方网站公布了《国家项目：任务指标与基本目

① 俄罗斯政府官方网站，见 government.ru/programs/。

标》的发展规划，确定了2019—2024年国家优先发展方向的具体项目与预算，在国家项目涉及的25.7万亿卢布资金中，10.1万亿卢布将分配至加快俄罗斯经济发展，9.9万亿卢布将分配至为国民提供舒适的生活环境，5.7万亿卢布将分配至开发人力资本。①

俄罗斯政府重视远东地区发展，专门成立了国家远东和西伯利亚地区社会经济发展委员会。在《2025年前俄罗斯远东和贝加尔地区社会经济发展战略》中，将提振经济、调整结构、改善民生、加强对外合作列为首要任务，计划分三个阶段发展该地区经济。第一阶段：2009—2015年。主要目标是加快该地区的投资增长速度，在该地区推广节能技术，提高劳动就业率，兴建新的基础设施项目、工业领域和农业领域项目。第二阶段：2016—2020年。主要目标是兴建大规模能源项目，增加过境客运和货运量，建立核心运输网络，对原材料进行深加工并加大其产品的出口份额。第三阶段：2021—2025年。主要目标是发展创新型经济，对石油天然气进行大规模开采、加工并出口，完成对大型能源和交通项目的建设等。

2013年5月，俄罗斯国家杜马（议会下院）通过对远东和贝加尔地区新投资项目提供税收优惠的法案，参与实施远东和贝加尔地区新投资工业和基础设施项目的企业10年内免上缴联邦中央的利润税，上缴地方政府的利润税头5年内逐步降至零，第二个5年内税率不低于10%。为实现远东地区开发目标，俄罗斯还组建了一个专门机构从事远东项目推进实施工作，设立远东和贝加尔地区发展基金，推动铁路、公路、电网等配套基础设施建设，培育新的经济增长点，在远东、东西伯利亚、哈卡西亚共和国和克拉斯诺亚尔斯克边疆区建立享有特殊优惠政策的“跨越式社会经济开发区”，打造新型开发模式。2018年11月，政府对贝加尔湖地区优先投资项目实施的联邦预算补贴程序规则进行了修订，以便于在贝加尔湖地区的投资项目从联邦预算中获得资金。

---

① 《至2024年俄将投入25.7万亿卢布用于建设国家项目》，中国驻俄罗斯大使馆经济商务参赞处，见 http://ru.mofcom.gov.cn/article/jmxw/201902/20190202835606.shtml。

印度政府2014年提出了《国家制造业计划》方案，按照该计划，在2022年前制造业占GDP比重从15%提高到25%，对投资制造业的外资给予条件优惠，在汽车、电子、制药、建筑、纺织食品等行业中，允许外资占比100%。2017年5月，印度中央电力管理局公布了第三份《国家电力规划》（草案），对印度未来十年的电力需求及发展作出了预测和建议，2027年前，无须新建任何煤电产能，将新增7.6吉瓦核电、27.3吉瓦大水电，可再生能源、核电、大水电等非化石燃料将占印度发电装机容量的一半以上。“2026年汽车任务计划”是印度政府和汽车制造商的共同愿景，目标是到2026年，使印度汽车工业成为世界三大汽车工业之一，贡献GDP的12%，在印度制造业中占比40%。

基础设施落后对印度经济发展是一个较大的制约，按照印度“十二五”计划，在基础设施建设领域拟投入56万亿卢比（约合1万亿美元）。2019年9月，印度政府提出了新的计划方案，在未来5年内投资100万亿卢比（约合1.4万亿美元），用于高质量的基础设施建设，以实现广泛和包容增长。①

2016年是印度第12个五年计划的最后一年，为保持印度作为世界经济增长引擎的地位，从2017年开始印度计划以更长远眼光考虑国家发展方向，将会采取十五年“国家发展日程”取代原有的五年计划，对于未来的“十三五”规划新蓝图和相关政策，更加值得关注。

南非政府2012年发布了《2030年国家发展规划》，强调到2030年实现消除贫困、减少不平等、提高经济实力、增强国家综合能力、促进整个社会团结合作等目标。“可持续发展取决于受援国与发展援助提供者之间的协调政策，南非绝不是一个依赖发展援助的国家，在规划讨论中利用其自身的发展背景和优先事项作为政策调整起点。”②根据规划，未来在公共基础建设方面固定

---

① 《印度5年内将在基建领域投资100万亿卢比》，新华网，见 http://www.xinhuanet.com/world/2019-09/08/c_1124974023.htm。

② Fourie W., "Aligning South Africa's National Development Plan with the 2030 Agenda's Sustainable Development Goals: Guidelines from the Policy Coherence for Development movement", *Sustainable Development*, 2018, 26, pp.765-771.

投资将占 GDP 的 10%,在国家医疗体系方面,重点改善公共医疗设施建设,减少私营医疗服务的相对成本。该规划还进一步明晰了发展步骤,2013—2017 年,着重提高国民初级教育水平,改善劳资关系环境,确保能源供应和分配,同时有步骤地建设非洲金融中心,增加研发经费投入,实现工业多样化发展。2018—2023 年,进一步发展能源密集型产业,到 2030 年,将淘汰 10900 兆瓦的现有容量,新增 40000 兆瓦电力容量,其中至少有 20000 兆瓦来自可再生资源。① 同时有序推动技术密集型产业、商业和服务业建设,实现经济发展多样性。

2012 年,南非政府推出了《国家基础设施规划》,详细列出 17 个大型战略一体化项目,其中包括区域性战略一体化项目、能源战略一体化项目、空间战略一体化项目、社会基础设施战略一体化项目等,涵盖交通、能源、水利、通信、农业发展和教育设施等多个领域。

2013 年南非贸易和工业部推出"汽车生产开发计划",采取补贴和税收减免措施,优先发展汽车工业。2016 南非能源部公布《综合能源计划》(草案),提出到 2050 年大幅提升自主发电能力,实现风能发电 37400 兆瓦、太阳能发电 17600 兆瓦、燃气发电 35292 兆瓦、燃煤发电 15000 兆瓦。此外 2037 年新建核电站正式运营,到 2050 年实现发电 20385 兆瓦。该计划确定了未来一段时期内南非电力供应与发展远景,有助于为投资者参与相关基础设施建设项目提供指引。2018 年南非贸工部发布 2018/2019—2020/2021 年度"南非产业政策行动计划"(IPAP),鼓励对重点领域的产业、技术和技能进行投资,并在公共采购、产业融资、贸易政策等方面给予支持,针对汽车行业、农产品加工、服装纺织品皮革鞋类行业、金属冶炼和铁路运输设备制造、钢铁行业、液化天然气行业、海洋制造业提出了具体扶持与行动措施,助推产业发展,提升南非经济活力。

---

① "Our future-make it Work, National Planning Commission National Development Plan 2030 Executive Summary", pp.54-65.

金砖各国根据自身发展需要出台了相应的发展规划和产业政策，涉及的领域十分广泛，具体产业发展方向各有侧重，大体上都集中在基础设施、能源保障、制造业和技术创新四个方面。除此之外，巴西在宽带网络应用、俄罗斯在传统生产技术更新改造、印度在软件服务、南非在医疗教育普及等领域也有较多的鼓励政策，为国际产能合作提供了政策支撑与行动目标。

二、投资限制和壁垒

巴西政府总体上对外资持开放态度，2000 年以来，针对外资的行业准入限制不断有所放松，积极鼓励外资进入汽车、新能源、农业、油气和基础设施等领域，以提高国家创新能力和经济增长水平。政府逐步放松了国家对石油、天然气和矿产开采等领域的垄断，对电信、电力行业实行私营化并规定外资参与年限不少于 6 年。另外，有条件的允许外国企业参与新闻媒体、海关保税仓库、近海航运、高速公路等领域的融资和服务。巴西绝大多数领域向外资开放，外资可以自由进入，且对外商投资总额无限制条件，外资既可以 100% 持股，也可以与当地企业建立合资企业部分持股，外资收购并购需要满足《公司法》《反垄断法》等法律法规有关要求。对于基础设施建设领域较多采用的 BOT/PPP 模式，在规模和年限方面也有相应规定，对参与的外资和本地企业同等适用。

目前，巴西仅有少数被认为具有战略重要性的行业禁止或限制外资进入，其中禁止外资进入的领域包括与核能开发相关的活动、医疗卫生服务（除非法律列明的例外情况）、邮件和电报服务、远洋捕捞及航空航天活动（禁止卫星、航天装备、航母等的发射、部署及商业化应用，但禁令不适用于这些设备的生产和贸易）。限制外商投资的领域主要包括报纸杂志以及广播电视、金融服务和渔业。①

① 商务部《对外投资合作国别（地区）指南》（巴西 2020 年版）。

俄罗斯2011年对《俄罗斯联邦外国投资法》进行了修改，降低外资进入门槛，简化外资参与食品、医疗、银行及资源等行业的手续。2013年政府批准了《公私合营法》，对外资进入公共服务和垄断行业提供了法律基础。在鼓励外商投资传统的能源、建材、通信设备、汽车、纺织与食品加工等行业的同时，俄罗斯对外资进入部分行业领域采取了禁止或限制措施，如禁止外资投资经营赌博业和人寿保险业，限制外资进入及经营战略性行业。2008年政府发布了《有关外资进入对国防和国家安全具有战略性意义行业程序》法案，明确规定13大类46种经营活动被视为战略性行业，包括国防军工、核原料生产、核反应堆项目的建设运营、用于武器和军事技术生产必需的特种金属和合金的研制生产销售、宇航设施和航空器研究、密码加密设备研究、天然垄断部门的固定线路电信公司、联邦级的地下资源区块开发、水下资源、覆盖俄罗斯领土一半区域的广播媒体、发行量较大的报纸和出版公司等。强化审查机制，对战略性企业的并购持股比例，根据外资背景和具体行业设置了5%—50%的限制。①

此外，俄罗斯自然垄断行业限制外资进入，铁路客运和货运市场不允许外商设立合资企业，提供装卸、集装箱堆场、船舶代理、结关等服务，不允许外商从事铁路运输设备的维修保养服务，油气管道和电网建设运营领域及公路运营领域也尚未对外资开放。在基础设施建设方面，限制外资进入联邦电网送变电、机场建设维护领域。

印度在进入2000年之后，逐步简化外商投资审批手续，开放更多的产业。2016年，印度再次放宽对外商直接投资的限制，开放包括国防、民用航空和制药等领域的外商投资。但行业准入限制仍然较多，对外资禁止的行业包括核能、博彩业、风险基金、雪茄及烟草业，大部分邦政府禁止外商参与当地林业投资合作。对外资限制的行业包括电信服务业、私人银行业、多品牌零售业、航

① 商务部《对外投资合作国别（地区）指南》（俄罗斯2020年版）。

空服务业、基础设施投资、房地产业、广播电视转播等。部分限制领域规定了20%—74%的外商投资持股上限,外商投资如超过政府规定投资比例上限,需获得政府有关部门批准①。例如制药行业外资比例超过74%,必须要经过政府审批。除上述禁止或限制外资的行业外,国际机场建设以及靠近边境、军事控制区等敏感区域内的工程尚未对中国企业开放承揽,中国企业参与其境内的石油和天然气管道工程也需先经层层审核。

印度外商投资核准一般包含自动审批和政府审批两个渠道,除少数需要许可证的行业、当地已有投资项目的外资再收购印度企业股权、不符合自动审批程序的行业及比例限制的投资等情形,需要通过审批渠道实现准入外,其他绝大多数行业投资都适用于相对简化的自动审批渠道,但中国企业投资很少能够进入自动审批程序。事实上,无论是在政府层面还是操作层面,印度常会以国家安全或同业竞争保护等为由,对于来自中国企业的投资设置种种阻碍,实施更为复杂的核准审批程序,并有进一步强化的趋势,需要及时关注相关政策动态。

印度鼓励投资电力(核电除外)、石化、电子产品,食品加工、农产品养殖等行业。政府没有专门制定针对外商投资的优惠政策,只有投资于政府鼓励发展的产业领域或区域,才能和印度本土企业一样享受相关优惠,外商优惠政策主要体现在地区优惠、出口优惠和特区优惠方面。

南非经济相对开放,一直鼓励外国公民和企业投资,对在南非投资的外资企业均给予国民待遇。主要吸引外资的领域有采矿选矿、能源与可再生能源、信息通信技术、汽车制造、农产品加工、机场港口、铁路公路等交通基础设施。② 外商可以新设分支机构或设立当地公司,也可以入股、控股或收购当地企业。除禁止外国资本进入军工行业外,对外国自然人在当地开展投资合作没有特别限制,但是在控股比例、员工聘用、产品本地化和环保等方面有明确

① 商务部《对外投资合作国别(地区)指南》(印度2020年版)。

② 商务部《对外投资合作国别(地区)指南》(南非2020年版)。

要求和规定。非南非公民经营或控股超过75%将受到限制，外资银行设立分支机构必须雇佣一定比例的当地居民才能获得营业执照，矿业企业必须达到每个矿权的26%所有权归黑人所有，以确保黑人对经济进行有意义的参与。

2011年，南非正式实施《优先本地采购政策框架法案》，旨在确保行业采购75%来自本土，第一批被列为"优先本地采购"的产品包括：服装、纺织品、皮革、鞋类、机顶盒、大型客车、输电线塔、铁道车辆、药品、食品和罐头以及办公家具和学校用品等。实际上，出于保护本国经济的目的，各国对外国投资者大都会提出当地生产、制造、配套、采购等本土化标准及要求，中国企业在投资项目选择和决策过程中必须对此要有充分的考量。

第三章　中国与金砖国家产能合作现状

伴随着改革开放进程，中国整体经济实力不断提升，与包括金砖国家在内的世界各国经贸往来持续增强，产业合作内容及方式也开始向多元化拓展。2015 年中国发布了《关于推进国际产能和装备制造合作的指导意见》等一系列文件，提出将中国产业优势和资金优势与国外需求相结合，以企业为主体，以市场为导向，创新对外合作机制，大力推进国际产能和装备制造合作，得到了金砖各国以及广大发展中国家的积极响应。

2016 年 10 月 11 日，中国发起设立的中拉产能合作投资基金有限责任公司与巴西相关负责机构正式签署中巴扩大产能合作基金谅解备忘录。2017 年 5 月 30 日，中巴基金正式启动，规模为 200 亿美元，中国和巴西分别承担 75%和 25%的资金，并以 1∶1 的人员比例成立一个常设委员会，指导基金的投资决策。基金按照市场化运作机制和商业原则，筛选确定具体产能合作项目并给予投资帮助，主要支持领域涉及基础设施、农业、制造业和技术创新。

2016 年 6 月 23 日，中国、俄罗斯、蒙古在塔什干签署《建设中蒙俄经济走廊规划纲要》，旨在通过在增加三方贸易量、提升产品竞争力、加强过境运输便利化、发展基础设施等领域实施合作项目，进一步加强三边合作。规划纲要明确提出要促进交通基础设施发展及互联互通，加强口岸建设和海关、检验检疫监管，推动拓展人文交流、生态环保、地方及边境地区合作。要深化经贸合作,在重点关注的合作领域中,加强能源矿产资源、高技术、制造业和农林牧等领域产能与投资合作,引导边境贸易向加工、投资、贸易一体化完善。中国与俄罗斯在双边经贸领域也达成多项合作协议,强调要深化基础设施、能源、矿产开发等重点领域的产能合作。

2016 年 10 月 7 日,第四次中印战略经济对话在印度新德里举行,双方签署了《中华人民共和国国家发展和改革委员会与印度共和国国家转型委员会关于开展产能合作的原则声明》《中华人民共和国国家发展和改革委员会与印度共和国电子信息部关于"互联网+"合作的行动计划》及会议纪要等一系列文件,双方同时签署了 16 类项目合作协议,涉及金额达 160 亿美元①,涵盖基础设施、能源、环保、制造业等多个领域。

2016 年 11 月,在中国与南非国家双边委员会第六次会议期间,中国国家发展改革委与南非贸工部签署《关于开展产能合作的框架协议》,建立了两国产能合作工作机制。同年 11 月 22 日,中国商务部与南非贸工部签署了关于经济特区和工业园区合作的谅解备忘录,进一步加强双边经贸关系,开展工业化和经贸合作,支持南非工业化进程。

一系列合作文件的签署,推动中国与金砖国家产能合作进入了机制化轨道和快速发展阶段,产能合作规模范围不断扩大,在直接投资、商品贸易、工程承包等领域取得了诸多实质性进展。

第一节 中国对金砖国家投资发展状况

美国次贷危机发生之后,全球经济出现滞涨,金砖国家整体依然表现出强劲的增长态势,中国与金砖国家的经贸合作也在不断深化,对金砖国家直接投资总体呈现较快增长。2016 年,中国对金砖国家直接投资流量 23. 5 亿美元,

① 《第四次中印战略经济对话在印度新德里成功举行》,中国国家发展改革委网站,2016 年 10 月 7 日,见 http://www.ndrc.gov.cn/xwzx/xwfb/201610/t20161008_821895. html。

同比有所下降，占当年对外直接投资流量的 1.2%，2018 年为 20.0 亿美元，占比 1.4%，占中国对外投资流量的比重虽然较低，但有小幅上升。截至 2018 年末，中国对金砖国家直接投资存量为 292.2 亿美元，较 2008 年的 53.3 亿美元增长 448.2%，投资规模不断扩大。与中国对外直接投资存量在全球位次逐年大幅上升不同，对金砖国家投资存量占比逐年下降，投资规模占对外投资总量的比重较低，2018 年占中国对外直接投资存量的比重只有 1.5%，金砖国家当中只有俄罗斯排在中国对外投资存量前 20 名国家之内（见表 3-1）。从中国对外投资增长速度来看，受次贷危机影响，2009 年中国对金砖国家直接投资出现负增长，但之后 10 年年均投资增长率仍高于中国整体对外直接投资年均增速。规模小、占比低、增速快，这是当前中国对金砖国家直接投资的基本特征，考虑到金砖国家整体经济发展水平和市场条件，中国对金砖国家投资潜力仍有较大的上升空间。

从投资结构上看，中国对金砖国家的投资行业日趋多元化，主要分布在采矿业、能源、制造业、租赁和商务服务业、批发和零售业、建筑业、金融业等多个领域，投资方式灵活多样。由于各国政策规划和供需条件不同，具体对各国在投资强度和投资领域等方面存在明显的差异。

表 3-1　2008—2018 年中国对外直接投资存量及中国对金砖国家投资存量

年份	中国对外直接投资存量（亿美元）	全球位次	中国对金砖国家直接投资存量（亿美元）	占比（%）
2008	1839.7	18	53.3	2.9
2010	3172.1	17	83.4	2.6
2012	5319.4	13	122.8	2.3
2014	8826.4	8	208.9	2.4
2016	13573.9	6	255.5	1.9
2017	18090.4	2	293.0	1.6
2018	19822.2	3	292.2	1.5

资料来源：根据《2018 年度中国对外直接投资统计公报》计算整理。

一、中国对巴西直接投资

巴西是中国在拉美投资的主要目的地之一,所吸引的投资超过中国对拉美地区投资总额的一半。从绝对数量上看,近十年来中国对巴西的直接投资呈现持续增长态势,2018 年中国对巴西直接投资存量为 38.12 亿美元,较 2008 年的 2.17 亿美元增长了 16 倍。但同时也应该看到,中国对巴西的直接投资虽然不断增长,但是目前在中国对金砖国家整体直接投资存量中所占的份额仍然较小,即便在较高年份的 2014 年也只有 13.6%(见表 3-2),在金砖国家中最低,远远低于中国对俄罗斯、南非和印度的投资存量。

表 3-2 中国对巴西直接投资及占中国对金砖国家投资比重

年份	中国对巴西直接投资流量(万美元)	中国对巴西直接投资存量(万美元)	占中国对金砖国家投资存量比重(%)
2008	2238	21705	4.1
2010	48746	92365	11.8
2012	19410	144951	11.8
2014	73000	283289	13.6
2016	12477	296251	11.6
2017	42627	320554	10.9
2018	42772	381245	13.1

资料来源:根据《2018 年度中国对外直接投资统计公报》计算整理。

巴西是拉美最大的经济体,中国对巴西投资领域集中度较高,根据巴西规划部门的统计,到 2017 年,中国已经在巴西进行了 1170 亿美元的投资,其中 45%的投资都集中于能源、矿业和农业这三个行业。① 近年来,中国企业通过绿地、并购和竞买特许经营权等多种方式参与当地投资,投资合作的目标范围

① 《2018 年中国资本在巴西投资开启新方向》,巴西华人网,2017 年 12 月 29 日,见 https://www.brasilcn.com/article/article_9509.html。

与行业领域不断扩大,除传统的能源和矿产资源类产品之外,在基础设施、农业、建材、家电、汽车、信息技术、航空等领域开展了广泛的投资合作。中国国家电网、宝钢、武钢和中铁建,机械制造行业的格力电器、三一重工、中联重科、奇瑞、比亚迪,农业领域的丰原、大康,以及信息技术领域的华为、中兴等企业,先后在巴西设立了分公司、办事机构或生产基地。根据《对外投资合作国别(地区)指南》(巴西 2019 年版),2003—2018 年,已确认在巴西投资项目 102 个,投资总额 554 亿美元,中国已超过美国成为巴西最大投资来源国。近十年间中国对巴西直接投资年均增长 29%,到 2018 年底,在巴西投资设立的中资企业超过 200 家,能源、电力、金融等行业的收并购案例开始逐渐增多。

2015 年 5 月 20 日,中国交通银行股份有限公司发布了关于收购巴西 BBM 银行股份的公告,交通银行 5 月 19 日与巴西 BBM 银行(Banco BBMS.A.)的控股家族股东签署了一份股份购买协议及其他承诺书。总部设在里约热内卢的 BBM 银行成立于 1858 年,是巴西历史最悠久的金融机构之一。根据协议,交通银行将收购 BBM 银行的 119626920 股普通股和 30739854 股优先股,占 BBM 银行全部发行在外股份的约 80%,标的方式:协议转让,交易金额:525000000 巴西雷亚尔。交通银行首次海外并购就选择从布局拉美市场开始,将进一步拓展巴西本地业务,并为中资企业开展投资活动提供金融支持。

2016 年 1 月 5 日,中国长江三峡集团有限公司并购巴西朱比亚水电站和伊利亚水电站 30 年特许经营权项目正式完成签约交割,项目竞拍投资 138 亿雷亚尔(约合人民币 234 亿元),权益装机容量达到 600 万千瓦。通过投资并购,三峡集团成为巴西水电市场的一个重要参与力量。

2017 年初,中国交通建设股份有限公司完成了对巴西最大的工程设计咨询企业 Concremat 设计咨询公司 80%股权收购,将其打造成属地化经营平台,充分发挥品牌优势,面向拉美地区市场相关特许经营类项目,为其提供初期的技术开发支撑以及中后期专业化的细分设计、施工监理和工程管控等过程服务。

根据中能电气股份有限公司发布的公告，2016 年初，中能电气与巴西企业 Brafer Construes Metálicas S/A、中能电气巴西控股有限公司共同联合组成 SPE 公司，参与巴西国家电力机构变电站及输电线路特许经营投标项目 LOTEQ（Q 标段）的投标并中标，项目预算总投资为 2.514 亿雷亚尔（约合人民币 4.93 亿元），由 SPE 公司出资不超过 40%，来源于股东按比例投入的资本金，其余 60%部分采用项目融资贷款及发行企业债券等方式融资。随后，根据电网能源项目投标及项目投资运营的需要，公司对全资子公司巴西中能的注册资本金从 400 万雷亚尔（约合 122 万美元）增加至 3000 万雷亚尔（约合 951 万美元），通过增资方式支持公司在巴西的市场拓展。

此外，还有一些收购、并购项目先后完成交割，如国家电网收购巴西 CPFL 公司 54.64%股权、葛洲坝公司收购巴西圣诺伦索供水系统全部股权并投资建设、国家电投完成巴西圣西芒水电站 30 年特许经营权交割、招商局港口收购巴西第二大港口 TCP 90%股权、大康农业收购巴西农产品生产贸易商 Belagricola 53.99%股份、中信农业基金与隆平高科 11 亿美元收购陶氏化学在巴西玉米资产等。

根据中国商务部发布的《对外投资合作国别（地区）指南》（巴西 2018 年版）和《中国对外投资发展报告（2018）》，2017 年外国在巴西收并购投资共计 336 亿美元，略低于 2016 年（365 亿美元），投资集中度有所增加，中国企业宣布并签署协议收并购的巴西企业交易总额为 209 亿美元，按投资最终来源国统计，中国以 107 亿美元排在前三位，巴西位列中国企业对外并购国家排名第四位，表明中国对巴西并购方式日趋活跃，投资合作进入快速成长阶段。

良好的自然资源条件和市场潜力使巴西成为国际投资的热土之一，但是由于巴西政坛纷争不断、经济持续低迷，加之汇率波动、通货膨胀、劳工纠纷等因素影响，中国企业在当地的投资与市场拓展面临许多风险，投资领域仍以基础设施和能源矿产等资源行业为主，总体投资规模远低于预期。当然，从中拉合作良好发展态势及中巴互补强度来看，未来中国与巴西应该仍有较大的投资合作空间。

二、中国对俄罗斯直接投资

中国对俄罗斯直接投资发展较快，在中国对金砖国家投资存量当中占比一直较高，2015 年占比超过了 50%，相当于中国对巴西、印度和南非投资存量的总和。2018 年末，中国对俄罗斯的投资存量为 142.08 亿美元，占中国对金砖国家投资存量的 48.6%（见表 3-3），占中国对外投资存量的 0.7%，居于中国对外投资国家排名的第十位。根据 2017 年和 2018 年《中国对外直接投资统计公报》发布的数据显示：2017 年中国对俄罗斯的投资流量为 15.48 亿美元，同比增长 19.7%，占流量总额的 1%，2018 年有所降低，但仍位居对金砖国家投资流量首位。中资企业在俄罗斯设立境外企业超过 1000 家，中国已经成为对俄罗斯直接投资项目数量最多的国家，表明中俄投资合作日趋紧密。随着 2019 年“新时代中俄全面战略协作伙伴关系”正式确立，为两国自身发展与经贸往来注入了新的动能，未来中国与俄罗斯投资合作将会向更新、更高的维度拓展。

从投资存量的行业分布情况看，按照《中国对外直接投资统计公报》的数据，2017 年中国对俄罗斯投资主要集中在采矿业（38.7%）、农林牧渔业（18.7%）、金融业（10.4%）、制造业（8.5%）、批发和零售业（6.5%）、科学研究和技术服务业（6.5%）等。2018 年投资结构有所变化，采矿（47.0%）和农林牧渔业（21.3%）依然占据前两位，并且同比均有小幅上升，制造业（12.4%）同比上升了 4 个百分点，由 2016 年的第四位提高到第三位，租赁和商务服务业（6.3%）大幅上升到第四位，而金融（2.9%）、批发零售（3.0）和科学研究技术服务业（1.0%）在主要投资行业中所占比重和排名均有明显下降。采矿、农业和制造业占中国对俄罗斯投资的 80%，采矿行业依然是最主要的投资领域。

表 3-3 中国对俄罗斯直接投资及占中国对金砖国家投资比重

年份	中国对俄罗斯直接投资流量(万美元)	中国对俄罗斯直接投资存量(万美元)	占中国对金砖国家投资存量比重(%)
2008	39523	183828	34.5
2010	56772	228756	29.2
2012	78462	488849	36.6
2014	63356	869463	41.6
2016	129307	1297951	50.8
2017	154842	1387160	47.3
2018	72524	1420822	48.6

资料来源:根据《2018 年度中国对外直接投资统计公报》计算整理。

从投资结构以及投资趋势来看,中国对俄罗斯直接投资主要体现出以下特点:第一,根据中国对俄罗斯投资占中国对外直接投资比重显示的结果,中国对俄投资还处在较低水平,但是在对金砖国家投资当中占有重要位置。第二,从中国对俄罗斯直接投资的流量和存量来看,中国对俄罗斯直接投资主要分布在矿产、能源、农、林、牧、渔等行业领域,占比达到 68%以上,投资仍然高度集中于资源型产业,在铁矿、有色金属、石油开发等资源、能源类投资继续保持了良好的发展势头。第三,中国企业对俄罗斯制造业投资比重虽然较低,但 2018 年投资流量和存量均有显著提高,合作潜力不容小视。第四,在基础设施建设、电子通信、家用电器、能源及木材加工等领域,中国对俄罗斯直接投资水平和结构在不断优化,如林业投资正在越来越多地从采伐向深加工发展。第五,投资方式除了设立子公司、合营企业和联营公司,股权投资等合作经营方式也在不断增加,例如诺力机械股份有限公司以现金方式在俄罗斯圣彼得堡设立全资子公司、中色股份收购俄罗斯奥杰罗铅锌矿项目 50%的权益并承担该项目的建设、中国石油收购俄罗斯 Rosneft 石油公司 7.58%的股权、中国石化收购 OAO Udmurtneft 石油公司 49%的股权、华电集团与俄方组建合资公司并持股 51%承建供热发电机组项目等。

此外在不动产、物流等领域，中资企业投资也较为活跃，例如中国通程控股集团有限公司在俄罗斯先后投资建设了友谊商城、海关保税库、仓储物流中心和莫斯科格林伍德国际贸易中心。其中格林伍德项目投资3.5亿美元，占地20万平方米，主要以展示的方式销售商品，为中资企业提供公共服务平台和优质商品展销平台，吸引了400余家中国知名企业以及其他十几个国家的商家入驻，为当地解决就业、增加税收和拉动中俄经贸增长发挥了积极作用。

三、中国对印度直接投资

中国和印度是两个最大的发展中国家，也是最具潜力和吸引力的外国直接投资目的地。然而受多重因素影响，中国对印度的直接投资起步较晚，1990年代中印之间相互投资逐渐开展起来，但整体基数较低，规模不大，波动幅度比较明显。近年来，中国对印度直接投资开始出现较快增长，上升幅度明显高于同期对其他金砖国家的投资增长，体现出中印两国产业投资合作的良好前景。2012年中国对印度直接投资存量超过10亿美元，达到11.7亿美元，相比2008年增长了427%，较2003年的96万美元增长了1000多倍。2014年投资存量超过30亿美元，2017年进一步快速增长到了47亿美元（见表3-4）。从存量来看，投资规模依然较小，只占中国对其他金砖国家投资存量的16%，略高于对巴西投资。2018年，中国对印度的直接投资流量2.06亿美元，仅占印度当年吸引外资流量总额的0.2%。到2018年底，印度吸引的外资存量为3863.54亿美元①，中国对印度直接投资存量为46.63亿美元，只占印度吸引外资存量总额的1.2%。来自中国企业的投资在印度外商直接投资中所占的比重过低，而印度在中国对外投资国别分布中比重也很低，投资存量上对印度仅高于对巴西，远低于对俄罗斯和南非的投资水平，流量上更是大大低于距离遥远的巴西和南非。显然，这与中印两国的经济规模和发展潜力极不相称，表

① "World Investment Report 2019", UNCTAD, p.218.

明两国投资合作仍有巨大的提升空间,但是也面临很大的压力。

表 3-4 中国对印度直接投资及占中国对金砖国家投资比重

年份	中国对印度直接投资流量(万美元)	中国对印度直接投资存量(万美元)	占中国对金砖国家投资存量比重(%)
2008	10188	22202	4.2
2010	4761	47980	6.1
2012	27681	116910	9.5
2014	31718	340721	16.3
2016	9293	310751	12.2
2017	28998	474733	16.2
2018	20620	466280	16.0

资料来源:根据《2018 年度中国对外直接投资统计公报》计算整理。

概括而言,中国对印度投资规模较小,增速较快,投资领域和方式都较为单一。投资领域大多集中在劳动密集型和资金密集型的传统产业,如能源电力、冶金、汽车、家用电器和工程设备等行业,以绿地投资为主。随着信息技术的快速发展,新兴产业逐渐成为中国企业对印度投资的热门领域,在电子商务、移动互联网、手机制造等领域的投资出现较快的上升态势。

按照三次产业门类进一步考察中国企业在印度的投资分布(见表 3-5),2018 年中国在印度的主要中资企业集中分布在第二产业和第三产业,17 家企业属于制造业,占比 62.9%,其他企业分布在工程建筑、交通运输、金融和软件信息服务业,在重点企业当中没有农业和采矿业。表明中印投资合作与两国资源结构及比较优势相吻合,制造业和基础设施建设仍是当前最主要的投资领域。

表 3-5 主要中资企业在印度投资产业分布情况

三次产业	产业门类	企业数量(个)	占比(%)
第一产业	农林牧渔	0	0

续表

<table>
<tr><th>三次产业</th><th>产业门类</th><th>企业数量（个）</th><th colspan="2">占比（%）</th></tr>
<tr><td rowspan="3">第二产业</td><td>采矿业</td><td>0</td><td>0</td><td rowspan="3">77.7</td></tr>
<tr><td>制造业</td><td>17</td><td>62.9</td></tr>
<tr><td>建筑业</td><td>4</td><td>14.8</td></tr>
<tr><td rowspan="4">第三产业</td><td>交通运输仓储和邮政业</td><td>2</td><td>7.4</td><td rowspan="4">22.2</td></tr>
<tr><td>软件和信息技术服务业</td><td>1</td><td>3.7</td></tr>
<tr><td>金融业</td><td>2</td><td>7.4</td></tr>
<tr><td>其他服务业</td><td>1</td><td>3.7</td></tr>
</table>

资料来源：根据商务部《对外投资合作国别（地区）指南》（印度2019年版）整理所得。

近年来，印度在基础设施建设和制造业领域制定了外商直接投资的优惠政策，鼓励外资企业前往发展，有利于全面拓展中国对印度投资，中国企业对印度直接投资范围和规模有所扩大，海尔、华为、中兴等中资企业在印度进行了家电、科技及电信领域的投资。2014年小米手机进入印度市场，经过几年发展，在印度手机销量排行榜上已经位居前列，华为、VIVO等中国手机品牌也在印度手机市场占有较大市场份额。在电子商务领域，阿里巴巴在印度的数字支付、电子商务和物流领域投资近22亿美元，拥有印度最大的移动支付平台Paytm超过60%的股份。

汽车行业是印度重点发展的制造业部门，吸引了世界众多厂商前往投资，其中也包括中国的汽车生产企业。上海汽车集团有限公司分别斥资6.5亿美元和5亿美元收购美国通用汽车印度制造设备厂以及通用汽车印度PVT有限公司50%的股权。此外，在工程机械和冶金电力行业也有一些投资合作。2016年12月28日，江苏通光电子线缆股份有限公司发布公告，其全资子公司江苏通光光缆有限公司与印度阿德维特装备技术私有公司共同出资3亿印度卢比（约合3000万元人民币）设立通光阿德维特线缆私有公司，其中通光光缆以现金出资22200万印度卢比（约合2220万元人民币），占注册资本的

74%,印度阿德维特公司以现金出资7800万印度卢比(约合780万元人民币),占注册资本的26%,已完成印度合资公司的注册手续,并取得了注册证明文件,公司将开展光缆产品开发设计、生产销售并提供咨询服务。

根据FDI Intelligence和Dealogic的数据,截至2016年末,中国对印度直接投资中,跨境并购投资占投资额的9.85%,绿地投资份额占90.1%。中国对印度的跨境并购主要涉及印度有竞争优势的软件、制药和医学制造行业,而绿地投资大多集中于能源、计算机技术及电子产品、工程建设、运输设备等中国优势明显的行业。

中国企业投资印度并不顺利,例如华为早在2000年前就开始在印度投资,但之后在办理贸易许可证、设备接入等过程中屡次受阻,先后9次向印度政府外国投资促进委员会(FIPD)提交贸易资格许可申请均被拒。[①] 2009年12月7日,印度国有电信运营商(BSNL)宣布取消此前授予华为价值20亿美元的采购订单,第3次撕毁与华为签订的合同。[②] 2013年印度电信部(DoT)驳回了华为和中兴希望将其包含在国内电信设备制造商名单的要求。[③] 印度政府部门以"危害国家安全"为由实施的人为干扰,致使华为在印度的项目进展举步维艰。除华为外,中兴、海尔、复兴药业等多家中资企业在印度的投资项目都因所谓的安全审查受到过不同程度的冲击,直接影响中国投资企业在印度的生存和发展,这也是中国在印度投资规模及投资领域难以扩大的主要制约因素。

四、中国对南非直接投资

南非的外商直接投资数额在2008年以后出现下降,根据联合国贸发会议

① 《九次申请贸易资格许可被拒华为坚守印度的N个理由》,中国网,2006年6月21日,见http://www.china.com.cn/economic/txt/2006-06/21/content_6249873.htm。

② 《印度BSNL第3次撕毁华为合同不接受附加条件》,中国新闻网,见http://www.chinanews.com/it/it-txxw/news/2009/12-10/2010855.shtml。

③ 《印度驳回华为中兴申请"国内电信制造商"名单》,驱动中国,见https://mobile.qudong.com/article/136410.shtml。

(Unctad)数据显示,2015 年南非吸引外商直接投资 15 亿美元,同比大幅下降 74%①,期间来自中国的投资则保持了相对稳定增长。2012 年,中国对南非直接投资存量已达 47.8 亿美元,较 2003 年的 0.45 亿美元增长近 107 倍,年均增长率达 79.62%,相比 2008 年增幅也达到 56.6%。2017 年投资存量为 74.7 亿美元,2018 年下降到 65.3 亿美元(见表 3-6),明显低于对俄罗斯投资水平,但远远高于中国对印度和巴西的投资存量。需要注意的是,中国对南非的投资存量占对金砖国家投资存量的比重虽然一直较高,但呈现逐年降低的趋势,从 2008 年占比 57.2%下降到 2018 年的 22.4%。

表 3-6　中国对南非直接投资及占中国对金砖国家投资比重

年份	中国对南非直接投资流量(万美元)	中国对南非直接投资存量(万美元)	占中国对金砖国家投资存量比重(%)
2008	480786	304862	57.2
2010	41117	415292	52.9
2012	-81491	477507	38.9
2014	4209	595402	28.5
2016	84322	650084	25.4
2017	31736	747277	25.5
2018	64206	653168	22.4

资料来源:根据《2018 年度中国对外直接投资统计公报》计算整理。

中南两国经贸合作机制互动频繁,产能合作进展较快。南非是中国企业在非洲投资规模最大的国家,中国已在南非设立企业超过 160 家,主要分布在约翰内斯堡地区和各省工业园区,投资项目涉及制造业及服务业的各个领域,包括纺织服装、食品家电、建材机械、汽车制造、矿产开发、信息通讯及运输等。海信、华为、中兴、江淮汽车、冀东水泥、河北钢铁、一汽集团和北汽集团等中国企业先后在南非投资设厂。

① 《联合国贸发会议:2015 年南非吸引外商直接投资大幅下降 74%》,见 http://www.mofcom.gov.cn/article/i/jyjl/k/201601/20160101241152.shtml。

具体从中国企业在南非的投资产业门类分布(见表 3-7)来看,南非的中资企业在第一产业、第二产业和第三产业均有布局,主要集中在第二产业,占比达到 81.5%,其中 79 家企业属于制造业,占比 54.1%。重点企业当中以制造业、建筑业和采矿业为主,其他依次分布在金融服务、信息技术、交通运输和农业等行业。中国对南非的投资领域相对较为广泛,与两国资源结构及比较优势同样非常吻合,中国工业制造业优势和南非自然资源优势都得到了充分体现。

表 3-7 主要中资企业在南非投资产业分布情况

三次产业	产业门类	企业数量(个)	占比(%)	
第一产业	农林牧渔	4	2.7	2.7
第二产业	采矿业	11	7.5	81.5
	制造业	79	54.1	
	建筑业	29	19.9	
第三产业	交通运输仓储和邮政业	4	2.7	15.7
	软件和信息技术服务业	7	4.8	
	金融业	8	5.5	
	其他服务业	4	2.7	

资料来源:根据商务部《对外投资合作国别(地区)指南》(南非 2019 年版)整理所得。

南非对中国企业投资持积极态度,政府也在营造有利的营商环境与合作氛围,促进了中资企业在南非投资的持续活跃,合作形式呈现多样化态势,合资联营、收并购等案例逐渐增多。2016 年 1 月 16 日,中资企业收购了南非 Elite 公司 80%的股份和 Tecmed 公司 77.9%的股份,交易总金额为 2.64 亿兰特(折合 1 亿多人民币),项目由中国制药企业万邦德制药公司的母公司万邦德集团领投 80%,安兰证券的母公司宁波建工跟投了 10%,中国另外一家上市公司旗滨集团跟投了 10%。① 2017 年 3 月,中国石油化工集团有限公司宣

① 东方财富网,见 http://guba.eastmoney.com/news,cjpl,244229762.html。

布同雪弗龙达成协议,以 9 亿美元的价格收购雪弗龙在南非的一笔下游资产,按照收购协议,中石化将获得雪弗龙南非资产 75%股份,其中包括南非首都开普敦一个日产能 10 万桶的炼油厂、南非德班市的一处润滑油厂、分布于南非和博茨瓦纳的 820 多座加油站、220 家便利店和油库配送设施。此外,中钢集团斥资 2.25 亿美元向 SAMANCOR 公司购买多项资产并组建成立合资公司,各自占有 50%的股份。中国风电行业龙头企业龙源电力集团、中非基金与南非两家企业成立合资公司参与南非三个风电场共计 1590 兆瓦的风电项目投标。金川公司 13 亿美元收购南非美特瑞克斯公司全部股权。白银有色集团出资 6.4 亿美元收购南非第一黄金(Gold One International Ltd)股权成为该公司第一大股东。多个并购项目的顺利完成为下一阶段中国与南非进一步提升投资合作层次奠定了扎实的基础。

在投资合作方式日趋多元的同时,中国企业与南非本地企业的融合程度也在逐渐增强,中资企业日益注重本土化生产和技术转移,产业投资合作逐渐向纵深发展。例如中国中车集团有限公司,基于对南非整车出口项目,推进内燃机本地化制造,生产、采购、维修等环节全部在南非当地组织实施,帮助当地内燃机企业实现产品升级换代,带动相关产业链和制造业融合发展,同时也为参与非洲大陆铁路网建设储备条件。

第二节 中国与金砖国家贸易往来及商品结构

全球经济增长持续乏力,贸易环境出现一定程度的恶化,中国作为世界经济发展的重要推动力量,不断扩大开放,积极维护全球经济秩序,促进与世界各国各地区经贸联系。21 世纪以来,中国与新兴市场国家特别是金砖国家之间的贸易往来出现较高速度的增长。从贸易额角度来看,2010 年中国与其他金砖国家之间的货物贸易额首次超过 2000 亿美元,2012 年货物贸易额突破 3000 亿美元,较 2000 年的 158 亿美元增长近 20 倍,其中,中国与巴西贸易额增长最为明显，由2000年的28.4亿美元上升到2012年的857.1亿美元，增长了30倍。由于2008年全球金融危机和世界经济疲弱的影响，中国与金砖各国贸的易额有所波动，2009年只有1406.1亿美元，2014年快速恢复并创出阶段高值达到3126.5亿美元，之后国际经济环境持续萎靡，2016贸易额回落到2428.0亿美元。2017年，随着全球经济企稳，中国与金砖各国的货物贸易额提升到2956.2亿美元，2018年重新回到3000亿美元之上，达到3573.9亿美元，再创新高（见表3-8），其中与俄罗斯和巴西贸易额同比均有较大幅度的增长，总体上中国与四国贸易往来继续保持稳定发展的态势。与此同时，中国与金砖国家之间的贸易额在中国对外贸易总额中所占的比率也在不断提高，中国在其他金砖国家的贸易地位得到进一步巩固，各国贸易伙伴关系持续增强，贸易潜能仍有很大的扩展空间。毫无疑问，无论是现在还是未来，贸易在金砖国家经济交往与产能合作当中都占有重要地位。当然，在不同的比较优势和互补条件下，中国与金砖各国进出口商品结构有所差异，贸易往来体现出各自的特征。

表3-8　2000—2018年中国与其他金砖国家货物进出口贸易总额

年份	中国—巴西		中国—俄罗斯		中国—印度		中国—南非		合计
	贸易总额（亿美元）	同比增长（%）	贸易总额（亿美元）	同比增长（%）	贸易总额（亿美元）	同比增长（%）	贸易总额（亿美元）	同比增长（%）	贸易总额（亿美元）
2000	28.4	—	80.0	—	29.1	—	20.5	—	158.0
2007	297.1	46.4	481.6	44.2	386.3	55.4	140.4	42.5	1305.4
2008	486.7	63.8	569.1	18.1	518.4	34.2	178.5	27.1	1752.7
2009	424.0	-12.9	387.5	-31.9	433.8	-16.3	160.8	-9.9	1406.1
2010	625.9	47.6	555.3	43.3	617.6	42.4	257.0	59.8	2055.8
2011	842.3	34.6	792.7	42.7	739.1	19.7	454.7	76.9	2828.8
2012	857.5	1.8	882.1	11.3	664.7	-10.1	599.9	31.9	3004.2
2013	901.9	5.2	892.6	1.2	654.0	-1.6	652.2	8.7	3100.7
2014	865.4	-4.0	952.7	6.7	705.7	7.9	602.7	-7.6	3126.5

续表

年份	中国—巴西		中国—俄罗斯		中国—印度		中国—南非		合计
	贸易总额(亿美元)	同比增长(%)	贸易总额(亿美元)	同比增长(%)	贸易总额(亿美元)	同比增长(%)	贸易总额(亿美元)	同比增长(%)	贸易总额(亿美元)
2015	715.0	-17.3	680.1	-28.6	716.0	1.5	460.1	-23.6	2571.2
2016	678.3	-5.1	696.1	2.4	701.8	-1.98	350.8	-23.8	2428.0
2017	878.1	29.5	842.2	20.9	843.9	20.2	392.0	11.7	2956.2
2018	1112.3	26.7	1071.1	27.2	955.1	13.2	435.4	11.1	3573.9

资料来源:根据历年《中国统计年鉴》海关货物进出口总额整理。

根据联合国2002年广义分类法(BEC)(BEC分类采用3位数编码结构,详见联合国统计司《标准国际贸易分类》订正3以及《商品名称及编码协调制度》2002年第3版),第三次修订本把全部国际贸易商品分为:食品和饮料、未另归类的工业用品、燃料和润滑剂、资本货物(运输设备除外)及其零配件、运输设备及其零配件、未另归类的消费品、未另归类的货品7大类。按照资本品、中间品和消费品划分的三大基本货物类别构成如下。

(1)资本品货物主要类型:资本货物(运输设备除外),运输设备、工业。

(2)中间品货物主要类型:食品和饮料、初级、主要用于工业,食品和饮料、加工、主要用于工业,未另归类的工业用品、初级,未另归类的工业用品、加工,燃料和润滑剂、初级,燃料和润滑剂、加工(不包括汽油),资本货物(运输设备除外)零配件,运输设备零配件。

(3)消费品货物主要类型:食品和饮料、初级、主要用于家庭消费,食品和饮料、加工、主要用于家庭消费,运输设备、非工业,未另归类的消费品、耐用品,未另归类的消费品、半耐用品,未另归类的消费品、非耐用品。

装备制造业是开展国际产能合作的重点领域。按照国民经济行业划分标准(GB/T 4754—2017),装备制造业产品范围包括金属制品业、通用装备制造业、专用设备制造业、交通运输设备制造业、电气机械及器材制造业、通信计算机及其他电子设备制造业、仪器仪表及文化办公用机械制造业 7 个大类。在联合国广义分类法(BEC)当中,直接涉及装备制造业的有资本品货物和中间品货物,主要集中在资本货物(运输设备除外)及其零配件、运输设备及其零配件两大类。以下分别对中国与金砖各国货物贸易往来及商品结构进行探讨。

一、中国与巴西货物贸易往来及商品结构

1974 年中国与巴西建立外交关系后,两国的经贸往来持续发展,特别是金砖合作机制的建立,为两国全面深入开展经贸交流提供了难得的机遇,双边贸易大幅度增长。中巴贸易额从 20 世纪 80 年代中期不到 8 亿美元,提高到 2000 年的 28.4 亿美元,2005 年超过 100 亿美元,2013 年突破 900 亿美元,之后出现波动,2016 年开始回升,2018 年一举突破 1000 亿美元,达到 1112.3 亿美元,创出历史新高(见表 3-9)。巴西是中国在拉丁美洲最大的贸易伙伴,截至 2018 年中国连续十年成为巴西第一大贸易伙伴。从表 4.9 看出,中国对巴西的贸易一直处于逆差状态,且呈现逐年扩大的趋势,2018 年进出口贸易差额为 439 亿美元,进口与出口贸易额之比达到 2.3∶1,进口额 775.7 亿美元,在四国中最高,表明巴西商品货物对于中国市场来说具有较大的竞争优势。

表 3-9　2000—2018 年中国对巴西货物贸易　　单位:亿美元

年份	进出口	同比增长(%)	出口	同比增长(%)	进口	同比增长(%)
2000	28.4	—	12.2	—	16.2	—
2007	297.1	46.4	113.7	54.1	183.4	42.1
2008	486.7	63.8	188.1	65.3	298.6	62.8
2009	424.0	-12.9	141.2	-24.9	282.8	-5.3
2010	625.9	47.6	244.6	73.2	381.3	34.8

续表

年份	进出口	同比增长（%）	出口	同比增长（%）	进口	同比增长（%）
2011	842.3	34.6	318.4	30.2	523.9	37.4
2012	857.5	1.8	334.2	8.1	523.2	-0.1
2013	901.9	5.2	358.9	4.27	543.0	3.8
2014	865.4	-4.0	348.9	-2.8	516.5	-4.9
2015	715.0	-17.3	274.1	-21.4	440.9	-14.6
2016	678.3	-5.1	218.8	-20.2	458.5	4.0
2017	878.1	29.5	289.6	32.4	585.9	27.8
2018	1112.3	26.7	336.7	16.3	775.7	32.4

数据来源：根据历年《中国统计年鉴》海关货物进出口总额整理。

从中巴贸易商品分类结构（见表3-10）来看，两国在资本类型货物方面，中国在第四类资本货物（运输设备除外）及其零配件、第五类运输设备及其零配件两类商品上出口额远远高于自巴西的同类商品进口额，且在中国对巴西出口商品当中占比分别排在第一位和第四位，其中仅第四类货物就占出口额的36%，具有极强的竞争优势。在中间货物类型方面，巴西在第一类工业用食品和饮料、第二类未另归类的工业用品、第三类燃料和润滑剂三项上具有极强的竞争优势，且燃料润滑剂的优势仍处于上升趋势。在消费品主要类型方面，巴西在第一类食品饮料方面占据优势，中国则在第六类耐用、半耐用和非耐用消费品上具有极强的竞争优势。

概括来看，在资源类初级产品方面，巴西具有显著优势，食品和饮料及燃料和润滑剂两类商品占中国从巴西进口额的56%，也反映出中国经济的快速发展以及庞大的人口消费基数，对初级产品的需求与日俱增。在工业制成品方面，巴西则处于劣势，中国工业制造业的优势非常明显，尤其是装备制造业。近年来，在中国对巴西出口产品结构中，资本和技术密集型产品所占比重逐年加大，而巴西资源类初级产品在其对华出口贸易中所占的比重也在不断增加。由此可以看出，中巴两国在贸易产品方面各具优势，并不存在竞争关系，整体上产品竞争性仍在减弱。

表 3-10　中国对巴西分类商品贸易额　　单位:百万美元

中国对巴西的出口额											
分类	2007	2008	2009	2010	2011	2012	2013	2014	2015	2016	2017
1	88	218	165	436	531	568	714	514	459	536	431
2	3396	5343	3854	7019	9129	9489	10755	11208	8951	7318	9989
3	509	1197	7	305	354	167	184	162	227	161	174
4	4833	8011	6763	10688	13384	14020	14306	13462	9565	8095	10380
5	753	1466	808	1511	2670	2465	2586	2275	1896	1403	2089
6	1817	2571	2518	4497	5761	6704	7284	7227	6311	4447	5861
7	1	1.6	1.6	2.7	4.3	0.8	66	41	2.8	15	47
总额	11397	18807	14119	24461	31837	33414	35895	34890	27412	21976	28971
中国从巴西的进口额											
分类	2007	2008	2009	2010	2011	2012	2013	2014	2015	2016	2017
1	4522	8137	7945	10156	14471	17298	21714	20727	19156	18656	23583
2	12419	18821	18008	22856	31631	28709	27819	25238	19031	19100	24871
3	982	1890	1614	4233	4886	4659	3811	4895	5299	6038	9184
4	250	340	246	289	427	447	410	315	261	1138	533
5	144	460	435	448	840	1024	292	280	267	456	590
6	25	35	32	115	130	143	253	198	76	64	92
7	0.004	0.008	0.009	0.01	0.002	0.07	0.01	0.5	0.04	402	14
总额	18342	29863	28281	38099	52387	52281	54299	51653	44089	45855	58867

资料来源:UNCD 数据库。

进一步对中巴两国相互进口前十位商品结构进行比较(见表 3-11),中国对巴西出口商品金额排名第一的为电机、电气、音像设备及其另附件,第二是核反应堆、锅炉、机械器具及零件,第三位是有机化学品,第四位是光学、照相、医疗等设备及另附件,第五位是车辆及其另附件等,上述五类商品出口金额占前十位合计金额的 80%。巴西对中国出口的商品主要包括:籽、籽仁、工业或药用植物、饲料；矿砂、矿渣及矿灰；矿物燃料、矿物油及其产品、沥青等；木浆、纤维状纤维素浆、废纸及纸板；肉及食用杂碎等，上述五类商品占前十位商品出口额的96%，商品出口高度集中在前五位。前十大进出口商品没有重合，由此可见，中国与巴西的出口商品贸易结构具有明显的差异，中国对巴西的出口商品主要包含机电制品在内的中高技术产品，巴西对中国的出口商品主要集中在以石油、矿物为主的资源类产品以及以大豆、植物为主的农产品，其中仅油籽、籽仁、工业或药用植物和饲料、矿砂、矿渣及矿灰两大项商品2017年对华出口就高达391.4亿美元，两国贸易商品存在极强的互补性。

表3-11　中国对巴西进出口前十位商品　　单位：亿美元

序号	中国对巴西出口		中国从巴西进口	
	商品	金额	商品	金额
1	电机、电气、音像设备及其另附件	75.3	油籽；籽仁；工业或药用植物；饲料	209.2
2	核反应堆、锅炉、机械器具及零件	37.9	矿砂、矿渣及矿灰	182.2
3	有机化学品	19.9	矿物燃料、矿物油及其产品；沥青等	89.6
4	光学、照相、医疗等设备及另附件	15.1	木浆等纤维状纤维素浆；废纸及纸板	33.5
5	车辆及其另附件，铁道车辆除外	9.7	肉及食用杂碎	18.6
6	塑料及其制品	9.5	钢铁	6.7
7	针织或钩编服装及服装辅料	7.4	生皮（毛皮除外）及皮革	6.2
8	家具；寝具等；灯具、活动房	7.2	飞机、航天器及其零件	4.6
9	非针织或非钩编的服装及衣着附件	7.2	铜及其制品	3.8
10	化学纤维长丝	6.6	糖及糖食	3.7

资料来源：《金砖国家联合统计手册（2018）》。

二、中国与俄罗斯货物贸易往来及商品结构

1991年苏联解体之后，俄罗斯经济出现了剧烈的震荡波动，中俄之间的

经贸合作也经历了起伏。1993 年俄罗斯开始限制和规范易货贸易,贸易形式发生了转变,中俄两国的贸易方式从以政府协定贸易和民间易货贸易为主,逐步变为专业化企业之间的现汇贸易方式,贸易种类逐渐增多,商品档次也在不断提高。进入 21 世纪,中俄双边货物贸易出现快速增长,从 2000 年的 80 亿美元猛增到 2008 年的 569.1 亿美元,2014 年更是创出阶段性新高,达到了 952 亿美元(见表 3-12),2018 年双边贸易额首次超过 1000 亿美元,达到 1071.1 亿美元。在此期间的 2009 年和 2015 年,受美国次贷危机及世界经济疲弱影响,双边贸易出现了大幅度的减少,但整体仍保持较高发展水平。中国已成为俄罗斯第一大贸易伙伴和第一大进口来源地,两国贸易往来不断紧密,经贸合作正在加速提质升级。中俄双边贸易进出口顺差、逆差交替出现。从多数年份来看,中国对俄罗斯的进出口贸易有小幅顺差,但差额都不大且逐年减少,双边贸易更趋均衡。

表 3-12 2000—2018 年中国对俄罗斯货物贸易

年份	进出口(亿美元)	同比增长(%)	出口(亿美元)	同比增长(%)	进口(亿美元)	同比增长(%)
2000	80.0	—	22.3	—	57.7	—
2007	481.6	44.2	284.7	79.8	196.9	12.1
2008	569.1	18.1	330.7	16.1	238.4	21.1
2009	387.5	-31.9	175.2	-47.0	212.3	-10.9
2010	555.3	43.3	296.1	69.0	259.2	22.1
2011	792.7	42.7	389.0	31.4	403.7	55.7
2012	882.1	11.3	440.5	13.2	441.6	9.4
2013	892.6	1.2	495.9	12.6	396.7	-10.2
2014	952.7	6.7	536.8	8.2	415.9	4.8
2015	680.1	-28.6	347.6	-35.2	336.5	-19.1
2016	696.1	2.4	373.5	7.45	322.6	-4.1
2017	842.2	20.9	428.3	14.7	413.9	28.3
2018	1071.1	27.2	479.7	12.0	591.4	42.9

资料来源:根据历年《中国统计年鉴》海关货物进出口总额整理。

从中俄贸易商品分类结构(见表3-13)来看,两国在资本类型货物方面,中国在第四类资本货物(运输设备除外)及其零配件和第五类运输设备及其零配件两类商品上出口额远远高于自俄罗斯的同类商品进口额,且在中国对俄罗斯出口商品当中占比最高,具有极强的竞争优势。在中间货物类型方面,俄罗斯在第一类工业用初级食品和饮料、第二类未另归类的工业用品方面具有微弱优势,在第三类燃料和润滑剂上则具有极强的优势,占俄罗斯对华货物出口份额的比重高达65%,且燃料润滑剂的优势仍处于上升态势。在消费品主要类型方面,俄罗斯在食品饮料方面优势并不明显,中国则在第六类未另归类的消费品(包括耐用品、半耐用品和非耐用品)方面具有极强的竞争优势。

俄罗斯在资源类初级产品方面具有显著优势,在消费耐用品上处于明显劣势,中国装备制造业的优势非常明显。近年来,中国对俄罗斯出口产品结构中,资本货物产品所占比重逐年加大,而俄罗斯资源类初级产品在其对华出口贸易中所占的比重也在不断增加,由此可以看出,中俄两国在贸易产品方面不存在竞争关系。

表3-13　中国对俄罗斯分类商品贸易额　　单位:百万美元

中国对俄罗斯的出口额											
分类	2007	2008	2009	2010	2011	2012	2013	2014	2015	2016	2017
1	1140	1276	1068	1381	1763	1741	1883	2067	1599	1747	1751
2	5619	8482	4185	6898	9235	9920	10733	12270	8058	7864	9362
3	69	117	43	77	156	159	183	169	113	124	168
4	4843	7747	4354	8275	10704	12148	12590	13764	9075	12031	14799
5	2153	2648	555	1538	3504	4480	4215	3824	2203	2354	2866
6	14705	12803	7300	11434	13523	15606	19986	21580	13708	13005	13799
7	1.1	4.1	9.3	8	17	1.9	0.3	2.1	0.8	214	327
总额	28530	33076	17514	29612	38903	44057	49591	53677	34757	37340	43072

续表

中国从俄罗斯的进口额											
分类	2007	2008	2009	2010	2011	2012	2013	2014	2015	2016	2017
1	1381	1240	1225	1281	1607	1450	1431	1421	1545	1819	1982
2	8693	10229	10242	11415	15568	12827	11096	9918	10691	10343	11058
3	9342	11941	9380	12834	22891	29508	26834	29702	20181	19000	27383
4	161	214	316	201	242	253	204	352	485	630	491
5	73	160	83	152	36	57	60	118	207	254	264
6	28	40	35	28	13	34	33	25	25	31	30
7	10	7. 2	2. 8	3. 3	6	9. 4	10	57	126	184	1165
总额	19689	23833	21283	25914	40363	44138	39668	41594	33259	32260	42373

资料来源:UNCD 数据库。

从中俄相互进口前十位商品结构进行比较(见表3-14),中国对俄罗斯出口的主要商品为:核反应堆、锅炉、机械器具及零件;电机、电气、音像设备及其另附件;毛皮、人造毛皮及其制品;非针织或非钩编的服装及衣着附件;鞋靴、护腿和类似品及其零件。俄罗斯对中国出口的商品主要包括:矿物燃料、矿物油及其产品、沥青等;木及木制品、木炭;鱼及其他水生无脊椎动物;镍及其制品;矿砂、矿渣及矿灰。中国对俄罗斯的出口前五类商品占前十类商品合计金额的78%,主要包含机械、电气制品和服装类消费产品,其他商品出口金额差异并不太大,表明对于俄罗斯市场来说,中国多类商品都具有优势。俄罗斯对中国的出口商品则主要集中在能源、矿产和金属等资源产品以及以木业、渔业为主的农产品领域,其中前五项商品占前十类商品合计金额的比重达到93%,仅矿物燃料、矿物油及其产品、沥青一大项商品2017年对华出口就高达272. 7亿美元,占前十类商品的比重达到71%,商品集中度非常高。

从结构上看,中国与俄罗斯的前十大进出口商品没有重合,贸易结构具有明显的差异性和互补性。中俄两国出口商品类型存在很大不同,直接反映出中国装备制造业和生活消费品生产具有显著优势,俄罗斯工业制成品和消费产品生产明显处于劣势，但其资源商品优势极为明显，能源、矿产、林业等资源相关产品依然是俄罗斯对外的重要出口商品类别。中俄贸易商品结构基本符合两国的要素禀赋条件，两国贸易互补性极强，双边贸易总体逐年增长，贸易结构更加平衡。

表 3-14　中国对俄罗斯进出口前十位商品　　单位：亿美元

序号	中国对俄罗斯出口		中国从俄罗斯进口	
	商品	金额	商品	金额
1	核反应堆、锅炉、机械器具及零件	86.9	矿物燃料、矿物油及其产品、沥青等	272.7
2	电机、电气、音像设备及其另附件	74.3	木及木制品；木炭	44.7
3	毛皮、人造毛皮及其制品	28.6	鱼及其他水生无脊椎动物	14.4
4	非针织或非钩编的服装及衣着附件	24.6	镍及其制品	12.9
5	鞋靴、护腿和类似品及其零件	21.1	矿砂、矿渣及矿灰	12.7
6	针织或钩编服装及服装辅料	16.6	木浆等纤维状纤维素浆；废纸及纸板	8.9
7	车辆及其另附件，但铁道车辆除外	16.4	珠宝；贵金属及制品；仿首饰；硬币	4.6
8	塑料及其制品	12.4	肥料	4.6
9	光学、照相、医疗等设备及另附件	10.8	铜及其制品	4.3
10	钢铁制品	10.8	核反应堆、锅炉、机械器具及零件	3.7

资料来源：《金砖国家联合统计手册(2018)》。

需要注意的是，中俄两国进出口商品种类日趋集中，尤其是中国对俄罗斯资源类商品的依赖度还在进一步提高，对其能源产品的依赖仍在加深。中国对俄罗斯出口大都集中在劳动密集型和中低技术产业的纺织、家居及机电产品，俄罗斯对中国出口则越来越偏重于能源矿产产品，双边贸易结构并未充分反映出两国的科技实力和技术水平。长期来看，资源型商品出口结构具有脆弱性且难以持续，而中俄两国在高端装备制造业领域各具优势，贸易结构升级潜力很大，需要及时调整贸易政策，优化出口商品结构，开展更多的产业内和产品内贸易,不断扩大中高端机械电子产品及高新技术产业产品在中俄贸易中的比重。

三、中国与印度货物贸易往来及商品结构

中国和印度都是人口大国和市场大国,随着经济快速发展,两国在世界经济格局中的地位也越来越重要。中国和印度地理相邻,经贸往来渊远流长,历史上丝绸之路为两国的商贸往来提供了通道。1960 年前后,由于边境冲突问题,中印两国之间的经贸往来一度停滞。20 世纪 90 年代以来,随着双边关系的不断改善,两国贸易也得到了较快发展。2000 年双边贸易额达到 29.1 亿美元,相比 1991 年的 2.64 亿美元增长了 10 倍,2008 年超过 500 亿美元。2010 年之后,两国贸易额有升有降,2017 年进一步提高到 843.9 亿美元,相比 2000 年增长了 29 倍。2018 年,中印双边贸易额继续保持 13.2%的较高增速,并首次突破 900 亿美元(见表 3-15)。目前,印度是中国在南亚地区最大的贸易伙伴,中国则已经成为印度第一大贸易伙伴,是印度第一大进口来源地,也是印度第三大出口目的地。

一般来说,贸易顺差或逆差的产生是国际分工和全球产业融合的结果,与各国资源条件、经济结构、发展阶段密切相关。印度对外贸易多年来始终保持逆差状态,在过去 3 年中,印度对 25 个国家的贸易逆差还在持续扩大。① 中印贸易往来在稳定增长的同时,双边贸易也存在较大的贸易差额。2018 年中国从印度进口 188.4 亿美元,而中国对印出口达到 767.1 亿美元,贸易顺差呈现逐年增大的趋势,表明印度对具有很强比较优势的中国产品需求比较旺盛。当然,中国和印度市场仍然具有较大的发展潜力,这也为双方继续扩大贸易和产能合作提供了空间。

---

① 《印度对 25 个国家和地区贸易逆差持续扩大》,中国金融信息网,见 http://world.xinhua08.com/a/20190704/1858777.shtml。

表 3-15　2000—2018 年中国对印度货物贸易

年份	进出口（亿美元）	同比增长（%）	出口（亿美元）	同比增长（%）	进口（亿美元）	同比增长（%）
2000	29.1	/	15.6	/	13.5	/
2007	386.3	55.4	240.1	64.7	146.2	42.0
2008	518.4	34.2	315.8	31.5	202.6	38.6
2009	433.8	-16.3	296.5	-6.1	137.3	-32.2
2010	617.6	42.4	409.1	38.0	208.5	51.9
2011	739.1	19.7	505.4	23.5	233.7	12.1
2012	664.7	-10.1	476.8	-5.7	187.9	-19.6
2013	654.0	-1.6	484.3	1.6	169.7	-9.7
2014	705.7	7.9	542.1	11.9	163.6	-3.6
2015	716.0	1.5	582.3	7.4	133.7	-18.3
2016	701.8	-1.98	584.2	0.3	117.6	-12.0
2017	843.9	20.2	680.4	16.5	163.4	38.9
2018	955.1	13.2	766.8	12.7	188.3	15.2

数据来源：根据历年中国统计年鉴海关货物进出口总额整理。

从中印贸易商品分类结构（见表 3-16）来看，除了第七类未另归类的货品，中国从印度进口额大于对其出口额，其他六大类都是出口大于进口。在资本类型货物方面，中国在第四类资本货物（运输设备除外）及其零配件和第五类运输设备及其零配件两类商品上出口额远远高于自印度的同类商品进口额，且在中国对印度出口商品当中占比最高，仅第四类资本货物（运输设备除外）及其零配件出口额就高达 320.7 亿美元，接近对印度货物出口的一半，具有极强的竞争优势。在中间货物类型方面，印度第二类未另归类的工业用品具有比较优势，出口占对华货物出口额比重高达 83.5%，在第一类食品饮料和第三类燃料和润滑剂上，中国则具有微弱的优势。在消费品主要类型方面，中国具有较强的优势，特别是在第六类未另归类的消费品上，包括耐用品、半耐用品和非耐用消费用品方面优势明显。

印度在资源类初级产品方面并不具有优势,在消费耐用品上处于明显劣势,在一般工业品方面与中国有一定的竞争,在中国对印度出口产品结构中,资本货物产品所占比重较高,中印两国在贸易产品方面互补性和竞争性并存。

表 3-16 中国对印度分类商品贸易额 单位:百万美元

中国对印度的出口额											
分类	2007	2008	2009	2010	2011	2012	2013	2014	2015	2016	2017
1	100	147	228	213	223	249	271	264	257	339	341
2	11039	13198	10761	17172	21829	20384	20322	25018	25746	22163	25132
3	241	741	162	293	419	79	421	477	624	381	544
4	10487	13983	15447	18073	21494	19650	19134	19667	22081	26065	32072
5	1099	1589	1177	1752	2124	2311	2169	2225	2384	2429	2769
6	1065	1747	1777	3369	4375	4988	6098	6565	7133	7004	7136
7	19	180	112	41	72	15	17	0.9	3.0	16	127
总额	24051	31585	29667	40914	50536	47677	48432	54217	58228	58398	68121
中国从印度的进口额											
分类	2007	2008	2009	2010	2011	2012	2013	2014	2015	2016	2017
1	218	267	182	273	369	536	471	338	344	221	279
2	13728	19111	12590	19220	21616	16546	14979	14166	11188	9789	13954
3	4.9	212	55	302	67	423	103	219	344	175	281
4	556	531	705	854	964	890	978	1130	990	1069	1287
5	21	24	26	39	98	98	140	148	132	98	112
6	54	90	136	146	258	303	294	357	361	401	419
7	37	24	21	19	0.002	0	5	1.1	9.0	11	388
总额	14617	20259	13714	20846	23372	18797	16970	16359	13369	11764	16720

资料来源:UNCD 数据库。

从中印两国相互进口前十位商品结构比较结果(见表 3-17)来看,中国对印度出口的主要商品包括:电机、电气、音像设备及其另附件;核反应堆、锅炉、机械器具及零件;有机化学品;塑料及其制品;光学、照相、医疗等设备及另附件。上述五类商品占前十位商品出口额的87%,仅前两类就占了65%,出口商品集中度较高。中国从印度进口的主要商品包括:珠宝、贵金属及制品、仿首饰、硬币;铜及其制品;矿砂、矿渣及矿灰;有机化学品;棉花。各类商品进口额较为接近。印度在金属和贵金属方面有一定比较优势,中国则在机械、电气、塑料制品等方面优势更为明显,中国对印度出口的商品主要是工业制成品,而印度对中国出口的商品则集中在初级产品和半成品。

从中印进出口商品种类来看,进出口前十位商品中有五项重合,包括机械电气、核反应堆、有机化学、塑料制品和钢铁五个类别,表明两国的出口商品即存在互补性,也存在较强的竞争关系。

表3-17　中国对印度进出口前十位商品　单位:亿美元

序号	中国对印度出口		中国从印度进口	
	商品	金额	商品	金额
1	电机、电气、音像设备及其另附件	219.8	珠宝;贵金属及制品;仿首饰;硬币	26.0
2	核反应堆、锅炉、机械器具及零件	120.8	铜及其制品	21.5
3	有机化学品	65.8	矿砂、矿渣及矿灰	20.4
4	塑料及其制品	26.7	有机化学品	17.3
5	光学、照相、医疗等设备及另附件	18.2	棉花	12.9
6	家具;寝具等;灯具;活动房	16.9	盐;硫黄;土及石料;石灰及水泥等	9.8
7	钢铁	15.1	核反应堆、锅炉、机械器具及零件	6.3
8	钢铁制品	14.6	电机、电气、音像设备及其另附件	5.8
9	车辆及其另附件,但铁道车辆除外	12.8	钢铁	4.7
10	肥料	10.3	塑料及其制品	4.4

资料来源:《金砖国家联合统计手册(2018)》。

中印双边货物进出口贸易额明显低于中国与巴西、俄罗斯的贸易额,与中印两国庞大的经济体量和市场容量极不匹配,其中2018年对印度的出口额为

766.8 亿美元，大大高于对其他金砖国家的出口额，而进口额却只有 188.3 亿美元，明显低于从其他国家的进口额。导致这种贸易格局的原因是多方面的，既包括双边经贸关系紧密程度不足的影响，也与印度能源矿产资源匮乏且工业产品国际竞争力较弱从而无法满足中国对能源矿产及优质工业制品的消费需求有直接关系，此外双方在各自的一些优势产业领域尚未形成密切的产业内和产品内分工，商品贸易形式、手段和层次都受到制约，贸易潜能远未发挥出来。

四、中国与南非货物贸易往来及商品结构

中国和南非于 1998 年正式建立外交关系，如今两国经贸交往进入一个全新的发展阶段，合作领域不断拓宽，合作方式日趋多元化，双边贸易增长强劲，2000 年双边贸易额仅为 20 亿美元，2008 年双边贸易额达到了 178.5 亿美元。南非在 2010 年加入金砖国家后，中南两国经贸合作规模不断扩大，2011 年双边贸易额已经上升到 454.7 亿美元，同比增长 76.9%，2013 年突破了 600 亿美元，2014 年之后受全球经济增长乏力的影响，双边贸易有所下降，2016 年开始出现回升，2017 年为 391.9 亿美元，2018 年继续上升达到 435.4 亿美元（见表 3-18）。目前，中国是南非第一大贸易伙伴、第一大出口目的地和第一大进口来源地，南非也是中国在非洲最大的贸易伙伴。中南双方进出口基本保持逆差状态，2010 年以来，随着双边贸易额的不断扩大，中国在双边贸易中的逆差逐渐增加，2013 年之后中国从南非的进口增速开始回落，逆差逐年减少，双边贸易差额趋向平衡。

表 3-18　2000—2018 年中国对南非货物贸易

年份	进出口（亿美元）	同比增长（%）	出口（亿美元）	同比增长（%）	进口（亿美元）	同比增长（%）
2000	20.5	—	10.1	—	10.4	—
2007	140.4	42.5	74.3	29.1	66.1	62.0

续表

年份	进出口（亿美元）	同比增长（%）	出口（亿美元）	同比增长（%）	进口（亿美元）	同比增长（%）
2008	178.5	27.1	86.2	16.0	92.3	39.6
2009	160.8	-9.9	73.7	-14.5	87.1	-5.6
2010	257.0	59.8	108.0	46.5	149.0	71.1
2011	454.7	76.9	133.6	23.7	321.0	115.4
2012	599.9	31.9	153.2	14.7	446.7	39.2
2013	652.2	8.7	168.3	9.9	483.9	8.3
2014	602.7	-7.6	157.0	-6.7	445.7	-7.9
2015	460.1	-23.6	158.6	1.0	301.5	-32.4
2016	350.8	-23.8	128.5	-18.9	222.3	-26.3
2017	391.9	11.7	148.2	15.3	243.9	9.7
2018	435.4	11.1	162.5	9.6	272.8	11.9

资料来源：根据历年《中国统计年鉴》海关货物进出口总额整理。

从中南贸易商品分类结构（见表3-19）来看，除了第一类食品和饮料及第三类燃料和润滑剂，中国从南非进口额大于出口额，其他五大类都是出口额大于进口额。在资本类型货物方面，中国在第四类资本货物（运输设备除外）及其零配件和第五类运输设备及其零配件两类商品上出口额远远高于自南非的同类商品进口额，具有极强的竞争优势。在中间货物类型方面，南非第二类未另归类的工业用品具有极为明显的比较优势，出口占对华货物出口额的比重高达96.4%，在第三类燃料和润滑剂上，具有微弱的优势。而中国在第四类资本货物（运输设备除外）零配件和第五类运输设备零配件上拥有较大优势。在消费品主要类型方面，南非在第一类食品饮料上具有微弱优势，中国在第六类未另归类的消费品上，包括耐用品、半耐用品和非耐用消费用品方面的优势极为明显。

在中国对南非出口产品结构中，资本货物产品所占比重较高，南非在资源类初级产品方面具有优势，在消费耐用品上处于明显劣势，中南两国在贸易产品方面具有明显的互补关系，而竞争关系较弱。

表 3-19 中国对南非分类商品贸易额 单位：百万美元

中国对南非的出口额											
分类	2007	2008	2009	2010	2011	2012	2013	2014	2015	2016	2017
1	142	150	192	195	253	275	238	226	193	223	243
2	1796	2387	1855	2544	3410	4091	4435	4206	4304	3605	4232
3	69	148	14	77	36	40	33	72	49	118	195
4	1861	2556	2098	3128	3649	3891	4943	4416	4635	3763	4355
5	698	671	380	666	824	990	1062	1112	1408	798	1088
6	2878	2703	2825	4180	5189	6036	6119	5666	5269	4337	4685
7	0. 4	1. 7	0. 4	9. 9	0. 7	0. 5	0. 3	0. 2	0. 2	4	66
总额	7445	8618	7366	10800	13362	15323	16830	15699	15858	12850	14864
中国从南非的进口额											
分类	2007	2008	2009	2010	2011	2012	2013	2014	2015	2016	2017
1	23	27	39	55	102	127	164	238	260	236	349
2	4850	7448	7623	10576	14741	13316	16318	16815	29567	21664	23523
3	1073	94	56	699	1164	1935	1099	451	117	77	281
4	66	89	45	90	66	49	32	67	27	31	23
5	17	14	12	44	40	188	364	167	46	39	41
6	11	11	15	31	55	81	131	153	134	182	169
7	578	1552	902	3401	15927	28958	30281	26677	0. 0	0. 5	21
总额	6618	9235	8693	14896	32095	44653	48388	44568	30151	22229	24407

资料来源：UNCD 数据库。

从中南相互进口前十位商品结构进行比较（见表 3-20）来看，南非对中国的出口商品主要集中在：珠宝、贵金属及制品、仿首饰、硬币；矿砂、矿渣及矿灰；钢铁；木浆等纤维状纤维素浆、废纸及纸板；矿物燃料、矿物油及其产品、沥青等。南非矿产资源丰富，向中国出口产品多为能源、矿产资源类产品及其制品，其中仅珠宝、贵金属及制品、仿首饰硬币和矿砂、矿渣及矿灰两项，对中国的出口额就超过了200亿美元，占前十位商品贸易额的87%，占当年对华货物贸易额的1/2，商品出口集中度非常高。而中国对南非的出口商品主要集中在：电机、电气、音像设备及其另附件；核反应堆、锅炉、机械器具及零件3家具、寝具等、灯具、活动房；非针织或非钩编的服装及衣着附件；针织或钩编服装及服装辅料等机电产品和劳动密集型产品方面，其中机电产品占出口额比重相对较高，其他商品出口额差异不大，集中度并不明显。

中国与南非两国前十大进出口商品没有重合，两国出口商品类型差异性较大，各自具有明显的比较优势，双方的贸易互补性很强，中国制造业优势和南非自然资源优势均得到充分体现。

表3-20　中国对南非进出口前十位商品　　单位：亿美元

序号	中国对南非出口		中国从南非进口	
	商品	金额	商品	金额
1	电机、电气、音像设备及其另附件	28.1	珠宝；贵金属及制品；仿首饰；硬币	125.3
2	核反应堆、锅炉、机械器具及零件	20.5	矿砂、矿渣及矿灰	80.6
3	家具；寝具等；灯具；活动房	6.8	钢铁	16.0
4	非针织或非钩编的服装及衣着附件	6.6	木浆等纤维状纤维素浆；废纸及纸板	3.1
5	针织或钩编服装及服装辅料	6.6	矿物燃料、矿物油及其产品；沥青等	2.5
6	鞋靴、护腿和类似品及其零件	6.2	食用水果及坚果；甜瓜等水果的果皮	2.4
7	车辆及其另附件，但铁道车辆除外	5.8	铜及其制品	2.4
8	塑料及其制品	5.5	羊毛等动物毛；马毛纱线及其机织物	2.4
9	钢铁制品	4.4	镍及其制品	1.3
10	有机化学品	3.9	杂化化工制品	1.2

资料来源：《金砖国家联合统计手册（2018）》。

第三节　中国与金砖国家工程承包合作

从产能合作实践来看,在日趋多元化的合作方式中,工程承包发挥着不可替代的作用。工程承包主要包括基础设施与土木建设工程、资源开发工程和工业项目工程三种类型,涉及水陆交通、能源矿产、通信设施、机场港口和制造业等多个领域。中国已成为世界加工制造基地,整体机电产品的技术提升,为海外承包工程提供了有力的支持。海外工程承包已从过去技术含量低、劳动密集型行业逐步转向以技术含量高、机电成套产品出口为主,例如中国在拥有完全知识产权的高铁、自主设计制造运营的核电、具有世界建造技术水平的水电站和火力发电厂、世界上最大规模的光伏新能源以及桥梁建设、超高层建筑以及机场、码头、港口、通信等诸多行业领域,拥有一批技术管理先进、装备设施一流的大型特级资质企业,充分具备开展多层次高水平对外承包合作的能力。

近年来,全球经济增长放缓,贸易保护主义抬头,国际承包工程市场整体竞争加剧,国际承包工程项目出现大型化、综合化、复杂化的发展趋势。中国对外承包工程行业采取多种举措,加大市场开拓力度,广泛拓展国际产能合作。中国企业积极探索开展“工程承包+融资”“工程承包+融资+运营”的合作新模式,项目实施大部分采用 EP(设计—采购)、EPC(设计—采购—建设)、BOT(建设—运营—移交)、BOO(建设—拥有—运营)、PPP(政府与社会资本合作)及并购和融资租赁等形式①,行业整体业务稳步攀升,大项目数量也在持续增加,推动中国装备制造业“走出去”的步伐不断加快。中国与金砖国家投资和贸易往来持续增进的同时,工程承包合作也在深入开展,工程承包项目规模和领域不断扩大,涌现了一批较为典型的大型项目。由于金砖各国在基础设施条件、行业政策导向、市场运行机制等方面存在较大的差异,工程

① 王凡:《一带一路产能合作促进国际共享发展》,《中国社会科学报》2017 年 12 月 29 日。

承包合作在领域和方式上也有一些不同。

中国与巴西:从表 3-21 看出,中国在巴西工程承包完成额持续上升,2000 年只有 1815 万美元,2008 年达到 7.7 亿美元,2015 年大幅上升到了 20.2 亿美元,近年来虽有小幅回落,但仍保持较高的水平,2018 年达到 26.1 亿美元,工程完成额在金砖国家中最高。从行业分布来看,中国企业在巴西的承包工程主要集中在电力、通信、化工、水利、冶金等传统行业领域,在近几年新开工项目中,冶金、交通、电力建设以及信息通信行业居主导地位。

表 3-21　中国在其他金砖国家承包工程完成营业额　　单位:亿美元

年份＼国别	巴西	俄罗斯	印度	南非
2000	1815	4484	919	649
2007	7.8	7.6	20.0	17.4
2008	7.7	14.0	42.1	24.7
2010	11.1	10.0	58.0	1.2
2011	14.4	14.0	74.4	4.5
2012	16.5	16.5	66.9	7.0
2013	18.8	13.7	52.9	4.0
2014	15.0	11.6	25.4	4.0
2015	20.2	17.1	26.7	4.5
2016	19.6	14.9	18.2	4.2
2017	18.5	19.9	24.6	5.7
2018	26.1	23.5	23.1	13.8

注:2000 年为万美元,其余年份为亿美元。
资料来源:历年《中国统计年鉴》。

2016 年 9 月,中铁一局中标巴西卡诺阿斯市气动铁路工程承包项目,该气动铁路全长 4.7 公里,主要包括高架桥区间的土建,含基础、桥墩台、盖梁、箱梁和 7 个车站,项目合同总金额 8096 万雷亚尔,折合人民币约 1.6 亿元。①

① 《中铁一局中标 1.6 亿元巴西气动铁路项目》,中国驻巴西使馆经济商务参赞处。

根据中钢国际工程技术股份有限公司于2016年10月9日发布的公告,下属企业中钢设备有限公司的全资子公司——中钢国际工程技术股份(巴西)有限公司与全球第一大铁矿石生产商巴西VALE公司签订了CAUE矿山长距离皮带运输机项目合同,项目位于巴西MINAS州,内容包括承包总长3公里的4条皮带运输机的设计、制造、安装调试和技术服务等,提供成套设备供货及备品供应,这是中钢巴西在世界矿产大国巴西开展本地化经营的第一单。①

2019年2月13日,比亚迪巴西分公司与巴西巴伊亚州正式签署合同,成功中标轨道交通项目,比亚迪将投资25亿雷亚尔(约合6.89亿美元)在该州首府萨尔瓦多建设全球首条跨海云轨②,涵盖电机、车身、轨道、车站及信号通信控制系统等设计制造和建设,项目全长约20公里,工程分两期建设,计划于2020年底全部建成通车。

2019年2月16日,山东电力工程咨询院有限公司EPC总承包建设的巴西潘帕1×345MW燃煤电站项目锅炉点火一次成功,标志着该公司首个独立实施全过程国际高端EPC项目离投产发电再进一步。③ 2014年11月,法国燃气苏伊士集团(GDF SUEZ)控股的巴西Tractebel Energia公司获得巴西潘帕(PAMPA)340兆瓦燃煤电站项目特许经营权,按照山东电工与Tractebel Energia公司签订的承包合同,山东电工以EPC总承包的方式承担该项目的建设实施。潘帕项目位于巴西南大河州坎迪奥塔市,是Tractebel Energia公司在巴西投资最大的燃煤电站,建设规模为1台340兆瓦燃煤机组,于2015年8月开工建设。

中资企业在巴西市场的工程承包项目不仅限于传统产业领域,在现代信

① 中钢国际工程技术股份有限公司官网,见http://mecc.sinosteel.com/news_content.aspx?id=3121。

② 《中国企业比亚迪将在巴西修建全球首条跨海云轨》,中国新闻网,见https://baijiahao.baidu.com/s?id=1625539530291243791&wfr=spider&for=pc。

③ 《中企总承包巴西煤电项目锅炉点火一次成功》,《中国能源报》2019年2月25日。

息通信行业也不断取得新的进展。《中国对外承包工程发展报告（2017—2018）》显示，2017 年，中国企业在巴西市场新签承包工程合同 102 份，新签合同额 17.4 亿美元，同比增长 4.6%，位居中国在拉丁美洲地区新签合同额国别排名第 2 位；完成营业额 18.5 亿美元，同比下降 5.6%。2018 年，新签合同 122 份，新签合同额 25.8 亿美元，同比增长 48.2%。新签订的大型承包工程除了中国交通建设股份有限公司承包巴西圣路易斯港、山东科瑞石油装备有限公司承包巴西 UPGN 天然气处理场站工程等传统项目，还包括江苏亨通光电股份有限公司承建的巴西通讯传输、华为技术有限公司和武汉烽火国际技术有限公司分别承建的巴西电信等技术性较高的行业项目，通信工程领域的业务合作明显增多。

中国与俄罗斯：随着中俄经贸关系日益紧密，中国与俄罗斯工程承包合作也呈现良好的发展态势，2000 年中国企业在俄罗斯承包工程完成额只有 4484 万美元，2008 年达到 14 亿美元，之后有所波动，但整体规模不断上升。根据《中国对外承包工程发展报告（2017—2018）》和《对外投资合作国别（地区）指南俄罗斯（2018、2019 年版）》发布的统计信息，2017 年，中国企业在俄罗斯市场承包工程业务新签合同额和完成营业额均大幅增长，新签承包工程合同 137 份，新签合同额 77.5 亿美元，同比增长 191.5%，新签合同额位居中国对外承包工程业务国别排行第 9 位；完成营业额 19.9 亿美元，同比增长 34.1%，中国企业在俄罗斯承包工程业务位列当年在欧洲业务排名第 1 位，俄罗斯成为中国企业在欧洲规模最大的对外承包工程市场。2018 年，新签合同 44 份，新签合同额 30.6 亿美元，同比下降 60.5%，同年承包工程完成额进一步上升，达到 23.5 亿美元。新签大型工程承包项目包括中国石油工程建设有限公司承建阿穆尔天然气处理厂建设项目、中国葛洲坝集团股份有限公司承建罗斯阿穆尔天然气加工厂项目 P1 标段、上海振华重工集团股份有限公司承包东方项目总承包、中国化学工程第七建设有限公司承建罗斯阿菲普卡加氢裂化装置项目及承包罗斯鄂木斯克原油深度转化项目、华为技术有限公司承包俄罗斯电信项目等。中国企业在俄罗斯承包的工程项目主要分布在基础设施建设、能源矿产开发、建筑建材、林业加工、农业种植、通信、冶金等领域,承包工程当中大型和特大型项目较多。

2017 年 4 月 11 日,中国石油工程建设有限公司(CPECC)与 NIPIgas 在莫斯科签署阿穆尔气体处理厂项目(AGPP 项目)第二标段 EPC 总承包合同,合同金额为 25.2 亿美元。① AGPP 项目位于阿穆尔州斯沃博得内区,距离中国黑河约 200 公里,中国石油工程建设有限公司负责项目设计、制造、配套设备供应和车间建设,分阶段完成验收,工程完工后,每年可生产处理 420 亿立方米天然气。

2019 年 2 月 2 日,中国化学工程股份有限公司发布公告,其全资子公司中国成达工程有限公司与俄罗斯纳霍德卡矿业化肥公司签署了俄罗斯 NFP 日产 5400 吨天然气制甲醇项目工程总承包合同,施工期限 46 个月,合同总额 14.79 亿美元,折合人民币 99.1 亿元。同年 10 月 11 日,中国化学全资子公司第七建设有限公司与俄罗斯天然气开采股份有限公司签署了俄罗斯波罗的海化工综合体项目总承包合同,合同总金额约 120 亿欧元(折合人民币约 941.9 亿元),是全球石化领域最大的单个合作项目。化工综合体项目位于列宁格勒州乌斯季卢加镇附近,包括年产 280 万吨乙烯、288 万吨聚乙烯等石化联合装置,工期 5 年,分三个阶段实施,中国化学负责所有生产装置和场外设施的基础设计、工程施工、采购供应、生产测试以及技术服务,建成后将成为全球最大的乙烯一体化生产基地。②

2019 年 4 月 16,中国铁建俄罗斯公司与莫斯科工程设计院下属子公司签署了莫斯科地铁西南线 3 站 3 区间工程施工合同,投资额 270 亿卢布(约合

① 《中石油正式进入俄罗斯系中国在俄承建单体最大工程领域项目》,欧洲时报网,见 http://www.oushinet.com/ouzhong/ouzhongnews/20170424/261030.html。

② 《中俄企业签下石化领域近千亿合同》,新华网,2019 年 10 月 12 日,见 http://www.xinhuanet.com/fortune/2019-10/12/c_1125097002.htm。

28 亿元人民币)，项目线路长约 6.4 公里，投入运营后将大幅缓解莫斯科中心城区的交通压力。而早在 2017 年，中国铁建首次中标 250 亿卢布的莫斯科地铁第三换乘环线西南段 3 个车站主体结构和部分隧道工程项目，2019 年初再次中标价值 56.4 亿卢布的莫斯科地铁第三换乘环线东段约 3 公里线路盾构施工合同，先后三次地铁订单合同金额达到 576.4 亿卢布。

中国与印度：中印经贸近年来发展较快，2000 年，中国在印度工程承包完成额只有 919 万美元，2007 年达到 20 亿美元，远远超过中国企业在其他金砖各国工程承包完成额，2011 年一度高达 74.4 亿美元，之后逐年降低，2016 年为近 10 年来的最低水平(表 3-21)。根据《中国对外承包工程发展报告(2017—2018)》《中国对外承包工程发展报告(2018—2019)》发布的数据，2017 年，中国企业在印度市场新签承包工程合同 897 份，新签合同额 25.8 亿美元，同比增长 15.1%，位居当年中国在亚洲地区新签工程承包合同额国别排名第 17 位；完成营业额 24.6 亿美元，同比增长 35.1%。新签合同主要来源于通信工程和交通运输建设领域，分别占比 38.2%和 30.0%，其次是电力工程建设和制造加工设施建设，占比分别为 15.4%和 5.9%。完成营业额方面，华为技术有限公司业务占到了中国企业在印度市场业务总量的 32.1%。2018 年新签合同 266 份，新签合同额 28.9 亿美元，同比增长 12.2%，位列中国在亚洲地区新签合同额国别排名第 14 位，当年承包工程完成额 23.1 亿美元，同比小幅下降，略低于中国企业当年在巴西和俄罗斯工程承包完成额。新签大型工程承包项目包括华为技术有限公司承建印度电信、哈尔滨空调股份有限公司承建北卡朗帕拉 3*660MW 火力发电站项目、中钢设备有限公司承建 JSW 300 万吨焦炉、中铁三局承建孟买地铁 6 号线项目 03 标段项目等。[①] 中资企业在印度的工程承包业务主要以煤电、钢厂建设、交通设施和电子通信行业为主。

---

① 商务部:《对外投资合作国别(地区)指南》(印度 2018、2019 年版)。

2012 年 3 月 7 日,福建龙净环保股份有限公司发布公告,公司中标印度国有钢铁龙头企业比莱钢铁厂锅炉岛工程总承包项目,中标内容为锅炉及涡轮鼓风机房建筑的设计、制造、安装、调试等,合同总金额约折合人民币 3.5 亿元。

印度供电能力长期不足,电力市场发展潜力巨大,这也为中国企业在印度开展投资合作提供了较多的机会。中国山东电力建设第三工程公司自 2005 年首次进入印度市场以来,先后以 EPC 方式在印度 5 个邦承建了 6 座大型电站,装机容量超过 10770 兆瓦,合同额超过 73 亿美元,占印度整个火电市场份额的 5.7%,成为了印度最大的外国电站 EPC 总承包商。其中二号机组工程项目古德洛尔燃煤电站机组已经成功完成建设。① 2018 年 5 月,古德洛尔项目在两年质保到期后正式移交印方业主,对于缓解当地用电紧缺问题和促进经济发展起到了重要作用。

2017 年 5 月,中国一冶集团海外公司中标 OPPO 印度制造中心项目一期总承包工程,项目位于印度北方邦大诺依达工业园区,距离首都新德里 40 公里,处在德里—孟买工业走廊上。项目总建筑面积约 13 万平方米,总投资达到 5.62 亿元。项目包含厂房、附属建物、公共管桥、污水处理站及室外工程。与此同时,中国一冶在总承包 OPPO 印度制造中心项目之外,还承建了地处印度安得拉邦斯里城工业园的中国电子科技集团有限公司 200 兆瓦太阳能光伏产业园施工项目和印度古吉拉特邦青山集团克罗美尼工业园区钢铁项目。

2019 年 10 月,OPPO 印度制造中心项目正式投入生产运营,这个年产 5000 万部智能手机的制造中心,投产后意味着印度所使用的 100 部手机中就有 10 部系 OPPO 制造,OPPO 印度制造中心项目的完美竣工,也标志着中国一冶集团在印度市场从单纯的钢铁冶金建筑产业向电子通讯及民用市政等领

---

① 《中国企业成印度最大 EPC 外国电站承包商》,中华网,见 http://news.china.com/news100/11038989/20170414/30419324.html。

域转型。①

除了电力和制造业,近年来在交通设施领域的承包项目主要还有上海隧道股份有限公司承建孟买地铁三期标段、中国港湾工程有限责任公司承建比哈尔邦混合年金高速公路、中国水电建设集团承建比哈尔邦国道31拉焦利到伯克蒂亚布尔段四车道公路项目等。

中国与南非:随着南非与中国的经贸联系不断深化,中国企业在南非承包的工程项目也开始逐渐增多,但承包工程金额在金砖国家中最低。2000年,中国在南非承包工程完成额只有646万美元,2008年快速增长到24亿美元,之后受经济波动影响,工程承包项目有所减少,近几年完成额基本稳定在5亿美元左右,2018年大幅提高到13.8亿美元。根据中国商务部《对外投资合作国别指南》(南非2018年版)统计,2017年中国企业在南非新签承包工程合同54份,金额8.47亿美元,位列中国在非洲地区新签合同额国别排名第20位,完成营业额5.69亿美元;累计派出各类劳务人员311人,年末在南非劳务人员511人。2018年,新签合同84份,新签合同额18.0亿美元,同比增长113.2%。② 新签大型工程承包项目包括北京矿冶科技集团有限公司承建南非帕拉博拉冶炼有限公司熔炼炉改造EPC项目、华为技术有限公司承建南非电信工程项目、葛洲坝集团股份有限公司承建南非物流项目、中铁国际集团有限公司承包南非非洲煤业麦卡多煤矿采矿承包项目、华山国际工程公司承包普马兰省姆博贝拉市Dingwell农场一体化居住区项目等。中国企业南非承包工程项目主要集中在能源电力、基础设施、建材、通信和物流等领域。

2007年12月7日,阿塞洛·米塔尔集团南非公司在南非范德贝尔克向中信·焦耐联合体正式签发了“纽卡斯尔2号焦炉最终验收证书”及“纽卡斯尔煤气净化改造最终验收证书”,并同时释放了尾款保函,它标志着中国在南

① 《中国一冶:深度对接“一带一路”,深耕发展印度市场》,中国日报网,见http://hb.chinadaily.com.cn/a/201910/14/WS5da3d962a31099ab995e535c.html。

② 《中国对外承包工程发展报告(2018—2019年)》。

非建设的这两个项目质保期如期结束并顺利交接。南非纽卡斯尔 2 号焦炉及煤气净化改造工程是中国公司在南非中标的首个工程总承包项目,也是中国与南非建交以来中国公司在南非承建的最大的工程项目。①

2013 年 10 月,中国国电集团下属龙源电力集团股份有限公司在南非成功中标德阿两期风电项目,总容量为 24.4 万千瓦。两期项目均位于南非北开普省,德阿一期和二期装机容量分别为 10 万千瓦和 14.4 万千瓦。项目资金由南非本地商业和银团提供货款,风机主机由国电联合动力公司生产,施工方为南非本地公司,龙源南非工程公司负责工程 EPC 总承包。项目从中标到融资关闭历时 14 个多月,2015 年 8 月,两期项目正式开工,进入工程建设期。2017 年 10 月,德阿两期项目同时进入商业化运行。

2015 年 5 月 8 日,中材建设有限公司与南非最大的水泥生产商 PPC 水泥集团在约翰内斯堡签署了 Slurry Kiln 9 日产 3000 吨熟料生产线总承包合同,项目位于南非西北部城市 Leichenburg,距离约翰内斯堡约 250 公里,工程范围包括设计、采购、土建、设备安装和调试服务等,2018 年 4 月,项目顺利点火并开始试运行。

此外,中国企业近年来在南非主要承包工程还有 2015 年浙江正泰科技有限公司承建南非太阳能光伏电站项目、2016 年华山国际工程公司承建南非供水管线施工项目,云南能投对外能源开发有限公司承包南非杜马 132 千伏变电站项目等,涉及市政建设和能源开发。

一般来说,国际工程承包项目往往技术程序较为复杂,前期持续时间通常会在两年以上,项目过程包括可行性研究和环评报告、招投标程序、与贷款银行及保险公司沟通、双方有关部门审批以及相关法律文件签订等。企业前期费用支出很高,周期过长,项目组织管理难度大,中小型企业大都难以承受。因此,中国对金砖国家的工程承包参与主体基本上都是居于各个行业龙头地

---

① 《中国在南非承建的第一个总承包项目结束》,中国招投标协会,见 http://www.ctba.org.cn/list_show.jsp? record_id=47343。

位的大型企业，如电力工程业务领域的中国水电建设集团、葛洲坝集团、中国水利电力对外有限公司、中国电建集团、山东电工等，房屋建筑工程业务领域的中国建筑集团、中国交通建设股份有限公司、上海建工集团等，交通工程业务领域的中国路桥工程有限公司、中国中铁股份有限公司、中国港湾工程有限公司、上海隧道股份等，电信工程业务领域的华为公司、中兴通讯股份有限公司等，资源型工程业务领域的中国化学、中国五矿集团、中国有色金属建设股份有限公司等。

金砖国家都是区域大国，但是近两年仅有俄罗斯在中国对外承包工程业务国别排行中进过前 10 名。从主要专业领域中国对外承包工程新签合同额国别排名来看（表 3-22），金砖国家位次整体上相对较低，多个领域没有进入前 10 或前 20 名。在交通运输建设和电力工程建设领域没有国家进入前 20 名，一般建筑领域俄罗斯 2017 年排在第 14 名。水利建设领域没有国家进入前 10 名，石油化工领域俄罗斯 2017 年和 2018 年分别排在第 1 位和第 5 位。通信工程建设领域巴西 2017 年和 2018 年分别排在第 2 位和第 1 位，印度分别排在第 6 位和第 5 位，南非 2017 排在第 10 位。工业建设领域印度 2018 年排在第 10 位。制造加工设施建设领域，巴西 2018 年排在第 9 位，俄罗斯 2017 年和 2018 年分别排在第 6 位和第 1 位，印度 2017 年和 2018 年分别排在第 10 位和第 5 位，同比均有明显上升。统计表明近几年中国在金砖国家工程承包领域出现了一些新的变化，交通运输、电力工程、水利建设和一般建筑领域的新签合同规模在明显缩减，石油化工领域只有俄罗斯继续保持强势地位，新签合同更多地向通信工程和制造加工设施建设领域集中。巴西、印度和南非通信工程建设吸引了较多中资企业参与，巴西、印度和俄罗斯在制造加工设施建设领域工程项目承包合作机会明显增多。由这些变化也可以看出，金砖各国在基础设施、水电能源领域新开工项目有所减少，工程承包竞争加剧，项目建设正在从传统领域向通信及制造业领域拓展。

表 3-22 主要专业领域中国对外承包工程新签合同额(国别排名金砖国家位次统计)

国别	年份	主要领域							
		前 20 名			前 10 名				
		交通运输建设	一般建筑	电力工程建设	石油化工	通信工程建设	水利建设	工业建设	制造加工设施建设
巴西	2017	—	—	—	—	2	—	—	—
	2018	—	—	—	—	1	—	—	9
俄罗斯	2017	—	14	—	1	—	—	—	6
	2018	—	—	—	5	—	—	—	1
印度	2017	—	—	—	—	6	—	—	10
	2018	—	—	—	—	5	—	10	5
南非	2017	—	—	—	—	10	—	—	—
	2018	—	—	—	—	—	—	—	—

资料来源:根据《中国对外承包工程发展报告(2017—2018)》《中国对外承包工程发展报告(2018—2019)》整理。

第四节　中国与金砖国家产能合作的主要特征

从现阶段中国与金砖国家经贸往来及产能合作现实来看,中国工业制造业具有显著优势,与其他金砖国家的资源优势互补性很强,合作成效显著。商品贸易依然是中国与各国经济联系的重要方式,与金砖各国贸易中装备制造业均占有较大份额,直接投资与工程承包总量偏低,投资合作尚有较大的增长潜力。由于金砖国家有各自不同的国情、政策和诉求,产能合作开展的时间也相对较短,实施过程中出现一些新的现象和问题甚至阻隔,需要加以甄别研判。整体上中国与金砖国家产能合作表现为以下几个主要特点。

一、国别差异化明显

经济全球化不等于经济活动在地理空间上的均匀分布或分散,不同的区位优势本身会导致不一样的经济活跃程度。金砖各国资源禀赋、市场需求、产业政策和贸易保护条件差别明显，与中国经贸关系的发展进程各不相同，因此中国与金砖国家产能合作在合作规模、合作领域及合作方式等方面表现出明显的国别差异化特征。中国与俄罗斯经贸往来密切，产能合作的规模也相对较高，投资规模居于对金砖国家投资首位。中国对南非投资规模也一直较大，明显高于对巴西和印度的投资，但有减少的趋势。中国对巴西和印度的投资规模较低，近年来显现出持续增长态势，增长潜力较大。中国对俄罗斯、巴西和南非的投资领域大多集中在能源矿产等资源类产业，对印度的投资主要集中在电力、基础设施、通信等行业。承包工程项目也同样体现出各国的资源特征差异，专业领域有所侧重，水电能源和基础设施建设工程项目较多，俄罗斯、印度和巴西制造业领域工程潜力正在凸显。在投资方式上，以绿地和并购为主，并购项目开始增多，中国对巴西实际并购金额明显高于对其他金砖国家。

在商品贸易方面，中国与巴西、俄罗斯和印度贸易额均达到千亿美元级别并创出历史新高，与南非贸易额波动明显，相比历史高点尚有较大距离。贸易商品类别也存在差异，体现出不同的互补性和贸易方式，中国与巴西、俄罗斯、南非的互补性极强，主要以产业间贸易为主，而与印度互补性和竞争性兼具，在一些竞争型行业存在低水平产业内贸易。中国对其他金砖国家出口商品主要集中在工业制成品上，而其他各国对中国出口产品大多为资源商品和初级产品，具体品类差异较大，与各国不同的资源禀赋有密切关联。

二、投资层次不高，投资方式日趋多样化

金砖各国都是资源大国，也是发展中大国，基础设施建设投资需求较大，因此基于优势互补和各自需求，中国对金砖各国的投资主要集中在石油、天然气、矿产、电力等资源类产业和基础设施建设领域，一般制造业以劳动密集型产业和资本密集型产业为主，高新技术产业的投资较少，技术合作与集约式投资相对缺乏。与历次国际产业转移的主导领域均为制造业有所不同，目前产

能合作在基本建设方面大项目较多,符合金砖各国的现实发展诉求,也有助于各国提升公共服务保障能力,改善投资和贸易环境,促进经济社会全面协调发展。

现阶段产能转移主要通过传统的贸易、直接投资和工程承包等方式展开,绿地投资有所下降,并购案例逐渐增多,出现多种形式的股权投资方式。直接投资的制造业项目大多采取最终产品在当地生产组装和当地配套的方式,产业间垂直型分工较多,基于产业内及产品内分工投资合作的项目较少,也一定程度上表明金砖国家产业融合程度还较低,制造业缺乏兼容性,投资合作仍然处在浅层阶段。

中国拥有完整的工业生产体系,其他金砖国家也有各自的制造业生产能力,如何发挥各自优势,通过密切产业链分工协作,相互给予技术配套支撑,共同提高在全球价值链分工体系中的地位,是金砖国家深入推进产能合作向更高层次发展进程中需要通力解决的问题。

三、投资规模相对较低,仍有较大发展潜力

联合国贸易和发展会议(贸发会议)于2018年6月发布的《世界投资报告2018》显示,2017年中国已经成为全球第二大外资流入国和第三大对外投资国,并继续成为发展中国家中最大的外资流入国和对外投资国。近年来,中国对外直接投资水平大幅提升,其中对金砖国家的直接投资增速较快,投资规模和领域都在不断扩大,总体上与金砖各国产能合作开展得较为顺利。但是,中国对外直接投资区域仍过于集中在欧美发达经济体,2006—2016的10年间,金砖国家经济发展迅速,经济总量占全球经济比重从12%上升到23%,对全球经济增长的贡献率达到50%,对外投资占全球比重也从7%上升至12%。① 而金砖国家之间的相互投资却十分有限,2016年金砖国家对外投资

① 冯其予:《金砖五国有多强:对世界经济增长贡献率达50%》,《经济日报》2017年8月29日。

总额约为1970亿美元，金砖国家内部投资仅占其中的6%，同年中国对金砖国家投资额达到253亿美元，相比10年前虽然有了大幅度的提高，但是占中国对外直接投资总额的比重只有13.8%。① 金砖国家投资合作规模明显偏低，投资规模较之贸易水平也明显落后，与金砖国家的经济体量和发展潜力仍有较大差距，不利于中国与金砖国家之间经贸往来的深入发展。其中中国对巴西和印度的投资规模尤其偏低，远远落后于双边贸易合作水平，产能合作潜力尚未充分释放出来，投资模式、领域及合作层次都有待进一步拓展。

金砖国家成员之间相互投资占金砖国家对外投资总额的比重过低，与各国经济发展水平和对外投资政策取向有关，也表明在投资领域存在很大的制约因素。长期来看，随着金砖各国经贸关系日渐紧密，合作机制逐渐完善，约束条件将会逐步放松，投资合作更具潜质。

四、投资主体相对集中

中国对金砖国家直接投资主体虽然已呈现多元化态势，中小型民营企业投资开始提速，但大型企业作为对外投资合作的中流砥柱，在复杂而激烈的全球市场竞争环境中仍然占有明显的优势地位，继续发挥着积极的引领作用，在基础设施、资源矿产和制造业领域大型企业尤为集中。

从投资主体角度来看，中国对金砖国家直接投资的参与主体以金融型机构、外贸型公司、生产型企业和建设型集团四种专业大型单位为主，大多为有限责任公司，其中既包括国有或国有控股的大型企业集团，也不乏一些优秀的民营企业，例如华为、长城汽车、小米、吉利控股、三一重工等，中小型民营企业参与程度较低。大型企业具有资金、人才、管理、信息等多方面优势，在开展国际产能合作当中，特别是对于一些特定行业的综合型项目的建设和运营，如在大型基础设施、能源电力和重化工产业等领域，具有不可替代的作用。而民营

① 刘勇：《金砖国家可持续发展的机遇、挑战及建议》，人民网，见 http://theory.people.com.cn/n1/2017/1012/c40531-29583876.html。

企业占比较高的中小型企业在更广泛的领域具有更大的自主空间，投资主体较多的集中在国有企业，一方面容易引发对外投资壁垒增加，另一方面民营企业投资所占比重很小，不易发挥民营企业自身小、快、灵的优势。① 在现代信息技术快速发展背景下，国际生产分工合作呈现更多的精细化、个性化和人性化趋势，与此同时，金砖国家建设新工业伙伴关系需要自上而下、由大到小、由点到面不断深化和细化产能合作领域，因此越来越多的中小企业有了合作的内在动能和参与机会，应该发挥其应有的作用，创造出更大价值。

五、多重因素导致投资风险叠加

伴随全球化进程，各国与世界经济环境和全球市场的联动性不断增强，国际金融贸易投资局势一旦出现动荡，任何一个国家都难以独善其身。2007 年美国次贷危机引发金融市场剧烈波动，全球经济受到冲击，“逆全球化”下贸易保护和利己主义抬头，进一步加剧了世界经济增长的不确定性。新兴经济体国家受到不同程度影响，巴西、俄罗斯、南非的经济增长出现了较大幅度波动，中国与之贸易投资和承包工程均有明显起伏。经济萎靡降低了企业风险偏好和投资预期，不仅如此，金砖国家内部治理机制、社会结构、价值取向以及投资政策的变化，也使投资合作面临诸多不稳定因素。

金砖国家对待外商直接投资整体上表现出较为积极的态度，然而在一些行业领域和投资方式上存在较多的限制，对投向能源矿产等资源类产品的外商直接投资政策趋严。例如，巴西倾向于吸引更多的投资进入制造业，特别是那些技术含量高的产业，因此对采矿业的外商直接投资设限。俄罗斯对林业、天然气、石油开采等领域的外商直接投资同样有较多限制。巴西、印度的产业保护政策也会影响到国际投资，特别是对来自中国投资的谨慎和疑虑，最直接的表现就是中国对巴西和印度的投资规模远远低于潜力。实际上印度对于来

① 范黎波、施屹舟、郑伟：《加强对金砖国家直接投资：中国实施“走出去”战略的重要支撑》，《全球化》2013 年第 1 期。

自中国的投资一直比较顾虑，对项目投资和并购设置了繁多的安全审查环节，给中资企业在当地开展投资活动带来诸多不便甚至风险。绿地投资是中国对金砖国家主要投资方式之一，但是金砖各国对来自中国的绿地投资态度不一，并制定了较为严苛的审核措施。此外，印度和南非还对“本土化”提出了更高的要求。各国谨慎多变的招商引资政策提高了市场进入门槛和投资风险，成为阻碍产业资本进入其国内市场的瓶颈。

中国社会科学院世界经济与政治研究所发布的《中国海外投资国家风险评级报告（2017）》显示，印度的综合投资风险级别为 BBB，在 35 个参与评级的“一带一路”沿线主要国家中综合指标排名第 21 位，对华关系分指标排名第 32 位，国别投资风险排名非常靠后，尤其是电力基础设施供给严重不足，对中国怀有戒心，投资阻力较大。该评级体系主要从经济基础、偿债能力、政治风险、社会弹性和对华关系五大分指标，对东道国的投资风险进行综合估测，评级结果按照 AAA—CCC 顺序由高到低共分 9 级，其中 A—BBB 为中等风险级别，BB—B 为高风险级别。在国别总排名上，巴西综合指标和对华关系分指标更是排在印度之后，属于高风险级别，投资风险很大。根据最新发布的《中国海外投资国家风险评级报告（2019）》，金砖国家中俄罗斯和巴西综合评级同比分别上升了 6 名和 2 名，俄罗斯由 BBB 升为 A 级，南非 BBB 未变，巴西仍为 BB 级，印度的评级排位下降了 13 名，综合评级从 BBB 下降到 BB，其投资风险增长较快，需要引起警惕。

按照生产折中理论，企业必须同时具备所有权优势、内部化优势和区位优势才能从事有利的海外直接投资活动，如果仅有所有权优势和内部化优势而不具备区位优势，企业只能采取贸易方式进行产品出口。区位优势通常包含劳动力成本、市场潜力、贸易壁垒和政府政策四个基本条件。从投资合作的结果上来看，中国对巴西和印度投资总额较低，而在区位因素上，印度劳动力成本和市场潜力两个条件具有非常显著的优势，由此也表明印度在贸易壁垒和政府政策另外两个条件上形成了较大的阻隔，且负向作用大于正向作用，直接影响中资企业对印度的投资意愿。印度和巴西的投资环境与国别投资风险排名都比较靠后,总体投资风险较高,这也是影响未来中印、中巴进一步扩大产能合作的重要因素。

外部风险需要关注,内部风险也不容忽视。中国企业对外投资活动起步较晚,对金砖国家投资主体主要是规模企业,投资项目中以大项目居多,中小型企业投资虽然有所活跃,也有一些企业通过组团或园区平台参与投资,但是由于中小企业普遍欠缺国际投资经验,专业人才储备不足,缺乏项目规划、资本运作和营运管理的能力,对投资对象国当地相关政策法规、文化习俗、劳工保护等缺少充分调研,社会意识、环境意识比较欠缺,导致了部分企业在项目实施过程中不能很好地与当地实际情况相结合,甚至陷入水土不服的困境,加大了项目管控难度和风险。事实上风险内控问题在一些大型企业同样存在。

中国对金砖国家投资合作具有明显的资金优势,大多依靠企业硬实力进行投资,从诸多项目投资各方出资结构和比例就可以得到佐证,而依靠制造业企业自主品牌与技术优势进行投资合作的项目相对较少,中国企业软实力投资表现较为薄弱。在一些特定的行业合作项目中,资金和规模具有决定性作用,但是从消费市场长期来看,资金推动型的粗放式投资会面临更多的后续风险,而技术投资和品牌投资更有助于带来长期回报。

中国企业在对金砖国家直接投资合作当中所面临的多重不确定性干扰并非短期现象,无论是系统性风险还是非系统性风险都会长期存在,尤其是在部分国家或部分领域,各种内外不利因素共同作用将使得投资风险持续积累,企业需要谨慎审视自身风险偏好,充分做好相关预判和预案准备。

第四章　中国与金砖国家产能合作潜力：竞争力、互补性及分工地位

古典经济学主张比较优势是影响全球贸易格局和生产分工的重要因素，波特的竞争优势理论进一步强调了竞争优势的作用，国家竞争优势的源泉在于各个产业中创造财富的基本单位——企业的活力，产业国际竞争力一定程度上决定对外投资和贸易的潜力、方向以及价值链地位，尤其是一国的产业创新和升级能力。现有经济理论已经表明比较优势和竞争优势可以带来合作机会，而优势互补是开展国际产能合作的重要前提，各国应该根据自身的资源、资本、技术条件和产业竞争水平开展产能合作，从而实现互惠共赢。

改革开放四十多年以来，中国抓住国际产业转移的机遇，充分发挥自身优势，实现了工业的跨越式发展，成为世界制造业大国，2011 年工业产值超过美国，国际竞争地位持续提升。与此同时，随着近年来低成本劳动力优势的逐渐减弱以及更加注重技术进步与科技创新，中国制造业开始向高附加值和先进技术的方向转变。从现实情况来看，虽然工业大国与工业强国还有一定距离，但中国制造业具有了世界级的竞争优势已经成为事实。根据德勤 2016 全球制造业竞争力指数排名，中国超过美国和德国，位列世界制造业最具竞争力国家之首（见表 4-1）。印度排名第 11 位，其竞争力排名未来仍有可能提高。印度受基础条件和劳动力素质等因素制约，制造业发展相对滞后，但是在成本方面极具竞争力，加之拥有一批熟知英语的高技能研究人员，有利于拓展中高技

术领域合作。巴西与俄罗斯由于经济波动影响了全球制造业竞争力指数排名,巴西排名从 2013 年的第 8 位下降到 2016 年的第 29 位,俄罗斯排名从 2010 年的第 20 位下降到 2016 年的第 32 位。制造业是南非重要的经济支柱,得益于工业化进程较早,形成了较为完整的生产体系,但世界竞争力地位并不高,2016 年排名第 27 位,略强于巴西。

金砖国家产业优势主要集中在工业制造业领域,各国制造业竞争力存在很大差异,结构互补性很强,为开展产业合作提供了条件。不过要分析产能合作的机会潜力,还需对各国产业的比较优势、竞争优势和互补关系做一个较为细致的梳理。以下分别从产业竞争优势及互补性、产业研发与技术创新能力、跨国公司国际竞争力、全球价值链中的分工地位四个视角,对金砖国家产业竞争优势条件与合作潜力进行定量分析。

表 4-1　德勤 2016 全球制造业竞争力指数排名

年份 / 国别	2016 年	2020 年(预计)
中国	1	2
印度	11	5
南非	27	25
巴西	29	23
俄罗斯	32	32

资料来源:德勤 2016 全球制造业竞争力指数。

第一节　金砖国家产业竞争优势及互补性

一、出口产品国际市场竞争优势

(一)基于显示性比较优势指数的产业比较优势

显示性比较优势指数(RCA)采用一个国家某种出口商品占其出口总值

的比重与世界该类商品占世界出口总值的比重二者之比,来测度一个国家或地区某一产业是否具有比较优势,计算方法如下:

$$RCA_{ij} = (X_{ij}/X_{tj}) \div (X_{iW}/X_{tW}) \tag{4-1}$$

其中,X_{ij}表示国家j出口产品 i 的出口值,X_{tj}表示国家 j 的总出口值;X_{iW}表示世界出口产品i的出口值,X_{tW}表示世界总出口值。

RCA 指数越大,比较优势越明显。RCA > 2.5,表明该国此类商品具有极强的国际竞争力;1.25≤RCA≤2.5,表明该国此类商品具有较强的国际竞争力;0.8≤RCA < 1.25,表明该国此类商品具有中度的国际竞争力;RCA < 0.8,则表明该国此类商品国际竞争力弱。为了便于直观比较,本书根据 RCA 指数标准和测算结果,分别用++、+、0、-对应表示竞争力极强、较强、中度、弱。

RCA 指数是衡量一国产品或产业在国际市场竞争力的重要指标,利用商品进出口贸易的结果来测定哪些产业更具出口竞争力,从而进一步揭示一国在国际贸易中的比较优势。对不同国家竞争性进行比较的同时,还可以在一定程度上体现各国之间的产业或出口产品互补性强弱,指数差距越大表示彼此之间的竞争性越弱、互补性越强。

以联合国《国际贸易标准分类》(SITC)第三次修订标准为基础,将所有进出口商品按 10 个类别进行分析,测算结果表明(见表 4-2):巴西在食品和活畜(第 0 类)以及非食用粗原料(第 2 类)两大类具有极强的竞争力;俄罗斯在矿物燃料、润滑油及有关原料类(第 3 类)和未分类的其他商品(第 9 类)两大类竞争力极强;印度在食品和活畜(第 0 类)、主要按原料分类的制成品(第 6 类)和杂项制品(第 8 类)这三大类商品具有较强的竞争优势,虽然化学品及有关产品(第 5 类)竞争优势中度,但其他四国该类产品竞争力均为弱;中国在主要按原料分类的制成品(第 6 类)、机械及运输设备(第 7 类)和杂项制品(第 8 类)这三大类产品中竞争力较强;南非则在非食用粗原料(第 2 类)上竞争力极强,在食品和活畜(第 0 类)、饮料和烟草(第 1 类)以及主要按原料分类的制成品(第 6 类)的竞争力较强。

表 4-2　金砖国家出口产品竞争力

商品(类别)	巴西	俄罗斯	印度	中国	南非
食品和活畜(0)	++	-	+	-	+
饮料和烟草(1)	+	-	-	-	+
非食用粗原料(2)	++	o	o	-	++
矿物燃料、润滑油及有关原料(3)	-	++	o	-	o
动植物油、油脂和蜡(4)	o	o	-	-	-
化学品及有关产品(5)	-	-	o	-	-
主要按原料分类的制成品(6)	o	+	+	+	+
机械及运输设备(7)	-	-	-	+	-
杂项制品(8)	-	-	+	+	-
未分类的其他商品(9)	-	++	-	-	o

注:根据 RCA 指数标准和测算结果,分别用++、+、0、-表示竞争力极强、较强、中度、弱。
资料来源:根据联合国贸易数据库(comtrade)2016 年数据计算整理所得。

从商品竞争优势整体来看,金砖各国既有竞争也有互补,巴西、俄罗斯和南非的商品国际竞争优势在金砖国家中表现最为明显,主要体现在资源类商品方面,印度在初级商品上占有一定优势,中国仅三类制成品具有比较优势。巴西三项竞争力极强和较强商品类别,对应中国的均为弱,俄罗斯两项竞争力极强商品类别对应中国均为弱,南非三项竞争力极强和较强商品类别对应中国均为弱。中国三项竞争力较强商品类别,有一项与俄罗斯和南非竞争力相同,两项与印度重合,与巴西无重合。中国和印度分别有三项较强竞争力商品类别,重合的有两项。由此表明,中国与巴西、俄罗斯、南非互补性很强,与印度在制成品和杂项制品上有竞争性,中国与印度出口商品互补性较弱。在食品和活畜(第 0 类)、主要按原料分类的制成品(第 6 类)两大类上,各国之间具有一定的竞争性,而在其他类别中各有不同的互补性优势。中国与金砖国家商品竞争力存在明显的差异,拥有不同的比较优势和较强的互补性,有利于各国开展商品贸易和投资合作,也为中国与金砖各国之间深化产能合作提供了必要条件。

从金砖各国出口货物构成来看(见表4-3)，各国也具有不同的出口商品结构与竞争优势，巴西食品、金属矿物及燃料出口占比达到56.7%，农业原材料和食品国际竞争优势极强，俄罗斯仅燃料一项就达到48.2%，南非金属矿物、燃料和食品合计占到49.6%，三国资源商品在国际市场中占有显著优势。除俄罗斯之外各国制成品均占比最高，中国制成品一项占比就高达93.8%，比较优势极为显著，印度制成品占比也较高，达到71.0%，具有较强的竞争优势。俄罗斯的制成品占比最低，仅为22.3%，在制成品方面竞争力较弱。从出口商品构成比例所体现出的相对优势来看，中国与巴西在制成品和食品及矿物金属方面互补关系极强，与俄罗斯在制成品和燃料方面互补关系极强，与南非在制成品和矿物金属及燃料方面互补关系较强，与印度出口商品比例顺序完全相同，在制成品出口方面具有竞争关系。

表4-3　金砖国家出口货物构成

国别	农业原材料	食品	燃料	矿物和金属	制成品	其他
巴西	4.5	36.1	8.7	11.9	37.6	1.2
俄罗斯	2.5	5.7	48.2	6.4	22.3	14.9
印度	1.2	12.2	11.6	4.0	71.0	0.0
中国	0.4	3.2	1.3	1.2	93.8	0.1
南非	2.3	11.5	12.6	25.5	47.1	1.0

资料来源：《国际统计年鉴(2018)》。

(二)高技术产品出口占制成品比重

RCA通用指数从规模上反映了产业贸易商品的比较优势，为了更清晰地表明贸易商品的技术强度，还需要从高技术产品出口占比作进一步分析。高技术产品是指具有高研发强度和高附加值的技术密集型产品，包括航空航天、计算机、医药、科学仪器、电气机械设备等，其生产制造过程集合了诸多创新元素,高技术产品出口占制成品的比重反映高端制造业对产业增加值的贡献,也体现了出口产品的技术含量,一定程度上代表了一个国家或地区产业创新水平和国际竞争实力。

2000 年以来,金砖国家高技术产品出口占制成品比重表现为不同的变动态势,中国占比最高,增长也最为明显,2018 年相比 2000 年增长了 60%以上,2008 年超过美国,2010 年达到 32%,其后有小幅回稳,但总体保持在 30%以上的水平,2018 年为 31. 594%,远高于美国和世界平均水平,表明中国制造业产业升级效果显著,高技术产品贡献度不断提升。其他金砖国家表现出明显的波动性,巴西、俄罗斯和南非从 2000 年最高值下降以来,2009 年和 2015 年分别出现两个相对高点,近几年有所回稳,2018 年相比 2000 年下降幅度均达到 30%左右。印度 2018 年相比 2000 年有较大幅度的上升,近年整体维持在 7%—9%。同期世界与美国高技术产品出口占比也在不断走低,2000 年以来美国降幅更是高达近 50%。从目前绝对数量来看,巴西和俄罗斯高技术产品出口占制成品比重保持在 10%—13%的中低水平,印度和南非分别徘徊在 8%和 6%左右的低水平,四国的占比均远远低于世界平均值(见表 4-4)。

表 4-4 2007—2018 年金砖国家高技术产品出口占制成品比重 单位:%

年份\国别	巴西	俄罗斯	印度	中国	南非	世界	美国
2000	18. 727	16. 067	6. 256	18. 984	7. 001	24. 420	33. 775
2008	12. 232	7. 066	6. 778	29. 389	5. 421	19. 472	28. 971
2009	14. 156	9. 777	9. 618	31. 952	5. 855	21. 117	25. 010
2010	12. 052	9. 593	7. 673	32. 149	5. 974	20. 532	23. 116
2011	10. 576	8. 510	7. 765	30. 499	6. 059	18. 714	21. 068
2012	11. 273	9. 205	7. 429	30. 860	6. 631	19. 025	20. 660
2013	10. 432	10. 762	8. 689	31. 585	6. 502	19. 039	20. 652
2014	11. 363	12. 196	9. 097	29. 700	6. 642	19. 041	20. 996
2015	13. 139	16. 413	7. 991	30. 427	6. 965	20. 303	21. 945
2016	14. 337	11. 324	7. 646	30. 250	6. 242	20. 069	23. 013

续表

年份＼国别	巴西	俄罗斯	印度	中国	南非	世界	美国
2017	13.313	12.472	7.352	30.887	5.212	21.515	19.692
2018	12.951	10.963	9.008	31.594	5.316	17.971	18.896

资料来源:根据世界银行数据库整理。

金砖国家高技术产品出口占比的不同,表明高技术制造业对各国产业竞争力具有非均衡性贡献,在国际市场上处于不同的竞争位置,总体表现仍然低于世界平均水平,特别是印度和南非占比较低,制成品出口以中低技术含量产品为主。而中国高技术产品出口占到制成品出口的30%左右,伴随工业制造业快速发展,高技术产业增加值占世界的比重已经位居全球第一,高技术产业的规模和技术优势在金砖国家中更为明显。相对而言,在高新技术产品出口方面,其他四国与中国并不存在明显的竞争关系,而竞争主要集中在中低技术含量的制成品领域。

二、双边细分行业竞争性与互补性

(一) 双边 RCA 比较优势指数

具有国际竞争优势,并不等同于对所有国家都具有相同的竞争优势,针对不同国家还需要从双边视角进行分析。双边 RCA 比较优势指数是在 RCA 原型公式基础上的调整,可以表示为:

$$RCA_i = (X_i/X_{it})/(X_w/X_{wt}) \quad (4\text{-}2)$$

其中,RCA_i 是 a 国 i 产品在 b 国的显示性比较优势,X_i 为 a 国 i 产品对 b 国的出口额,X_{it} 为 a 国对 b 国的出口总额,X_w 为 a 国 i 产品世界市场出口总额,X_{wt} 为 a 国世界市场的出口总额。如果指数大于1,则说明 a 国 i 产品在 b 国具有比较优势,指数越大,比较优势越明显,如果这一指数小于1,则不具有比较优势。

以下按照联合国工业发展组织(2016)制造业技术类别划分方法,分别从低技术产业、中等技术产业和高技术产业三个层次,计算中国与金砖各国的双边比较优势指数(双边贸易特化系数和双边贸易互补性指数采取同样的分类方法计算)。

在低技术产业(见表4-5),在饮料、食品行业,中国对其他金砖国家均不具有比较优势;在烟草行业中国对巴西、俄罗斯、印度不具有比较优势,对南非在2008年、2009年、2014年、2016年具有比较优势,但优势并不明显;在纺织品行业中国对俄罗斯和南非具有比较优势,对巴西和印度不具有比较优势,对俄罗斯的优势较为明显,对南非的优势处于下降状态,2015年后比较优势消失;在木材制品行业中国对俄罗斯具有微弱的比较优势,在2014年后优势消失,对其他金砖国家均不具有比较优势;在纸和纸制品行业,中国对印度、南非具有比较优势,对巴西于2012年、2014年具有微弱的比较优势,对俄罗斯不具有比较优势;在印刷及出版行业中,中国对其他金砖国家均不具有比较优势;在家具行业中,中国只对南非具有比较优势,但优势较弱。

表4-5 中国与金砖国家低技术产业比较优势

行业	年份	2008	2009	2010	2011	2012	2013	2014	2015	2016	2017
饮料行业	中巴	0.09	0.10	0.07	0.10	0.21	0.11	0.19	0.19	0.10	0.03
	中俄	0.38	0.48	0.42	0.39	0.42	0.41	0.22	0.21	0.15	0.26
	中印	0.05	0.10	0.07	0.07	0.12	0.16	0.05	0.08	0.08	0.05
	中非	0.55	0.52	0.56	0.57	0.73	0.65	0.19	0.11	0.14	0.23
食品行业	中巴	0.00	0.00	0.05	0.09	0.21	0.43	0.39	0.72	0.62	0.32
	中俄	0.31	0.38	0.33	0.44	0.82	0.49	0.40	0.38	0.23	0.11
	中印	0.25	0.09	0.11	0.13	0.07	0.04	0.02	0.02	0.01	0.01
	中非	0.06	0.00	0.01	0.02	0.00	0.00	0.03	0.02	0.01	0.03

续表

行业	年份	2008	2009	2010	2011	2012	2013	2014	2015	2016	2017
烟草行业	中巴	0.01	0.00	0.02	0.00	0.00	0.05	0.11	0.02	0.13	0.15
	中俄	0.53	0.95	0.67	0.82	0.57	0.48	0.31	0.32	0.33	0.15
	中印	0.16	0.28	0.11	0.13	0.15	0.21	0.15	0.13	0.15	0.17
	中非	1.21	1.38	0.75	0.73	0.65	0.92	1.15	0.64	1.07	0.77
纺织品	中巴	0.36	0.38	0.37	0.40	0.43	0.50	0.50	0.54	0.45	0.46
	中俄	1.76	1.69	1.48	1.55	2.41	2.70	2.55	1.64	1.43	1.09
	中印	0.26	0.18	0.33	0.44	0.49	0.58	0.76	0.81	0.63	0.46
	中非	1.67	1.62	1.52	1.45	1.45	1.25	1.06	0.91	0.88	0.85
木材制品行业	中巴	0.15	0.14	0.14	0.18	0.18	0.17	0.21	0.26	0.25	0.24
	中俄	1.03	1.02	1.03	1.16	1.33	1.31	1.20	0.76	0.55	0.51
	中印	0.29	0.39	0.40	0.62	0.53	0.48	0.58	0.61	0.59	0.61
	中非	0.68	0.70	0.65	0.66	0.66	0.62	0.68	0.74	0.72	0.66
纸和纸制品行业	中巴	0.50	0.60	0.79	0.78	1.07	0.87	1.00	0.83	0.78	0.74
	中俄	0.78	0.83	0.81	0.85	0.72	0.71	0.95	0.71	0.66	0.68
	中印	1.58	1.21	0.92	0.96	0.98	1.22	1.14	0.93	1.06	1.13
	中非	1.08	1.25	1.28	1.42	1.56	1.64	1.42	1.35	1.39	1.29
印刷及出版行业	中巴	0.68	0.54	0.66	0.63	0.71	0.77	0.78	0.82	0.90	0.90
	中俄	0.23	0.31	0.28	0.30	0.38	0.31	0.40	0.36	0.39	0.42
	中印	0.35	0.30	0.37	0.40	0.56	0.66	0.64	0.69	0.71	0.70
	中非	0.28	0.32	0.34	0.37	0.33	0.42	0.60	0.70	0.79	0.79
家具行业	中巴	0.27	0.28	0.34	0.43	0.71	0.64	0.54	0.81	0.60	0.63
	中俄	1.62	0.81	0.60	0.68	0.57	0.62	1.14	0.70	0.54	0.54
	中印	0.28	0.28	0.46	0.38	0.49	0.66	0.68	0.78	0.68	0.63
	中非	1.08	1.15	1.17	1.30	1.85	1.77	1.34	1.07	0.98	1.17

资料来源：根据联合国贸易数据库（comtrade）数据整理计算所得。

在中等技术产业（见表4-6），在焦炭与石油核燃料行业，中国对巴西只在2008年具有明显的比较优势，对印度只在2008年、2015年具有微弱的比较优势，对其他金砖国家不具有比较优势；在橡胶塑料行业，中国对巴西、俄罗斯、南非均具有比较优势，其中对南非优势较为明显，对印度只在2009年、2010年具有微弱的比较优势，其他年份没有优势；在金属制品行业，中国对俄罗斯、南非一直具有比较优势，对俄罗斯的优势较为明显，对印度2013年以来逐渐获得比较优势，对巴西个别年份具有比较优势，相对来说对印度和巴西的优势微弱。

表4-6　中国与金砖国家中等技术产业比较优势

行业 \ 年份		2008	2009	2010	2011	2012	2013	2014	2015	2016	2017
焦炭与石油核燃料行业	中巴	2.90	0.10	0.80	0.70	0.37	0.35	0.32	0.71	0.60	0.44
	中俄	0.37	0.30	0.44	0.53	0.44	0.38	0.23	0.42	0.33	0.36
	中印	1.22	0.51	0.64	0.78	0.40	0.82	0.98	1.10	0.72	0.67
	中非	0.99	0.34	0.61	0.35	0.27	0.20	0.41	0.40	0.83	0.98
橡胶与塑料行业	中巴	1.93	1.00	1.56	1.61	1.41	1.47	1.46	1.36	1.57	1.69
	中俄	0.77	0.93	1.21	1.62	1.59	1.48	1.24	1.12	0.99	1.12
	中印	1.06	0.77	1.00	0.67	0.55	0.72	0.55	0.68	0.68	0.49
	中非	2.08	1.90	2.22	2.00	1.79	1.76	1.82	1.89	2.14	2.27
金属制品行业	中巴	0.95	0.98	1.00	0.85	1.09	1.01	0.85	0.99	0.93	1.12
	中俄	1.93	1.58	1.66	1.34	1.37	1.20	1.50	1.42	1.12	1.19
	中印	0.58	0.62	0.71	0.80	0.98	1.13	1.05	1.06	1.08	1.20
	中非	1.30	1.25	1.26	1.21	1.44	1.48	1.26	1.20	1.24	1.38

资料来源：根据联合国贸易数据库（comtrade）数据整理计算所得。

在高技术产业（见表4-7），在化学与化学制品行业，中国对巴西、印度、南非均具有比较优势，对巴西优势较为明显且呈上升态势，对印度则呈现下降态势，对俄罗斯不具有比较优势；在电气设备行业，中国对其他金砖国家整体上均不具有比较优势,但对印度于 2008 年、2009 年具有比较优势,在 2016 年、2017 年又重新获得微弱的比较优势;在医疗器械、光学仪器行业,中国只对巴西具有较强的比较优势,但优势在明显降低;在汽车、挂车及其他运输行业,中国对巴西、俄罗斯、南非均具有比较优势,对俄罗斯的优势相对明显,对印度不具有比较优势。

表 4-7 中国与金砖国家高技术产业比较优势

行业 \ 年份		2008	2009	2010	2011	2012	2013	2014	2015	2016	2017
化学与化学制品行业	中巴	0.68	0.83	0.72	0.84	1.19	1.66	1.70	1.60	2.40	2.05
	中俄	0.75	0.79	0.68	0.66	0.78	0.75	0.59	0.91	0.87	0.93
	中印	1.53	1.19	1.57	1.09	1.08	1.26	1.22	1.12	1.06	0.99
	中非	1.33	1.06	1.20	1.58	1.40	1.39	1.26	1.41	1.26	1.35
电气设备行业	中巴	1.05	1.08	0.95	0.99	0.93	0.92	0.92	0.78	0.98	0.98
	中俄	0.63	0.58	0.61	0.58	0.57	0.54	0.60	0.56	0.55	0.66
	中印	1.11	1.18	0.97	0.91	0.89	0.83	0.83	0.88	1.10	1.22
	中非	0.82	0.71	0.75	0.71	0.57	0.70	0.75	0.73	0.72	0.72
医疗器械、光学仪器行业	中巴	2.46	2.62	2.26	1.99	1.73	1.67	1.55	1.73	1.59	1.68
	中俄	0.44	0.64	0.88	0.84	0.70	0.73	0.70	0.72	0.68	0.81
	中印	0.42	0.57	0.58	0.62	0.63	0.80	0.83	0.81	0.90	0.86
	中非	0.31	0.30	0.27	0.29	0.26	0.28	0.34	0.42	0.58	0.57
汽车、挂车及其他运输行业	中巴	1.58	1.35	1.40	1.93	1.18	1.20	1.04	1.02	1.03	1.12
	中俄	2.24	0.92	1.35	2.09	2.40	2.01	1.61	1.18	1.17	1.28
	中印	0.65	0.65	0.78	0.75	0.80	0.84	0.82	0.72	0.70	0.63
	中非	1.97	1.20	1.49	1.39	1.49	1.37	1.34	1.22	1.23	1.31

资料来源:根据联合国贸易数据库(comtrade)数据整理计算所得。

(二)双边 TSC 贸易特化系数

双边 TSC 贸易特化系数是指两个国家某类产品进出口差额与该类产品进出口总额的比值,公式为:

$$TSC_i = (X_i - M_i)/(X_i + M_i) \qquad (4\text{-}3)$$

其中, TSC_i 是 a 国在 i 类产品上对 b 国的贸易特化系数, X_i 指的是 a 国 i 类产品对 b 国的出口额, M_i 指的是 a 国 i 类产品从 b 国的进口额。贸易特化系数介于-1 和 1 之间,越接近 1,说明出口额远远超过进口额,该种产品竞争力就越强;反之,越接近于-1,则说明进口额远远大于出口额,该种产品竞争力就越弱。通常情况下,如果 $TSC_i < -0.8$,意味着 a 国 i 类产品有大的比较劣势, b 国 i 类产品竞争力较强;如果 TSC_i 在 -0.25—0.25 之间,意味着 a 国和 b 国的 i 类产品贸易属于产业内互补;如果 $TSC_i > 0.8$,意味着 a 国 i 类产品竞争力较强, b 国 i 类产品有大的比较劣势。

在低技术行业(见表 4-8),在饮料行业,中国对印度出口竞争力较强,印度饮料对中国有大的比较劣势,对巴西饮料产品先由比较优势逐步到比较劣势最后形成产业内互补,对俄罗斯饮料产品也是从有竞争优势逐渐变为比较劣势,对南非具有较大的比较劣势,即南非的饮料产品竞争力较强;中国对巴西、俄罗斯、南非食品行业进口数据不全,对印度食品产品竞争力较强;在烟草行业,中国对巴西具有较大的比较劣势,巴西烟草行业竞争力较强,对俄罗斯也具有劣势,但中国对印度和南非烟草行业竞争力较强;在纺织品行业,中国对其他金砖国家的竞争力都比较强,对巴西、俄罗斯和南非优势极强;在木材行业,中国对巴西、俄罗斯具有较大的比较劣势,而对印度、南非竞争力较强;在纸和纸制品行业具有互补性,中国对巴西、俄罗斯具有较弱的竞争力,对印度、南非具有较强的竞争力;在印刷及出版、家具行业,中国对其他金砖国家均具有极强的出口竞争力。

表 4-8　中国与金砖国家低技术行业贸易特化系数

行业	年份	2008	2009	2010	2011	2012	2013	2014	2015	2016	2017
饮料行业	中巴	0.79	0.68	0.64	0.43	0.70	0.56	0.74	-0.90	-0.16	-0.10
	中俄	0.45	0.58	0.60	0.60	0.69	0.41	0.13	-0.24	-0.43	-0.26
	中印	0.57	0.95	0.94	0.92	0.92	0.93	0.52	0.60	0.94	0.85
	中非	-0.35	-0.47	-0.47	-0.64	-0.50	-0.58	-0.84	-0.93	-0.91	-0.80
食品行业	中巴						1.00	1.00			
	中俄								0.93	0.88	-0.09
	中印	0.84	0.51	0.57	0.95			0.93	0.79	0.48	0.84
	中非			-0.45	0.65	-0.27				0.62	-0.42
烟草行业	中巴	-1.00	-1.00	-1.00		-1.00	-0.99	-0.99	-1.00	-0.98	-0.98
	中俄						0.08	-0.16	-0.23	-0.31	-0.43
	中印	0.91	0.92	0.90	0.91	0.92	0.84	0.65	0.05	0.84	0.65
	中非	0.25	—	—	—	—	—	—	0.99	1.00	0.98
纺织品	中巴	1.00	1.00	1.00	1.00	1.00	1.00	1.00	1.00	1.00	1.00
	中俄	0.99	1.00	1.00	1.00	1.00	1.00	1.00	1.00	1.00	1.00
	中印	0.86	0.71	0.89	0.84	0.88	0.88	0.89	0.91	0.88	0.82
	中非	1.00	1.00	1.00	1.00	1.00	1.00	1.00	1.00	1.00	1.00
木材制品行业	中巴	-0.75	-0.70	-0.59	-0.30	-0.17	-0.18	-0.35	-0.25	-0.61	-0.65
	中俄	-0.86	-0.91	-0.87	-0.86	-0.78	-0.77	-0.78	-0.90	-0.93	-0.94
	中印	0.90	0.95	0.96	0.97	0.96	0.95	0.92	0.50	0.77	0.65
	中非	0.98	0.99	0.98	0.99	0.53	0.56	0.47	0.61	0.81	0.48
纸和纸制品行业	中巴	-0.13	0.25	0.08	0.28	0.47	0.44	0.49	0.21	0.03	0.22
	中俄	0.16	-0.02	0.24	0.28	0.38	0.43	0.59	0.42	0.39	0.38
	中印	0.99	0.97	0.97	0.98	0.98	0.98	0.99	0.99	0.99	0.95
	中非	0.70	0.90	0.91	0.96	0.96	0.97	0.97	0.96	0.94	0.90

续表

行业	年份	2008	2009	2010	2011	2012	2013	2014	2015	2016	2017
印刷及出版行业	中巴	1.00	0.97	1.00	0.99	0.99	0.99	1.00	1.00	1.00	1.00
	中俄	1.00	1.00	1.00	1.00	1.00	1.00	1.00	1.00	1.00	1.00
	中印	0.98	0.98	0.98	0.99	0.99	0.99	0.99	1.00	1.00	1.00
	中非	1.00	1.00	1.00	1.00	1.00	1.00	1.00	1.00	1.00	1.00
家具行业	中巴	1.00	1.00	1.00	1.00	1.00	0.99	0.99	0.99	1.00	0.99
	中俄	0.99	0.99	0.99	0.99	0.99	0.99	0.99	0.99	0.98	0.99
	中印	0.98	0.96	0.98	0.94	0.96	0.97	0.97	0.98	0.97	0.97
	中非	0.99	1.00	1.00	1.00	1.00	1.00	1.00	1.00	1.00	0.99

资料来源:根据联合国贸易数据库(comtrade)数据整理计算所得。

在中等技术行业(见表4-9),在焦炭与石油核燃料行业,中国对巴西、俄罗斯、南非均具有较大的比较劣势,对印度具有较弱的竞争优势,其中俄罗斯和巴西在该行业具有极强的竞争优势;在橡胶与塑料行业,中国对巴西、印度、南非具有较强的竞争力,对俄罗斯属于产业内互补;在金属制品行业,中国对其他金砖国家均具有较强的竞争优势。

表4-9 中国与金砖国家中等技术行业贸易特化系数

行业	年份	2008	2009	2010	2011	2012	2013	2014	2015	2016	2017
焦炭与石油核燃料行业	中巴	-0.22	-0.97	-0.86	-0.86	-0.92	-0.90	-0.93	-0.91	-0.95	-0.96
	中俄	-0.96	-0.98	-0.97	-0.97	-0.98	-0.98	-0.99	-0.98	-0.98	-0.98
	中印	0.59	0.47	0.13	0.75	-0.20	0.59	0.56	0.36	0.52	0.40
	中非	0.25	-0.25	-0.73	-0.87	-0.94	-0.91	-0.66	-0.26	0.20	-0.14

续表

行业 \ 年份		2008	2009	2010	2011	2012	2013	2014	2015	2016	2017
橡胶与塑料行业	中巴	0.69	0.55	0.85	0.90	0.88	0.88	0.91	0.88	0.89	0.81
	中俄	-0.46	-0.42	-0.24	0.07	0.19	0.33	0.49	0.25	0.24	0.16
	中印	0.59	0.84	0.89	0.64	0.83	0.76	0.79	0.81	0.84	0.67
	中非	0.97	0.97	0.99	0.99	1.00	0.99	1.00	0.99	0.99	0.98
金属制品行业	中巴	0.91	0.85	0.92	0.94	0.93	0.99	0.98	0.99	0.97	0.99
	中俄	1.00	1.00	1.00	1.00	1.00	1.00	1.00	1.00	0.94	0.99
	中印	0.92	0.91	0.87	0.89	0.92	0.95	0.95	0.94	0.96	0.97
	中非	0.99	0.99	1.00	1.00	1.00	1.00	1.00	1.00	1.00	1.00

资料来源:根据联合国贸易数据库(comtrade)数据整理计算所得。

在高技术行业(见表4-10),在化学与化学制品行业,中国对巴西、俄罗斯具有较强的竞争力,对印度的竞争力不明显,对南非产业内互补;在电气设备行业,中国对其他金砖国家均具有较强的竞争力;在医疗器械、光学仪器行业,中国对其他金砖国家也均具有较强的竞争优势,尤其是对巴西、南非的竞争力更强;在汽车、挂车及其他运输行业,中国对其他金砖国家同样具有较强的竞争力。

由此可以看出,中国对金砖各国整体在低技术行业具有劣势,在中等和高技术行业的优势较为明显,与RCA指数得出的双边比较优势结论大体上一致,亦即中国在资源型初级产品上存在劣势,在技术型制成品上具有优势。

表4-10　中国与金砖国家高技术行业贸易特化系数

行业 \ 年份		2008	2009	2010	2011	2012	2013	2014	2015	2016	2017
化学与化学制品行业	中巴	0.67	0.76	0.78	0.85	0.86	0.89	0.92	0.83	0.85	0.85
	中俄	0.68	0.63	0.78	0.73	0.86	0.89	0.83	0.82	0.87	0.78
	中印	0.69	0.42	0.66	0.46	0.44	0.43	0.47	0.51	0.52	0.55
	中非	0.02	-0.17	0.07	0.23	0.29	0.14	0.04	0.22	0.08	0.09

续表

行业	年份	2008	2009	2010	2011	2012	2013	2014	2015	2016	2017
电气设备行业	中巴	0.97	0.97	0.98	0.98	0.97	0.98	0.97	0.96	0.95	0.98
	中俄	0.97	0.95	0.98	0.98	0.98	0.98	0.99	0.98	0.96	0.98
	中印	0.95	0.95	0.91	0.92	0.93	0.93	0.92	0.95	0.95	0.95
	中非	0.95	0.98	0.99	0.98	0.98	0.99	0.99	0.99	0.99	1.00
医疗器械、光学仪器行业	中巴	0.97	0.92	0.96	0.93	0.95	0.96	0.97	0.97	0.94	0.95
	中俄	0.89	0.87	0.91	0.89	0.85	0.87	0.84	0.72	0.61	0.72
	中印	0.68	0.67	0.75	0.76	0.73	0.77	0.83	0.83	0.81	0.84
	中非	0.92	0.83	0.80	0.92	0.95	0.92	0.92	0.94	0.97	0.95
汽车、挂车及其他运输行业	中巴	0.92	0.92	0.94	0.96	0.93	0.92	0.94	0.94	0.95	0.96
	中俄	1.00	0.98	1.00	1.00	1.00	1.00	1.00	1.00	1.00	0.99
	中印	0.95	0.93	0.94	0.88	0.86	0.86	0.88	0.88	0.90	0.89
	中非	0.95	0.92	0.97	0.91	0.70	0.46	0.76	0.86	0.87	0.88

资料来源:根据联合国贸易数据库(comtrade)数据整理计算所得。

(三)双边贸易互补性指数

双边贸易互补性指数主要是基于显示性比较优势,来衡量两国或两地区之间的贸易互补性,用公式表示为:

$$C_{ab} = RCA_{xabi} * RCA_{mbai} \quad (4-4)$$

其中,$RCA_{xabi} = (X_{abi}/X_{ab})/(X_{awi}/X_{aw})$,$RCA_{mbai} = (M_{bai}/M_{ba})/(M_{bwi}/M_{bw})$

C_{ab}是 ab 两国 i 产品的互补性指数,RCA_{xabi}是 a 国 i 产品在 b 国的显示性比较优势,RCA_{mbai}是 b 国 i 产品在 a 国的显示性比较劣势。如果 a 国 i 产品在 b 国具有明显的比较优势,b 国 i 产品在 a 国具有明显的比较劣势,那么 a 国 i 产品的出口和 b 国 i 产品的进口互补性就会比较强。一般来说,RCA_{xabi} 和 RCA_{mbai}越大,C_{ab}越大,两国该产品进出口吻合程度越高,互补性越强。反之,

RCA_{xabi}和RCA_{mbai}越小，C_{ab}越小，两国该产品进出口吻合程度越低，互补性越弱。一般认为，当贸易互补性指数大于1时，表明出口国与进口国的互补性高于其他市场的平均水平，两国的贸易关系比较紧密。互补性指数大小在一定程度上还可以间接反映两国产业间贸易与产业内贸易强弱。

在低技术行业（见表4-11），在饮料、食品行业，中国与其他金砖国家的互补性极弱；在烟草行业，中国与巴西、印度互补性一直较弱，与俄罗斯、南非互补性在逐渐减弱；在纺织品行业，中国与其他金砖国家均具有互补性，且高于市场平均水平，贸易关系比较紧密，与俄罗斯、南非尤其突出；在木材制品行业，中国与俄罗斯的互补性相比其他金砖国家较强，但2012年后互补性逐渐减弱；在纸和纸制品行业，中国与巴西、南非的互补性较强，其中与南非的互补性高于其他市场平均水平；在印刷及出版行业，中国与其他金砖国家都具有较强的互补性，其中与巴西、南非、印度的贸易关系比较紧密；在家具行业，中国与其他金砖国家也都具有互补性和紧密的贸易关系，其中与南非的互补性较强，远高于其他市场平均水平，但与南非及俄罗斯有下降的趋势。

表4-11　中国与金砖国家低技术行业贸易互补性指数

行业	年份	2008	2009	2010	2011	2012	2013	2014	2015	2016	2017
饮料行业	中巴	0.00	0.00	0.00	0.00	0.00	0.00	0.00	0.00	0.00	0.00
	中俄	0.01	0.01	0.01	0.01	0.01	0.01	0.00	0.00	0.00	0.00
	中印	0.00	0.00	0.00	0.00	0.00	0.00	0.00	0.00	0.00	0.00
	中非	0.00	0.00	0.01	0.00	0.01	0.01	0.00	0.00	0.00	0.00
食品行业	中巴	0.00	0.00	0.00	0.00	0.00	0.00	0.00	0.01	0.01	0.01
	中俄	0.00	0.00	0.00	0.00	0.00	0.00	0.00	0.01	0.00	0.00
	中印	0.00	0.00	0.00	0.00	0.00	0.00	0.00	0.00	0.00	0.00
	中非	0.00	0.00	0.00	0.00	0.00	0.00	0.00	0.00	0.00	0.00

续表

行业	年份	2008	2009	2010	2011	2012	2013	2014	2015	2016	2017
烟草行业	中巴	0.00	0.00	0.00	0.00	0.00	0.01	0.01	0.01	0.02	0.04
	中俄	0.11	0.25	0.17	0.27	0.14	0.08	0.07	0.07	0.06	0.03
	中印	0.03	0.08	0.03	0.04	0.04	0.04	0.03	0.03	0.03	0.03
	中非	0.37	0.45	0.33	0.19	0.15	0.18	0.17	0.02	0.05	0.04
纺织品	中巴	1.65	1.55	1.42	1.39	1.56	1.73	1.67	1.68	1.31	1.24
	中俄	6.33	6.55	4.31	4.63	5.94	6.88	6.43	3.57	2.53	1.93
	中印	0.93	0.69	0.96	1.30	1.20	1.48	1.92	1.76	1.11	0.82
	中非	7.25	6.64	5.59	5.16	5.10	3.95	3.12	2.12	2.14	1.99
木材制品行业	中巴	0.15	0.14	0.14	0.18	0.18	0.17	0.21	0.26	0.25	0.24
	中俄	1.03	1.02	1.03	1.16	1.33	1.31	1.20	0.76	0.55	0.51
	中印	0.29	0.39	0.40	0.62	0.53	0.48	0.58	0.61	0.59	0.61
	中非	0.68	0.70	0.65	0.66	0.66	0.62	0.68	0.74	0.72	0.66
纸和纸制品行业	中巴	0.18	0.27	0.41	0.53	0.91	0.83	1.07	0.85	0.80	0.65
	中俄	0.25	0.25	0.26	0.33	0.34	0.36	0.47	0.31	0.29	0.31
	中印	0.52	0.37	0.30	0.38	0.46	0.61	0.57	0.40	0.46	0.52
	中非	0.61	0.82	0.88	1.15	1.33	1.34	1.22	0.99	1.18	1.05
印刷及出版行业	中巴	1.45	1.02	1.36	1.40	1.61	1.75	1.76	1.69	2.09	1.84
	中俄	0.75	0.80	0.74	0.84	1.06	0.81	0.95	0.86	0.70	0.69
	中印	1.13	0.77	0.96	1.14	1.58	1.70	1.51	1.66	1.28	1.15
	中非	0.82	0.87	0.98	1.14	0.96	1.13	1.56	1.53	1.79	1.65
家具行业	中巴	0.48	0.58	0.74	1.10	1.91	1.57	1.35	1.92	1.41	1.68
	中俄	2.66	1.50	1.10	1.23	1.03	1.02	1.90	1.14	0.71	0.88
	中印	0.46	0.51	0.84	0.70	0.88	1.09	1.14	1.27	0.90	1.02
	中非	4.07	4.07	4.37	4.98	7.42	6.32	4.68	3.09	2.71	3.21

资料来源:根据联合国贸易数据库(comtrade)数据整理计算所得。

在中等技术行业(表4-12),在焦炭与石油核燃料行业,中国与其他金砖国家的互补性都比较弱;在橡胶与塑料行业,中国与南非、巴西的互补性高于其他市场平均水平,其中与南非的互补性最高;在金属制品行业,中国与其他金砖国家的互补性均高于其他市场的平均水平,贸易关系密切,其中与南非的互补性最强,与俄罗斯的互补性有减弱的趋势。

表4-12　中国与金砖国家中等技术行业贸易互补性指数

行业 \ 年份		2008	2009	2010	2011	2012	2013	2014	2015	2016	2017
焦炭与石油核燃料行业	中巴	0.47	0.00	0.04	0.05	0.01	0.01	0.01	0.04	0.03	0.03
	中俄	0.14	0.07	0.14	0.14	0.11	0.07	0.01	0.05	0.05	0.07
	中印	0.48	0.12	0.21	0.20	0.10	0.16	0.03	0.14	0.10	0.12
	中非	0.08	0.01	0.03	0.01	0.00	0.01	0.01	0.01	0.09	0.11
橡胶与塑料行业	中巴	1.59	0.61	1.02	1.22	1.15	1.21	1.24	1.09	1.26	1.46
	中俄	0.45	0.60	0.91	1.55	1.39	1.33	1.13	0.85	0.63	0.71
	中印	0.62	0.49	0.75	0.65	0.49	0.65	0.50	0.51	0.43	0.32
	中非	2.44	2.00	2.93	2.66	2.32	2.23	2.38	2.15	2.56	2.92
金属制品行业	中巴	1.82	1.98	2.24	1.98	2.61	1.97	1.61	1.79	1.80	2.07
	中俄	3.58	2.99	3.12	2.50	2.56	1.98	2.30	1.95	1.36	1.56
	中印	1.07	1.18	1.33	1.48	1.84	1.88	1.60	1.45	1.31	1.57
	中非	3.92	3.55	3.41	3.43	4.26	3.96	3.47	2.84	3.06	3.33

资料来源:根据联合国贸易数据库(comtrade)数据整理计算所得。

在高技术行业(见表4-13),在化学与化学制品行业,中国与其他金砖国家均具有较弱的互补性,其中与巴西的互补性逐渐增强;在电气设备行业,中国与其他金砖国家的互补性均高于其他市场的平均水平,贸易关系密切,其中与巴西、印度和南非的互补性强于与俄罗斯的互补性;在医疗器械、光学仪器行业,中国与巴西的互补性高于其他市场的平均水平,但存在减弱的趋势,与其他三国的互补性相对较弱;在汽车、挂车及其他运输行业,中国与其他金砖国家均有不明显的互补性。

表 4-13　中国与金砖国家高技术行业贸易互补性指数

行业 \ 年份		2008	2009	2010	2011	2012	2013	2014	2015	2016	2017
化学与化学制品行业	中巴	0.15	0.19	0.20	0.28	0.43	0.68	0.71	0.52	1.23	1.18
	中俄	0.29	0.25	0.28	0.27	0.34	0.31	0.22	0.37	0.35	0.44
	中印	0.59	0.38	0.64	0.44	0.47	0.52	0.45	0.46	0.42	0.47
	中非	0.71	0.48	0.55	0.88	0.74	0.76	0.64	0.70	0.58	0.72
电气设备行业	中巴	2.85	2.92	2.42	2.51	2.33	2.26	2.27	1.81	2.37	2.32
	中俄	1.38	1.13	1.19	1.20	1.05	1.14	1.26	1.23	1.02	1.30
	中印	2.42	2.31	1.90	1.86	1.64	1.74	1.73	1.92	2.04	2.42
	中非	1.99	1.47	1.61	1.63	1.18	1.64	1.89	1.65	1.69	1.86
医疗器械、光学仪器行业	中巴	3.94	3.13	2.41	1.61	1.29	1.19	1.10	1.17	1.13	1.32
	中俄	0.35	0.43	0.60	0.61	0.43	0.49	0.46	0.52	0.43	0.56
	中印	0.34	0.38	0.40	0.45	0.39	0.55	0.54	0.59	0.57	0.60
	中非	0.17	0.15	0.16	0.18	0.17	0.18	0.25	0.27	0.38	0.42
汽车、挂车及其他运输行业	中巴	0.58	0.37	0.39	0.86	0.33	0.36	0.33	0.31	0.36	0.48
	中俄	0.64	0.23	0.35	0.67	0.87	0.71	0.64	0.46	0.40	0.45
	中印	0.19	0.16	0.20	0.24	0.29	0.29	0.32	0.28	0.24	0.22
	中非	1.02	0.34	0.53	0.46	0.55	0.40	0.41	0.31	0.33	0.38

资料来源:根据联合国贸易数据库(comtrade)数据整理计算所得。

考虑到部分行业商品个别年份贸易数据波幅较大,可能会影响到互补性指数的稳定性,因此将2008—2017年指数数据进行简单平均,重新计算中国与其他金砖国家贸易互补性指数,从平均值的行业分布(见表4-14)来看,中国与巴西和南非分别有7个行业贸易互补性指数超过1,占全部15个行业的比重为46.7%,与俄罗斯和印度分别有4个行业互补性指数超过1,占行业比重为 26.7%。指数超过 1 的行业技术类别中，中国与巴西在中、高技术行业各有 2 个，低技术行业有 3 个；与俄罗斯和印度中高技术行业各有 1 个，低技术行业各有 2 个；与南非互补性主要集中在低技术行业，共有 4 个低技术行业，中技术行业有 2 个，高技术行业有 1 个，互补行业分布较广。此外，在互补性指数高于 0.5 低于 1 的行业分布上，中国与巴西和南非各有 2 个行业，俄罗斯有 4 个，印度有 1 个。按照指数 0.5 以上合计，中国与巴西和南非互补性较高的行业分别达到 9 个，占比 60.0%，与俄罗斯有 8 个行业，占比 53.3%，与印度有 7 个行业，占比 46.7%，国别互补性强弱行业排序分别为中巴、中南、中俄、中印。

表 4-14　中国与其他金砖国家贸易互补性指数行业分布

	行业名称	中巴	中俄	中印	中南
低技术行业	饮料行业				
	食品行业				
	烟草行业				
	纺织品行业	++	++	++	++
	木材制品行业		+	+	+
	纸和纸制品行业	+			++
	印刷及出版行业	++	+	++	++
	家具行业	++	++	+	++
中等技术行业	焦炭与石油核燃料行业				
	橡胶与塑料行业	++	+	+	++
	金属制品行业	++	++	++	++
高技术行业	化学与化学制品行业	+			+
	电气设备行业	++	++	++	++
	医疗器械、光学仪器行业	++			
	汽车、挂车及其他运输行业		+		

注：按照 2008—2017 年平均值计算贸易互补性指数，得分在 0.50—0.99 标记为+，1.00 以上标记为++。

整体上来看,除了食品、饮料和烟草等行业之外,中国与金砖各国在纺织品、印刷及出版、家具等多个行业具有明显的互补性,特别是在电气设备、金属制品行业的互补性很强,贸易关系非常密切。广泛而良好的互补关系有利于在多个领域开展更深层次的经贸合作。不过,在一些行业出现了互补性减弱的趋势,可能是这部分行业存在产业间贸易向产业内贸易转变的现象。

第二节　金砖国家产业研发与技术创新能力

一、总体创新竞争力

2018 年 7 月 10 日,世界知识产权组织(WIPO)、美国康奈尔大学、欧洲工商管理学院和 2018 年全球创新指数知识伙伴联合发布了《全球创新指数》(GII)排行榜,包含总体 GII 得分、创新投入和创新产出次级指数以及创新效率比四个衡量项目。其中 GII 总得分是投入和产出次级指数得分的简单平均数;创新投入次级指数由制度、人力资本和研究、基础设施、市场成熟度以及商业成熟度五个投入支柱构成,反映国家/地区经济中促进创新活动的因素;创新产出次级指数包含知识和技术产出以及创意产出两大产出支柱,反映经济体中创新活动结果的信息;创新效率比是指产出次级指数得分与投入次级指数得分之比,反映一个国家/地区的投入所获得的创新产出。

2018 年创新指数排行包涵全球 126 个经济体,占世界总人口的 90.8%,占世界 GDP(按当前美元计算)的 96.3%。"GII 的所有版本都表明,创新表现和以人均 GDP 作为衡量标准的经济体发展水平之间存在着正向关联。考虑到所有因素,以人口规模作为衡量标准的国家规模与 GII 得分之间没有统计上显著的相关性,大国和小国都有可能获得较高的 GII 得分","更富裕、产业和出口组合更为多样化的经济体更有可能在创新方面位居前列”。[①] 所有国家都可以开展创新活动,而创新与经济发展水平密切相关,与人口规模关系不大,全球各国的创新实践和理论研究也大都证实了这一结论。

从创新指数得分结果来看,各国创新能力差别巨大,经济发展水平较高的欧美发达国家占据了排行榜前列,中国是唯一进入前25位的中等收入经济体,也是唯一的三项质量指标表现都较为均衡的中等收入国家,已经晋升世界上最具创新性的前20个经济体之列,排名第17位。俄罗斯、印度、南非和巴西分别排在第46位、第57位、第58位和第64位(见表4-15),印度、南非和巴西位次排名差距并不太明显。

表4-15 金砖国家创新指数得分和排名

国别	年份	全球创新指数		创新投入次级指数		创新产出次级指数		效率比	
		得分	排名	得分	排名	得分	排名	得分	排名
巴西	2018	33.44	64	43.40	58	23.49	70	0.54	85
	2019	33.82	66	44.71	60	22.93	67	—	—
俄罗斯	2018	37.90	46	47.89	43	27.91	56	0.58	77
	2019	37.62	46	49.11	41	26.13	59	—	—
印度	2018	35.18	57	42.53	63	27.83	57	0.65	49
	2019	36.58	52	44.66	61	28.49	51	—	—
中国	2018	53.06	17	55.13	27	50.98	10	0.92	3
	2019	55.08	14	56.88	26	53.28	5	—	—
南非	2018	35.13	58	45.36	48	24.89	65	0.55	83
	2019	34.04	63	45.74	51	22.34	68	—	—

资料来源:《全球创新指数》(2018、2019)。

巴西在2018年GII中排名第64位,较2017年上升了5个位次,但在金砖

① 世界知识产权组织:《2018年全球创新指数》,第31页。

国家中的总排名、创新产出和效率比得分均最低。在创新质量方面表现较好,居中等收入经济体中第4位和总排名第28位,是拉丁美洲和加勒比地区排名最高的经济体。在知识和技术产出领域进步最大,制度、商业成熟度和创意产出排名也有所上升,而商业环境和信贷这两个项目相对薄弱,特别是易于创业程度、科学和工程学专业毕业生人数、生产力增长率等指标得分较低。

俄罗斯总排名位列金砖国家第2位,投入和产出次级指数也同样排在第2位,而效率比则低于中国和印度。俄罗斯在科学出版物质量方面的表现有所进步,三所顶级高校——莫斯科国立大学、圣彼得堡国立大学和新西伯利亚国立大学得分均较高,也表明俄罗斯的高等教育达到了世界先进水平。

印度总排名为第57位,较2017年上升了3个位次,排名居于中国和俄罗斯之后,在中等偏下收入经济体的总排名中升至第5位。印度创新投入得分在金砖国家中最低,但效率比得分仅低于中国,高于其他几个金砖国家。相对于较大的人口基数和较低的人均GDP,印度在创新方面连续多年表现出色,一些重要指标取得了较高的排名,如科学和工程专业毕业生、生产力增长、竞争和市场规模及知识传播等,其中生产力增长率和信通技术服务出口排名世界第一位,在创意产出领域也取得进步。但是印度在基础设施、商业成熟度方面的所有分支柱排名都出现了下降,其中生态可持续性下降幅度最大,成为相对薄弱的领域之一,此外教育分支柱和一些重要指标也相对较弱。

中国从2016年开始跻身前25位,2018年持续上升,成为世界第17大创新型经济体,总排名和次级排名均远远高于其他金砖国家,效率比排名居所有入选国家第3位。在全球企业和公共研发支出同比增长仍普遍低于2008年金融危机发生前水平的大背景下,中国科学技术和创新能力持续进步,与欧美发达国家的差距不断缩小,凸显了中国在世界经济技术发展中的特殊作用和价值。

中国在研发支出及研究人员、专利和出版物数量等领域,位居世界第1位或第2位,全球研发公司、高新技术进口、出版物质量和高等教育入学率等指数进步最大,创新产出次级指数排名居第 10 位,在知识和技术产出方面的得分继续高于前 10 位组别的平均分,缩小了与前 10 位之间在制度、市场和商业成熟度上的差距。在创意产出方面的所有分支柱中的排名均出现上升,工业品外观设计和创意产品出口两项指标中的排名保持了第 1 位。在文化与创意服务出口、国产电影、印刷和其他媒体产品等领域,需要进一步改善。

南非在五国中总排名居于第 4 位,创新投入高于巴西和印度,创新产出和效率比略高于巴西,在高校质量和科学出版物质量方面都有提升。

2019 年 7 月,世界知识产权组织发布了《2019 年全球创新指数》,对 129 个经济体进行排名,80 项指标中既有研发投入、专利申请量等传统指标,也有移动应用开发和高科技出口等较新的指标。与 2018 年相比,中国总排名从上年的第 17 位升至 2019 年的第 14 位,在领先的创新国家中稳居一席之地,位列中等收入经济体第 1 位,也是中等收入经济体中唯一进入前 30 名的国家。在多个领域体现出明显的创新实力,如本国人专利数量、本国人工业品外观设计数量、本国人商标数量以及高技术出口净额和创意产品出口几项,仍然位居前列。

其他金砖国家出现了不同的变化,印度总排名同比提高了 5 位,进步较为明显,多项指标有所上升,但是环境绩效、新企业等指标依然薄弱。俄罗斯总排名没有变化,仍然保持在第 46 位。巴西和南非有所下降,分别居第 66 位和第 63 位,同比分别下降了 2 位和 5 位。创新指数总排名的变化在一定程度上也反映了各国经济增长水平的实际波动情况,近几年巴西和南非经济增长乏力,创新活跃程度不可避免地会受到影响,而中国和印度持续较快的经济增长为开展创新活动提供了必要的条件,尤其是中国的创新优势仍在不断扩大。伴随经济发展水平的变化,未来金砖各国创新能力的差距可能会更加明显。

《2019 年全球创新指数》采用本地高校质量、本地发明的国际化水平以及科学出版物的质量三个指标对创新质量进一步做了评价,中国排名第15位,位列金砖国家之首,印度、俄罗斯、巴西和南非分别排名第26位、第27位、第28位和第36位。中国连续七年成为创新质量排名第1位的中等收入国家,也是唯一在所有三个指标上正在缩小与高收入组别之间差距的中等收入经济体,在高等教育、发明创造和科学研究方面达到了较高的水准。

此外,《2019年全球创新指数》对世界最大的发明活动集群进行了排名,巴西圣保罗排在第59位,俄罗斯的莫斯科居第33位,印度班加罗尔、德里和孟买分别排在第65位、第70位和第97位(见表4-16)。中国有深圳—香港、北京、上海、广州、南京、杭州等19个地区进入100强创新集群排名,几乎所有集群的排名均有上升,其中深圳—香港排在东京横滨之后,继续保持第2位。南非没有地区上榜百强集群。在集群科学活动方面,巴西以神经科学与医疗技术为主,俄罗斯以物理和计算机为主,印度以化学、制药、计算机技术为主,中国以工程、化学、物理和数字通信、计算机技术、土木工程、电机计量和其他消费品为主。从发明创新集群的数量来看,中国在金砖国家中优势极为明显,在科学活动领域上,各国有一定的侧重,但中国仍然具有更广泛的优势。通过城市集群,中国可以与其他金砖国家在医学、制药、计算机等领域深入开展技术交流合作。

表4-16 金砖国家前100位发明活动集群排名

排名	集群名称	经济体	在PCT申请总量中的份额(%)	在出版物总量中的份额(%)	共计	排名第一的科学领域
2	深圳—香港	中国	5.54	0.54	6.08	工程
4	北京	中国	2.30	2.65	4.95	化学
11	上海	中国	0.87	1.36	2.24	化学
21	广州	中国	0.40	0.71	1.11	化学
25	南京	中国	0.14	0.90	1.05	化学
30	杭州	中国	0.38	0.54	0.91	化学

续表

排名	集群名称	经济体	在 PCT 申请总量中的份额(%)	在出版物总量中的份额(%)	共计	排名第一的科学领域
33	莫斯科	俄罗斯	0. 21	0. 66	0. 87	物理
38	武汉	中国	0. 13	0. 67	0. 80	化学
43	台北	中国	0. 14	0. 61	0. 75	工程
47	西安	中国	0. 07	0. 62	0. 69	工程
52	成都	中国	0. 14	0. 51	0. 64	工程
59	圣保罗	巴西	0. 08	0. 46	0. 53	神经科学
60	天津	中国	0. 08	0. 45	0. 53	化学
65	班加罗尔	印度	0. 31	0. 20	0. 51	化学
67	长沙	中国	0. 10	0. 39	0. 49	工程
70	德里	印度	0. 08	0. 38	0. 46	化学
80	青岛	中国	0. 15	0. 23	0. 38	化学
81	苏州	中国	0. 21	0. 16	0. 37	化学
87	哈尔滨	中国	0. 02	0. 34	0. 36	工程
88	重庆	中国	0. 03	0. 32	0. 35	化学
89	济南	中国	0. 05	0. 30	0. 35	化学
90	合肥	中国	0. 04	0. 32	0. 35	物理
93	长春	中国	0. 02	0. 33	0. 34	化学
97	孟买	印度	0. 12	0. 21	0. 33	化学

资料来源:《2019 年全球创新指数》。

2018 年 10 月 17 日,世界经济论坛(World Economic Forum,WEF)发布了《2018 年度全球竞争力报告》,对全球竞争力评价标准进行了较大调整,采用全新研究工具(Global Competitiveness Index 4.0)对 2018—2019 年全球 140 个国家和地区的竞争力水平进行评价和排名。该指数体系包含 98 项指标,构成 12 大支柱:制度、基础设施、信息通信技术采用、宏观经济稳定性、健康、教育与技能水平、产品市场、劳动力市场、金融体系、市场规模、企业活力、创新能力,能够较为充分的反映和衡量各经济体生产力水平与竞争力状态。

巴西整体竞争力得分59.5分,总排名仅为第72位,位居金砖国家最后,创新能力排名第40位,仅高于南非。俄罗斯整体竞争力排名第43位,竞争力居于金砖国家第2位,但创新能力排名第36位,位居中国和印度之后。印度整体竞争力低于俄罗斯,得分为62.0分,总排名第58位,比2017年上升了5位,而创新能力总排名第31位,高于俄罗斯,位列金砖国家第2。中国的整体竞争力得分72.6分,位居排名榜第28位,创新能力得分64.4分,总排名24位(见表4-17),两项指标在金砖国家中表现最为突出。南非整体竞争力紧随印度其后,排名第67位,下降了5位,创新能力得分和排名在金砖国家中最低。中国的创新得分比印度和俄罗斯高10分以上,比南非高出20分,但是相比德国(87.5分)、美国(86.5分)、日本(79.3分)和其他欧美发达经济体,金砖国家整体表现较差。

表4-17 金砖国家竞争力排名

国别	整体竞争力				创新能力		信息通信技术采用	
	得分		排名		得分	排名	得分	排名
	2018	2019	2018	2019	2018	2018	2018	2018
巴西	59.5	60.9	72	71	47.8	40	55.6	66
俄罗斯	65.6	66.7	43	43	50.7	36	72.1	25
印度	62.0	61.4	58	68	53.8	31	28.0	117
中国	72.6	73.9	28	28	64.4	24	71.5	26
南非	60.8	62.4	67	60	44.3	46	46.1	85

资料来源:世界经济论坛《年度全球竞争力报告》(2018—2019年)。

在信息通信技术采用方面,俄罗斯排名第25位,居金砖国家之首,中国排名第26位,仅落后于俄罗斯一位,巴西和南非排名只有第66位和第85位,印度尽管IT行业充满活力,但得分仅有28分,居于140个国家总排名的第117位,在信息通信技术应用上明显落后于世界平均水平,未来应该有较大的提升潜力。

2019 年 10 月 9 日，世界经济论坛发布了《2019 年度全球竞争力报告》，对全球 141 个经济体竞争力进行对比排名。与 2018 年度相比，俄罗斯排名第 43 位，位次没变，南非排名第 60 位，上升了 7 位，印度排名第 68 位，降低了 10 位，巴西排名第 71 位，上升了 1 位。中国排名第 28 位，与 2018 年相同，依然位居金砖国家之首，领先俄罗斯 15 位，比南非、印度和巴西分别高出 32 位、40 位和 43 位。除了市场规模和宏观经济稳定性优势显著，中国在信息通信技术使用、基础设施、创新能力方面的竞争力也非常突出，有利于推动自身经济的可持续发展，也为开展国际产能合作提供了保障。

二、研发支出与投入强度

研发投入是为了提升和应用知识技术而开展创新工作的经常支出和资本支出，通常涉及基础研究、应用研究和试验发展领域，是衡量一个国家研发规模和科技创新能力的重要指标。2018 年 7 月 16 日，联合国教科文组织统计研究所发布了《HowmuchdoesyourcountryinvestinR&D?》研究报告，对世界各国科技研发投资情况进行了统计，美国、中国和日本研发投入分别为 4705 亿美元、3706 亿美元和 1705 亿美元，排名前 3 位。印度、巴西、俄罗斯和南非研发投入分别为 481 亿美元、421 亿美元、398 亿美元和 55 亿美元，位列第 7 位、第 9 位、第 10 位和第 34 位。从绝对数量来看，中国的研发投入近年来保持 10% 左右的高增长率，投入总量与美国的差距正在逐年缩小，研发支出超过其他金砖各国总和近两倍，在新兴经济体中具有极为明显的优势。

2018 年 12 月，欧盟委员会发布了《2018 年欧盟工业研发投资排名》，对全球 46 个国家和地区的 2500 家 2017 会计年度研发投资额超过 2500 万欧元的公司的研发投入情况进行了研究。从全部入选企业名单整体来看，百强排名基本上被欧美日韩企业占据，发展中国家企业入围并且排名靠前的较少。美国和欧盟分别入围 778 家和 577 家，美国企业跻身百强榜达 35 家，日本有 339 家公司上榜，13 家企业跻身百强。金砖国家当中，中国企业表现非常突出,共有438家公司上榜,11家企业跻身百强。印度31家企业入围,只有印度塔塔汽车1家企业跻身百强,排名第54位。巴西有7家企业入围,俄罗斯有3家,南非有1家,巴西、俄罗斯和南非没有企业进入2018全球工业研发投资百强榜。

中国企业研发投入超过10亿欧元的有17家,5亿—10亿欧元的有12家,涉及计算机软件和硬件、电子设施、汽车与零配件、建设材料和家用电器等行业,华为以113亿欧元的研发投入在中国企业中排第1位、全球第5位,阿里巴巴研发投入29亿欧元,在中国企业中排第2位、全球第51位。印度唯一进入百强的塔塔汽车公司,研发投入为25亿欧元(见表4-18)。数据表明中国企业在金砖国家当中占有非常明显的科技研发投入优势,有助于提升企业技术创新能力和产能合作技术层次。

表4-18　2018欧盟工业研发投资百强排行金砖国家入围企业

金砖排名/全球排名	企业名称	所属行业	研发投入(亿欧元)	研发占销售比率(%)
1/5	华为	硬件和设备	113.34	14.7
2/51	阿里巴巴	软件和计算机服务	29.14	9.1
3/54	印度塔塔汽车	汽车和零部件	24.88	6.6
4/59	鸿海精密	电子和电气设备	22.85	1.7
5/60	台积电	硬件和设备	22.55	8.3
6/61	腾讯	软件和计算机服务	22.35	7.3
7/76	中兴通讯	硬件和设备	17.98	12.9
8/81	百度	软件和计算机服务	16.85	15.3
9/83	联发科	硬件和设备	15.97	24.0
10/86	中国建筑	建设和材料	15.86	1.2
11/88	中国石油	石油和天然气生产	15.78	0.6
12/99	中国铁路总公司	建设和材料	14.22	1.6

资料来源:欧盟委员会《2018年欧盟工业研发投资排行》。

研发经费投入强度,即研发经费支出与国内(地区)生产总值之比,是衡量一国或地区对技术研发重视程度和在科技创新方面努力程度的重要指标。金砖国家研发强度整体较低，与发达国家仍有一定距离，其中中国投入强度近十年来不断增长，2014 年经费投入强度超过 2%以上，2017 年达到 2.129%，接近世界平均水平，在金砖各国中最高。之后是巴西、俄罗斯、印度和南非，都远低于世界平均水平，巴西与俄罗斯保持在 1.0%—1.3%的强度，印度数据缺失较多，印度和南非大体上徘徊在 0.8%左右（表 4-19），研发经费投入强度明显不足。

表 4-19　金砖国家研发支出占 GDP 的比例　　单位：%

国别 年份	巴西	俄罗斯	印度	中国	南非	世界
2000	1.002	1.050	0.767	0.893	0.761	2.065
2008	1.129	1.044	0.867	1.445	0.888	2.022
2009	1.119	1.252	0.844	1.662	0.836	2.059
2010	1.160	1.130	0.822	1.710	0.737	2.040
2011	1.140	1.013	0.831	1.775	0.735	2.034
2012	1.127	1.027	0.700	1.906	0.734	2.102
2013	1.196	1.025	0.700	1.990	0.725	2.058
2014	1.274	1.070	0.800	2.021	0.771	2.136
2015	1.343	1.097	0.620	2.056	0.798	2.132
2016	1.266	1.096	0.620	2.108	0.820	2.310
2017	—	1.107	—	2.129	—	—

资料来源：根据世界银行数据库、金砖国家联合统计手册整理。

人力资本是科技投入的核心要素，是一个国家或地区创新发展的源泉，研发投入强度也包括人力资本投入强度。研发人员通常是指参与新知识、新技术、新工艺、新流程、新方法和新产品的建构或创造以及相关研发项目管理的专业人员。从金砖国家每百万人中研发人员数量来看（见表 4-20），自 2000 年以来，俄罗斯研发人员投入强度在金砖国家中最高，2017 年相比之前年份有所减少，基本维持在 3000 人左右，其他几个金砖国家研发人员数量均明显低于俄罗斯,但都在不断上升,中国和巴西近十几年间增长了1倍以上,南非和印度增长也超过了60%。中国2017年每百万人员中研发人员数量已达1200人,高于巴西、南非和印度,虽然不到俄罗斯的一半,但上升态势最为明显。印度最低,只有216人,每百万人中研发人员数量明显偏低,印度数据并不完整,考虑到其庞大的人口基数和科研及教育投入的逐渐增加,未来应该还有提升空间。当然,在一般性的基础应用研究领域进行联合开发和技术共享,可以弥补各国研发人员投入强度之不足,这也是未来产能合作的一个着力点。

表4-20 金砖国家每100万人中(R&D)研究人员的数量

国别 年份	巴西	俄罗斯	印度	中国	南非
2000	421.45	3.459.235	110.095	541.663	296.546(03)
2008	587.81	3.153.501	135.324	1.184.47	384.517
2009	622.281	3.090.743	—	852.258	388.321
2010	682.350	3.088.083	156.639	890.484	362.89
2011	733.366	3.124.156	—	963.879	384.878
2012	783.482	3.090.693	—	1.020.956	403.455
2013	832.786	3.068.172	—	1.073.219	434.204
2014	881.378	3.094.468	—	1.096.517	432.198
2015	—	3.121.733	216.182	1.158.908	473.12
2016	881.378①	2.979.095	216.182②	1.205.682	493.724
2017	—	2.851.710	—	1.234.779	—

注:①为2014年数据,②为2015年数据。

资料来源:世界银行数据库。

三、专利申请量

专利是受法律规范保护的发明创造,是科技创新的重要组成部分,也是维系国家竞争力的战略性资源和储备,对于未来技术发展和高质量经济增长至关重要,特别是在知识经济时代,以专利为代表的知识产权已成为国际科技、经济竞争的焦点。一国居民专利的申请数量直接体现了国家居民自主创新意识的强烈程度与微观科技创新能力的高低,是一种全民性的技术创新表现,对国家科技进步有重大意义。① 专利申请数量可以具体反映创新的活跃程度和储备潜力,已成为衡量国家科技创新能力的核心评价指标。

金砖国家均已加入专利合作条约(PCT),从金砖各国专利申请数量来看(见表4-21),整体呈现逐年大幅提高的态势,但各国有所不同,中国和印度增长最为突出,巴西增长速度也较快,俄罗斯和南非则表现相对平稳。

表4-21　金砖国家专利申请量　　单位:件

年份	居民专利申请量				
	巴西	俄罗斯	印度	中国	南非
2000	3179	23377	2206	25346	895
2008	4280	27712	6425	194579	860
2009	4271	25598	7262	229096	822
2010	4228	28722	8853	293066	821
2011	4695	26495	8841	415829	656
2012	4798	28701	9553	535313	608
2013	4959	28765	10669	704936	638
2014	4659	24072	12040	801135	802
2015	4641	29269	12579	968252	889
2016	5200	26795	13199	1204981	704
2017	5480	22777	14961	1245709	728

① 刘雯、赵景峰:《居民专利、技术交换与高新技术品出口》,《科学管理研究》2014年第32卷第1期。

续表

年份	非居民专利申请量				
	巴西	俄罗斯	印度	中国	南非
2000	14104	8960	6332	26560	2400
2008	18890	14137	30387	95259	7081
2009	18135	12966	27025	85508	5913
2010	20771	13778	30909	98111	5562
2011	23954	14919	33450	110583	6589
2012	25637	15510	34402	117464	6836
2013	25925	16149	32362	120200	6657
2014	25683	16236	30814	127042	6750
2015	25578	16248	33079	133612	6608
2016	22810	14792	31858	133522	6506
2017	20178	14106	31621	135885	6816

资料来源:世界银行数据库。

中国无论是本国居民还是非本国居民的专利申请量,均呈现出爆发式的增长态势,2000 年只有 25346 件,与俄罗斯差距不大,但 2015 年专利申请数量已经达到 100 万件,相比 2000 年增长了近 40 倍,成为全球首个年度专利申请量超百万的国家,专利申请量约占全球总量的 40%,其中本国居民专利申请占到当年专利申请总量的 90%以上,说明本国居民的知识技术创新意愿和能力不断强化,创新活动规模逐年扩大,提升了国家整体科技竞争水平与综合国力,专利已经成为中国科技进步和经济发展的重要推动力量。根据中国国家知识产权局公布的 2018 年主要统计数据,发明专利申请量为 154.2 万件,按照专利授权人不同类型来看,在已授权的专利中,企业的专利授权量高于其他专利权人,尤其是实用新型专利和发明专利授权,其中排名前 10 位的企业为华为、中石化、广东欧珀通信、国家电网、京东方、格力、联想、腾讯、中兴通讯和中石油，企业对专利增长贡献率达到70%以上，知识产权意识和技术储备能力均有所增强。

其他金砖国家专利申请量相对较小，四国合计数量不到中国的10%，其中2017年非居民专利申请量合计为中国的54%，而居民专利申请量合计只有中国的3.5%。俄罗斯专利申请数量近年来较为稳定，居民专利申请量明显高于巴西、印度和南非，且高于非居民专利申请量，表明俄罗斯自身仍然具有较强的科学技术创新优势和潜能。印度专利申请量增长较快，2017年相比2000年增长了5倍以上，南非增长100%以上，巴西只增长50%，但印度、巴西和南非的非居民专利申请量远远高于居民专利申请量，印度、巴西居民专利申请量分别占总申请量的29%和19%，而南非居民专利申请量只占总量的10%，南非的居民专利申请量只有700余件，一定程度上说明印度、巴西和南非的本国常住居民创新意愿不够强烈，而对包括外资企业在内的非居民发明创造的依赖性较强。

此外，从全球创新指数世界发明活动集群百强排名和申请人专利表现来看（见表4-22），中国进入排行榜的19个集群中，大型企业作为主要专利申请人占据12家，专利份额占比也较高，高等学校与科研院所占7家，专利活动涉及数字通信、电机仪器能源、光学、制药、土木工程、计量、计算机技术和消费品领域，在计算机技术、数字通信和计量方面有很高的集中度。印度有3个集群入选，主要申请人均为大型企业，活动领域包括计算机技术、制药和精细化工。巴西和俄罗斯分别各有一家入选，主要申请人也均为大型企业，活动领域分别为医疗技术和计算机技术，专利份额占比较低。由此表明，无论是数量还是行业范围，中国相比其他金砖国家，在专利研发活动方面拥有非常明显的企业优势和集群优势，而印度企业在IT技术和医药等特定领域的技术储备能力也不容小觑。

表 4-22 金砖国家前 100 位集群主要申请人专利表现

国别	集群名称	专利表现		
		主要专利活动领域	排名第一的申请人	份额(%)
中国	深圳—香港	数字通信	华为	25.76
	北京	数字通信	京东方科技集团	24.43
	上海	数字通信	阿尔卡特朗讯	3.36
	广州	电机仪器能源	华南理工大学	5.26
	南京	电机仪器能源	东南大学	9.36
	杭州	计算机技术	阿里巴巴集团	48.68
	武汉	光学	华星光电技术公司	16.88
	台北	计算机技术	惠普	12.13
	西安	数字通信	西安交通大学	11.90
	成都	制药	四川海思科制药	4.32
	天津	制药	天津大学	11.93
	长沙	土木工程	中联重科	32.84
	青岛	其他消费商品	青岛海尔集团	14.66
	苏州	电机仪器能源	宝时得电动工具	4.68
	哈尔滨	计量	哈尔滨工业大学	38.65
	重庆	医疗技术	重庆润泽医院	10.51
	济南	计算机技术	山东大学	10.04
	合肥	其他消费商品	安徽江淮汽车	10.56
	长春	计量	长春应用化学研究所	15.69
巴西	圣保罗	医疗技术	马勒金属 Leve	3.23
俄罗斯	莫斯科	计算机技术	Yandex 欧洲	3.91
印度	班加罗尔	计算机技术	惠普	11.26
	德里	制药	兰伯西实验室	6.49
	孟买	有机精细化学	皮拉马尔企业	5.26

资料来源:《2018 年全球创新指数》。

第三节　金砖国家跨国公司国际竞争力

在经济全球化进程中,跨国公司推动并主导了国际生产分工的演进和发展,扮演着世界生产组织者和创新技术引领者的角色。跨国公司一般是实力雄厚的国际化大型企业,拥有较强的产品研发、技术管理、生产组织和市场运作能力,在企业规模、研发创新、品牌传播等方面占据优势,通过贸易、对外投资、技术服务或收购等方式参与全球经营活动。跨国公司是一个国家经济实力和国际竞争力的具体体现,拥有跨国公司越多,在国际分工、财富分配和资源配置上就会有更大的话语权和主导权。

对于一个国家跨国公司国际竞争力的衡量,国内外有许多不同的评价视角和方法,其中权威机构发布的企业排行榜,如世界500强排行和品牌价值排行被广泛采用。世界500强评价方法主要使用营业收入和利润指标对企业经营规模及盈利水平进行比较,着重代表企业的规模优势,体现企业在市场上"量"的一面。品牌价值排行评价指标一般包括品牌强度、公众熟悉程度、忠诚度、企业声誉、营销投资、推广活动、未来收益以及员工满意度等,着重代表企业的市场影响力,可以较好地反映跨国公司在国际市场上"质"的一面。一个国家在这两个榜单上入围企业家数越多,位次越靠前,其竞争优势就越大。

近年来,金砖国家跨国公司实力虽然有所增强,但相比欧洲、美国和日本等发达国家的跨国企业,整体竞争能力仍然较弱,普遍缺乏品牌、技术和规模优势,体现在各国内部的差异更为明显。以下从世界500强排名和品牌价值排名两个维度,分别对金砖各国跨国公司进行分析。

一、金砖国家企业全球500强排名

2018年7月19日,《财富》发布了2018年世界500强排行榜,中国企业入围数量快速增长,达到120家,上榜公司数量位居全球第二,已经非常接近

美国(126 家),远超第三位的日本(52 家),巴西、俄罗斯和印度分别有 7 家、4 家和 7 家入选,南非没有企业入围(见表 4-23)。中国企业整体规模在全球已经占有优势,入选企业主要集中在能源矿业 17 家、商业贸易 13 家、IT 行业 11 家、银行 10 家、金属冶炼及制品 9 家、保险 7 家、工程建筑 7 家、汽车 7 家、航空与国防 6 家、房地产 5 家。相比美、日等发达国家,中国房地产、工程建筑和金属冶炼企业优势地位突出,而在 IT、卫生、医疗、食品生产和娱乐等与健康消费密切相关的一些领域,优势较弱甚至存在劣势。

表 4-23　金砖国家 500 强企业数量

国别	财富世界 500 强		全球制造业 500 强		全球机械 500 强	
	500 家数	100 家数	500 家数	100 家数	500 家数	100 家数
巴西	7(8)	1(1)	6	1	3	0
俄罗斯	4(4)	2(3)	8	3	3	0
印度	7(7)	0(0)	10	2	4	1
中国	120(129)	22(24)	76	14	99	15
南非	0(0)	0(0)	1	0	0	0

注:括弧内为 2019 年数据。

资料来源:(1)财富中文网《世界 500 强》http://www.fortunechina.com/fortune500/c/2018-07/19/content_311046.htm;(2)全球制造商集团《2017 全球制造 500 强》《2017 全球机械 500 强》。

2019 年 7 月 22 日,《财富》杂志发布了 2019 年世界 500 强排行榜,中国有 129 家企业入围,首次超过美国(121 家),进入百强的企业达到 24 家。中国企业主要集中在能源矿业、银行保险、工程建筑、商业贸易、航空与防务、金属制品、汽车生产和房地产行业。巴西有 8 家企业入围,同比增加 1 家企业,百强只有 1 家。俄罗斯入围 500 强企业家数与 2018 年一样,仍是 4 家,进入百强的企业增加到 3 家,主要集中在石油天然气行业。印度入围情况与 2018 年相比没有变化。南非依然没有企业入围。中国企业在金砖国家中占有绝对优势。

经济发展的关键要靠工业支撑,而制造业是工业的基础,从制造业全球企业排名来看，中国制造业企业在金砖国家的数量优势非常明显，但与美日欧发达国家相比，也存在一定差距。

2017 年 8 月 22 日，在北京举行的“全球制造商峰会”上，全球制造商集团发布了其独家编制的《全球制造 500 强》分析报告，从 36 个入选国家的制造企业数量分布来看，金砖国家与西方发达国家差距较为明显，美国以 133 席居全球之首，日本以 85 家公司位列第二，中国有 76 家企业入选，印度、俄罗斯和巴西分别有 10 家、8 家和 6 家，南非只有 1 家企业入围，南非萨索尔石油公司位列第 337 名。金砖国家进入百强的制造业企业数量较少，中国有 14 家，俄罗斯、印度和巴西分别有 3 家、2 家和 1 家，南非没有进入百强的制造企业（见表 4-23）。

本次全球制造商峰会同时发布了《2017 全球机械 500 强》，美国入选 140 家企业，高居榜首，日本有 105 家，位列第 2，中国有 99 家机械企业入选，位居第 3。印度、巴西和俄罗斯分别有 4 家、3 家和 3 家入选，南非没有企业入围。进入机械百强的中国企业有 15 家，排在前 3 名的内地企业是上汽、东风汽车和一汽三家汽车生产企业，分别处于排行榜第 3 位、第 19 位和第 20 位，其余大部分入选企业都排在 200 名以后。印度塔塔汽车集团也进入百强，位列第 50 名，巴西、俄罗斯和南非没有企业进入全球机械百强榜。从制造业排名和机械行业排名对比可以看出，在金砖国家中，中国装备制造业具有较大优势，在机械制造业领域的优势尤为明显。

从金砖国家进入制造业 500 强的主要企业行业分布和营业收入来看（见表 4-24），中国企业主要分布在石油加工、汽车及零部件、计算机通信和机械电子设备、纺织服装鞋帽和金属制造等行业，营业规模占有优势，中国石化、中国石油、鸿海精密和上海汽车营业收入均超过千亿美元。巴西企业主要分布在石油、采矿、肉类食品生产加工领域。俄罗斯制造企业行业范围单一，集中分布于石油加工炼焦和核燃料加工业，营业规模超过千亿美元的有一家企业。印度行业分布在石油、汽车及零部件制造业，印度与巴西没有超过千亿美元的制造企业。南非只有一家石油企业进入制造业500强,规模相对较小。在整体实力上,俄罗斯、巴西、印度和南非主要在资源产业具有一定优势,而中国则在石油加工、汽车生产、机械制造、计算机、电子通信、纺织服装等多个行业明显占据规模化优势,具有更强的国际竞争力。

表4-24　金砖国家主要制造业企业行业分布与营业收入

国别	主要企业	所属行业	营业收入(百万美元)
巴西	巴西石油公司	石油加工炼焦和核燃料加工业	88827
	巴西JBS公司	肉类食品生产加工	51118
	巴西淡水河谷公司	采矿、原油生产	35713
俄罗斯	俄罗斯国家天然气公司	石油加工炼焦和核燃料加工业	111982
	卢克石油公司	石油加工炼焦和核燃料加工业	93896
	俄罗斯石油公司	石油加工炼焦和核燃料加工业	72028
印度	印度石油集团公司	石油加工炼焦和核燃料加工业	65916
	瑞莱斯实业公司	石油加工炼焦和核燃料加工业	62303
	塔塔汽车集团	汽车及零部件制造业	45842
中国	中国石油化工股份有限公司	石油加工炼焦和核燃料加工业	326953
	上海汽车集团股份有限公司	汽车及零部件制造业	128819
	东风汽车公司	汽车及零部件制造业	93293
	华为技术有限公司	计算机通信和电子设备制造业	89311
	正威国际集团公司	金属制造业	72766
	北京汽车集团有限公司	汽车及零部件制造业	69591
	第一汽车集团公司	汽车及零部件制造业	69524
	中国兵器装备集团	机械制造业	64646
	中国航空工业集团公司	机械制造业	59262
	山东魏桥创业集团有限公司	纺织服装鞋帽制造业	53203
	联想集团有限公司	计算机通信和电子设备制造业	45349
	中国中车股份有限公司	机械制造业	30634

续表

国别	主要企业	所属行业	营业收入（百万美元）
南非	萨索尔石油公司	石油加工炼焦和核燃料加工业	13392

资料来源：根据财富《世界500强》和全球制造商集团《2017全球制造500强》整理。

二、金砖国家企业品牌价值排名

品牌是企业在市场竞争中独树一帜的产品技术性能和服务形象的差异化品质，具有引领企业开拓市场、占领市场、持续发展的独特能力，是企业不可忽视的核心权益。企业的品牌价值很大程度上代表了企业在市场当中的绝对竞争力，长期来看，品牌资产对总资产收益率具有正向影响，拥有较高的品牌价值，可以使企业在激烈的市场博弈中拥有更强的品牌溢价能力和获利能力，也有助于跨国公司参与并主导全球生产分工。

英国企业品牌价值研究机构Brand Finance在2019年瑞士达沃斯世界经济论坛上发布了2019年全球500品牌价值排行榜，中国上榜品牌77家，明显少于着重衡量企业规模的世界500强排名。印度、巴西和俄罗斯分别有9家、5家、3家入选（见表4-25），南非没有企业品牌入围。进入百强的品牌，中国有21家，印度有1家，巴西、俄罗斯和南非没有百强品牌。

中国入围百强的企业品牌价值均超过200亿美元，互联网和电商企业品牌增速很快，淘宝、天猫、腾讯、微信、京东等位列其中，其中华为排名从2018年的第25位跃升至第12位，品牌价值达到622.78亿美元（约合4226.3亿元），增幅高达63.7%，紧随在工商银行及建设银行之后。印度只有塔塔汽车进入百强品牌榜，排名第86位。

表 4-25 2019 年全球品牌价值排名

国别	500 强家数	前 100 名家数	行业分布
巴西	5	0	银行、石油和天然气
俄罗斯	3	0	银行、石油和天然气
印度	9	1	汽车、IT 服务、保险、银行、电信、石油和天然气
中国	77	21	银行、保险、电信、科技、工程建设、石油和天然气、房地产、烈酒
南非	0	0	—

资料来源:Brand Finance《2019 年全球品牌 500 强》。

在金砖国家入选品牌价值 500 强的制造业企业排名与行业分布中(见表 4-26),巴西、俄罗斯均为石油天然气行业,巴西国家石油公司品牌排名第 436 位,俄罗斯两家石油企业分别排名第 242 位和第 356 位。印度有汽车、IT 计算机服务和石油天然气三个行业,除了塔塔汽车品牌进入百强,其他排名都比较靠后,均在 300 强之外。中国入围的制造业企业涉及行业范围较广,包括通信和电子设备、计算机技术、石油和天然气、食品生产、家用电器、信息技术、汽车等行业,其中华为、腾讯、中国石油、贵州茅台进入百强,美的集团、海康威视、格力电器、伊利均在 300 强之内。相比其他金砖国家,中国制造业企业的品牌优势非常明显,但是与发达国家跨国公司的品牌价值和影响效应相比仍有较大差距,全部百强制造业品牌依然以美国、欧洲和日本企业为主,特别是在消费品生产企业品牌排行方面中国企业并无优势可言。

表 4-26 金砖国家入选 2019 全球品牌价值 500 强的制造业主要企业排名

国别	主要制造业企业	品牌排名	所属行业
巴西	巴西国家石油公司	436	石油和天然气
俄罗斯	俄罗斯天然气工业公司	242	石油和天然气
	卢克石油公司	356	石油和天然气

续表

国别	主要制造业企业	品牌排名	所属行业
印度	塔塔集团	86	汽车
	印孚瑟斯	315	IT 计算机服务
	马辛德拉集团	396	汽车
	HCL 印度	433	IT 计算机服务
	瑞莱斯实业公司	448	石油和天然气
中国	华为	12	通信和电子设备
	腾讯	21	计算机技术
	中国石油	33	石油和天然气
	贵州茅台	45	食品生产
	美的集团	138	家用电器
	海康威视	216	信息技术
	格力电器	252	家用电器
	伊利	258	食品生产
	海尔	314	家用电器
	小米	337	通信和电子设备
	联想	340	计算机技术
	吉利汽车	341	汽车
	蒙牛	410	食品生产
南非	—	—	—

资料来源：Brand Finance《2019 年全球品牌 500 强》。

按照一般的消费规律，消费市场普遍存在龙头效应，越是消费品生产行业地位靠前的大公司，品牌优势就越强，越容易受到市场青睐，为企业带来更高的利润和市场份额。消费者普遍非常看重品牌，对世界级的一流大品牌通常有着较强的偏好，而对其他具有相对优势的一般品牌并不太在意或关注度较低。换言之，企业在品牌方面仅有相对优势是远远不够的，必须具备绝对优势，只有在知名度、美誉度和信任度上拥有强大的世界影响力，才会形成国际竞争优势并得到市场的广泛认可。因此,如何在做大规模优势的同时做强品牌优势,从具有品牌相对优势向品牌绝对优势转变,对于中国企业更好地开展国际产能合作至关重要。

金砖国家在世界500强和品牌价值排名方面存在极大的梯度差异,无论是入围企业数量还是排名位次,中国都占有绝对优势,印度、巴西和俄罗斯仅在个别领域具有局部优势,南非没有优势。从各国500强和品牌排名之间的对比来看(见图4-1),印度入围的品牌价值企业数量高于500强数量,表明印度企业规模优势虽然不大,但企业国际化程度及其竞争地位相对较高。其他国家入围的品牌价值企业数量均低于500强数量,巴西、俄罗斯不仅入围企业数量少,且品牌优势弱于规模优势,企业国际影响力较低。中国企业规模优势和品牌优势非常显著,而入围品牌价值的企业数量却远远低于500强上榜家数,品牌价值与500强上榜企业数量之比仅为59.68%,品牌优势明显落后于规模优势,显然中国跨国公司需要加快国际化品牌建设的步伐。

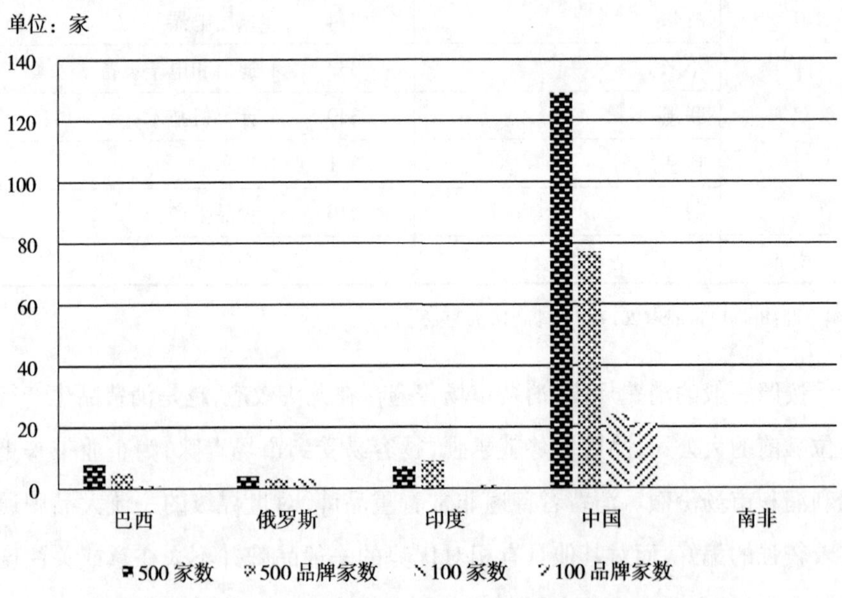

图4-1 金砖国家世界500强和品牌价值排名上榜企业数量

第四节　金砖国家全球价值链分工地位

经济全球化和现代信息技术的共同作用使得各国经济关系日趋紧密,国际生产分工模式也逐渐从传统产业间、产业内向更加精细化的产品内分工模式演变。各国基于自身优势参与产品从研发、生产、流通到服务过程的不同环节,创造价值增值并形成了一条全球价值链(GVC)。一国参与价值链分工的位置代表了该国国际分工竞争优势和产业影响力。居于价值链上游的国家主要从事品牌创意、研发设计、零部件生产供应等活动,并向其他国家提供中间品或核心原材料,能够获得更多的价值增值,在制定国际标准和对下游国家投资当中拥有更多的主导权。而处于价值链下游环节的国家只能大量进口中间品来生产组装最终产品。

金砖国家整体处于全球价值链的中低端环节,各国生产力不同,分工地位也有所不同,在产业合作当中发挥的作用自然会存在相应的差异。本书采用 Koopman 等(2010)提出的 *GVC* 地位指数计算方法,来衡量金砖各国产业在全球价值链中的分工地位。*GVC* 地位指数($GVC\_Position_{ir}$)用公式表示为:

$$GVC\_Position_{ir} = \ln(1 + IV_{ir}/E_{ir}) - ln(1 + FV_{ir}/E_{ir}) \tag{4-5}$$

其中,r 代表某国,i 代表某产业,IV_{ir}则代表 r 国 i 产业出口的间接增加值,FV_{ir}代表 r 国 i 产业出口的国外增加值,E_{ir}代表 r 国 i 产业出口总额。

如果一国处于产业上游环节,其间接增加值(*IVir*)占总出口(*Eir*)比例就会高于国外增加值(*FVir*)占总出口(*Eir*)的比例;反之,如果一国处于产业下游环节,使用更多他国中间品,*IVir* 就会小于 *FVir*。因此,$GVC_Position_{ir}$数值越大,表明一国某产业在全球价值链上所处的分工地位就越高;数值越小,表明该产业的国际分工地位就越低。

测算金砖国家各行业 *GVC* 地位指数所涉及的数据均来自 OECD-WTO 在 2018 年更新的 *TiVA* 数据库。采用联合国工业发展组织(2016)制造业低中高技术产业三类划分方法，低技术产业包括食品饮料烟草、纺织服装毛皮革制品及鞋类、木材制品、纸和纸制品、印刷及出版、家具（未另分类），中等技术产业包括焦炭和精炼石油核燃料、橡胶及塑胶、非金属矿物、基本金属、金属制品，高技术产业包括化学品及化学制品、机械设备以及广播电视和计算机通信设备、电气机械及设备、医疗器械精密仪器和光学仪器、汽车和挂车半挂车以及其他运输设备。

一、低、中、高技术GVC地位指数对比

从低技术产业整体来看，巴西在金砖国家中仍处于领先地位，有一定分工优势，但2009年以来呈现逐渐降低的态势。南非处于最低位置，也处于下降趋势当中，劣势明显。中国、俄罗斯在金砖国家中的地位指数呈上升趋势，变化幅度较为平缓，中国地位指数已经超过印度、俄罗斯和南非，与巴西较为接近。印度起伏较大，呈先升后降趋势，2012年地位指数接近0.35，之后明显下降（见图4-2）。

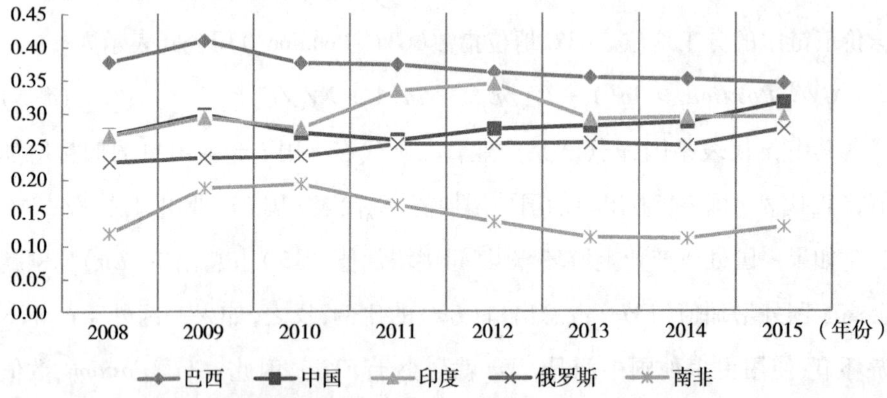

图4-2　2008—2015年金砖国家低技术产业GVC地位指数

从中等技术产业来看，巴西、中国和俄罗斯在该产业地位指数变化趋势相近，且波动不大，中国在2015年超过巴西处于第1位，拥有微弱的分工优势。

南非地位指数 2010 年之后下降较为明显,低于中国、俄罗斯和巴西,处于第 4 位。印度中等技术产业地位指数整体呈负数,在金砖国家处于最低水平,分工地位明显处于劣势(见图 4-3)。

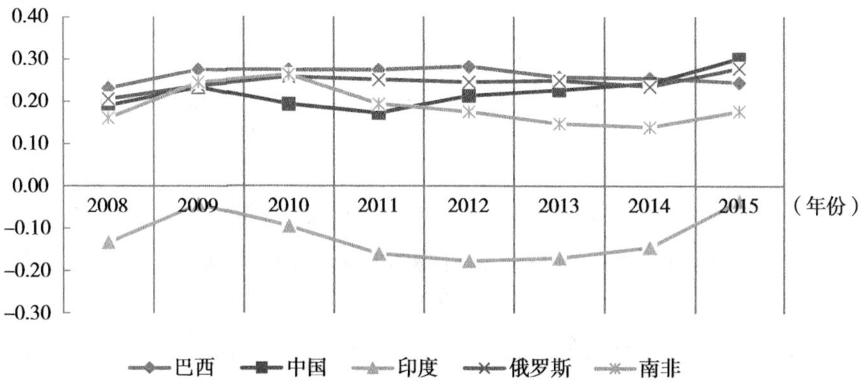

图 4-3 2008—2015 年金砖国家中等技术产业 GVC 地位指数

从高技术产业来看,巴西地位指数长期处于领先地位,但 2009 年之后呈逐年下降趋势,2015 年被中国超越,居第 2 位。中国、俄罗斯变化动态相似,呈上升趋势,两国间地位指数距离在逐渐加大,中国上升态势尤为明显,已经超过巴西和俄罗斯,位居第 1 名,具有微弱的分工优势。南非地位指数呈先上升后下降趋势,波动幅度较大,处于最低位置。印度地位指数波动也较大,多年为负数,2014 年超过南非,处于第 4 位(见图 4-4)。中国、巴西和俄罗斯分工地位具有相对优势,印度和南非处于劣势位置。

综合来看,在低技术产业,金砖各国间接增加值占总出口比重均超过国外增加值占总出口的比重,地位指数得分均为正值,且依次高于中等和高技术产业指数,中高技术地位指数南非和印度出现负值,表明金砖国家在低技术产业处于相对位置较高的上游,而中高技术产业地位较低,南非和印度处在下游位置。五国当中,中国在低技术产业不具有优势,在中高技术产业具有一定分工优势,但与巴西和俄罗斯相比优势并不显著。南非和印度则整体处于相对劣势地位。中国制造业分工地位上升的趋势非常明显,有利于未来中国深化与

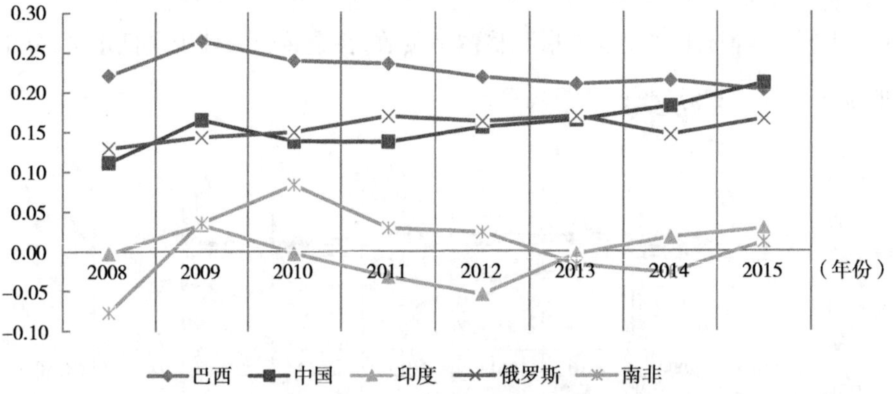

图 4-4　2008—2015 年金砖国家高技术产业 GVC 地位指数

金砖国家之间在产业链的分工合作。

二、细分行业 GVC 地位指数对比

在食品、饮料和烟草行业,印度地位指数始终处于 0.45 之上,呈平缓上升趋势,在金砖国家中一直处于领先地位。巴西的地位指数呈小幅下降趋势,在金砖国家中位于第 3 位,中国、俄罗斯行业地位指数走势相近,2011 年之后呈平稳上升趋势,中国在 2015 年超过巴西,位居第 2。南非该行业的地位指数在金砖国家中位于最低水平,且存在波动下行态势(见图 4-5)。

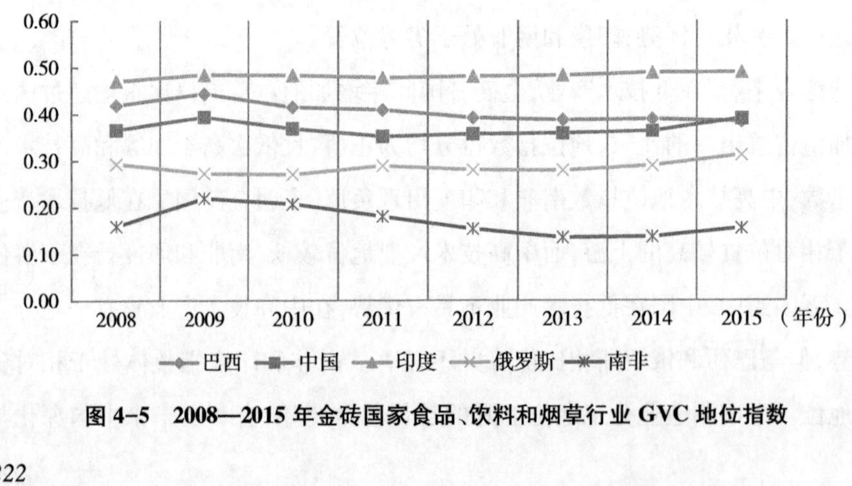

图 4-5　2008—2015 年金砖国家食品、饮料和烟草行业 GVC 地位指数

在纺织品、服装、皮革制品及相关产品行业,中国地位指数处于领先地位,印度行业地位指数波动频繁,2008 后呈“N”形走势,2011 年曾一度超过中国,在金砖国家中居第 2 位。巴西、俄罗斯行业地位指数变化不大,南非波动幅度较为明显,俄罗斯和南非在金砖国家中的地位指数处于明显落后地位,2015 年南非居第 5 位(见图 4-6)。

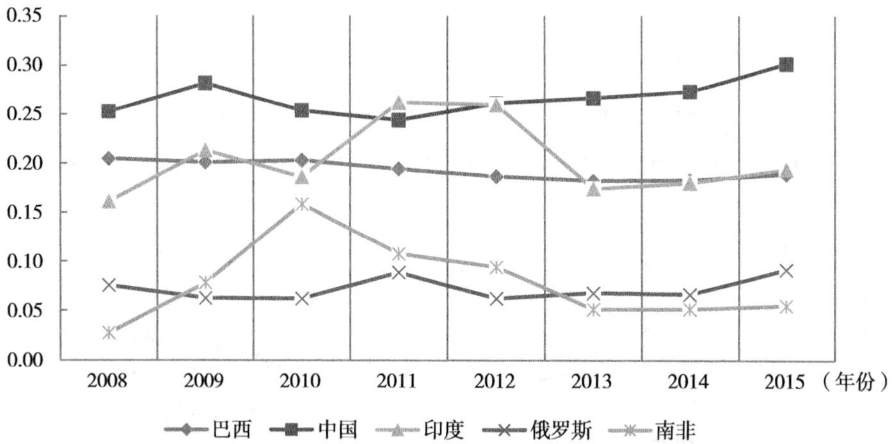

图 4-6　2008—2015 年金砖国家纺织品、服装、皮革制品及相关产品行业 GVC 地位指数

在木材及木材与软木制品行业,印度行业地位指数一直位于 0.3 之上,处于领先地位,中国在 2012 年超过巴西,2015 年与印度并列处于第 1 位。俄罗斯的地位指数呈上升趋势,变化幅度不大,2015 年超过巴西暂居第 3 位。南非该行业的地位指数在金砖国家始终处于最低水平(见图 4-7)。

在纸制品及印刷行业,巴西 2009 年地位指数超过 0.35,在金砖国家中最高,之后呈下降趋势,2013 年被中国超越,位居第 2。俄罗斯呈逐年上升趋势,始终处于第 3 的位置。中国与印度地位指数的变化趋势相似,均呈上升趋势,中国在 2013 年超过巴西,2015 年地位指数达到 0.3,占据第 1 位。印度位居第 4。南非在 2010 年、2011 年曾经超过印度位于第 4 位,但其余年份均在金砖国家中处于最低地位(见图 4-8)。

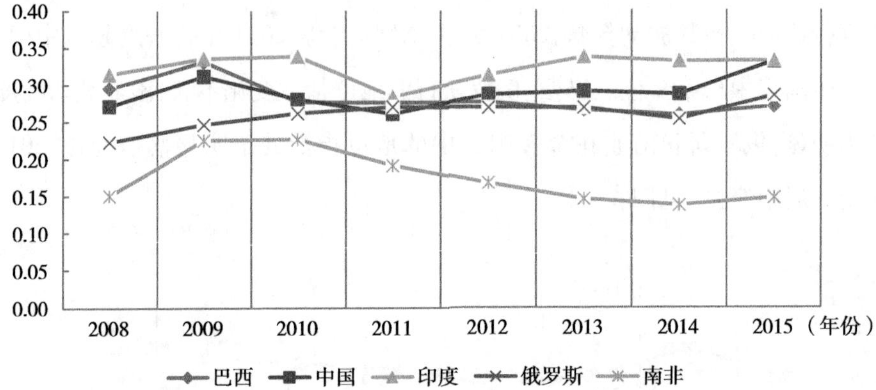

图 4-7　2008—2015 年金砖国家木材及木材与软木制品行业 GVC 地位指数

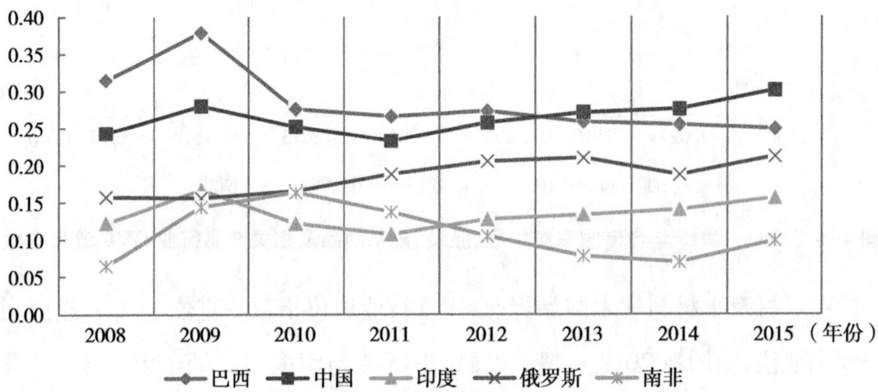

图 4-8　2008—2015 年金砖国家纸制品及印刷行业 GVC 地位指数

在焦炭和精炼石油核燃料行业,俄罗斯和巴西地位指数在金砖国家中处于优势地位,除 2012 年巴西超过俄罗斯,其余年份均居于俄罗斯之后的第二位。中国一直处在第三的水平,南非与印度均为负数,处于下游劣势地位。巴西 2012 年之后逐渐下降,其他各国出现不同程度的上升(见图 4-9)。

在橡胶与塑料制品行业,巴西与中国的地位指数处于优势地位,中国 2011 年超过巴西,在金砖国家中处于第 1 位,随后年份与各国差距越来越大,具有较强的分工优势。俄罗斯地位指数变化不明显,处于第 3 位。印度升降

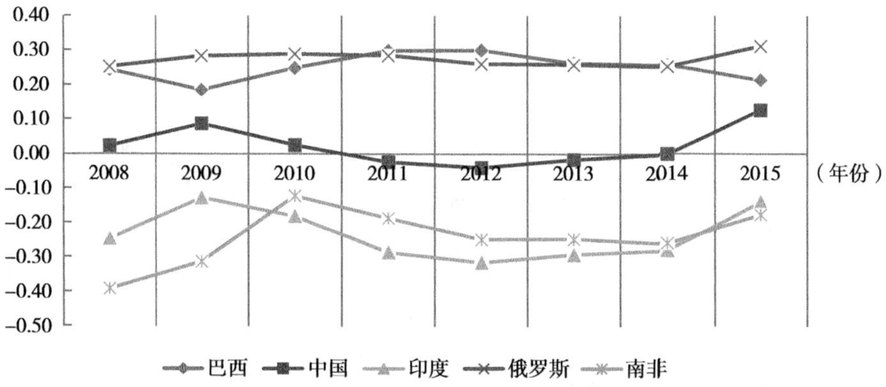

图 4-9　2008—2015 年金砖国家焦炭和精炼石油核燃料行业 GVC 地位指数

波动幅度较大且频繁,在 2011 年、2012 年地位指数接近 0.2 并超过俄罗斯,之后回落居于第 4 位。南非行业地位指数变化不大,2010 年虽然一度超过印度,但地位指数仅为 0.1,2014 年为负值,处于明显落后地位(见图 4-10)。

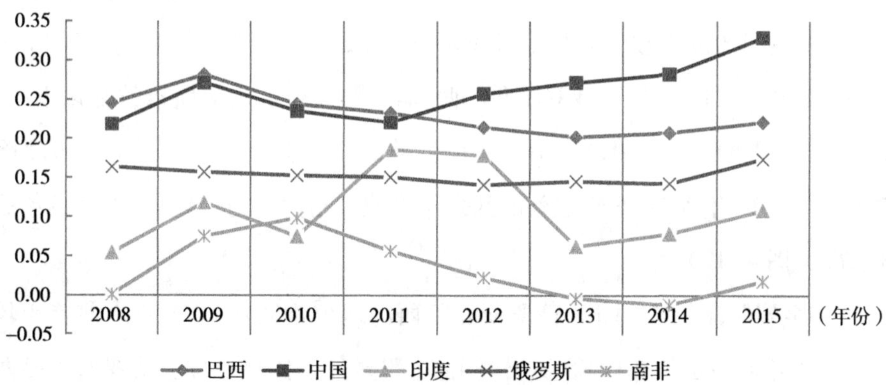

图 4-10　2008—2015 年金砖国家橡胶与塑料制品行业 GVC 地位指数

在其他非金属矿物行业,中国、俄罗斯和巴西地位指数处于领先位置,巴西波动较小,中国相比俄罗斯波动略微明显。中国、俄罗斯呈上升趋势,2014 年之后中国处于第 1 位。南非该行业的地位指数呈增长态势,2008 年以来上升幅度接近 0.15,增幅最大,与中国俄罗斯和巴西之间差距逐渐减小。印度地位指数波动幅度较大,2011 年、2012 年跌至负数,之后随逐年提高,但与其他各国差距显著,始终处于最低地位(图 4-11)。

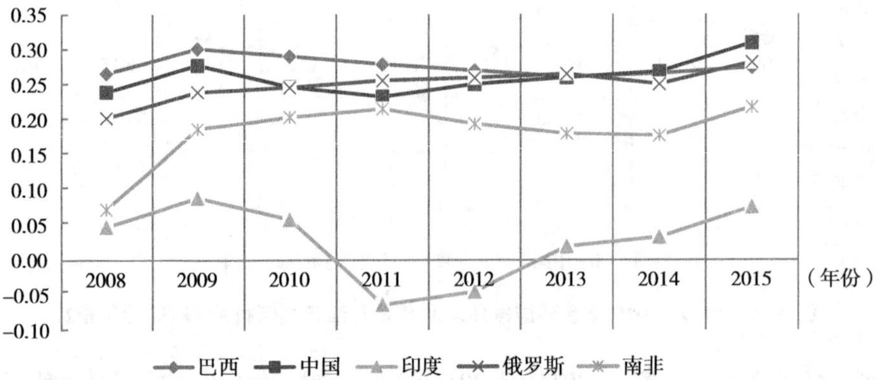

图 4-11　2008—2015 年金砖国家其他非金属矿物行业 GVC 地位指数

在基本金属行业,南非、巴西地位指数趋势相似,均呈下降走势,南非波动幅度略大于巴西,除 2013 年、2014 年被巴西小幅超越,多数年份南非位居第 1。其他三国地位指数整体呈上升态势,中国 2011 年之后升幅加快,2014 年超过俄罗斯,2015 年超过俄罗斯和巴西,居于第 2 位。俄罗斯指数变化不大,2013 年前小幅上升,2014 年出现回落,被中国超过,居于第 4 位。印度除 2009 年、2014 年和 2015 年之外的其余年份地位指数均为负数,处于明显落后位置(见图 4-12)。

在金属制品行业,中国、俄罗斯和巴西的地位指数在 2011 年之前差距较小,2011 年后中国快速增长,稳居第 1 位,明显处于优势地位。俄罗斯和巴西分列第 2 位和第 3 位。南非呈先大幅上升再明显回落再小幅上升的"N"形趋势,在金砖国家中处于第 4。印度的地位指数变化不大,2010－2012 年为负值,明显处于中下游劣势地位(见图 4-13)。

在化学品及化学制品行业,中国、巴西、俄罗斯该行业的地位指数明显高于印度和南非,巴西地位指数在 2009 年之后出现明显下降趋势,中国和俄罗斯均走出波动上升的态势,中国地位指数波动幅度和上升幅度都较大,2014

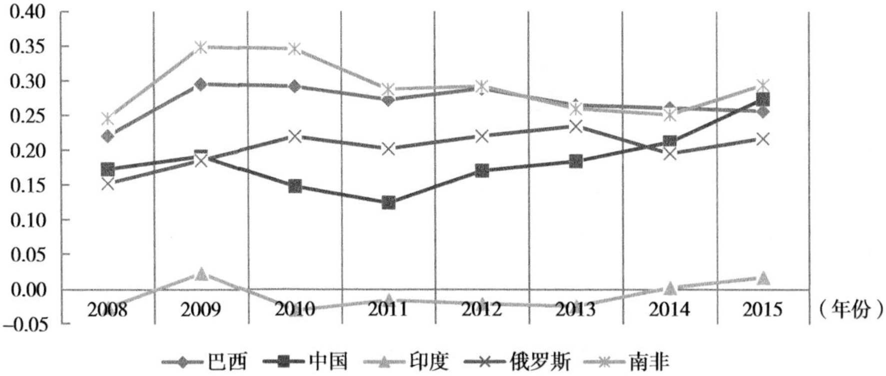

图 4-12　2008—2015 年金砖国家基本金属行业 GVC 地位指数

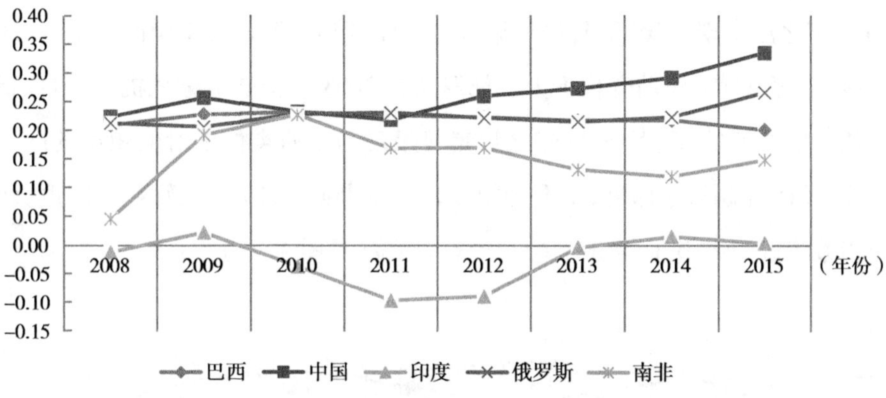

图 4-13　2008—2015 年金砖国家金属制品行业 GVC 地位指数

年超过巴西,位居第 1,俄罗斯地位指数走势相对平缓,位居第 3。印度和南非地位指数均呈"N"形趋势,波动幅度均较大。印度 2012 年达到最低-0. 07,之后逐年上升,位居第 4。南非下降较为明显,除 2009 年、2010 年,其余年份地位指数均为负数,南非 2011 年、2012 年虽然短暂超过印度,但仍然位于第 5,地位指数在金砖国家中处于最低水平(见图 4-14)。

在汽车、拖车及半拖车行业,巴西与中国行业地位指数明显高于其他三国,中国 2011 年之后呈上升趋势,2014 年超过巴西,2015 年地位指数达到

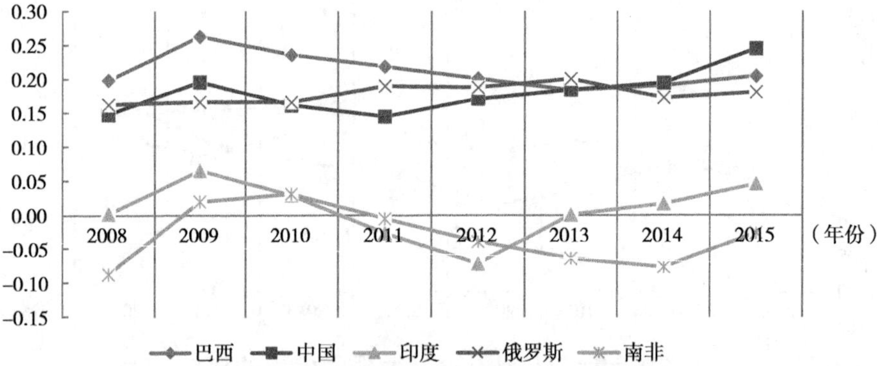

图 4-14 2008—2015 年金砖国家化学品及化学制品行业 GVC 地位指数

0.28,居于第 1 位,存在一定的分工优势。巴西的地位指数呈现圆弧状波动,2010 年之后出现平缓下降,居于第 2 位。印度和俄罗斯处于中间水平,印度呈缓慢上升趋势,波动变化不大。俄罗斯在 2008 年全球金融危机后,地位指数快速增加了 0.15,而 2009 年之后走势呈现与巴西类似平滑但相反的圆弧曲线,2015 年超过了印度,上升为第 3 位。南非除 2010 年短暂超过印度,地位指数接近 0.1,其他年份整体处于落后地位(见图 4-15)。

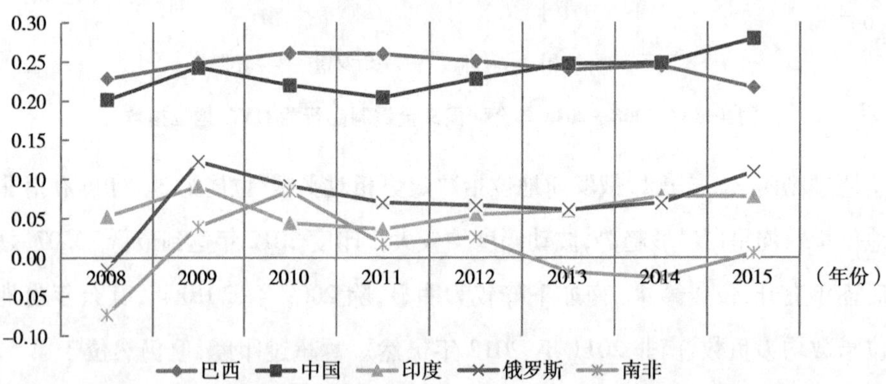

图 4-15 2008—2015 年金砖国家汽车、拖车及半拖车行业 GVC 地位指数

在电气设备行业,中国、俄罗斯地位指数变化趋势相似,均呈现平缓上升的态势,而巴西地位指数呈下降趋势。中国处于第 1 的位置,具有一定的地位

优势。巴西曾在金砖国家中处于首位，却难以抵挡中国在2012年的超越，并被俄罗斯赶上，暂居第2位。南非2008—2010年出现大幅上升，上升幅度超过0.20，之后逐渐下降，位居第4。印度该行业地位指数一直为负数，且波动不大，处在下游地位，在金砖国家中居于最低水平（见图4-16）。

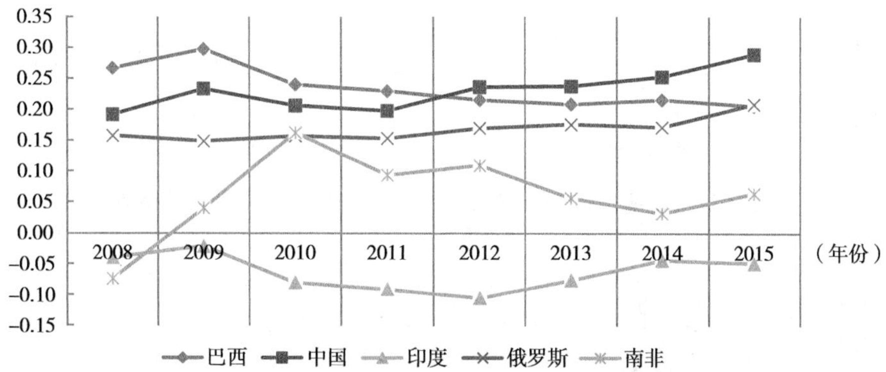

图4-16　2008—2015年金砖国家电气设备行业GVC地位指数

在机械及设备行业，中国、俄罗斯地位指数变化趋势相似，均呈上升趋势，中国2012年超过巴西，位居第1，分工地位优势非常明显。巴西行业地位指数呈下降趋势，2015年被俄罗斯超越，暂居第3。南非地位指数变化幅度较大且波动频繁，位居第4。印度地位指数呈"M"形趋势，2010—2012年曾为负值，处于五国当中最低水平（见图4-17）。

在计算机、电子和光学产品行业，巴西地位指数在金砖国家当中处于领先地位，但呈下降趋势，与中国、俄罗斯的差距正在逐渐缩小。中国、俄罗斯的变化趋势相似，地位指数逐年提高，处于五国中间位置，不具有地位优势。南非、印度地位指数处于较低水平，南非呈"M"形变化趋势，波动幅度较大，2008年、2009年地位指数为负数。印度地位指数一直为负数，处于下游分工地位，劣势非常明显（见图4-18）。

从以上细分行业地位指数综合来看，与比较优势指数和贸易特化系数计算结果有相似之处，中国在制造型产业和巴西、俄罗斯、南非在资源型产业的

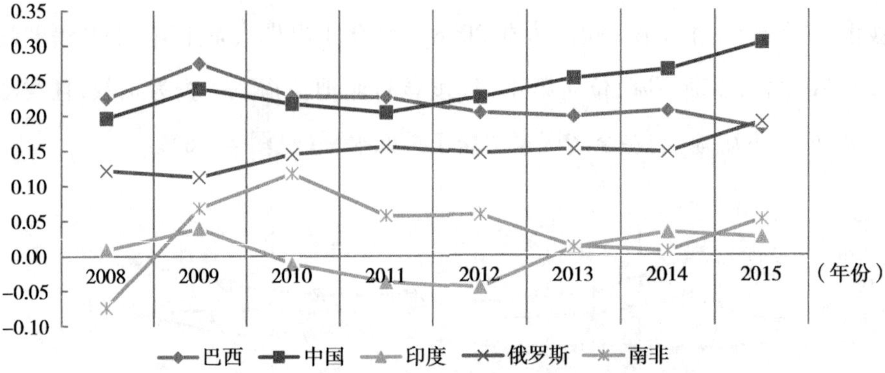

图 4-17 2008—2015 年金砖国家机械及设备行业 GVC 地位指数

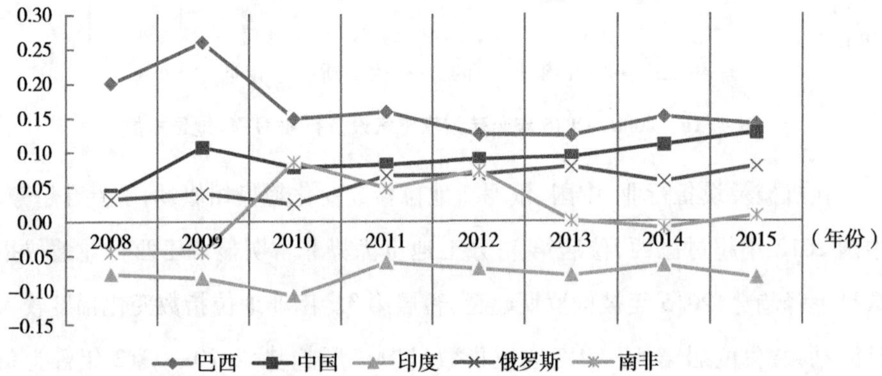

图 4-18 2008—2015 年金砖国家计算机、电子和光学产品行业 GVC 地位指数

优势都得到了充分体现。中国在纺织服装、橡胶塑料、金属和化学制品、汽车、电气和机械设备行业具有较为明显的分工优势,在食品饮料、木材、焦炭石油、基本金属、电子计算机和光学行业具有微弱优势。巴西在计算机电子和光学产品行业、纸制品及印刷行业、汽车拖车及半拖车行业具有一定的分工优势。俄罗斯在焦炭和精炼石油核燃料行业具有地位优势,其他多数行业处于中间水平。印度在食品饮料和烟草行业、木材及木材与软木制品行业具有一定分工优势,其他行业不具备地位优势,多处于下游位置。南非在基本金属行业之外的绝大部分行业都处于下游位置,分工弱势十分明显。中国产业层次和分

工层次呈现出“双高”特征,相对印度和南非的行业地位优势更为显著。动态来看,中国分工地位整体上升趋势较为清晰,巴西的多数行业地位指数呈现下降态势,俄罗斯地位指数比较稳定,印度和南非的行业地位指数大都处于下游低位波动状态。中国与各国,尤其是印度和南非,在部分资本品和消费品产业的分工梯度差异仍在持续增大。

小　　结

从本章对金砖国家比较优势和竞争优势的讨论可以看出,中国工业制造业具有多方面的优势,与其他金砖国家存在很强但差异化的互补关系,优势型产业转移和产业链分工合作基础较为扎实,围绕产业间、产业内多方位开展产能合作的机会和潜力非常显著,具体可以概括出以下几点结论。

一是金砖国家产业互补性很强,中国制成品的整体优势与其他国家初级产品优势形成了非常明显的互补关系,产业间贸易比较发达。但是互补性存在显著的国别差异,主要体现为中国与巴西、俄罗斯、南非三国在中高技术制造业和资源行业分别具有明显的优势,互补关系十分密切,有助于深入开展互补型合作,而中国与印度之间资源产业互补性较弱,劳动和资源密集型产业存在竞争关系。中国虽然具有制造业整体优势,在资本密集和技术密集型产业优势较强,但是中印两国在汽车、计算机、制药等领域存在竞争性,这些行业有更多的产业内和产品内专业化分工合作机会。与此同时,中国与其他金砖国家个别行业互补性有所减弱,产业间贸易开始向产业内贸易转变,对于拓展多种形式的贸易与投资合作十分有利。

二是金砖国家与发达国家之间的技术创新差距在逐年缩小,特别是近年来中国在科技研发领域的投入不断提高,取得了明显的效果,在研发投入和产出绩效方面都逐渐接近发达国家水平,为产业转型升级和参与全球产业分工打下了坚实的基础。中国技术创新已经走在金砖国家前列,在总体创新竞争力、研发支出与投入强度、专利申请量三个方面均表现出显著的优势,与各国形成了较大的技术梯度。俄罗斯高等教育基础和科技研发实力较强,印度创新竞争力进步较为明显,尤其是IT软件业和制药产业发展较快,巴西和南非科技创新的步伐相对缓慢,各国在个别领域具有一定的局部优势。

三是金砖国家跨国公司的国际竞争优势差异分化非常明显,中国企业在全球竞争地位排名快速提升,有一大批企业已经跻身世界500强,规模、品牌和技术等方面在金砖国家中具有极为显著的优势。其他各国入围企业相对较少,巴西、俄罗斯企业在资源行业有一定优势,而印度企业在汽车和制药行业有局部优势,南非制造业实力较弱,梯度落差较大。与发达国家相比,金砖国家跨国公司大都排名靠后,普遍缺少国际一流品牌。相对而言,中国企业在技术创新、生产规模和品牌方面明显领先,具有较大的所有权优势和内部化优势,其他金砖国家区位优势虽然有所不同,但整体趋于改善,使得中国与金砖各国开展产业投资转移活动的潜力空间更为广阔。

四是金砖国家产业整体上处于全球价值链的中低端,中国在中等技术和高技术产业具有相对明显的地位优势,巴西、俄罗斯、印度和南非分别在中、低技术产业占有优势。在细分产业方面,中国在纺织、机械、化学、电气等制造领域具有分工地位优势,技术研发、原材料转化和深加工等上游环节的产业竞争力较强。巴西、俄罗斯在资源产业的分工地位占有一定优势,印度和南非在行业整体上处于下游或弱势地位。金砖各国不同的产业价值链位置与角色,存在较强的互补性,为开展不同类型的生产分工和经贸合作创造了良好条件。

一般来说,互补性是经济合作的重要基础,互补性越强越有利于构成相互依赖的经济关系。传统的互补型贸易主要基于要素禀赋优势互补,而现代重叠型贸易则主要取决于全球化分工、要素流动和市场需求偏好,更多的基于各国产品在技术、设计、品牌等环节的优势互补互需,不仅涵盖了一般商品贸易和技术、劳动力、资本等要素贸易,还涉及国际资本投资、跨国公司设厂、共同研发设计等大量产业内及产品内的复杂贸易投资关系,形成全方位、多元化、高渗透的互利合作,与国际产能合作实现方式及发展态势相吻合。

中国与金砖各国拥有多方面的产业互补优势,既有结构性的自然资源互补和制造行业互补,也有能力性的生产技术及分工地位互补。金砖国家制造业竞争水平和互补条件不同,企业品牌和规模优势差距显著,中国在多个制造业领域具有较强的竞争优势,俄罗斯、巴西和印度也有各自的强势行业,互补关系和梯度差异相互作用并不断演化,推动形成了更多的产业合作机会。中国与其他金砖国家围绕这些优势产业深化产能合作,符合中国供给侧结构性改革的现实要求,还可以有效满足其他国家产业升级和市场发展的多重需要,有助于各国通过互补合作与产业分工实现互惠共赢。

第五章 中国与金砖国家典型产业合作

——以汽车产业为例

第一节 中国制造业产能供给状态与典型产业选择

近年来,随着供给侧结构性改革的持续深化,中国经济结构不断调整,制造业产业优化升级步伐有所加快,设备制造业和消费制造业投资稳步增长,加工冶炼制造业投资则呈现收缩态势,制造业优势产能的地位进一步巩固和增强,有利于扩大与金砖国家的产能合作。但是同时也应该看到,行业之间运行态势出现了一些不同的变化,部分传统行业产能严重过剩的状况有所缓解,而个别景气度较高的行业却面临越来越大的下行压力。

根据中国国家统计局于2019年1月28日发布的报告,2018年在41个工业大类行业中,32个行业利润总额相比2017年有所增加,9个行业相比2017年有所减少。其中,石油和天然气开采业增长4.4倍,非金属矿物制品业增长43%,黑色金属冶炼和压延加工业增长37.8%,化学原料和化学制品制造业增长15.9%,专用设备制造业增长15.8%,石油、煤炭及其他燃料加工业增长10.7%,通用设备制造业增长7.3%,农副食品加工业增长5.6%,纺织业增长5.3%,煤炭开采和洗选业增长5.2%,电力、热力生产和供应业增长3.1%,电气机械和器材制造业增长 1%。在利润减少的行业中,有色金属冶炼和压延加工业下降 9%,汽车制造业下降 4.7%,计算机、通信和其他电子设备制造业下降 3.1%。① 工业领域重点改革任务取得明显成效,钢铁、煤炭、石化等行业产能供给过剩状态有明显改善,企业效益大幅回升。

从工业行业产能利用率(见表 5-1)来看,2018 年石油和天然气开采业最高为 88.3%,化学纤维制造业位居其次,汽车制造业计和纺织业并列第 3,均为 79.8%。非金属矿物制品业及煤炭开采和洗选业产能利用率分别为 69.9%和 70.6%,排在后两位。其他行业中,化学原料和化学制品制造业为 74.2%,黑色金属冶炼和压延加工业为 78.0%,有色金属冶炼和压延加工业为 78.8%,通用设备制造业为 77.3%,专用设备制造业为 79.1%,电气机械和器材制造业为 78.0%,计算机、通信和其他电子设备制造业为 79.4%。

表 5-1　中国工业各行业产能利用率

行业名称	2018 年		2019 年	
	产能利用率(%)	同比增减(%)	产能利用率(%)	同比增减(%)
工业	76.5	-0.5	76.6	0.1
其中:采矿业	71.9	0.8	74.4	2.5
制造业	76.9	-0.6	77.1	0.2
电力、热力、燃气及水生产和供应业	73.4	0.6	72.1	-1.3
其中:煤炭开采和洗选业	70.6	2.4	70.6	0.0
石油和天然气开采业	88.3	-0.1	91.2	2.9
食品制造业	75.3	-0.3	72.9	-2.4
纺织业	79.8	-0.4	78.4	-1.4
化学原料和化学制品制造业	74.2	-2.8	75.2	1.0
医药制造业	77.6	-1.5	76.6	-1.0

① 中国国家统计局:《2018 年全国规模以上工业企业利润增长 10.3%》,2019 年 1 月 28 日,见 http://www.stats.gov.cn/tjsj/zxfb/201901/t20190128_1647074.html。

续表

行业名称	2018 年		2019 年	
	产能利用率（%）	同比增减（%）	产能利用率（%）	同比增减（%）
化学纤维制造业	81.8	-1.9	83.2	1.4
非金属矿物制品业	69.9	-1.1	70.3	0.4
黑色金属冶炼和压延加工业	78.0	2.2	80.0	2.0
有色金属冶炼和压延加工业	78.8	0.3	79.8	1.0
通用设备制造业	77.3	0.6	78.6	1.3
专用设备制造业	79.1	2.8	78.8	-0.3
汽车制造业	79.8	-2.4	77.3	-2.5
电气机械和器材制造业	78.0	-1.6	79.4	1.4
计算机、通信和其他电子设备制造业	79.4	-0.7	80.6	1.2

资料来源:《2018 年四季度全国工业产能利用率为 76.0%》《2019 年四季度全国工业产能利用率为 77.5%》,国家统计局网站,发布时间:2019 年 1 月 21 日、2020 年 1 月 17 日。

2019 年,采矿、石油和天然气开采、化学纤维、金属冶炼和压延加工、通用设备制造、电气机械和器材制造、计算机通信和其他电子设备制造行业的产能利用率同比有所上升,而电力热力燃气及水生产和供应业、食品、纺织、医药、专用设备和汽车行业出现了明显的下降,其中汽车行业产能利用率只有 77.3%,在分类行业中同比下降幅度最大且持续下滑,市场压力进一步增大,相比产能利用率 79%—83%的正常值区间,汽车行业产能利用率已经跌破“安全线”。

产能利用率的动态变化会影响到产能合作的方式,开展产能合作的企业会因为所面临的贸易成本和自身产能利用率的不同进而在产能合作决策上产生差异,产能利用率较高的企业所具备的成本优势较大,因此选择高额贸易成本的对外直接投资和对外承包工程的可能性也较大;反之产能利用率较低的企业则倾向于选择出口贸易。即随着产能利用率的增加,企业对外进行产能合作的方式可能会从出口贸易转向对外直接投资和对外承包工程。① 2015 年以来，中国制造业产能利用率整体呈现提高的态势，全行业产能过剩状态得到一定程度的缓解，具有深入开展对外贸易、扩大直接投资和承包工程的动能与条件。然而不容忽视的是，结构性矛盾依然突出，尤其是汽车、家电和计算机等行业面临市场增速趋缓、行业竞争加剧的局面，供需矛盾日渐凸显。在纳入统计的 41 个工业大类行业中，汽车工业产值排在计算机通信电子设备制造业之后的第 2 位，2019 年计算机、通信和其他电子设备制造业利润总额增长了 3. 1%，而汽车制造业利润总额减少了 15. 9%，行业利润逐年减少，面临较大的市场压力。汽车行业产能利用率曾经相对较高，但已经呈现明显的下降态势，通过出口贸易和对外直接投资等方式拓展国际市场，输出富余产能，已经成为中国汽车行业的必然选项。

汽车工业是典型的技术密集型、资本密集型和设备密集型行业，与上下游多个工业部门具有极为密切的联系，一定程度上体现新材料、新技术、新设备和新工艺的综合应用水平。汽车工业通常在工业较为发达的国家经济发展中起重要支柱作用，也是国家工业软硬实力的体现，其技术复杂性、要素集中度和经济传导力都远非其他行业所能比拟。因此，考虑到当前汽车行业在中国国民经济中的主导地位、产业关联和产能供给状况，本章从工业制造业中选择最有代表性的汽车产业作为典型行业，进一步探讨中国与其他金砖国家汽车行业产能合作的现状、方式、机会和存在的问题，以期通过典型研究得出一些有益的借鉴与启示，为推动各个行业开展国际产能合作提供参考。

第二节　金砖国家汽车市场潜力和供需结构

相比欧美发达经济体，金砖国家汽车工业整体上起步较晚，在参与国际生

---

① 陶长琪、杨雨晴：《产能利用率对企业国际产能合作决策的影响研究：来自微观企业的证据》，《世界经济研究》2019 年第 3 期。

产转移过程中,各国抓住汽车产业跨国公司全球价值链布局所带来的机遇,通过引进—吸收—消化—模仿—创新的路径,不断积累和发展壮大,提升本土化生产技术水平,逐步实现技术追赶并缩小与发达国家的差距,形成了各自的汽车产业体系。金砖国家汽车工业历经不同的发展进程和发展道路,汽车市场前景广阔但消费能力及消费偏好差别较大,在供需结构方面存在明显的非均衡现象。

一、金砖国家人均 GDP 和汽车消费变动

如图 5-1 所示,2005 年以来,中国和印度汽车销量呈现快速增长态势,中国从 2005 年的 575 万辆增加到 2017 年的 2900 多万辆,增幅超过 400%,特别是 2008—2010 年,受鼓励居民消费汽车的相关政策刺激,市场出现井喷式增长,但 2018 年之后销量开始出现下滑。印度的汽车销量增长也较为明显,从 2005 年 144 万辆增长到 2018 年 440 万辆,增幅达到 205%。而同期巴西、俄罗斯和南非则出现了不同程度的波动,巴西在 2012 年之前,汽车销量一直保持增长态势,2013 年之后出现了快速下降,2016 年汽车销量为 205 万辆,相比 2012 年减少了近一半,2017 年之后开始回升。俄罗斯汽车销量呈大幅波动态势,2008 年和 2012 年销量分别超过 300 万辆,2009 年和 2015 年销量相比波峰时期减少了一半以上,2016 年汽车销量只有 140 万辆,之后也出现类似巴西的连续回弹。南非汽车销量整体呈小幅下滑态势,波动幅度相比俄罗斯略小,2006 年销量超过 70 万辆,2009 年受金融危机影响,大幅下滑至不到 40 万辆,其他年份大多在 50 万—65 万辆之间波动,2018 年销量为 55 万辆。

"中长期来看,经济发展及由此带来的居民收入增长和基础设施的完善,对促进汽车需求具有明显的支撑作用"①。人均 GDP 是衡量宏观经济运行状况和居民生活水平的一个重要指标,直接影响汽车消费和市场保有量的变化,

① 王青、吴倩:《我国汽车需求增长阶段转换与消费政策调整》,《经济纵横》2013 年第 11 期。

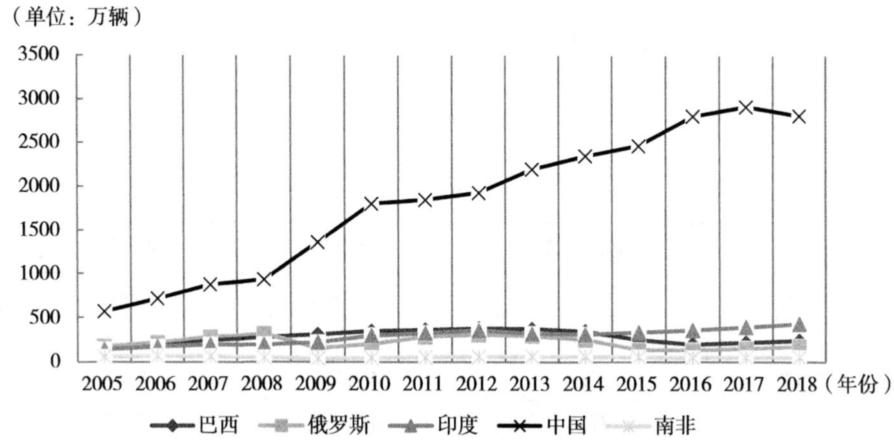

图 5-1　2005—2018 年金砖国家汽车销量

资料来源：根据中国汽车工业协会（http://www.caam.org.cn）历年国别数据整理所得。

一般情况下，人均 GDP 增长与汽车销量成正相关，汽车保有量和人均收入水平之间也呈明显的正相关关系。按照国际经验，汽车保有量的变化一般经历 4 个时期：初始投入期、快速增长期、缓慢增长期、饱和及回落期，但是汽车保有量不会随人均收入水平的提高而持续增加，其收入弹性处于不断变化之中。①

金砖国家经济增长和市场基础环境有所不同，人均 GDP、汽车销量和汽车保有量有所差异，各国人均 GDP 与汽车销量存在不同程度的增减和波动，但整体上二者正相关关系较为显著，各国汽车保有量均处在上升阶段，尚未进入饱和回落期，市场需求潜力仍有提升空间。

从表 5-2 可以看出，巴西人均 GDP 和汽车销量均呈现为先升后降、整体上升的态势，2005—2011 年人均 GDP 逐年上升，在此期间汽车销量也同步增加，2011 年人均 GDP 达到峰值，汽车销量随之在 2012 年也达到最高的 380 万辆。之后人均 GDP 和汽车销量逐年回落，2017 年有所反弹。巴西经济增长

① 赵红梅：《基于 Gompertz 曲线模型之上的中国千人汽车保有量中长期预测》，《工业技术经济》2012 年第 7 期。

迟缓,人均 GDP 有所下降,但仍旧达到 9000 美元,汽车销量也保持在 200 万辆以上,汽车保有量近十年增长近一倍,居民汽车消费能力和需求潜力依然较大。

表 5-2 2005—2018 年巴西人均 GDP、汽车销量和汽车保有量

年份	人均 GDP(美元)	汽车销量(辆)	汽车保有量(千量)
2005	4770	1714644	23039
2006	5860	1927738	24084
2007	7314	2462728	25643
2008	8788	2820350	27510
2009	8553	3141240	29667
2010	11224	3515066	32110
2011	13168	3633248	34710
2012	12292	3802071	37331
2013	12217	3767370	39771
2014	12027	3498012	41784
2015	8750	2568976	42734
2016	8639	2050321	—
2017	9821	2238915	—
2018	8920	2468434	—

资料来源:根据世界银行(https://data.worldbank.org.cn)、国际汽车制造商组织(http://www.oica.net)和中国汽车工业协会(http://www.caam.org.cn)数据整理所得。

从表 5-3 可以看出,俄罗斯人均 GDP 呈现震荡上升趋势,波动较为剧烈,2005—2008 年上升,2009 年下滑之后逐渐恢复,2013 年人均 GDP 超过 16000 美元,达到最高值,其后再次出现快速回落,2017 年小幅回升,人均 GDP 保持在 10000 美元以上,略高于中国和巴西。在此期间,伴随人均 GDP 震荡上行的过程,汽车销量也出现较大幅度的波动,2016 年销量只有 140 万辆,不到 2008 年的一半,而汽车保有量则保持持续稳定的增长,不过增速有所放缓。俄罗斯汽车销量明显低于巴西,但汽车保有量高于巴西。

表 5-3　2005—2018 年俄罗斯人均 GDP、汽车销量和汽车保有量

年份	人均 GDP(美元)	汽车销量(辆)	汽车保有量(千量)
2005	5324	1806625	31212
2006	6920	2244840	32547
2007	9101	2898032	35455
2008	11635	3222346	38264
2009	8563	1597457	39303
2010	10675	2107135	40661
2011	14351	2901612	42862
2012	15435	3141551	45422
2013	16007	2998650	48132
2014	14126	2592396	50500
2015	9347	1440923	51355
2016	8759	1404464	—
2017	10743	1602270	—
2018	11288	1821320	—

资料来源:根据世界银行(https://data.worldbank.org.cn)、国际汽车制造商组织(http://www.oica.net)和中国汽车工业协会(http://www.caam.org.cn)数据整理所得。

从表 5-4 可以看出,2005—2018 年,印度人均 GDP、汽车销量和保有量都保持同步上升态势,上升幅度均超过 180%,虽然当前汽车保有量仍明显低于中国、巴西和俄罗斯,但是年销量已经远远超过巴西和俄罗斯。2018 年印度人均 GDP 只有 2015 美元,在金砖国家中最低,但增长趋势良好,即便是 2008 年爆发的全球金融危机,对印度经济增长和汽车销售影响也不大,表明印度经济自身具有较好的稳定性和成长性,经济增长和市场需求仍有较大的上升空间。印度人均国民收入较低,2017—2018 国内交通运输工具市场份额中,乘用车占 13%,商用车占 3%,三轮车占 3%,二轮车占比高达 81%①,未来随着经

① 印度汽车工业协会,见 http://www.siamindia.com/statistics.aspx? mpgid = 8&pgidtrail = 12。

济持续增长和居民收入水平提高，乘用和商用汽车市场都有很大的提升潜力。

表 5-4　2005—2018 年印度人均 GDP、汽车销量和汽车保有量

年份	人均 GDP(美元)	汽车销量(辆)	汽车保有量(千量)
2005	707	1440455	10332
2006	792	1750892	11520
2007	1018	1993721	13086
2008	992	1983071	14560
2009	1090	2266269	16177
2010	1346	3040390	17960
2011	1462	3287737	20113
2012	1447	3595508	22622
2013	1452	3241302	24826
2014	1576	3177055	26510
2015	1606	3424836	28860
2016	1718	3669277	—
2017	1942	4017539	—
2018	2015	4400136	—

资料来源：根据世界银行(https://data.worldbank.org.cn)、国际汽车制造商组织(http://www.oica.net)和中国汽车工业协会(http://www.caam.org.cn)数据整理所得。

从表 5-5 可以看出，2005 年到 2018 年，中国人均 GDP、汽车销量和保有量同步大幅度上升，增幅均高达 400%以上，其中 2008—2010 年，汽车销量不但未受全球金融危机的影响，反而在鼓励汽车消费的政策刺激下，出现了加速上升，2017 年超过 2900 万辆。目前中国是世界第二大经济体和第一大汽车产销国，汽车产业取得了跨越式的发展。近两年汽车市场从爆发期进入整固期，汽车销量出现小幅度的下降，但随着人均 GDP 不断创出历史新高，汽车销量和保有量仍有一定的上升空间。

表 5-5　2005—2018 年中国人均 GDP、汽车销量和汽车保有量

年份	人均 GDP(美元)	汽车销量(辆)	汽车保有量(千量)
2005	1754	5758189	31597
2006	2099	7215972	36947
2007	2695	8791528	43584
2008	3471	9380502	50996
2009	3838	13644794	62806
2010	4561	18061936	78018
2011	5634	18505114	93563
2012	6338	19306435	109220
2013	7078	21984079	126701
2014	7684	23499001	145981
2015	8069	24661602	162845
2016	8117	28028175	—
2017	8827	29122531	—
2018	9770	28080577	—

资料来源:根据世界银行(https://data.worldbank.org.cn)、国际汽车制造商组织(http://www.oica.net)和中国汽车工业协会(http://www.caam.org.cn)数据整理所得。

从表 5-6 可以看出,南非人均 GDP 表现为先增后降两个阶段,2005—2011 年处于上升状态,2012 年之后又开始逐年下降,2018 年虽有所反弹,但距离最高值仍有 20%以上的距离。汽车销量随经济变化也出现了明显的震荡,2009 年销量只有 40 万辆,相比 2006 年最高 71 万辆,下降了 40%以上,销量和保有量在五国中最低。经济的不确定性使得汽车消费市场出现波动,期间汽车保有量有所上升,但增长幅度明显弱于其他金砖国家,汽车市场空间提升面临较大压力。

表 5-6　2005—2018 年南非人均 GDP、汽车销量和汽车保有量

年份	人均 GDP(美元)	汽车销量(辆)	汽车保有量(千量)
2005	5278	617406	6872

续表

年份	人均 GDP(美元)	汽车销量(辆)	汽车保有量(千量)
2006	5503	714315	7372
2007	6002	676108	7803
2008	5689	533387	8017
2009	5806	395222	8221
2010	7276	492907	8157
2011	7968	572241	8404
2012	7478	623921	8700
2013	6819	650745	9013
2014	6429	644504	9319
2015	5743	617749	9600
2016	5280	547406	—
2017	6151	555716	—
2018	6374	552226	—

资料来源:根据世界银行(https://data.worldbank.org.cn)、国际汽车制造商组织(http://www.oica.net)和中国汽车工业协会(http://www.caam.org.cn)数据整理所得。

二、金砖国家汽车千人保有量和市场规模估算

发达经济体汽车市场需求可明显划分为孕育期、普及期和饱和期三个阶段。孕育期阶段大都处于工业化初期,汽车市场规模和保有量保持缓慢增长态势,千人汽车拥有量长期维持在5辆以下;普及期阶段是在进入工业化中期后,汽车开始大规模进入家庭,这一时期千人汽车拥有量从5辆快速增加到400辆左右;饱和期阶段,随着工业化的完成,汽车市场规模和保有量增长保持相对较低和稳定的状态。①

千人保有量是衡量汽车市场潜力常用的指标,通过对比全球主要汽车市

① 王青、吴倩:《我国汽车需求增长阶段转换与消费政策调整》,《经济纵横》2013年第11期。

场的人均 GDP 与汽车千人保有量可以发现，汽车千人保有量与人均 GDP 密切相关，随着人均 GDP 的增长，千人机动车保有量呈现上升趋势；当人均 GDP 达到 0.05 万—2 万美元时，千人机动车保有量增长较快；当人均 GDP 超过 2 万美元后，千人机动车保有量的增长率远低于人均 GDP 的增长速度。① 一般情况下，人均 GDP 低于 1.2 万美元时，千人汽车保有量基本处于 200 辆以下，而人均 GDP 突破 1.2 万美元后，汽车千人保有量通常会出现快速增长。从部分欧美发达国家和日本的实践来看，千人汽车保有量大体上保持在 600 辆左右，美国千人汽车保有量在快速达到 500 辆之后，增速开始放缓，目前超过 800 辆。

为了对金砖国家汽车市场规模进行估算，选择部分经济发展阶段相似或相近的对标国家，按照人均 GDP 分成三组，对金砖各国分别进行比照。

第一组：人均 GDP 在 9000—13000 美元，对标国家有 8 个，人均 GDP 均值为 11728 美元，中位数为 11973 美元，智利最高为 13653 美元，墨西哥最低为 9143 美元。千人保有量均值为 365 辆，中位数为 347 辆，波兰最高为 628 辆，哥斯达黎加最低为 224 辆（见表 5-7）。

表 5-7　2015 年巴西、俄罗斯、中国对标国家人均 GDP 和千人汽车保有量

国别	人均 GDP（美元）	千人保有量（辆/千人）
智利	13653	248
波兰	12566	628
匈牙利	12366	377
阿根廷	13467	316
克罗地亚	11580	392
墨西哥	9143	294
马来西亚	9644	439
哥斯达黎加	11406	224

① 李瑞敏、何群、李帅：《中国机动车保有量发展趋势分析》，《城市交通》2013 年第 5 期。

续表

国别	人均 GDP（美元）	千人保有量（辆/千人）
均值	11728	365
中位数	11973	347

资料来源：根据世界银行（https://data.worldbank.org.cn）、国际汽车制造商组织（http://www.oica.net）数据整理所得。

第一组：由俄罗斯、巴西和中国组成，人均 GDP 均值为 8718 美元，中值为 8757 美元，俄罗斯最高为 9329 美元，中国最低为 8069 美元。千人保有量均值为 227 辆，中位数为 206 辆，俄罗斯最高为 358 辆，中国最低为 118 辆（见表 5-8）。参照对标国家，俄罗斯、巴西和中国分别形成 5200 万辆、7500 万辆和 5 亿辆的汽车市场空间，与目前各国的规模相比，俄罗斯市场增长余地有限，巴西和中国仍有较大的提升空间，中国市场还有高达 2 倍的成长潜力。

表 5-8　俄罗斯、巴西和中国汽车市场规模

国别	人均 GDP（美元）	千人保有量（辆/千人）	汽车保有量（千辆）	潜在市场规模（千辆）	
				均值	中位数
俄罗斯	9347	358	51355	52359	49777
巴西	8750	206	42734	75718	71984
中国	8069	118	162845	503715	478875
均值	8718	227	—	—	—
中值	8757	206	—	—	—

资料来源：根据世界银行（https://data.worldbank.org.cn/）、国际汽车制造商组织（http://www.oica.net）数据整理所得。

第二组：人均 GDP 在 5800—7800 美元，对标国家有 7 个，人均 GDP 均值为 6369 美元，中位数为 6045 美元，古巴最高为 7602 美元，泰国最低为 5815 美元。千人保有量均值为 211 辆，中值为 140 辆，保加利亚最高为 508 辆，古巴最低为 42 辆（见表 5-9）。

表 5-9　2015 年南非对标国家人均 GDP 和千人汽车保有量

国别	人均 GDP(美元)	千人保有量(辆/千人)
哥伦比亚	6045	111
白俄罗斯	5949	369
保加利亚	6994	508
古巴	7602	42
秘鲁	6030	78
泰国	5815	226
厄瓜多尔	6150	140
均值	6369	211
中位数	6045	140

资料来源:根据世界银行(https://data.worldbank.org.cn)、国际汽车制造商组织(http://www.oica.net)数据整理所得。

第二组包括南非一个国家,人均 GDP 为 5734 美元,千人保有量为 176 辆,参照对标国家均值,形成 1100 万辆的汽车市场空间,仍有上升余地,但成长潜力已经不大(见表 5-10)。

表 5-10　南非汽车市场规模

国别	人均 GDP(美元)	千人保有量(辆/千人)	汽车保有量(千辆)	潜在市场规模(千辆)	
				均值	中位数
南非	5743	176	9600	11509	7636

资料来源:根据世界银行(https://data.worldbank.org.cn)、国际汽车制造商组织(http://www.oica.net)数据整理所得。

第三组:人均 GDP 在 1300—2400 美元,对标国家有 7 个,人均 GDP 均值为 1674 美元,中值为 1431 美元,洪都拉斯最高为 2326 美元,赞比亚最低为 1314 美元。千人保有量均值为 43 辆,中值为 23 辆,摩尔多瓦最高为 176 辆,喀麦隆最低为 15 辆(见表 5-11)。

表 5-11　2015 年印度对标国家人均 GDP 和千人汽车保有量

国别	人均 GDP(美元)	千人保有量(辆/千人)
越南	2107	23
洪都拉斯	2326	20
肯尼亚	1350	30
赞比亚	1314	23
巴基斯坦	1431	17
喀麦隆	1354	15
摩尔多瓦	1833	176
均值	1674	43
中位数	1431	23

资料来源:根据世界银行(https://data.worldbank.org.cn)、国际汽车制造商组织(http://www.oica.net)数据整理所得。

第三组包括印度一个国家,人均 GDP 为 1606 美元,千人保有量为 22 辆,参照对标国家数据,形成约 5600 万辆的汽车市场空间,相比目前 2800 万辆的规模,尚具 1 倍的增长潜力(见表 5-12),仍有较大的提升空间。

表 5-12　印度汽车市场规模

国别	人均 GDP(美元)	千人保有量(辆/千人)	汽车保有量(千辆)	潜在市场规模(千辆)	
				均值	中位数
印度	1606	22	28860	56408	30172

资料来源:根据世界银行(https://data.worldbank.org.cn)、国际汽车制造商组织(http://www.oica.net)数据整理所得。

按照上述三组千人保有量估算初步来看,金砖各国的汽车保有量均有上升空间,但基于各国不同的经济环境,中国、印度和巴西在汽车保有量方面增长潜力较大,俄罗斯和南非数量增长有限,更多的是产品结构性机会。

巴西汽车销售商联合会(Fenabrave)2019 年 1 月 3 日发布的数据显示，2018 年巴西汽车销售量比 2017 年增长 14.6%。①“新政府拟定的一系列改革措施将会进一步促进巴西经济的快速发展,汽车销售前景看好,预计新一年巴西汽车销售量将增长 10.1%”②。根据 ET Auto 网站发布的数据,2018 年印度乘用车及商用车销量达到 440 万辆,仅次于中国、美国和日本,麦肯锡公司预计,到 2021 年,印度将超过日本成为全球第三大汽车市场。③ 国际市场对巴西和印度未来汽车销量增长普遍表示出较高的预期。

相对来说,俄罗斯和南非汽车市场前景并不明朗。2018 年俄罗斯汽车销量达到 182 万辆,比 2017 年增长了 13.7%,但是随着 2019 年开始增值税税率从 18%提高到 20%,多数汽车品牌价格上涨,叠加世界经济波动影响,汽车市场面临较大的不确定性风险。南非 2018 年全年汽车销售量为 55 万辆,同比下降 0.6%,商业和消费信心低迷、高油价、疲弱的经济以及政治环境的不确定性是抑制汽车消费的主要原因。④

俄罗斯和巴西千人保有量已经超过 182 辆的世界平均水平,南非略低于该数值,中国和印度明显偏低,印度尚处于中等收入偏下水平,千人保有量只有世界平均值的 12%,考虑到巨大的人口红利和经济增长的稳定性,中国、印度和巴西汽车市场成长性较好。

上述结论从近几年各国汽车使用量的实际增长情况也得到了验证,相比 2015 年,2018 年巴西、印度和中国汽车使用量均有较为明显的增长(见表 5-13),无论是乘用车还是商用车,增幅都在 10%以上,与潜在市场规模

---

① 与国际汽车制造商组织统计数字略有出入,但均实现了两位数的增长。

② 《巴西 2018 年汽车销售量较 2017 年增长 14.6%》,中国新闻网,见 http://www.chinanews.com/gj/2019/01-04/8719903.shtml。

③ 《印度 2021 年将成全球第三大车市?》,中国经济网,见 https://baijiahao.baidu.com/s?id=1622965201973719895&wfr=spider&for=pc。

④ 《南非 2019 年 2 月汽车销售量同比下降 13.3%》,中国驻南非使馆经商处,见 http://za.mofcom.gov.cn/article/jmxw/201903/20190302839582.shtml。

估算值对照后仍有较大提升空间,同期俄罗斯和南非汽车使用量变化不大。不同的使用量和保有量统计口径可能会存在一定偏差,但剔除这些因素后的结果都表明当前各国的实际值均低于预测值,与潜在规模距离正在逐渐缩小,从中长期来看,中国、印度和巴西汽车市场潜力更加凸显,特别是印度。

表 5-13　金砖国家汽车使用量　　单位:万辆

国别	巴西		俄罗斯		印度		中国		南非	
年份	2018	2015	2018	2015	2018	2015	2018	2015	2018	2015
乘用车	5370	4794	4688	4341	3024	2480	18237	10313	682	662
商用车	1616	1271	643	632	1051	857	2338	2010	274	266

资料来源:《国际统计年鉴》(2016、2019)。

三、金砖国家汽车市场供需结构

从金砖国家汽车分车型产销结构状况整体来看(见表 5-14),2017 年巴西和印度乘用汽车与商务用车均出现了明显的供给大于需求,其中乘用车产量高于销量 20%以上,显示乘用车供给较为充沛,而汽车市场需求,特别是乘用车需求不旺,导致生产能力和市场需求存在一定程度的失衡。南非乘用车供给不足,但是商用车供大于求,商用汽车产能有一定程度的过剩。中国产销量相对均衡,但未来市场销售也面临增速下降的压力。俄罗斯乘用车与商用车产量均低于销量,生产供给不足,需要增加进口弥补产能缺口。实际上这种产销不平衡是一种动态现象,体现了各国汽车生产能力及消费吸纳能力存在差异,与经济增长状况和市场构成也有直接关系。下面从产品结构和市场集中度两个方面,进一步对金砖国家汽车市场的供给与需求结构进行分析。

表 5-14 2017 年金砖国家汽车(分车型)产销量 单位:辆

国别	产量			销量		
	乘用车	商用车	总计	乘用车	商用车	总计
巴西	2269468	430204	2699672	1844394	394521	2238915
俄罗斯	1348029	203264	1551293	1393400	208870	1602270
印度	3952550	830346	4782896	3227701	789838	4017539
中国	24806687	4208747	29015434	24961948	4160583	29122531
南非	321358	268593	589951	369599	186117	555716

资料来源:国际汽车制造商组织(http://www.oica.net)。

(一)汽车产品结构

汽车产品结构主要包括车型结构和品牌结构,车型结构是指乘用车与商用车的生产比例(以下简称“乘商比”)以及其中的细分车型类别构成,由于乘用车技术含量和制造要求相对高于商用车,因此乘用车的生产能力基本上能够反映一个国家汽车工业的整体技术实力。品牌结构主要指自主汽车品牌在市场销售排行中与外资品牌的位置关系,一定程度上可以反映本国汽车产品竞争力和市场消费偏好。

目前各国尚没有统一的车型细分标准,中国现行车型统计分类是在参考 GB/T3730.1-2001 和 GB/T15089-2001 国家标准基础上,结合自身汽车工业发展特点制订的,划分为乘用车和商用车两大类,基本与国际通行称谓一致。乘用车主要指用于载运乘客及其随身行李和/或临时物品的汽车,含盖轿车、微型客车以及不超过 9 座的轻型客车,分为基本型乘用车、多功能车(MPV)、运动型多用途车(SUV)和交叉型乘用车四类。商用车包含了所有的载货汽车和 9 座以上的客车,分为客车、货车、半挂牵引车、客车非完整车辆和货车非完整车辆五类。①

① 《汽车车型统计新分类解读》,中国汽车工业协会统计信息网,见 http://www.auto-stats.org.cn/ReadArticle.asp? NewsID=3134。

按照发达国家汽车工业发展的一般规律,乘用车和商用车之比通常在7∶3(2.33)到8∶2(4.00),虽然技术水平、消费习惯、产业政策和经济活动的变化,会直接影响乘用车与商用车的生产比例,同时也会影响所消费车辆的功能和配置,但是汽车产品结构大多以消费型乘用车为主,面向生产经营领域的商用车为辅,乘用车细分车型以轿车为主,其他车型为辅,汽车产品不断向多样化、高端化、节能化和智能化发展的趋势基本上是一致的。

巴西汽车车型结构中(见表5-15),近十年来乘用车与商用车的比例大至保持在2.75—5.28。2009年之后,乘商比有所下降,2013年以来,乘用车产量增长明显加速,乘商比进一步增大到5左右,消费市场整体上比较成熟,乘用车产量总量保持稳定,而商用车近些年产量明显下降,经济恢复并不明显,生产经营用车辆需求不旺。

表5-15　巴西分车型产量

年份	乘用车产量(辆)	商用车产量(辆)	乘商比
2008	2545728	670247	3.80
2009	2576628	605989	4.25
2010	2584690	797038	3.24
2011	2519389	888472	2.84
2012	2589236	813272	3.18
2013	2722979	989401	2.75
2014	2314789	831329	2.78
2015	2018954	410509	4.92
2016	1778464	377892	4.71
2017	2269468	430204	5.28
2018	2386144	494580	4.83

资料来源:中国汽车工业协会网站(http://www.caam.org.cn)。

从巴西目前的细分车型产量构成来看(见表5-16),乘用车中以轿车为主,轿车产量占乘用车产量的87%。在商用车中,重型货车和中重型货车占主要地位,二者合计占商用车产量的50%以上,客车占比超过20%,微型货车产量占商用车的比重只有2%,中重型商用车消费市场较为活跃。

表5-16　巴西汽车细分车型产量　单位:辆

车型		2017年	2018年	2019年
乘用车	轿车	2269468	2386144	2386759
	轻型车	326647	360510	358980
	小计	2596115	2746654	2745739
商用车	微型货车	2311	1902	1902
	轻型货车	17842	20366	20376
	中型货车	6588	6445	6552
	中重型货车	23717	27410	27310
	重型货车	32429	49411	49394
	客车	20670	28536	28536
	小计	103557	134070	134070
合计		2699672	2880724	2879809

资料来源:中国汽车工业协会网站(http://www.caam.org.cn)。

从品牌结构来看,2018年分制造商注册量(见表5-17)排名前十位的分别是通用、克莱斯勒、大众、福特、雷诺、丰田、现代、本田、日产和奔驰,其中美系三大品牌制造商占全部注册量的比重高达43%,其次为日系和德系车企。2019年入选前十位的品牌没有变化,只是排名位次略有调整。与外资品牌相比,巴西自主汽车品牌销量微弱,中国本土汽车品牌也没有在列,市场对欧美日汽车的依赖性极强,特别是美国汽车品牌。

表 5-17　巴西汽车分制造商注册量

制造商	2018 年累计（辆）	2018 年同比增长（%）	2019 年累计（辆）	2019 年同比增长（%）
Agrale	1904	21.12	2287	20.05
奥迪	8677	-12.47	8711	0.39
宝马	13101	11.42	14786	12.86
CAOA 现代	20942	-11.76	29950	16.04
达夫	2343	123.57	3247	38.58
菲亚特克莱斯勒	433791	14.04	496734	14.32
福特	235835	9.89	225059	-4.41
通用	434432	10.22	475747	9.68
本田	131601	0.39	129130	-1.88
现代	186637	4.03	193956	3.91
万国	7	-81.58	0	
依维柯	6603	26.69	7175	8.58
捷豹和路虎	8575	10.76	7690	-10.32
马恒达	0		0	
曼	24972	52.43	35746	42.37
梅塞德斯-奔驰	47915	24.32	60706	26.68
三菱	26791	1.41	25574	-4.93
日产	97515	23.71	96089	-1.60
标致雪铁龙	44015	-10.93	48128	8.71
雷诺	214815	28.53	239150	11.27
斯堪尼亚	9403	49.82	13658	45.25
丰田	200921	5.37	216899	8.66
大众	366916	34.84	411006	12.25
Shacman	0		0	
沃尔沃	11072	75.91	17588	58.85
其他	37650	39.80	24031	-17.30
总计	2566433	14.59	2787850	8.68

资料来源：中国汽车工业协会网站（http://www.caam.org.cn）。

巴西汽车工业起步相对较早,主要走的是外资主导型发展道路,外资可以拥有汽车企业100%的股权,欧美跨国车企几乎控制了巴西全部整车制造和零部件产业,技术创新、市场定价和产业发展方向主要由外企把控,本土企业技术吸收转化程度和自主开发能力较低,无力与外资品牌竞争。

俄罗斯汽车车型构成中,乘商比在4.5—8.3(见表5-18),乘用车与商用车的比例波动较大,2014年达8.29,2017年有所回落也达到6.63的较高比例,乘用车产能明显大于商用车,商用车市场发展相对缓慢,2018年俄罗斯汽车产量当中,乘用车为1563572辆,比2008年略有增长,轻型商用车为131754辆,重型卡车为59192辆,巴士和大巴为13156辆,商用车合计产量为204102辆,比2008年下降了36%,一定程度上反映了经济活跃程度也在减弱。

表5-18　俄罗斯分车型产量

年份	乘用车产量(辆)	商用车产量(辆)	乘商比
2008	1469429	320872	4.58
2009	595839	126592	4.71
2010	1208362	194882	6.20
2011	1744097	246058	7.09
2012	1970087	263016	7.49
2013	1919599	264667	7.52
2014	1683677	202969	8.29
2015	1214849	169950	7.15
2016	1124774	179215	6.28
2017	1348029	203264	6.63
2018	1563572	204102	7.66

资料来源:中国汽车工业协会网站(http://www.caam.org.cn)。

2018年,俄罗斯SUV市场销量为759356辆,占乘用车市场份额的47.26%,其次为B级和C级轿车,分别占20.58%和13.77%①,俄罗斯乘用车

① 《2018年俄罗斯汽车市场销售情况》,搜狐汽车,见http://www.sohu.com/a/292870084_120058819。

生产以轿车和SUV为主,而重型卡车依然为商用车主力车型。

与长期由跨国公司主导的巴西汽车产业明显不同,俄罗斯本土汽车生产企业占据行业重要地位,自主品牌汽车约占30%市场份额。汽车工业高度集中,大型国有骨干企业主要有7家,如主产轿车的伏尔加汽车厂,主产轿车和载重车的高尔基汽车厂,主产载重车的莫斯科利哈乔夫汽车厂、卡马汽车厂和乌拉尔汽车厂,主产军用车和农用车的乌里扬诺夫斯克汽车厂等。7家大型汽车生产骨干企业当中,重型卡车生产企业就占4家,具有一定的制造优势,但乘用车、中型和轻型卡车生产技术水平相对较低,中国汽车企业在商用车和越野车方面具有竞争优势,这正好是中俄两国汽车制造业可以互补其优劣势所在。①

俄罗斯具有较强的重工业基础,而民用汽车生产技术相对落后,随着汽车市场在20世纪90年代后期放松管制,通过引进外国先进技术和管理经验,缩短了与世界汽车工业的差距,也不可避免地带来了国外品牌对本地品牌的冲击,十几年来国产车在当地市场上的销量占比有所下降,不过位于陶里亚蒂的AvtoVAZ(Lada)工厂生产的达拉(LADA)轿车排行依然稳居市场前列。

2018年俄罗斯年销量超过10万辆的汽车品牌有6个,拉达销量从31万辆增至36万辆,同比增长16%;起亚从18.2万辆增到22.76万辆,同比增幅达25%;现代销量17.8万辆,增幅13%;雷诺销量为13.7万辆,与2017年同期基本持平;丰田销售了10.8万辆,上涨15%;大众销量为10.6万辆,增幅19%。

2018年俄罗斯汽车市场前十大畅销车型中,有4款来自拉达,2款来自现代,起亚、大众、雷诺、斯柯达也各有一款。其中,最畅销的两款车分别是拉达Vesta和拉达Granta。拉达品牌占市场销量比重超过20%,韩国起亚和现代合计占据22.5%的市场份额,其次为日本、德国和法国汽车品牌,美国汽车品牌

① 《杨再舜:优势何在? 卡玛斯进军中国面临诸多挑战》,卡车之家,见 http://www.360che.com/news/150909/44873.html。

占有率相对较低。中国品牌占有率虽然不高,但增长非常明显,其中一汽和众泰 2018 年增幅均高达 150%以上,吉利和长城增幅也超过 50%。2019 年分品牌销量排位整体变化不太大,日本品牌销量出现明显下降,中国品牌的市场份额有所增长。中国品牌长城哈弗销量达到 12284 辆,同比增长高达 282.32%,进入排行前 20 名,吉利销量 9602,同比增长 186.46%,长安和奇瑞也有较大增幅,而力帆、福田则连续下滑(见表 5-19),品牌调整格局逐渐加剧。

表 5-19 俄罗斯轻型车分品牌销量

品牌	2018 年累计(辆)	2018 年同比增长(%)	2019 年累计(辆)	2019 年同比增长(%)
拉达	360204	15.60	362356	0.60
起亚	227584	25.08	225901	-0.74
现代	178269	12.93	178809	0.30
雷诺	137062	0.28	144989	5.78
丰田	108492	15.13	103597	-4.51
大众	106056	18.54	104384	-1.58
斯柯达	81459	30.75	88609	8.78
日产	80925	6.48	64974	-19.71
GAZ LCV	60677	3.51	63910	5.33
福特	53234	5.71	17717	-56.95
三菱	45391	86.60	39938	-12.01
乌阿斯	41252	-0.91	38892	-5.72
梅赛德斯-奔驰	37788	2.66	42046	11.27
宝马	35619	18.66	41520	16.57
马自达	31683	22.28	30576	-3.49
雪佛兰	30021	-6.39	21821	-27.31
雷克萨斯	24312	2.61	22395	-7.88
Datsun	20559	-16.12	22426	9.08
奥迪	16216	-3.92	16333	0.72
力帆	15097	-11.01	3960	-73.77
路虎	9840	10.77	9663	-11.96

续表

品牌	2018 年累计（辆）	2018 年同比增长(%)	2019 年累计（辆）	2019 年同比增长(%)
斯巴鲁	8032	32.11	7686	-4.31
沃尔沃	7772	10.85	8846	13.92
大众 NFZ	7689	10	7605	-1.09
奔驰厢式车	6345	-2.44	1581	-75.08
铃木	6016	20.3	7731	28.51
奇瑞	5611	-4.98	6358	13.31
标致	5514	11.82	4712	-14.54
Ravon	5184	-65.62	0	
保时捷	5118	11.8	6023	17.68
本田	5113	109.98	1836	-64.09
英菲尼迪	4654	-6.4	3479	-25.25
雪铁龙	3710	-15.24	3266	-11.97
吉利	3352	50.04	9602	186.46
哈弗	3213	69.64	12284	282.32
众泰	3175	191.82	1373	-56.76
捷豹	2537	16.75	1738	-31.49
迷你	2330	47.47	2524	8.33
Genesis	1831	77.59	2276	24.3
吉普	1773	39.17	1841	3.84
长安	1510	7.02	28.5	85.76
东风摩托	1445	58.27	1548	7.13
一汽	1417	156.24	1519	7.2
凯迪拉克	1176	-13.85	975	-17.09
菲亚特	1135	-51.14	1312	15.59
五十铃	809	9.92	831	2.72
精灵	689	-26.23	746	8.27
依维柯	547	16.63	427	-21.94
福田汽车	362	-32.21	189	-47.79
现代 LCV	261	278.26	315	20.69
华晨	171	-21.92	266	55.56

续表

品牌	2018 年累计（辆）	2018 年同比增长（%）	2019 年累计（辆）	2019 年同比增长（%）
HTM	144	45.45	69	-52.08
双龙	142	15.45	4	-97.18
克莱斯勒	74	722.22	45	-39.19
总计	1800591	12.84	1759532	-2.28

资料来源：中国汽车工业协会网站（http://www.caam.org.cn）。

从印度车型结构上看（见表 5-20），乘用车在汽车工业结构中所占比重持续提高，乘用车和商用车产量之比从 20 世纪末期的 2∶1，逐步提高并维持在 4∶1 左右，2017 年乘商比达到 4.76。印度乘用车市场发展比较快，产量从 2008 年 184 万辆，增加到 2018 年的 406 万辆，增幅高达 120%以上，同期商用车产量也有较大幅度的提高，反映印度的消费市场和经济活动都比较活跃。

表 5-20　印度分车型产量

年份	乘用车产量（辆）	商用车产量（辆）	乘商比
2008	1846051	486277	3.80
2009	2166238	466456	4.64
2010	2831542	725531	3.90
2011	3040144	887267	3.43
2012	3296240	878473	3.75
2013	3155694	742731	4.25
2014	3158215	681945	4.63
2015	3378063	747681	4.52
2016	3677605	811360	4.53
2017	3952550	830346	4.76
2018	4064774	1109871	3.66

资料来源：中国汽车工业协会网站（http://www.caam.org.cn）。

乘用车构成中（见表 5-21），轿车 2017 年 1—10 月累计销售量超过 180

万辆,占乘用车销量的 67%;SUV 销售 72 万辆,增长态势强劲,同比增长 18.41%,占乘用车销量的 26.7%。印度乘用车一直是以小排量轿车为主,但是 SUV 和 MPV 也已经出现快速增长趋势。印度商用车的主流车型是轻型车,占商用车比重的 60%,而大型货车和客车销量相对较低。2018 年,印度乘用车产量达到 4064774 辆,轻型商用车为 663193 辆,重型卡车为 407056 辆,巴士和大巴只有 39622 辆。一定程度上也反映出印度在基础设施建设和长距离物流领域投资不足。

表 5-21　2017 年 1—10 月份印度汽车分车型销量

车型		累计(辆)	同比增长(%)
乘用车	轿车	1828430	5.68
	SUV	725148	18.41
	MPV	160387	3.31
	小计	2713965	8.65
商用车	中大型	253421	-1.92
	轻型	385149	11.77
	小计	638570	5.91
总计		3352535	8.12

资料来源:中国汽车工业协会网站(http://www.caam.org.cn)。

印度汽车市场中,主要由日本铃木、韩国现代、印度的塔塔和马恒达,以及日本丰田五大汽车巨头瓜分,占据近 80%的市场份额。日本品牌占有明显优势,其中以小型车为代表的铃木公司所占市场份额就高达 41%,本田、丰田、日产等车企也有较高的市场占有率。韩国现代主打小型微型车市场,依靠比日系车外观好看、经济便宜的"性价比",占 13%的市场份额。印度国产品牌塔塔和马恒达分列第 3 位和第 4 位,合计占有 23%的市场份额(见表 5-22)。欧美汽车品牌市场占有率相对较低,中国品牌汽车尚未形成批量销售,市场拓展难度极大。

表 5-22　2017 年 1—10 月份印度汽车分制造商销量

品牌	累计（辆）	同比增长（%）
铃木	1230317	17.45
现代	401148	5.49
塔塔	370181	3.84
马恒达	329894	3.73
本田	138546	14.4
丰田	104293	6.02
阿斯霍克雷兰德	98702	2.76
雷诺	84647	-17.86
日产	40958	-0.56
爱莎（VECV）	34241	-5.76
福特	66899	-0.59
大众	36685	5.3
菲亚特克莱斯勒	7985	559.37
Force Motors	17630	-9.89
斯柯达	12802	27.1
其他	21824	-45.08
总计	2996752	8.14

资料来源：中国汽车工业协会网站（http://www.caam.org.cn）。

印度汽车品牌集中度较高，规模效应比较明显，其中民族汽车品牌是印度汽车产业的一大亮点，在与国际跨国公司竞争中，本土企业并没有被削弱或淘汰出局，相反，塔塔、马恒达、阿斯霍克等印度本土汽车公司一直保持较高的市场认可度和占有率。

中国汽车车型结构中，2000 年以前一直是商用车占据绝对主导地位，进入 21 世纪之后，随着鼓励居民汽车消费的政策陆续实施，轿车市场出现井喷式增长，乘用车与商用车比例逐步提高，2008 年只有 2.63，2016 年达到 6.6，汽车市场从生产型转向消费型。2004 年乘用车销量超过商用车，2009 年乘用车产销超过 1000 万辆，2015 年超过 2000 万辆，2017 年接近 2500 万辆，相比

2008 年增幅高达 268%，而同期商用车随经济周期出现波动，但产量增长也达到 64%的较高水平（见表 5-23），经济活力和市场消费潜能逐渐释放出来，汽车生产技术快速提升，整体产能具有显著优势。

表 5-23　中国分车型产量

年份	乘用车产量（辆）	商用车产量（辆）	乘商比
2008	6737745	2561435	2. 63
2009	10383831	3407163	3. 05
2010	13897083	4367678	3. 18
2011	14485326	3933550	3. 68
2012	15523658	3748150	4. 14
2013	18084169	4032656	4. 48
2014	19919795	3803095	5. 24
2015	21079427	3423899	6. 16
2016	24420744	3698050	6. 60
2017	24806687	4208747	5. 89
2018	23529423	4279773	5. 50

资料来源：中国汽车工业协会网站（http://www.caam.org.cn）。

在乘用车中，轿车占主要地位，SUV 呈现明显增长态势。从表 5-24 可以看出，2018 年轿车占乘用车市场份额 48. 6%，SUV 占 42. 1%，MPV 份额为 7. 3%，轿车和 SUV 并驾齐驱。在商用车中，以轻型和中重型货车为主，其中轻型卡车占商用车市场份额 43%，中重型卡车占 30%，微型卡车占 15%，轻型客车占 8%。

受经济运行压力加大的影响，2018 年整体汽车销量增速放缓，乘用车同比减少 4. 1%，而商用车继续呈现增长态势，同比增长 5. 1%。分车型看，客车销量完成 48. 5 万辆，同比下降 8%，货车销量完成 388. 6 万辆，同比增长 6. 9%，其中重型货车产销分别达到 111. 2 万辆和 114. 8 万辆，产量同比下降 3. 24%，销量增长 2. 78%，销售再创历史新高，轻型货车和微型货车同比也均有不同幅度的增长。

表 5-24　2018 年中国汽车分车型销量

车型		累计（万辆）	同比增长（%）
乘用车	轿车	1152.8	-2.7
	SUV	999.5	-2.5
	MPV	173.5	-16.2
	交叉型乘用车	45.3	-17.3
	小计	2371.0	-4.1
商用车	微型卡车	66.6	9.7
	轻型卡车	189.5	17.6
	中重型卡车	132.5	-2.1
	轻型客车	33.5	-1.3
	中型客车	7.4	-1.1
	大型客车	7.7	-1.7
	小计	437	5.1
总计		2808	-2.8

资料来源：根据中国汽车工业协会网和中国商用汽车网整理。

中国本土汽车品牌一度受到国际品牌的强力冲击，经过多年市场优胜劣汰和自身努力，竞争力开始走出稳健攀升的态势。根据中国汽车工业协会统计数据分析（见表 5-25），2018 年中国自主品牌乘用车共销售 997.99 万辆，占乘用车销售总量的 42.09%，德系、日系、美系、韩系和法系乘用车分别销售 508.05 万辆、444.63 万辆、247.79 万辆、118.05 万辆和 30.70 万辆，分别占乘用车销售总量的 21.43%、18.75%、10.45%、4.98%和 1.29%①，本土企业已经逐步成为中国汽车市场的中坚力量。

① 《2018 年乘用车分国别销售情况简析》，中国汽车工业协会，见 http://www.caam.org.cn/zhengche/20190118/1505221289.html。

表 5-25 2018 年中国分品牌乘用车销售份额(工厂出货量)

	销量(万辆)	份额(%)	同比(%)
自主品牌	997.99	42.09	-7.99
日系	444.63	18.75	5.74
德系	508.05	21.43	4.76
美系	247.79	10.45	-18.48
韩系	118.05	4.98	3.14
法系	30.70	1.29	-32.65

资料来源:根据中国汽车工业协会数据整理。

从企业销量排名(见表 5-26)来看,十大汽车集团占据汽车市场销量的 89%,其中上汽、东风和一汽集团位居前 3。上汽集团仍是一枝独秀,销量超过 700 万辆,比排名第 2 的东风汽车高出近 1 倍。本土企业有东风、长安、吉利、长城和奇瑞汽车进入前 10 位,吉利和长城成为高增长代表。乘用车市场销量靠前的企业主要是合资企业,如大众和通用,而商用车则以本土企业为主,如东风、福田、五菱、一汽和重汽。

表 5-26 2018 年汽车分车型销量排名前十位的生产企业 单位:万辆

排名	汽车(集团)		乘用车(子公司)		商用车(子公司)	
	企业名称	销量	企业名称	销量	企业名称	销量
1	上汽集团	701.25	上汽大众	206.51	东风汽车	53.14
2	东风汽车	383.08	一汽大众	203.70	北汽福田	49.35
3	中国一汽	341.84	上汽通用	196.96	上汽五菱	39.75
4	北汽集团	240.21	上汽五菱	166.25	中国一汽	33.68
5	广汽集团	214.28	吉利控股	150.08	中国重汽	32.66
6	中国长安	213.78	东风有限	128.81	江铃控股	27.25
7	吉利控股	152.31	长城汽车	91.50	江淮股份	25.76
8	长城汽车	105.30	长安汽车	87.44	长安汽车	24.25

续表

排名	汽车(集团)		乘用车(子公司)		商用车(子公司)	
	企业名称	销量	企业名称	销量	企业名称	销量
9	华晨汽车	77.86	北京现代	81.02	陕汽集团	18.32
10	奇瑞汽车	73.71	广汽本田	74.14	长城汽车	13.80
合计		2503.63		1386.41		317.97
占比(%)		89.16		58.47		72.75

资料来源:中国汽车工业协会网站(http://www.caam.org.cn)。

从乘用车品牌销量排行进一步来看(见表5-27),不同细分车型差异较大,轿车和SUV市场品牌较为分散,前十大品牌销量分别只占市场份额的28.47%和25.94%,MPV市场集中度较高,前十位品牌销量占该车型市场份额的71.2%。轿车品牌前十位当中,外资品牌占据明显优势,朗逸、轩逸和卡罗拉位居前三名。SUV品牌前十排名中,国产品牌占有一定优势,其中长城哈弗已经连续多年销量排名第一。MPV品牌前十排名中,本土品牌优势更为明显,五菱宏光销量占比高达47.65%。

整体来看,中国本土品牌在商用车市场具有优势,在中低端乘用车市场也有较强的竞争力。而中国汽车企业在这些细分市场的产能优势恰恰是其他金砖国家市场普遍需要的,存在较多的合作机会,中国车企应该不断提升国际化水平。

表5-27　2018年乘用车品牌销量前十位排名　　单位:万辆

排名	轿车		SUV		MPV	
	品牌	销量	品牌	销量	品牌	销量
1	朗逸	50.38	哈弗H6	45.26	五菱宏光	47.65
2	轩逸	48.12	宝骏510	36.14	别克GL8	14.43
3	卡罗拉	37.61	途观	30.34	宋MAX	14.11
4	捷达	32.77	博越	25.57	宝骏730	11.15

续表

排名	轿车		SUV		MPV	
	品牌	销量	品牌	销量	品牌	销量
5	速腾	30.99	传祺 GS4	24.66	宝骏 360	10.61
6	桑塔纳	27.64	荣威 RX5	22.01	菱智	6.23
7	英朗	26.19	奇骏	20.80	欧诺	5.60
8	科沃兹	25.21	昂科威	20.18	艾力绅	5.01
9	帝豪	24.69	逍客	17.50	奥德赛	4.55
10	宝来	24.58	本田 XRV	16.83	杰德	4.17
合计		328.19		259.27		123.51
占比(%)		28.47		25.94		71.20

资料来源:中国汽车工业协会网站(http://www.caam.org.cn)。

南非是世界上较早开始普及汽车的国家之一,汽车工业已成为南非工业制造业重要一环,汽车产销量在非洲地区位列前茅。南非本土品牌汽车企业的竞争力较弱,跨国公司几乎主导了全部的汽车研发和生产经营活动。与其他金砖国家有所不同,南非汽车市场产销结构中,乘商比较低,2017 年只有 1.2(见表 5-28),乘用车供给长期低于同期市场销量,市场对进口汽车有一定的偏好,2017 年乘用车产销分别为 321358 辆和 367601 辆。而商用车整体供大于求,2017 年商用车产销分别为 268593 辆和 189164 辆,商用汽车具有一定的产能优势。

表 5-28 南非分车型产量

年份	乘用车产量(辆)	商用车产量(辆)	乘商比
2008	321124	241841	1.33
2009	224000	156000	1.44
2010	295394	176655	1.67
2011	312265	220280	1.42
2012	274873	264551	1.04

续表

年份	乘用车产量（辆）	商用车产量（辆）	乘商比
2013	265257	280656	0.95
2014	277491	288592	0.96
2015	341025	274633	1.24
2016	335593	263465	1.27
2017	321358	268593	1.20
2018	321097	289757	1.11

资料来源：中国汽车工业协会网站（http://www.caam.org.cn）。

南非汽车细分车型中，乘用车以中低排量的轿车为主，商用车市场当中，轻型车占销量的84%（见表5-29），超重型和中型货车也有较高的市场占有率。

表5-29　2019年1—12月份南非汽车（分车型）销量

车型		累计（辆）	同期累计（辆）	同比增长（%）
乘用车		354436	365385	-3
商用	轻型车	153172	159257	-3.82
	中型车	8698	7947	9.45
	重型车	5138	5423	-5.26
	超重型车	13507	13230	2.09
	8.5吨以上客车	1832	1085	68.85
	小计	182347	186942	-2.46
总计		536783	552327	-2.81

资料来源：中国汽车工业协会网站（http://www.caam.org.cn/）。

从品牌构成来看（表5-30），南非汽车市场主要以外国品牌为主，分布较为广泛，日本、德国、美国、韩国、法国、瑞典、意大利、印度和中国等均有车型销售，其中日本品牌占有市场份额的45%左右，优势十分明显，有六家日本汽车品牌进入前十五位，丰田高居榜首，2018年销量占市场份额比重高达23.8%，以丰田为代表的日本汽车品牌在南非市场有很强的竞争力。2019 年,中国车企超过印度制造商在当地的销量,其中长城哈弗销量达到 8886 辆,同比增幅高达 247.51%,但整体上中国汽车品牌竞争力和销量依然远远落后于欧美日韩企业。

表 5-30　2018—2019 年南非汽车(分制造商)销量

制造商	2018 年累计(辆)	2018 年同比增长(%)	2019 年累计(辆)	2019 年同比增长(%)
丰田	133603	4.83	130072	-2.64
大众	89886	3.36	89352	-0.59
日产	55439	6.97	49546	-10.63
福特	57877	-18.77	50914	-12.03
雷诺	25500	12.73	27250	6.86
现代	35858	95.85	33625	-6.23
五十铃	20159	—	20510	1.74
起亚	17335	60.3	15774	-9.00
马自达	14644	9.5	12460	-14.91
铃木	12088	36.85	15481	28.07
本田	7530	4.77	5557	-26.2
斯堪尼亚	2571	7.3	2332	-9.3
马恒达	5640	25.75	7259	28.71
捷豹和路虎	5130	2.01	4041	-21.23
沃尔沃客车	4407	—	5052	14.64
沃尔沃轿车	2682	36.84	2340	-12.75
欧宝	3109	—	2705	-12.99
依维柯	1343	-7.19	1186	-11.69
菲亚特克莱斯勒	1137	—	2395	110.64
长城哈弗	2557	—	8886	247.51
三菱	1689	3.62	1911	13.14
曼	2252	14.72	2449	8.75
斯巴鲁	1031	2.89	1050	1.84
塔塔	1618	-40.07	1173	-27.5

续表

制造商	2018年累计（辆）	2018年同比增长（%）	2019年累计（辆）	2019年同比增长（%）
POWERSTAR	553	33.57	673	21.7
标致雪铁龙	1117	30.64	1408	26.5
江铃	730	106.8	599	-17.95
一汽	1039	0.68	1102	6.06
宾利	88	144.44	69	-21.59
BABCOCK	263	-8.68	289	9.89
玛莎拉蒂	86	-47.88	82	-4.65
法拉利	79	3.95	64	-18.99
宝马集团	7270	-55.32	15006	106.41
梅赛德斯-奔驰	12872	1.47	20915	62.48
保时捷	1332	776.32	1496	12.31
其他	21813	-73.79	592	-97.57
总计	552327	-0.8	535801	-2.99

资料来源：中国汽车工业协会网站（http://www.caam.org.cn）。

（二）汽车市场集中度

市场集中度是决定市场结构的基本因素，体现了市场的竞争和垄断程度，市场集中度越高，说明大企业的市场支配能力越强，企业间的竞争程度就越弱；反之，市场集中度越低，企业间竞争程度就越高。

市场集中度通常由产业内最大的几家公司所占市场份额来表示，计算公式为：

$$CR_n = \frac{\sum_{i=1}^{n} x_i}{\sum_{i=1}^{N} x_i} \tag{5-1}$$

其中，x_i 表示某产业内第 i 家公司某一种绩效的数量，n 表示产业内最大几家公司的数量，N 表示产业内公司总数，通常 $n = 4$ 或者 $n = 8$，表示产业内规模最大的前 4 家或前 8 家企业的集中度。美国经济学家贝恩运用绝对集中度指标 CR_4 与 CR_8 对产业的垄断和竞争程度进行了分类,如表 5-31 所示。

表 5-31 贝恩对产业垄断与竞争类型的划分

单位:%

产业类型	CR_4	CR_8
极高寡占型	75 以上	90 以上
高集中寡占型	65—75	85 以上
中(上)集中寡占型	50—65	75—85
中(下)集中寡占型	35—50	45—75
低集中寡占型	30—35	40—45
竞争型	30 以下	40 以下

资料来源:杨公朴、夏大尉:《现代产业经济学》,上海财经大学出版社 2005 年版,第 56 页。

通过计算 2018 年金砖各国汽车产业集中度(见表 5-32)并与贝恩产业垄断与竞争分类法进行比照,可以看出各国存在一定的差异,且集中度普遍较高。

印度汽车产业 CR_4 处于 75%以上,CR_8 在 90%以上,汽车产业属于极高寡占型,汽车产业市场集中度在金砖国家中最高,铃木、现代和塔塔等车企占据印度大部分汽车市场,形成一定的垄断优势,其他品牌车企抢占市场份额的难度较大。巴西和南非汽车产业的市场集中度 CR_4 分别为 57.32%和 60.98%,CR_8 分别为 80.91%和 78.88%,属于中(上)集中寡占型,市场集中度较高,其中南非 CR_4 高于巴西,而 CR_8 低于巴西,表明南非市场前四名车企的市场占有率略高,而巴西市场前八名车企的市场占有率更高一些,垄断和竞争并存。俄罗斯汽车产业的 CR_4 和 CR_8 分别为 50.16%、71.09%,属于中(下)集中寡占型,汽车产业市场集中度在金砖国家中最低,市场竞争较为激烈,机会也更多。从市场竞争强度来看,中国汽车企业在印度开拓市场会遇到既有垄断品牌的巨大压力,扩大市场份额的难度很大,相对来说在其他国家,特别是在俄罗斯,拓展市场当中受到国际大企业的竞争压力会稍小一些。

表 5-32　2018 年金砖国家汽车产业市场集中度　　单位:%

国别	CR_4	CR_8
巴西	57.32	85.91
俄罗斯	50.16	71.09
印度	77.80	92.02
中国	59.42	83.76
南非	60.98	78.88

资料来源:根据中国汽车工业协会数据整理计算而得,印度为 2017 年数据,其他国家为 2018 年数据。

近年来,中国汽车市场集中度逐渐提高,2018 年 CR_4 和 CR_8 分别为 59.42%和 83.76%,与巴西、南非接近,也属于中(上)集中寡占型。从细分车型来看,中国轿车和 SUV 的 CR_4 均处于 30%以下,CR_8 处于 40%以下,属于竞争型行业,市场集中度很低,资源较为分散,企业难于获得垄断地位。MPV 产业 CR_4 超过 50%,属于中(上)集中寡占型行业,市场集中度较高,自主品牌车企占据 MPV 市场销量排名前列,产业发展相对较好。

第三节　中国与金砖国家汽车产业竞争力与互补性

学术界对于产业竞争力的评价有多种方法和多种指标,本书采用显性指标方法,运用市场占有率和显示性比较优势指数等显性指标,通过贸易数据,结合贸易特化系数和互补性指数对产业竞争优势和互补性进行测算,进而对金砖国家汽车产业合作条件作出分析。

一、金砖国家汽车和零部件产品国际市场占有率

国际市场占有率是指一国出口产品在国际市场上占有的份额,该指标以进出口数据为基础,是评价国际竞争力常用的重要指标,可以反映一国产品在

国际市场竞争中的优势和劣势。如果一国出口某种产品在国际市场占有率比较高,就说明该国这种产品的国际竞争力比较强。

国际市场占有率计算公式为:$MS = (X_{ij}/X_{wj}) \times 100\%$ (5-2)

其中,MS 表示国际市场占有率,X_{ij}表示 i 国 j 产品的出口总量,X_{wj}表示世界 j 产品的出口总量。MS 比值越大,说明该国 j 产品出口竞争力越强,比值越小,说明该国 j 产品出口竞争力越弱。以下分别对金砖国家汽车整车和零部件行业的国际市场占有率进行比较。

(一)整车国际市场占有率

从表 5-33 可以看出,世界汽车整车出口近十年来总体处于振荡提高的过程中,受美国次贷危机影响,全球需求不振,乘用汽车和商用汽车出口均出现了较大幅度的下降,之后逐渐恢复增长,2015 年世界经济增长依旧乏力,整车出口量小幅减少,2016 年之后有所复苏,2018 年达到最高值。

表 5-33 2006—2018 年世界汽车出口总额 单位:亿美元

年份	乘用车出口额(千美元)	商用车出口额(千美元)
2006	5386	1041
2007	6244	1287
2008	6386	1359
2009	4400	8048
2010	5594	1056
2011	6404	1292
2012	6500	1386
2013	6773	1381
2014	7051	1395
2015	6790	1283
2016	7006	1306
2017	7479	1454
2018	7783	1538

资料来源:联合国贸易数据库数据(https://comtrade.un.org)。

多年来，德国、日本和美国企业一直牢固占据着全球汽车品牌排行前十位，并拥有国际汽车市场大部分的份额，按照各国历年数据计算得出的结果，其中德国汽车国际市场占有率多数年份超过 20%，日本汽车的国际市场份额均超过 10%，之后的美国、加拿大、英国及韩国大都超过 5%。金砖国家汽车工业发展水平与欧美日发达国家相比仍有较大差距，尤其缺乏具有世界影响力的品牌，整车在国际市场的占有率普遍较低。

2006—2018 年，巴西汽车产品出口额占世界比重有一定波动，2014 年达到最低值，乘用车出口金额只有 32 亿美元，2017 年快速提高到 67 亿美元（见表 5-34），2017 年商用车国际市场占有率接近 2%，商用汽车国际市场占有率强于乘用车，汽车出口竞争力在金砖国家中处于中间水平。

表 5-34　2006—2018 年巴西汽车产品国际市场占有率

年份	乘用车		商用车	
	出口额（亿美元）	国际市场占有率（%）	出口额（亿美元）	国际市场占有率（%）
2006	46	0.85	19	1.81
2007	47	0.75	21	1.62
2008	49	0.77	22	1.65
2009	32	0.74	10	1.22
2010	44	0.79	17	1.62
2011	44	0.68	22	1.71
2012	37	0.57	21	1.52
2013	55	0.81	22	1.62
2014	32	0.45	15	1.09
2015	34	0.50	16	1.28
2016	47	0.67	21	1.62
2017	67	0.89	29	1.96
2018	51	0.66	23	1.50

资料来源：根据联合国贸易数据库数据整理计算所得（https://comtrade.un.org）。

从表5-35可以看出,俄罗斯汽车产品国际市场占有率在金砖国家中最低,2009—2011年,乘用车国际市场占有率只有不到0.1%,其余年份的占有率也大都没有超过0.2%,商用车略高于乘用车,但是2018年也只有0.51%,说明俄罗斯汽车产品缺乏国际竞争力,也并未显示出增长态势。

表5-35 2006—2018年俄罗斯汽车产品国际市场占有率

年份	乘用车		商用车	
	出口额(亿美元)	国际市场占有率(%)	出口额(亿美元)	国际市场占有率(%)
2006	7	0.13	9	0.82
2007	8	0.13	12	0.93
2008	9	0.14	11	0.80
2009	2	0.05	7	0.84
2010	3	0.05	5	0.45
2011	5	0.08	7	0.58
2012	10	0.15	9	0.65
2013	15	0.22	11	0.79
2014	15	0.21	9	0.68
2015	11	0.16	10	0.75
2016	11	0.16	8	0.63
2017	13	0.18	11	0.74
2018	13	0.17	8	0.51

资料来源:根据联合国贸易数据库数据整理计算所得(https://comtrade.un.org)。

2006—2018年,印度汽车产品国际市场占有率基本处于上升态势,2018年乘用汽车国际市场占有率达到0.92%,商用汽车占比为0.89%(见表5-36),指标绝对数值不高,但增幅明显,表明印度汽车产品国际市场出口竞争力在逐渐提高,其中乘用车的优势稍强于商用车,印度马恒达、塔塔等汽车品牌已经进入包括南非在内的许多发展中国家市场,在东南亚和非洲有一定的影响力。

表 5-36　2006—2018 年印度汽车产品国际市场占有率

年份	乘用车		商用车	
	出口额（亿美元）	国际市场占有率（%）	出口额（亿美元）	国际市场占有率（%）
2006	10	0.19	2	0.21
2007	13	0.21	2	0.18
2008	22	0.35	4	0.28
2009	29	0.67	3	0.33
2010	45	0.81	7	0.70
2011	36	0.57	9	0.69
2012	42	0.65	14	0.98
2013	56	0.82	8	0.56
2014	58	0.82	7	0.52
2015	54	0.79	8	0.64
2016	64	0.91	8	0.62
2017	66	0.88	10	0.67
2018	72	0.92	14	0.89

资料来源：根据联合国贸易数据库数据整理计算所得（https://comtrade.un.org）。

中国汽车工业近年来发展很快，汽车产品国际市场占有率也呈现明显的增长态势，2006 年乘用车市场占有率只有 0.29%，2017 年达到 0.96%，期间商用车从 1.46%提高到 3.16%（见表 5-37），在金砖国家中均为最高，特别是商用汽车出口竞争优势较为明显。中国的汽车产品国际市场占有率处于提升阶段，竞争优势不断增强，在金砖各国中具有一定优势。中国已经成为世界最大汽车生产国，但是缺乏核心竞争力，在国际市场仍然处于相对边缘地位。根据英国品牌评估机构（Brand Finance）发布的 2019 全球最具价值汽车品牌 100 强排行，中国有 22 个品牌入选，印度有 7 个，俄罗斯有 1 个，巴西、南非没有品牌入围。在金砖国家，中国汽车品牌虽然数量上占有优势，但排名位次与印度差别不大，特别是前 20 名中除了中国吉利处于第 19 位外，其余均为欧美日发达国家汽车企业。中国汽车品牌价值主要体现在庞大的本国汽车市场内部,而在国际市场的认知度较低,世界影响力和竞争力仍有待增强。

表 5-37　2006—2018 年中国汽车产品国际市场占有率

年份	乘用车		商用车	
	出口额（亿美元）	国际市场占有率(%)	出口额（亿美元）	国际市场占有率(%)
2006	15	0.29	15	1.46
2007	28	0.45	37	2.87
2008	30	0.47	53	3.92
2009	14	0.32	29	3.66
2010	22	0.39	33	3.12
2011	37	0.58	51	3.91
2012	48	0.73	64	4.65
2013	46	0.68	57	4.16
2014	45	0.64	58	4.12
2015	41	0.61	53	4.16
2016	49	0.70	41	3.14
2017	72	0.96	46	3.16
2018	55	0.70	50	3.27

资料来源:根据联合国贸易数据库数据整理计算所得(https://comtrade.un.org)。

2006—2018 年,南非乘用汽车国际市场占有率基本在 0.5%—0.8%,低于中国、巴西和印度,商用车市场占有率近年来保持在 2%左右(见表 5-38),低于中国,而明显高于其他金砖国家。南非汽车产品国际市场占有率经过多年反复波动,整体略有上升,在非洲市场有一定的影响力,尤其在商用汽车产品方面有一定竞争力,但国际市场竞争优势并不明显。

表 5-38 2006—2018 年南非汽车产品国际市场占有率

年份	乘用车		商用车	
	出口额（亿美元）	国际市场占有率（%）	出口额（亿美元）	国际市场占有率（%）
2006	27	0.50	11	1.04
2007	26	0.42	13	1.02
2008	45	0.71	16	1.21
2009	31	0.70	9	1.11
2010	46	0.82	16	1.51
2011	47	0.74	22	1.73
2012	40	0.62	31	2.25
2013	37	0.54	30	2.20
2014	44	0.62	31	2.23
2015	56	0.82	25	1.94
2016	53	0.75	28	2.13
2017	57	0.76	30	2.06
2018	61	0.79	35	2.29

资料来源：根据联合国贸易数据库数据整理计算所得（https://comtrade.un.org）。

（二）汽车零部件国际市场占有率

汽车零部件行业是汽车工业的重要组成部分，与汽车工业创新与发展息息相关。零部件质量在很大程度上决定了汽车的品质是否优秀，而零部件价格还会直接影响汽车生产成本，因此零部件行业是汽车产业是否具有竞争优势的重要支撑和保障。随着全球产业分工的细化，汽车零部件行业出现了模块化、集群化和全球同步配套的特点，在汽车产业国际产能合作当中占有特殊地位。德国、日本和美国等发达国家汽车零部件企业经过长期发展，拥有完备的生产技术、管理体系和雄厚的资本实力，成为当今世界汽车零部件行业的主导者。金砖国家汽车工业起步较晚，汽车零配件配套供给能力没有同步跟上，整体实力较弱。近年来,中国汽车制造业在快速赶超进程中,零部件行业有了长足的进步,在金砖国家中具有一定的生产优势。

从2018年全球汽车零部件供应商百强企业分布来看,入围的100家企业分别来自世界17个国家及地区,日本、德国、美国仍然是百强零部件企业数量最多的3个国家,其中,日本共有27家企业入围,德国共有19家企业入围,美国共有18家企业入围。在金砖国家中,中国有6家企业入围,印度有1家企业入围。根据《美国汽车新闻》发布的全球汽车零部件配套供应商百强榜历年数据来看,2012年和2013年榜单中仅有1家中国企业,2014—2016年各有两家中国企业入围,2017年增至5家,2018年共有6家中国企业上榜,近年来入围百强榜的中国企业数量逐年增多,显示了中国汽车零部件行业在快速崛起。

从金砖国家汽车零部件出口占世界比重(见表5-39)进一步分析各国行业实力。2008年以来,巴西和南非汽车零部件及配件出口占世界比重有所下降,2018年占比分别只有0.72%和0.16%,行业国际竞争力不高。俄罗斯出口占比基本维持在0.08%—0.22%,在金砖国家中最低,2018年汽车零部件出口不到8亿美元,行业实力较弱,也反映出俄罗斯汽车市场对国外汽车零配件有较大需求。印度表现突出,出口占比持续提高,出口额从2008年的18亿美元增加到2018年56亿美元,占比提高了1倍以上,出口额增长了219%。印度汽车零部件出口额虽然高于巴西、俄罗斯和南非,行业竞争力逐步增强,但是占世界比重依然较低,缺乏国际竞争优势。

表5-39 巴西、俄罗斯、印度和南非汽车零部件出口额及占世界出口额比重

年份	巴西		俄罗斯		印度		南非	
	出口额(亿美元)	占比(%)	出口额(亿美元)	占比(%)	出口额(亿美元)	占比(%)	出口额(亿美元)	占比(%)
2008	48	1.55	7	0.22	18	0.57	9	0.29
2009	31	1.36	3	0.11	13	0.55	6	0.28

续表

年份	巴西		俄罗斯		印度		南非	
	出口额（亿美元）	占比（%）	出口额（亿美元）	占比（%）	出口额（亿美元）	占比（%）	出口额（亿美元）	占比（%）
2010	44	1.45	2	0.08	21	0.69	10	0.33
2011	51	1.43	3	0.08	30	0.85	12	0.33
2012	48	1.32	6	0.15	38	1.05	11	0.32
2013	43	1.14	6	0.16	42	1.11	9	0.25
2014	35	0.91	5	0.14	43	1.12	8	0.21
2015	31	0.86	4	0.10	43	1.17	7	0.18
2016	28	0.74	4	0.11	45	1.21	6	0.16
2017	32	0.81	6	0.16	49	1.23	7	0.17
2018	31	0.72	8	0.19	56	1.32	7	0.16

资料来源：根据联合国贸易数据库数据整理计算而得（https://comtrade.un.org）。

中国汽车零部件出口额呈现较快增长的趋势，从2008年的150亿美元到2018年的331亿美元，增长了1倍多，汽车零部件出口额占世界汽车零部件出口额的比重也由2008年的4.8%上升到2018年的7.73%（见表5-40），远远高于其他金砖国家出口占比。中国汽车零部件及配件行业发展迅速，已经成为世界重要生产基地，具备了一定的产能优势和出口竞争力，但出口优势主要集中在底盘部件、电子电器、车身附件等传统劳动密集型项目上，大多属于中低技术含量产品，核心零部件及关键系统总成的研发生产能力还相对薄弱。

表5-40　中国汽车零部件出口额及占世界汽车零部件出口额比重

年份	中国汽车零配件出口额（亿美元）	世界汽车零配件出口额（亿美元）	中国汽车零配件出口额占世界比重（%）
2008	150	3120	4.80
2009	117	2298	5.09
2010	168	3022	5.57
2011	206	3562	5.77

续表

年份	中国汽车零配件出口额(亿美元)	世界汽车零配件出口额(亿美元)	中国汽车零配件出口额占世界比重(%)
2012	228	3606	6.32
2013	258	3778	6.82
2014	287	3857	7.44
2015	285	3638	7.83
2016	285	3746	7.61
2017	313	4008	7.80
2018	331	4279	7.73

资料来源:根据联合国贸易数据库数据整理计算而得(https://comtrade.un.org)。

二、中国与其他金砖国家汽车行业竞争性与互补性测算

整车和零部件国际市场占有率较好地说明了各国汽车产品在全球的竞争地位,但并不必然体现两国之间的相对优势。因此,本书采用调整后的显示性比较优势指数、贸易特化系数和互补性指数,进一步梳理中国与其他金砖各国之间的双边汽车产业竞争优势和互补性。

(一)显示性比较优势指数

从2008—2017年中国汽车产品对其他金砖国家的显示性比较优势指数计算结果(见表5-41)可以看出,2008年以来中国汽车在巴西的比较优势分为先升后降两个阶段:2010—2013年,中国汽车产品在巴西的显示性比较优势指数均大于1,个别年份超过2.5,说明这一时期中国汽车产品在巴西具有较高的比较优势;但是从2014年开始指数出现下降,2016年仅为0.27,2017年为0.62,中国汽车产品在巴西比较优势较弱。俄罗斯是中国主要汽车出口国,2017年中国出口俄罗斯汽车商品23.37亿美元,出口整车3.22万辆,在金砖国家中位居第一。2008—2017年,中国汽车产品在俄罗斯的显示性比较

优势指数均大于 1.25，多数年份在 2.5 以上，在金砖国家中最高，其中 2010—2014 年，指数均超过 5.0，2013 年达到 6.61，具有极为明显的比较优势，2015 年之后，指数开始下降，但 2017 年依然保持在 1.93 的较高水平，表明中国汽车产品在俄罗斯仍然具有很大的比较优势，不过这种优势有减弱的迹象。中国汽车产品在印度的显示性比较优势指数在金砖国家中最低，2011—2012 年仅为 0.01，之后有所上升，但增长幅度并不明显，2017 年也只有 0.14，说明中国汽车产品在印度不具有比较优势。中国汽车产品在南非的显示性比较优势整体表现为下降态势，2013 年之前指数均大于 1.25，具有较高的比较优势，但是 2010 年以后，指数开始逐年下降，2014 年为 0.75，2016 年最低只有 0.16，2017 年虽然有所上升但也低于 0.8，表明中国汽车产品在南非的比较优势较弱。

表 5-41 2008—2017 年中国汽车产品对其他金砖国家的显示性比较优势指数

年份	中国—巴西	中国—俄罗斯	中国—印度	中国—南非
2008	0.23	6.74	0.02	4.03
2009	0.48	2.60	0.03	2.12
2010	2.51	5.12	0.02	3.94
2011	7.78	5.29	0.01	2.17
2012	1.15	5.22	0.01	1.67
2013	1.42	6.61	0.07	1.31
2014	0.93	5.54	0.04	0.75
2015	0.85	2.50	0.13	0.28
2016	0.27	2.85	0.09	0.16
2017	0.62	1.93	0.14	0.67

资料来源：根据联合国贸易数据库数据整理计算所得（https://comtrade.un.org）。

需要注意的是，从近些年中国汽车产品出口占总出口比重的角度来看，汽车产品出口占货物贸易出口份额及国际市场份额都在不断提高，而对金砖各国的出口涨跌互现，在俄罗斯、巴西和南非的比较优势出现不同程度的下降态势。中国汽车产品还需要进一步丰富产品线，在稳固中低端产品的同时，积极向中高端产品拓展，不断增强在其他金砖国家的品牌竞争力和影响力。

（二）贸易特化系数

贸易特化系数是从进出口贸易差值的视角反映产品在与对象国专业化贸易分工中的竞争优势，整体上中国对其他金砖国家汽车产品具有贸易优势。从2008—2017年中国对其他金砖国家汽车产品贸易特化系数计算结果（见表5-42）可以看出，中国对巴西和俄罗斯贸易特化系数较为相似，2008—2017年，除2009年之外，基本都是大于0.90，多数年份接近于1，实际上中国对巴西和俄罗斯汽车产品出口额一直远远大于中国从巴西和俄罗斯进口的汽车产品贸易额，说明中国汽车产品在巴西和俄罗斯具有竞争优势，竞争力相对较强。

表5-42　2008—2017年中国对其他金砖国家汽车产品贸易特化系数

年份	中国—巴西	中国—俄罗斯	中国—印度	中国—南非
2008	—	1.000	0.988	—
2009	0.992	0.892	0.901	0.975
2010	0.998	0.997	0.678	0.989
2011	1.000	0.997	0.816	0.997
2012	0.998	0.999	0.580	-0.163
2013	0.997	0.999	0.883	-0.597
2014	0.980	0.978	0.878	0.258
2015	0.989	1.000	0.983	0.987
2016	0.994	0.992	0.972	0.775
2017	0.994	0.934	0.979	0.986

资料来源：根据联合国贸易数据库数据整理计算而得（https://comtrade.un.org）。

2008年以来，中国与印度汽车产品的贸易特化系数有所反复和波动，多数年份大于0.8，2010年和2012年低于0.7，表明中国汽车产品在印度具有一定竞争力，但整体上弱于对巴西和俄罗斯。中国对印度汽车产品出口额大于从印度的进口额，且仍处于上升趋势。

与巴西、俄罗斯和印度有所不同，中国对南非汽车产品贸易特化系数波动非常明显，2012—2013 年，贸易特化系数一直小于 0，2013 年该系数为-0.163，中国和南非汽车产品贸易属于产业内互补，2013 年该系数为-0.596，接近于-0.8 的标准值，说明这一时期中国汽车产品在南非具有劣势，南非汽车产品竞争力相对较强。从 2014 年开始，贸易特化系数由 0.258 增加到 2017 年的 0.986，中国汽车产品对南非开始具有竞争优势。

（三）互补性指数

贸易互补性指数主要基于显示性比较优势来衡量两国或两地区之间的贸易互补性，指数越大，两国产品互补性越强。反之，指数越小，两国产品互补性越弱。从表 5-43 可以看出，中国与其他金砖国家汽车产品互补性都不高，与俄罗斯互补性明显高于巴西、印度和南非。2011 年，中国与巴西的汽车产品贸易互补性指数最高达到 2.17，有较强的互补性，之后两国汽车产品贸易互补性指数开始逐年下降，2017 年下降到 0.0276，汽车产品贸易互补性较弱。中国与俄罗斯汽车产品贸易互补性指数在 2009—2014 年逐年增加，由 0.1692 增加到 0.6012，但是从 2015 年开始，中俄汽车产品贸易互补性指数开始下降，2017 年该指数降到 0.0883，虽然高于其他几个金砖国家，但贸易互补性在减弱。中国和印度汽车产品贸易互补性指数在 0.0002—0.0392，多数年份不足 0.01，说明中国和印度汽车产品贸易互补性极弱。2008 年，中国和南非汽车产品贸易互补性指数为 0.9605，远高于俄罗斯、巴西和印度，但是 2013 年以后，指数开始逐年下降，2016 年该指数仅为 0.0011，2017 年也只有 0.0253，在金砖国家中最低，表明中国和南非汽车产品贸易互补性非常弱。中国与其他金砖国家汽车贸易关系并不紧密，对俄罗斯略强于对巴西、印度和南非，汽车整车及零部件贸易分工和投资合作潜力仍有待挖掘。

表 5-43　2008—2017 年中国与其他金砖国家汽车产品贸易互补性指数

年份	中国—巴西	中国—俄罗斯	中国—印度	中国—南非
2008	0.0015	0.3853	0.0002	0.9605
2009	0.0037	0.1692	0.0004	0.1022
2010	0.1457	0.2215	0.0003	0.3878
2011	2.1781	0.1154	0.0025	0.1687
2012	0.0389	0.2516	0.0031	0.1406
2013	0.1152	0.5520	0.0392	0.0634
2014	0.0548	0.6012	0.0026	0.0270
2015	0.0286	0.1748	0.0052	0.0023
2016	0.0069	0.0850	0.0017	0.0011
2017	0.0276	0.0883	0.0281	0.0253

资料来源:根据联合国贸易数据库数据整理计算所得(https://comtrade.un.org)。

第四节　中国与金砖国家汽车产业合作现状

一、中国与金砖国家汽车产品贸易往来

出口贸易通常是跨国汽车企业对外合作的早期环节,国际知名车企大都选择了整车出口—生产投资—技术转移的路径,逐步形成从单纯出口贸易过渡到产业链本土化分工的合作模式。中国对其他金砖国家整车和零部件出口贸易,也是现阶段中国车企对外开展产能合作不可或缺的主要形式之一。

金砖国家汽车市场供需结构有着各自的特点,各国汽车产业的竞争优势和互补性存在明显的差异,从中国对金砖各国汽车产品进出口结果来看,贸易规模仍然较小,但有增长的趋势,中国对各国的出口额均高于进口额,出口产品具有相对优势,进出口差额有所不同。

2009年,中国对巴西汽车产品出口额近4亿美元,从巴西进口的汽车产品为4827万美元。2017年,对巴西汽车产品出口额增长到14亿美元,进口的汽车产品超过1亿美元且创出新高(见表5-44)。中国对巴西的汽车产品出口额远远大于从巴西进口的汽车产品贸易额,对巴西具有一定的比较优势,出口与进口差额呈现先增后降再增的波动态势,2015年对巴西汽车产品出口额明显下降,进口额也同步减少,之后逐年回升。

表5-44　2009—2017年中国对巴西汽车产品进出口额　单位:万美元

年份	出口额	进口额	差额
2009	39506.1	4827.0	34679.1
2010	115790.5	7578.9	108211.6
2011	213669.1	8099.5	205569.6
2012	142661.3	7307.6	135353.7
2013	171564.2	7878.7	163685.5
2014	144777.9	9455.4	135322.5
2015	106731.9	7138.6	99593.3
2016	110374.3	7984.8	102389.5
2017	143079.8	10902.6	132177.2

资料来源:根据《中国汽车工业年鉴》历年数据整理。

金砖国家中,俄罗斯曾是中国最大的民用汽车产品出口国,受经济和政策影响,汽车贸易额经历了较大的起伏。2017年,中国对俄罗斯汽车产品出口额达到23亿美元,而从俄罗斯的进口额只有2486万美元(见表5-45),进口额在金砖国家中最低,进出口差额巨大,体现出在汽车产品方面,中俄互补性很强,中国具有明显的优势。但是也要看到,中国对俄罗斯汽车产品出口波动较大,2012年超过36亿美元,之后出现明显下降,2015年相比最高年份减少了一半以上,俄罗斯市场并不稳定。

表 5-45　2009—2017 年中国对俄罗斯汽车产品进出口额　单位:万美元

年份	出口额	进口额	差额
2009	38842.7	457.5	38385.2
2010	119710.1	60.1	119650.0
2011	302403.4	503.1	301900.3
2012	365014.8	549.7	364465.1
2013	352175.6	783.6	351392.0
2014	319023.4	803.2	318220.2
2015	171914.0	579.8	171334.2
2016	189940.6	686.4	189254.2
2017	233745.3	2485.6	231257.9

资料来源:根据《中国汽车工业年鉴》历年数据整理。

印度经济的发展带动了汽车消费市场的旺盛需求,中国对印度汽车产品出口整体出现不断增长的趋势,2009 年对印度出口额为 5.3 亿美元,2016 年出口额接近 17 亿美元,是 2009 年的 3 倍,2017 年略有减少。与出口的持续增长不同,2014 年以来,中国从印度进口汽车产品有所减少,2014 年最高接近 1.5 亿美元,2016 年减少到 1 亿美元(见表 5-46),2017 年回升到 1.2 亿美元。中国与印度汽车贸易额在金砖国家中略低于俄罗斯,明显高于巴西和南非,进出口差额与巴西接近,中国从印度进口额在四国中最高,印度汽车产品仍有潜力。

表 5-46　2009—2017 年中国对印度汽车产品进出口额　单位:万美元

年份	出口额	进口额	差额
2009	53033.7	2412.4	50621.3
2010	114006.2	3926.9	110079.3
2011	131901.8	10666.5	121235.3
2012	100298.3	10896.2	89402.1

续表

年份	出口额	进口额	差额
2013	109667.2	14388.6	95278.6
2014	123555.5	14789.6	108765.9
2015	129194.9	12511.0	116683.9
2016	167695.3	10091.4	157603.9
2017	146055.4	11978.6	134076.8

资料来源:根据《中国汽车工业年鉴》历年数据整理。

中国对南非汽车产品贸易额在金砖国家中最低,其中出口额2017年为8.5亿美元,低于俄罗斯、印度和巴西,而进口额3847万美元(见表5-47),高于俄罗斯。2009—2013年,中国对南非汽车产品出口额逐年增长,从2014年开始出现下降,2017年再创新高。中国从南非进口的汽车产品贸易额波动较大,从2009年997万美元大幅提高到2013的3.6亿美元,2014年之后开始明显回落。

表5-47　2009—2017年中国对南非汽车产品进出口额　单位:万美元

年份	出口额	进口额	差额
2009	27818.8	996.6	26822.2
2010	55138.3	4242.5	50895.8
2011	68609.6	3916.9	64692.7
2012	80187.4	18665.6	61521.8
2013	82631.0	36005.3	46625.7
2014	76490.3	16364.8	60125.5
2015	74671.0	4364.9	70306.1
2016	67221.7	3826.2	63395.5
2017	85363.5	3846.9	81516.6

资料来源:根据《中国汽车工业年鉴》历年数据整理。

二、中国与金砖国家汽车产业投资合作

开放环境下,国际汽车巨头的大量涌入,为金砖国家带来了资金、技术和管理经验,促进了金砖国家汽车工业发展,也形成了异常激烈的竞争格局。与欧美日一些汽车强国相比,金砖国家汽车产业技术仍然相对薄弱,在全球汽车产业链中处于中低端位置,对外开展产业投资活动的能力十分有限。近年来,随着中国汽车工业的不断积累和快速成长,逐步进入从整车生产出口向对外投资合作拓展阶段,汽车企业对外直接投资活动日臻活跃,采取多种合作方式,合作规模和范围逐渐扩大,开始与国际主流车企同台竞争。

中国对金砖国家汽车产业投资进展较快,投资规模不断增加。根据各国市场条件和偏好,在投资品种和路径选择上各有侧重,如针对巴西市场主推轿车和轻卡,针对俄罗斯以SUV为主,针对印度侧重小排量轿车和MPV,针对南非则主打乘用车和轻型商用车,不同的投资品类充分契合了当地的消费习惯,为东道国汽车市场注入了新的元素。

中国汽车企业在金砖国家投资建厂主要有散件组装、合资独资和收并购等方式(见表5-48),几种合作生产方式的特征和风险不同,适用条件也有很大差异。金砖国家都是地区大国,具有一定的生产基础,中国汽车企业对各国的投资合作方式基本相似,合作初期大都先采用散件组装方式,之后以独资或合资方式,在当地建设配套体系并扩大本地化生产,向产供销研一体化延展。最近几年收并购方式也开始逐渐显现,但成功的收并购案例相对较少,主要集中在整车领域,单纯对当地零部件企业的收并购项目鲜有见到。

表5-48 中国汽车企业对外投资建厂合作模式

合作模式	主要特点	局限性	适用国家或地区
组装建厂	建设周期短,前期投入较少,以技术输出为主	附加值较低,对当地市场的适应能力较弱	进口关税较高,市场进入门槛低,生产能力相对欠缺

续表

合作模式	主要特点	局限性	适用国家或地区
合资独资	充分利用当地资源和区位优势,以资本输出为主	投资周期长,环节复杂,易受东道国政策和政局影响,风险较大	门槛高,市场充分竞争,本地配套能力较强,市场拓展空间大
收并购	快速进入市场,产生规模效应,企业协同共生	不同企业模式需要磨合,财务风险较大	开放程度高,政策包容性强,有特定区位优势

巴西是世界第七大汽车市场(2018 年数据),也是中国汽车企业主要出口和投资国。较早进入巴西进行本土化生产的中国车企是奇瑞汽车公司,2010 年,奇瑞公司与巴西圣保罗州政府签订了投资建厂合作协议,2014 年 6 月,投资 4 亿美元的现代化汽车工厂在圣保罗州亚卡雷伊小城建成,这是奇瑞汽车在海外独资兴建的最大工厂。2015 年 5 月,奇瑞公司与巴西雅卡雷伊市正式签署巴西工业园项目协议,计划投资 40 亿美元,最终建成以奇瑞整车为依托,带动相关汽车零部件配套产业入驻的综合园区。江淮汽车公司也是较早进入巴西拓展业务的中国车企之一,2012 年江淮公司宣布与巴西的合作伙伴 SHC 集团在巴伊亚州(Bahia)的卡玛萨里市(Camaari)合资建立工厂,项目总投资 2.5 亿美元,由江淮公司与 SHC 公司旗下全资子公司 SNS 公司共同注资建立,年产能 10 万辆。2014 年,比亚迪股份有限公司与巴西合作伙伴签署了投资建立铁电池工厂和电动大巴工厂的意向书,这是比亚迪在拉美地区投资设立的第一家工厂,首期工厂建设投资约 4 亿元人民币,将带动巴西电池和新能源产业的发展。

福田汽车公司进入巴西市场也较早,2012 年 9 月其巴西子公司同巴伊亚州政府签署协议,在卡玛萨里市建立工厂,工厂占地面积 100 万平方米,生产两款商用车,包括一款轻卡和一款微面,设计产能达 3 万辆。初期采取全散件拼装 CKD 方式,之后逐步提高零部件当地化比例,达到 65%以上的标准要求。福田汽车巴西第二工厂于 2016 年投产,工厂地址更改为南大河州(Rio Grandedo Sul)首府阿雷格里港(Porto Alegre)郊区的瓜伊巴(Guaiba),投资额约合人民币 6.7 亿元,年产能将达到 2.1 万辆,产品覆盖 3.5—24 吨的卡车。

俄罗斯是世界第十大汽车市场(2018 年数据),随着近年来经济形势开始企稳,汽车市场也逐渐走出低谷,中国品牌在俄罗斯汽车市场销售情况有所好转并具有了一定的影响力。2018 年中国品牌汽车当地总体销量同比增长了 11%,2019 年在俄罗斯市场整体小幅下滑的背景下份额继续逆势扩大。

力帆公司是较早进入俄罗斯的中国车企,是俄罗斯市场最畅销的中国品牌之一。2014 年 10 月,力帆与俄罗斯利佩茨克州政府在莫斯科签署投资意向协议,力帆公司投资近 3 亿美元在俄罗斯利佩茨克州建设全新整车工厂,新厂占地 60 万平方米,建设现代化的焊接、涂装和总装车间,投产后计划产能将达每年 6 万台,2018 年力帆又开始在当地推出 7 座 MPV 和 X60 越野车。

其他一些中国汽车企业也陆续在俄罗斯推出新车型或开展项目合作,2015 年,中国一汽与俄罗斯加里宁格勒州 AVTOTOR 汽车制造厂开启本地化 KD 散件的组装生产进程,2017 年 4 月底,一汽奔腾 X80 上市发布会在莫斯科举行,这是一汽在俄罗斯组装生产的第一款车型,也是在俄罗斯上市的第一款 SUV 车型,未来主要发展乘用车以及哈萨卡车 KD、本地化项目。2017 年 5 月,东风汽车公司在俄罗斯成立了东风俄罗斯公司,开展属地化的销售经营。2019 年 6 月,经过 4 年建设,长城汽车位于俄罗斯图拉州乌兹洛瓦亚工业区的生产基地正式竣工投产,工厂包含冲压、焊装、涂装和总装四大生产工艺,采用严格的环保标准,组装生产长城哈弗主力车型,一期投资大约 5 亿美元,年产能 8 万—15 万辆,按计划本土化程度将逐步达到 70%。

此外,福田集团计划在俄罗斯推出萨瓦纳越野车(SAUVANA)和伽途(GRATOUR)智能家庭车,奇瑞公司也计划针对俄罗斯市场,增加生产瑞虎 4 和瑞虎 7 两款新越野车。2018 年 9 月 11 日,俄罗斯卡玛兹公司和中国潍柴动力股份有限公司签署了创建合资企业"卡玛兹—潍柴"的协议,建立合资企业专门生产工业发动机,双方各持股 50%。

目前,力帆、奇瑞、华晨、华泰和长城汽车,已成为俄罗斯工业组装项目成员,进入俄罗斯国家支持计划,获得相关减免税优惠,这将进一步巩固和增强中国汽车品牌在俄罗斯的竞争地位。

印度汽车生产以国内消费为主,销量约占汽车总产量的80%,小排量紧凑型乘用车最为畅销。印度汽车市场是目前世界上增长速度最快的市场之一,2018年印度超过德国成为世界第四大汽车市场,预计到2020年之后印度将成为全球第三大乘用车市场,这是世界汽车企业,包括中国汽车制造商持续关注印度的一个原因,实际上中国近几年对印度直接投资中大约60%进入了汽车领域。

中国汽车企业进入印度市场的时间较短,投资领域涉及商用车、乘用车、中型和重型卡车以及汽车零部件等多个细分市场,市场影响力还不大,投资步伐有待加快。2011年4月,北汽福田公司与印度马哈拉施特拉邦政府签署了合作谅解备忘录,投资大约24亿元,在当地建立商用车制造厂。2014年,上汽收购通用印度位于古吉拉特邦的工厂,投产科鲁兹和五菱宏光等车型,成为首家在印度生产乘用车的中国汽车制造商。根据《印度时报》2019年2月28日报道,上汽集团将在2019年第二季度携名爵品牌进入印度市场,考虑追加3.5亿美元投资,在印度建立第二家工厂,为印度市场推出4款SUV。① 2016年11月,比亚迪与印度金石公司(Goldstone Infratech Ltd)合作,在印度设计和组装纯电动大巴,每年组装大约600辆公交车,并逐步提高到2000辆左右。2019年初,长城汽车公司在印度投资约1045万元人民币设立子公司,此前经过5年市场调研,长城汽车已在印度设立了海外研发中心,着重于电动汽车和人工智能编程软件的技术研究,按照计划,未来几年内将在印度建立独资企业。

中国车企主要采用独资和合资的方式进入印度市场,也有采用单纯产品出口和收购的方式。北汽福田、比亚迪、江淮、长城和吉利等车企选择建立独

① 《上汽考虑在印度追加投资3.5亿美元新建工厂》,搜狐网,见http://www.sohu.com/a/298445805_162522。

资工厂或分公司,以独资方式在印度发展。上汽集团、奇瑞和观致选择与当地汽车制造商合作,以合资方式进入印度市场。众泰则是以贸易方式向印度出口汽车。2017 年,上汽以 32.75 亿人民币完成对印度通用汽车公司的收购,通过改造位于古吉拉特邦巴罗达市 HALOL 工厂的方式,设立整车制造及配套供应商园区,以其为生产基地,开始研发投放上汽自主品牌产品。2019 年 4 月底,项目正式投产,规划产能 5.6 万辆,零部件实现 50%的本土化供应。

由于印度石油对外依存度极高,近些年来大力提倡发展新能源汽车,开始实施加快使用和制造混合动力电动车计划,对于中国汽车企业来说,新能源汽车或许是拓展印度市场的突破口。

南非普及汽车的时间相对较早,全球主要汽车制造商如奔驰、宝马、大众、通用、福特、丰田、尼桑、菲亚特等都在南非建有生产基地。汽车工业已经成为南非最大的制造业部门,占据着整个非洲大陆大约 80%的汽车生产和制造份额。2010 年前后,中国汽车企业包括一汽、北汽、长城、长安、吉利、江铃等也陆续开始在南非布局。

2014 年,一汽南非库哈工厂历经两年建设后落成投产,总面积 8.7 万平方米,包括商用车总装车间、改装车间、培训中心等设施。工厂导入一汽高品质卡车产品,通过 KD 组装形式,在当地完成车架铆接、整车装配、喷涂及检测工序,同时着重提高当地售后服务水平,将产品输出转变为产能输出。

2015 年 12 月,北汽南非工厂项目正式启动,北汽集团与南非工业发展公司签署了总金额 8 亿美元、规划产能 10 万辆的南非工厂项目合资合作谅解备忘录。2016 年 8 月,北汽南非汽车制造有限公司奠基,这是南非近四十年来最大的绿地投资项目,工程分两期建设实施,一期至 2019 年底建成焊装、涂装和总装三大工艺车间,目标产能 5 万辆;二期新增钣金冲压车间,并根据技术、产能和市场需求对一期制造工艺进行改造扩建。工厂投产后,将生产北汽旗下的轻型卡车、乘用车、越野车以及其他汽车产品,同时包括左舵和右舵汽车,以适应南非及周边市场的不同需要。2017 年 3 月,北汽集团与南非工业发展有限公司的又一个合作项目——南非汽车工业园正式落户南非库哈工业区，项目建设将进一步完善当地的汽车全产业链，涉及汽车研发、制造、金融、服务、租赁、二手车以及新能源等综合业务领域，成为立足南非并辐射非洲大陆的重要汽车生产制造基地。

北汽南非工厂的特殊性主要在于采用了全产业链建设模式，在研发、采购、生产、销售以及金融服务等方面进行多层次本土化合作，以整车制造带动零部件、物流仓储等自有业务发展，有助于降低当地整车制造成本，提高海外市场竞争力。

三、中国与金砖国家新能源汽车与应用技术合作

随着新材料、新技术、新工艺不断涌现，汽车产业进入一个绿色化、智能化的全新时代，特别是世界能源长期以化石能源为主的格局已经难以为继，寻找替代性能源已经迫在眉睫，汽车作为石油消耗大户，节能发展是大势所趋，新能源汽车正在成为各国汽车产业发展的主流，传统燃油汽车时代的结束只是时间问题。目前，德国、法国、印度、挪威、荷兰及韩国、日本、美国等一些国家已经提出禁售燃油汽车时间表或为电动汽车制定了销售目标。得益于政策和市场的双轮驱动，中国新能源汽车产业发展较快，与国外先进技术差距逐渐缩小，根据中国能源报与中国能源经济研究院共同推出的 2018 年全球新能源企业 500 强排行榜，中国入选企业达到 217 家，远多于排名第 2 位的美国（61 家）和排名第 3 位的日本（58 家），占据绝对优势，其中宁德时代、比亚迪、国轩高科、力神电池等多家动力电池制造商榜上有名。中国企业在电池能耗和续航里程等领域已经达到世界水平，具备了一定的规模优势和技术储备，对外合作空间十分广阔，部分中国车企和动力电池企业在金砖各国已经开始有了一些初步合作。

巴西地处热带和亚热带，大部分地区温热多雨，非常适宜甘蔗生长，为了摆脱传统能源资源短缺及石油危机给本国经济带来的影响，从 20 世纪 70 年

代便开始尝试以甘蔗为原料生产乙醇燃料，积极探索生物燃料、风能等新能源的开发利用，经过半个多世纪的努力，成为世界首个生物燃料达到可持续利用的新能源利用大国。2018年7月，巴西政府签署了“Rota2030”汽车行业新政策，减少对电动汽车和混合动力汽车的工业产品税，鼓励外资企业在巴西建厂生产电动汽车。

2013年以来，比亚迪开始拓展巴西市场，采取“先试用、再合作”的模式，在巴西利亚、圣保罗、萨尔瓦多、里约热内卢等巴西主要城市成功试运行，实际运行数据表明，这种纯电动大巴的运营成本比传统燃油大巴减少了75%—81%①，样车试用效果良好，为当地交通带来了极大的便利，也获得了市民认可。之后比亚迪与巴西相关部门正式确立合作关系并投资建厂，为各大城市提供大巴汽车，还与当地的物流、出租等公共交通服务机构开展多层次合作。2016年3月，巴西邮政部门宣布与中国比亚迪开展合作，在邮政物流业务领域使用比亚迪纯电动物流车T3，巴西邮政是巴西奥运会官方合作伙伴，比亚迪与其合作有助于提升世界影响力。此外，比亚迪e6纯电动车被选为出租车，以及部分巡逻、交通管理等用车。2017年6月，比亚迪与巴西坎皮纳斯州立大学签署合作意向协议，根据协议，比亚迪将在2020年前向该大学投资500万雷亚尔（约合150万美元），双方联合成立太阳能研发中心，致力于研究设计高技术含量的新能源产品。

2018年5月，作为中国最早研发新能源汽车动力电池并率先实现规模化和批量应用的企业之一，深圳市沃特玛电池有限公司与巴西ELECTRO CELL公司签订战略合作协议，双方共同在巴西市场推广沃特玛1MWH储能电站、用于家庭储能系统及电动叉车的磷酸铁锂电池包，在巴西率先安装2个500KWH以及1个250KWH的储能电站示范项目。

俄罗斯是传统能源生产大国，新能源汽车发展相对滞后，在全球各国积极

① 《聚焦新能源：中国电动汽车进军巴西市场》，太阳能电动汽车网，见https://www.tyncar.com/News/xnykc/20150316-15777.html。

推动新能源汽车研发的背景下，俄罗斯也将电动汽车列为重点发展的产业并制定了相关政策规划，鼓励新能源汽车的研发和利用。力帆公司与俄罗斯汽车企业合作较早，2015 年力帆在俄罗斯全资工厂启动建设，投资设立了专门研发中心，在生产燃油动力车型的基础上，逐步导入力帆新能源汽车。2016 年 7 月，黑龙江鹤岗市政府、华升公司、俄罗斯西伯利亚研究院、莫斯科大学等在莫斯科大学签署了建设“中俄石墨烯研究院”的合作协议，建立石墨烯行业权威的综合性科研中心和技术创新服务平台。石墨烯润滑油能够减少机械摩擦系数和磨损率，延长机械使用寿命，有效降低汽车一氧化碳排放。2017 年 4 月，中国车载信息服务产业应用联盟与俄罗斯国家汽车工程研究院（NAMI）正式建立业务关系，双方决定建立固定的工作接口，进一步明确合作的项目清单、计划与推动方式。NAMI 是俄罗斯国家科研机构，长期从事俄罗斯车辆研发、检测认证等工作，并为俄罗斯政府汽车产业政策制定和实施提供技术支持，双方针对自动驾驶、主动安全技术产品研发等领域合作进行了深入讨论，并进一步明确了合作项目。2017 年 6 月，在哈尔滨国际会展中心举办的中俄工业与技术合作洽谈会上，大庆金星燃气股份有限公司与俄罗斯远东公司在生产液化天然气技术上达成合作意向，共同投资生产车用清洁燃料。由于俄罗斯特殊的地理环境、能源结构以及技术成熟度因素，加之使用成本和配套设施建设等诸多约束，新能源汽车发展并非一帆风顺。

印度能源结构与中国非常相似，传统能源以煤炭和石油为主，本土资源储量和产能不足，对外能源依赖度较高，新能源开发和利用成为保障国家能源安全的一项长期政策。印度已经推出燃油汽车的禁售时间表，并采取税收减免和补贴等政策，以促进新能源汽车产业发展。2015 年，印度重工业部制订了快速生产和采用混合动力/纯电动车发展计划，为混合动力及电动汽车和清洁能源技术提供补贴，鼓励汽车制造商在印度研制新型混合动力汽车。2017 年进一步推出电动和混合动力等新能源车辆产业促进计划，目标是到 2030 年所有新车都实现电动化。2019 年印度政府批准了一项 14 亿美元的三年补贴计划，用于鼓励采用锂离子或其他先进电池技术的汽车销售。

为适应印度汽车产业发展规划和对电动公共交通的巨大需求，比亚迪于2014年开始在印度推出电动大巴试运营活动。2015年，比亚迪与印度合作伙伴奥莱克特拉绿色科技公司在海得拉巴合作设厂生产整车，联合设计制造组装巴士，工厂计划于2021年3月前，实现年产5000台电动公交车，打造成为印度本土化的电动巴士制造中心，并成为向其他南亚国家出口汽车的制造中心。2018年12月，比亚迪印度金奈工厂投入生产，项目投资1.5亿美元，占地约212亩，主要生产K7和K9两款电动车的电池和底盘。此外，2016年6月，中国微型电动汽车公司雷丁汽车与印度纳姆集团达成了战略合作协议，雷丁公司向纳姆集团提供微型电动汽车的生产业务，而汽车的销售及售后服务由纳姆集团负责，双方将共同推动微型电动汽车在印度的发展。

南非汽车工业有一定的基础，但新能源汽车发展比较迟缓，尚未制定明确的新能源汽车发展规划，汽车电动化进程明显落后于其他国家。为了鼓励新能源汽车生产，南非政府以资金奖励等方式激励本土汽车制造商生产新能源汽车，同时政府加大在新能源汽车基础充电设施的投入，大幅增加新能源汽车充电站的数量，为新能源汽车市场的国际合作提供条件。2016年10月，比亚迪与南非开普敦签订了一份提供11辆电动客车的合同，开始启动南非电动汽车市场的拓展合作。实际上对于南非而言，发展电动汽车的时机已经基本成熟，随着消费者环保意识的增强以及政府政策规划的逐步明朗，未来电动汽车市场潜力会逐步显现出来，中国汽车企业将面临诸多合作机会。

第五节　中国与金砖国家汽车产业合作的问题与前景

当前，中国与其他金砖国家在汽车贸易、投资及技术等领域开展了一系列合作。在贸易合作中，中印、中俄和中巴汽车产品贸易呈现稳定增长趋势；在投资合作中，中国与其他金砖国家汽车产业合作上升势头强劲，合作范围从家用轿车、SUV、卡车、汽车零配件向新能源汽车和高技术产品拓展，合作形式包括在当地投资建厂、组建合资企业、收购当地汽车工厂、设立分公司、开展属地化经营、建立汽车工业园区，以及联合成立投资平台等。此外，中国与巴西、俄罗斯以及印度开展了汽车技术合作，涉及新能源汽车、汽车电池技术、自动驾驶技术、车用燃料等领域，在电动巴士、电动物流车、微型电动汽车等研发生产方面已经取得一定的合作成效。

金砖国家在经济增长和消费市场方面的乐观预期，为各国汽车产业发展创造了良好的前提条件，也有利于在汽车领域开展投资合作。但是中国与其他金砖国家在开展汽车产业合作当中也面临许多约束和挑战，相比欧美发达国家的汽车巨头，中国汽车企业作为后来者，对外投资合作起步较晚，企业自身实力不足，在技术、经验和国际市场管理方面还存在许多短板，行业整体产销规模虽已稳居世界第一，但缺少具有国际竞争力的大型企业，即便是排在行业前列的龙头企业，在规模、技术、品牌影响力等方面相比欧美日跨国公司仍有很大差距，加之金砖各国政策变化、经济波动及人文环境差异等原因，一些中国车企在投资合作当中困难重重、举步维艰，项目开展虽然有了很大起色，同时也显露出不少问题，其中有些问题具有汽车行业的特殊性，而大多数问题带有普遍性，对于其他装备制造行业对外投资合作也有较强的启示与借鉴作用。

一、汽车产业合作存在的主要问题

一是合作规模小，市场占有率低。中国与其他金砖国家的汽车产业结构相似，车型品类具有一定的重合度，缺乏对目标市场的细分配置，互补性和比较优势不强，汽车产品贸易额相对较低。在投资合作方面，近年来中国汽车企业对金砖国家投资增长速度明显加快，也有不少合作项目进展较为顺利，但是中国车企大都研发实力较弱，竞争实力不足，加之市场介入及磨合时间短，部分车型在当地的生产能力和市场销量十分有限,市场占有率较低,投资结果与预期差距甚远。例如,2019 年韩国现代、起亚汽车集团在俄罗斯市场销售量超过 40 万辆,占俄罗斯汽车市场份额的 23%,德国大众和法国雷诺销售份额占比都超过 6%,中国在当地 11 个乘用车品牌销售合计 39973 辆,仅占汽车市场的 2.3%①,个别品牌车型销量出现连续下滑。实际上中国车企在其他金砖国家的市场产出表现大都还不如俄罗斯。显然,中国汽车品牌在东道国市场短时间内难成主流,会经历一个漫长而艰难的承压期。中国汽车企业在金砖国家的投资规模远低于发达国家汽车巨头在当地的投资规模,与金砖国家汽车市场消费潜力尚不匹配,长期来看仍有较大成长空间,需要做好充分的资源储备。

二是合作层次不高,以低端产品为主。汽车合作整体处于价值链低端环节,中国汽车企业在金砖各国投资的产品大多属于中小排量的低端车型品种,生产的产品普遍缺乏技术含量和品牌优势,中高端产品合作尚属空白,品质形象受到一定程度的低端锁定。产品品种不够丰富,无法满足金砖国家消费者对汽车产品的广泛需求。在中高价格产品区间,奔驰、宝马、奥迪、大众、丰田等强势地位无法撼动,欧洲、美国和日本汽车品牌对中国品牌的挤压在短期内很难改变;而在低价格区间,日本、韩国及印度当地的生产企业具有明显的成本和规模优势,市场竞争异常激烈。中国汽车企业在产品系列化、特色化、差异化以及产品定位和高端产品研发制造等方面必须作出更多的努力。

三是缺乏汽车技术研发合作及前沿性布局。国际汽车巨头都非常重视当地研发,如通用汽车公司在巴西新款汽车的设计、开发和生产主要依靠在当地建立的汽车研发中心,该中心创建十多年来,技术设计人员已经达到 1800 多人,成为通用汽车世界五大技术开发中心之一。福特在印度金奈建立了亚太地区第三个全球产品研发中心,大众在印度西部马哈拉施特拉邦的浦那也新

---

① 《2019 年俄罗斯车市数据出炉中国车仅占 2.3%》,搜狐网,见 https://www.sohu.com/a/367456642_100181968? _trans_=000014_bdss_dkmwzacjP3p:CP=。

建了以印度为中心并面向南亚的汽车技术中心。由于金砖国家本身汽车技术研发能力都还比较低，汽车技术人才储备不足，关键核心技术极为欠缺，在汽车零配件、汽车材料及智能技术等支持产业方面缺少合作。中国汽车企业主要沿用传统的生产协作方式，在当地进行散件组装或加工装配，缺乏本地化的研发设计环节，不利于产品属地化拓展和延伸，甚至会导致产品的“水土不服”。未来应该有更多的技术共享和联合研发，以帮助中国汽车企业在当地开发生产出更多的适应性产品。

四是新能源汽车领域合作较少。新能源汽车已经成为未来汽车产业发展方向，一些发达国家很早就开始对新能源进行开发利用，在新能源汽车研发生产方面也处于领先地位，持续开展广泛的跨国贸易、投资以及技术领域的合作，占据了市场的主动位置。2017 年，丰田和铃木开始合作，面向印度市场共同研发生产插电式电动汽车。2018 年丰田与巴西合作推出了全球首款混合动力（Hybrid FFV）汽车样车，与丰田其他混合动力汽车有所不同，全新的乙醇混动汽车采用汽油和乙醇共同驱动的柔性燃料系统并与混合动力传动系统相结合，可以充分利用巴西作为全球最大生物燃料生产国的优势。目前，中国与其他金砖国家仍以传统能源汽车贸易投资为主，在新能源汽车领域的合作大多属于探索式投资，主要集中在电动客车、微型电动汽车以及清洁燃料方面，项目数量、规模和产品技术层次都非常有限，对于长期维系拓展当地汽车市场非常不利。

五是品牌影响力和竞争力不足。中国已经拥有世界最大的汽车市场和生产能力，但行业集中度较低，各类中小规模的汽车企业繁多，还没有国际排名靠前的世界级企业。中国自主汽车品牌与国际汽车巨头相比存在较大差距，在激烈的市场竞争中，中国汽车企业整体实力依然较弱，缺乏国际影响力，知名度和认知度均有待进一步提高。中国汽车品牌在俄罗斯有一定竞争优势，在巴西、印度缺乏市场竞争力，在南非影响力也较弱。从目前来看，丰田、奔驰、通用、现代等国际汽车巨头一如既往地主导着巴西、俄罗斯、印度及南非汽车市场,中国汽车产品在金砖各国虽然具有一定的局部竞争优势,主要体现为有竞争力的价格以及丰富的现代化电子配置,而对于设计质量和产品可靠性方面,一些当地消费者仍然持怀疑或观望态度,直接结果就是产生巨大的销量落差。例如,2019 年印度乘用车市场 60% 的市场份额被日系汽车品牌占有,中国车企的市场占有率仅为 1%①,金砖国家汽车消费市场已经形成了品牌固化效应。欧美、日本、韩国汽车企业进入金砖国家市场较早,投资规模大,汽车技术储备雄厚,车型品类丰富,普遍采用精益生产管理方式,产品耐用性和稳定性得到了当地市场验证和认可,中国汽车品牌面临多方面的竞争压力。

六是营销服务支撑体系不健全。中国汽车企业缺少当地营销服务渠道网络,一定程度上制约了市场拓展。例如,印度本土品牌和一些国际知名品牌经过长期运作,在印度建立了广泛的销售和售后服务网络,已经牢牢占据市场,几乎没有给中国车企立足印度市场留下多大空间。截至 2018 年底,陆续共有 70 余家日本汽车企业及相关零部件制造商在印度建立了庞大的运营服务体系,为客户提供精细便捷的全流程服务,在激烈的市场竞争中长期占得先机。韩国汽车企业早在 20 世纪 80 年代就开始在南非投资建厂,依靠本土经销商形成遍布各地的营销网络。同样在南非,几乎每个中小城镇都有丰田公司的销售网点,从事售前售后及旧车置换业务。需要注意的是,日韩汽车企业南非售后市场渠道广泛,服务周到,促进了当地二手车市场的活跃,提高了日韩品牌汽车的置换率,也直接对中国汽车产品营销构成了威胁。从合作形式来看,目前中国车企在金砖国家的投资,大都采用进口组装方式,在当地建立组装工厂,而缺少全周期生产供应配套支持,尤其是缺乏零部件生产和售后服务网络,使中国汽车在当地市场的销量难以大幅提升。对中国汽车企业来说,进入早已被汽车列强瓜分的金砖国家市场并非易事,必须在品牌、质量、售前、售中及售后服务等各个环节做好充分的准备和保障。

---

① 王林:《扎根印度中国车企能否打破日系垄断?》,盖世汽车网行业频道,见 https://auto.gasgoo.com/news/202002/17I70157071C108.shtml。

二、汽车产业合作前景

“走出去”是中国汽车产业做大做强的必由之路，只有经历国际市场的竞争磨炼和吸收学习，企业才能真正巩固内部化优势和所有权优势，逐步提升内生增长动能及外延扩张实力。中国汽车企业全球化布局尚处初始阶段，部分整车及零部件企业已经率先迈出对外产能转移和技术输出步伐。金砖国家汽车市场机会和成长性有目共睹，备受全球跨国公司青睐，品牌竞争极为激烈，中国车企面临诸多难题和压力，需要加深对当地产业政策和市场偏好的精准把握，在一些细分领域力求有所突破，进而立足并站稳脚跟。

第一，政策预期决定合作空间。从政策方面来看，金砖各国对汽车产业合作普遍持积极态度。20 世纪 50 年代中期开始，巴西政府把汽车工业确定为经济的“增长点”，将汽车工业作为具有推动力的主导产业加以重点发展。政府实行大量引进外资的政策，鼓励外国汽车公司用进口设备作为投资，并在外汇方面予以优待，外国汽车公司可以享有 100%的股权。在鼓励外国汽车公司投资的同时，为保护本地汽车工业，政府采取高关税政策并利用进口配额甚至颁布法令禁止进口等措施，限制外国汽车进入巴西市场，要求外国汽车公司投资计划中必须列入采用当地生产的部件装配汽车的比重逐步增大的内容。2011 年，巴西政府出台了“法令 7.567”和“法令 7.716”，大幅降低本地汽车产品税率，鼓励外国整车厂在巴西建立生产研发基地，本地比例设定为 65%，要求除动力系统外的所有零部件在本地生产，对未完成国产化率要求的企业征收汽车产品税，上调工业产品税（IPI）比例，增幅高达 30%，只有满足 65%以上零配件产自巴西和南美洲共同市场国家（阿根廷、乌拉圭和巴拉圭）前提的车企，才能享受退税豁免。2015 年 7 月，巴西政府推出了一项“全国出口计划”，包括改善与出口相关的税收体制、实施贸易便利、对出口进行金融和担保支持等。此外，巴西国家发展银行也计划对零部件制造商提供金融支持，这些政策为巴西本土化汽车产业发展提供了帮助。为了应对贸易保护政策，奇瑞、江淮等中国汽车企业纷纷在巴西建立本地化生产,吉利、力帆等则在巴西的邻国乌拉圭设厂,借助巴西、乌拉圭同为“南方共同市场”成员的优势,将产品打入巴西市场。

俄罗斯政府出于对本土企业的保护,2008 年出台了《工业组装政策》,也就是 166 法令,对外国品牌在俄罗斯的生产和销售作出明确要求和规定,鼓励外国品牌在俄罗斯设厂进行本土组装,符合规定的品牌和车型享受优惠的关税,不符合要求的企业则需要缴纳较高的关税。之后出台了更严格的政策,提出汽车零部件本地化率 5 年内要达到 65% 等各项要求。2010 年 3 月,俄罗斯政府审议通过了《2020 年汽车工业发展战略》,提出了十大发展任务,分为 2010 年、2011—2014 年和 2015—2020 年三个阶段实施,在 2015—2020 年第三阶段的目标是在市场稳定条件下提升汽车工业竞争力。2016 年政府发布了《2025 年前汽车工业发展战略》,意在提高俄罗斯汽车行业整体水平,特别针对电动汽车、自动驾驶汽车、智能网联汽车和新能源车的研发和生产进行补贴。

印度重视吸引外资促进本地汽车工业发展,尤其是在小排量乘用车和节能汽车方面。汽车产业发展纲领性文件《汽车发展规划(2006—2016 年)》提出:政府允许外商 100%直接投资汽车行业,并对汽车零部件生产与进口免除许可和批准,鼓励大力发展以印资为主的合资企业;允许国外投资采用单纯的技术合作方式;重视零部件的本土化率,促进零部件本土企业按照跨国整车厂的高标准需求改进产品质量、提高技术水平,为汽车零部件企业提供资金支持和出口便利;优惠税制促进小型乘用车消费,下调小型乘用车的购置税率,大幅减轻消费者的购入成本负担;鼓励混合动力汽车、电动汽车和电动摩托车的生产;建立技术现代化基金和汽车培训机构,以及汽车设计、研发中心,为生产企业提供服务。2016 年 8 月,印度通过了商品和服务税(GST)修正法案,对税收制度进行了改革,决定统一全国的消费税,有助于减轻制造业的税务负担,尤其对于汽车制造商来说,能够降低成本,实现汽车商品价格的下降。此外,法案对于消除贸易壁垒、降低物流成本、吸引更多的外国投资也有积极作用。印度政府致力于将印度打造成为全球汽车及零配件制造中心,努力提高零部件的本土化率,许多国际汽车零部件企业已在印度建立研发机构,塔塔、马恒达等印度本地汽车制造商已拥有自行开发引擎、安全系统等设备的能力与经验。2018 年,在前期一系列鼓励政策和发展促进计划的基础上,政府再次简化了新能源汽车购买手续,允许降低购买保证金并提供更多折扣,加大对新能源汽车产业发展的支持力度。

南非政府先后制定了多个促进汽车行业发展的战略性规划,2009 年 10 月,政府通过了“汽车生产和发展计划”,该计划主要是为了支持国内汽车生产商的发展,对机械投资项目以及工厂建设进行 20% 的财政补贴,以及从 2012 年开始统一进口整车关税为 25%,从而实现汽车产量在 2020 年翻倍的目标。2010 年 4 月,南非全面开展新工业政策行动,主要目的是转变经济增长方式,提升制造业生产水平,对固定设备和汽车零部件生产等产生刺激作用。2013 年南非贸易和工业部正式实施“汽车生产开发计划(APDP)”,将汽车工业选为重点发展对象,向研发企业提供补贴,阶段性下调进口汽车关税,对汽车生产所需的进口零配件免税。根据南非与欧洲(主要是西欧、北欧国家)签订的经济伙伴关系协议,对欧洲进口汽车实行关税优惠,关税下调至 18%。此外,南非鼓励本土化制造,对提高汽车装配本地化程度也有一些政策要求。

汽车工业在金砖国家中都占据非常重要的地位,各国在汽车产业发展进程中,均出台了一系列汽车产业政策,包括对汽车产业提供财政支持、减免相关税收、鼓励汽车产业国际合作、扶持新能源汽车发展以及对汽车产品开发和市场定位进行引导等,产业方向和发展路径不尽相同,对外资普遍持欢迎态度,同时都有着近似的本土化要求和限制,保护本国汽车产业发展。严苛的市场保护举措无疑对本土汽车工业的初期发展起到了良好的支撑作用,但也带来了诸多负面影响,不利于企业产品升级换代和技术研发能力的提高,企业难以形成强大的市场竞争力。简言之,金砖各国汽车产业政策提供了类似的有约束性的投资合作机会,主要体现在鼓励和欢迎本地化投资生产方面,众多欧、美、日、韩等国家和地区的跨国公司已经纷纷抢滩进入,中国汽车企业当然也有充分的施展空间。

第二,把握细分领域的局部优势。从汽车产业比较优势和互补性来看,中国与其他金砖国家汽车产业的比较优势和竞争优势存在一定差异,在市场集中度方面,巴西、南非和印度汽车产业市场集中度相对较高,俄罗斯汽车产业市场集中度相对较低,中国汽车产业市场集中度整体上也比较低,而中国MPV市场集中度较高,自主品牌SUV市场认可度也较高。中国汽车产品在俄罗斯和巴西有一定竞争优势,在印度和南非的竞争力较弱但呈现出增强的态势。整体上中国汽车产品国际市场占有率和出口竞争力都很低,在金砖国家的比较优势并不明显,尤其是产品技术和品牌优势尚待提升,而长期以来欧、美、日、韩等国家和地区汽车企业在品牌、技术、渠道等领域都已经形成了稳定而成熟的属地运营模式,进一步加大了中国车企在投资对象国的生存和竞争难度。

当然,随着近年来快速的规模化发展,中国汽车产业在中低端轿车、商用汽车、SUV、MPV和零部件等领域具备了较大的产能优势和必要的技术储备,在金砖国家市场也开始有了一定的知名度和竞争能力。中国汽车行业应该逐步扩大民用轿车、SUV、MPV以及汽车零配件等领域的对外直接投资,具体车型和国别选择上要有所侧重,如印度、巴西、南非小排量家用轿车和多功能MPV车型以及俄罗斯中大型SUV都有较好的市场成长空间,是开展合作的优先选项。同时,还要根据各国不同的消费需求偏好,研制提供更多的差异化、个性化车型产品,填补细分市场空隙。此外,金砖各国汽车售后保养维修和改装市场的潜力也十分可观,对于各类机油润滑剂、易损件、汽车装饰用品等有庞大的需求,为中国汽车零配件企业扩大合作提供了多样化的选择。

第三,新旧技术转换孕育机会。从提高合作层次以及现代技术发展趋势来看,科学技术日新月异加快了全球汽车竞争由生产制造向渠道建设及现代服务领域拓展,传统燃油技术和营销服务模式均面临重大变革。金砖国家电子商务发展很快,特别是中国近几年在信息数据处理、物流、支付体系和人工智能等方面已经接近或达到世界领先水平,印度的移动支付和电商发展十分迅猛,巴西、俄罗斯和南非也具有较好的互联网应用基础。加强金砖国家汽车市场信息对接,利用多种电商平台,通过在线产品销售、金融支持、新旧置换、共享和异地租赁等多种新商业模式的推出,整合优化营销业务体系,为中国汽车企业从生产环节向服务环节延伸,实现价值链增值提供了极为有利的条件,未来中国与金砖各国在汽车服务领域的合作潜力不可小觑。

与传统汽车生产技术相比,中国汽车企业与国外汽车巨头在人工智能、新能源及电动汽车技术上的差距并不太大,促进与金砖国家新能源、新动力、新结构、新车型等方面的技术研发与生产合作,尤其是加大新型能源和互联网汽车的实质性投资和前瞻性投资,在清洁燃料和电动汽车以及智能驾驶领域进行突破与拓展,既是中国汽车企业在国际市场竞争当中的一个新的立足点,也符合金砖国家汽车产业发展方向,合作前景尤其值得期待。

第四,在防范风险中扩大市场。有潜力不等于有市场,有市场也不等于就能够形成获益机会,只有充分识别并有效规避各类风险,才有可能最终获得投资回报。汽车投资属于大投入大产出,项目进程当中存在各式各样的风险,东道国和世界政治、经济、金融动荡都会给企业投资带来巨大影响,甚至改变投资预期。

不同于早期完全选择整车出口或全散件组装方式,中国汽车企业当前更多地开始采用在当地新建工厂,输出技术管理标准,提升当地生产制造水平,相应的建设周期和投资回报期都被拉长,不得不面对更多的风险叠加。由于严苛多变的产业政策和不稳定的政治因素干扰,上汽、长城、北汽福田等企业在印度的投资计划均受到了不同程度的影响,部分项目进展迟缓甚至出现被动调整或延期。而本土化和税收政策变更以及经济增长剧烈波动,也一度使江淮、力帆、福田、奇瑞等中国车企在巴西、俄罗斯的投资经历了较大的起伏。

汽车工业是国际融合度最高的产业之一,面对非常激烈的市场竞争格局,中国汽车企业在与金砖国家开展合作当中,应该充分熟知和适应当地相关政策及法律法规要求,根据自身特点并结合各国的比较优势,着重增强企业综合实力,不断强化自身技术、管理和品牌优势,做好长期运营资源准备,采取必要的企业联合或者组团方式,发挥多方联动效应和互补效应,深入挖掘市场新需求、新变化和新潜力,提高汽车产业合作的针对性,有效化解和规避各类风险。

金砖国家都是市场大国,也是区域大国,巴西和南非还分别是南方共同市场和南部非洲共同体成员。中国汽车企业可以将平台型投资和垂直型投资结合起来,合理布局产业链分工,优化产品组合,在东道国顺利实现本土化研发生产销售的同时,延伸汽车营销服务渠道,逐渐增加对区域周边国家的市场辐射,全面扩大在新兴市场的品牌影响力,其中蕴含的结构性机会或许超乎想象。

第六章　金砖国家投资便利化及对直接投资影响的实证分析

第一节　投资便利化的基本内涵

国际产能合作从国家层面上是一项长期安排，涉及转出国与转入国的产业结构优化升级和经济发展，在产业层面涉及各国产业供需对接和平衡以及市场定位问题，在企业层面是从市场角度作出的微观行为，企业从自身条件出发认清面临的基础、条件和外部环境、行业竞争态势，以目标为导向进行路径选择。① 由此可以表明，产能合作会受到各个层面的多重因素影响，企业要作出投资合作决策，在充分考虑本身能力的同时，必须谨慎审视外部宏观和行业环境的变化。换句话说，除了资源、劳动力、资金和技术等互补互需条件之外，产能合作需要合作各方既要有合作能力匹配，也要有共同的合作意愿和动力系统推动，合作机制、产业政策和便利化水平在选择合作伙伴和构建产能合作模式过程中都不可忽视。

对于贸易和直接投资的动因和影响机制经济学理论早有解释，赫克歇尔—俄林要素禀赋理论认为一国的要素禀赋对国际间投资与贸易具有重要影

① 吴涧生:《国际产能合作的思路、重点和对策研究》，经济科学出版社 2017 年版，第 101—103 页。

响,劳动力、技术、资源等比较优势可以吸引外国资本直接投资或进行进出口贸易。投资诱发要素组合理论进一步提出对外直接投资都是在投资直接诱发要素和间接诱发要素的组合作用下而发生的,直接诱发要素主要是劳动力、资本、资源、技术、管理及信息知识等各类生产要素,间接诱发要素主要包括投资国诱发和影响因素、东道国诱发和影响因素、全球性诱发和影响因素,例如投资限制政策、税收优惠政策和审批制度等,不同的直接诱发要素和间接诱发要素会影响投资决策及行为,进而导致不同的投资结果,改善投资环境有利于诱发产生投资活动。交易成本理论强调了交易成本对不同的契约安排等生产制度的影响①,主张依靠组织、政策、机制和标准化来降低交易成本,信息获取成本、沟通决策成本和契约保障成本等多重因素叠加共同构成了交易成本。投资交易行为存在于两个或两个以上的投资主体之间,是一定条件下基于自然与社会环境中形成的规则所发生的动态博弈过程。交易环境内存在偏好转移、信息不对称及随机变化等各种不确定性因素,进一步增加了交易主体信息获取、辨析及处理的成本,必然影响交易过程中博弈各方的交易选择、空间方式及合作预期。交易环境可以看作构成交易成本的制度因素,降低交易成本就必须减少制度成本,在此过程中交易环境的稳定与否至关重要。

国际贸易和直接投资属于不同的活动范畴,对于区位优势及便利化水平的要求也有所区别。国际贸易是国与国之间商品、劳务、技术的流动,贸易便利化侧重贸易进出口环节中所涉及的一系列程序的简化和协调,而国际直接投资是一国投资者将资本投入本国之外的企业项目并开展跨国经营活动,投资便利化更加强调对外投资过程的高效率和低成本。

目前,学术界对贸易便利化研究较为充分,缺乏专门针对投资便利化的研究,没有形成一致的内涵界定和理论架构,而对于金砖国家投资便利化水平及

① 彭真善、宋德勇:《交易成本理论的现实意义》,《财经理论与实践》2006 年第 27 卷第 142 期。

影响因素专门研究的文献更为少见。尹美群等(2019)对中国与“一带一路”沿线国家经贸合作的影响因素作了研究,结论表明,在要素禀赋方面,东道国技术要素禀赋对中国对外直接投资、对外承包工程和进出口贸易都表现出负相关关系,东道国自然资源要素禀赋与中国各经济合作方式表现出显著的正向关系,劳动力禀赋主要和中国对外直接投资呈显著的正相关关系,而与对外工程承包和进出口贸易的关系并不显著,在制度环境方面,东道国的外商限制程度越高、本国产权法律保护制度越严格、政府越清廉就越抑制各种经贸方式与东道国要素禀赋之间的相关关系。① 任康钰等(2018)研究了金砖国家企业在2003—2017年国际并购的影响因素,认为东道国制度质量和制度距离与金砖国家企业国际并购成功率呈正相关,东道国的财政风险对金砖国家资源类并购和国有企业并购具有显著的促进作用,母国与东道国之间的贸易摩擦对金砖国家企业国际并购总体具有阻碍作用。② 黄森等(2020)基于2008—2017年面板数据,从经济、制度、社会、海关环境及基础设施五个维度构建模型,对“一带一路”沿线国家投资贸易便利化水平进行评价并测算了对国际产能合作的影响,实证结论表明,各国投资贸易便利化水平对国际产能合作有显著的正向影响,但其对投资与贸易的影响有所不同,各国投资贸易便利化水平存在较大的空间区位差距。③ 池仁勇等(2015)④和饶光明等(2019)⑤分别采用拓展的引力模型研究了中国对拉美及“一带一路”沿线国家直接投资影响因素,结果表明,劳动力成本和基础设施等不同变量对各国投资有不同的

---

① 尹美群、盛磊、吴博:《“一带一路”东道国要素禀赋、制度环境对中国对外经贸合作方式及区位选择的影响》,《世界经济研究》2019年第1期。

② 任康钰、谢丹、孙文莉:《金砖国家国际并购的决定因素及实证分析》,《国际经贸探索》2018年第6期。

③ 黄森、蒋婷玉、呙小明:《投资贸易便利化水平对国际产能合作的影响》,《统计与决策》2020年第16期。

④ 池仁勇、邱雯娴、汤临佳:《中国对拉美国家直接投资影响因素研究——基于引力模型的实证分析》,《浙江工业大学学报(社会科学版)》2015年第4期。

⑤ 饶光明、卿春丽:《中国对“一带一路”沿线国家直接投资的影响因素分析——基于东道国制度环境因素》,《重庆理工大学学报(社会科学版)》2019年第8期。

影响。

也有学者另辟蹊径研究了不同经贸合作方式之间可能的存在相互作用和影响,蔡阔等(2013)认为,对外承包工程企业会通过带动出口、工程换资源以及升级业务模式等方式显著促进中国对外直接投资①,对外承包工程越多,越有利于中国企业对外扩大投资。这一观点显然忽视了对外承包工程具有东道国"制度环境不确定性偏好"的特征。② 承包工程虽然与对外直接投资有一定的正向关系,但东道国的区位优势差异会也会给承包工程本身带来不同影响,国际承包工程项目一般包括尽调、环评、招投标、审批签约及后期实施,涉及政府、金融、海关等多个部门,冗长烦琐的程序将导致周期拉长并增大项目风险。尽管上述学术文献研究视角和观点各有不同,概括起来仍然可以得到一个相似的结论,即投资活动全周期与东道国自然资源、劳动力、财政金融和制度环境关系密切。

对于投资便利化的界定,亚太经济合作组织认为投资便利化是指在投资周期过程中,各国政府为吸引外国投资而采取的并使其管理效率与有效性最大化的行动措施。充分利用外国投资优势的关键在于各国政府必须制定合理的投资程序,避免增加额外的经营成本、风险或限制商业竞争,通过提供高质量的基础设施、高标准的商业服务、人才和灵活的劳动力以及对产权的健全保护而使投资便利化得到增强。③

经济合作与发展组织强调投资便利化主要指各国通过协调精简各种投资政策和程序,为投资者提供透明和可预见性的投资环境。投资便利化的核心任务包括填补因政策不连贯或不准确而造成的信息空白,有效的一站式程序

① 蔡阔、邵燕敏、何菊香:《对外承包工程对中国对外直接投资的影响——基于分国别面板数据的实证研究》,《管理评论》2013 年第 25 卷第 9 期。

② 周经、王尴:《"一带一路"倡议下东道国制度环境与中国企业"走出去"——来自中国对外承包工程的经验证据》,《财经科学》2020 年第 384 卷第 3 期。

③ APEC, Investment Facilitation Action Plan(IFAP)2008, p.2.

能降低投资者的交易成本,复杂的行政负担是投资的重大障碍。① 投资涉及对未来的判断,对投资者来说,重要的是可预测性、透明度、可信度、问责制和公平性,良好的投资环境有助于调动输送各方资源,产生更多有利可图的投资机会。从更高层面来说,提高投资便利化水平不仅仅是为了降低经营成本和提高企业规模盈利能力,它还应确保投资带来尽可能高的经济回报和社会价值。② 由此可见,经济合作与发展组织投资便利化的目标就是构建完善的投资环境,让投资者更容易建立或扩大现有投资,这就需要各国制定并实施相应的便利化政策,包括加强基础设施建设、强化投资制度安排和协调、提高投资行政审批效率、减少投资进入限制和障碍等,共同营造一个稳定、规范、便捷、高效的营商环境。

联合国贸发会议进一步明确提出,投资便利化就是为了方便投资者建立或扩大投资并在东道国进行日常经济活动业务,从投资设立前阶段直到整个投资生命周期内提供服务项目,涉及范围非常广泛,透明度、投资者服务、程序的简单和效率、协调合作和能力建设是其中的重要原则。③

通过国际组织机构关于投资便利化的解释以及现有学术文献不难看出,其一,投资便利化与直接投资存在显著的相关性;其二,投资便利化是在国家之间通过完善相关法律制度、精简服务程序和加快基础设施建设的措施,缩短交易时间,降低跨国企业对外直接投资成本,提高国际投资的效率和投资水平,促进东道国经济福利的改善;其三,与投资促进所具有的促使某国成为投资目的地的国别竞争性质不同,投资便利化通常是指加速投资的机制④,重心并非是吸引外国投资,而是为外资进入提供便利,包括减少繁冗的投资审批程

---

① OECD, Policy Framework for Investment 2015 EDITION, pp.39-44.

② OECD, Policy Framework for Investment 2015 EDITION, pp.13-14.

③ UNCTAD, World Investment Report 2016: Investor Nationality: Policy Challenges, United Nations, Geneva, 2016. p.117.

④ 王璐瑶、葛顺奇:《投资便利化国际趋势与中国的实践》,《国际经济评论》2019 年第 4 期。

序和设立一站式服务窗口等，使资本流动成本最小化。

因此，从更广泛的意义上来说，投资便利化涉及投资设立、扩大以及在东道国日常商业运营的所有环节，包含企业创建、资本融通、劳动力供给、基础设施、制度保障等多个节点，仅仅简化审批程序、减少开办时间和成本还远远不够，并不能根本上实现加速投资，还需要其他必要的机制和能力支持。

从世界范围来看，投资便利化发展普遍存在标准不一致、规则碎片化、协同效率低的问题，各国便利化水平和步调并不同步，难以实现全球投资加速流动的预期。随着全球新一代经济规则重心从关税等“边境议题”向监管一致性等“边境后议题”调整和延伸，尤其是当前逆全球化浪潮和国家保护主义蔓延，投资便利化的作用愈加凸显。①

金砖国家近年来不仅吸引了大规模外资流入，同时也成为全球日益重要的对外投资来源国，因此投资便利化议题对于金砖国家进一步深化拓展产能合作极为重要。金砖国家是中国开展境外产能合作的主要地区，中国与金砖各国具有良好的合作基础条件，合作的空间潜力很大，贸易发展较为顺利，而投资水平相对较低，投资潜力尚未充分发挥出来。目前，金砖国家之间尚未建立更加自由的区域贸易安排、签订整体的投资协定，金砖国家相互投资主要依照各国外商投资的相关政策规定，由于各国对外商投资的友好程度、经济保护主义程度不同，对外商投资的政策也大相径庭，同时部分金砖国家对来自不同国家的外资采取差异化政策②，对于吸引国际投资和加速投资产生了一定的阻隔。

直接投资的流速、流向和流量会受到多重因素影响，便利化水平差异无疑是不能回避的关键所在。本书着重对金砖国家投资便利化进行分析评价，通

① 王璐瑶、葛顺奇：《投资便利化国际趋势与中国的实践》，《国际经济评论》2019 年第 4 期。

② 梅冠群：《金砖国家投资贸易机制研究》，《国际经济合作》2017 年第 11 期。

过分级指标测算,对影响中国与各国投资合作的因素进行梳理,进而为寻找并拓展可行的合作模式及扩大产能合作提供参考。

第二节　金砖国家投资便利化测算及评价

一、投资便利化测评体系的构建

(一)指标的选取与说明

对于投资便利化测算指标选取及体系建立,学术界并没有固定的标准和模式,这里参考国内学者常用的多重指标结构体系并结合投资便利化的内涵特征,基于科学性、客观性和一致性原则,构建金砖国家投资便利化评价体系,包括 4 个一级指标,分别是基础设施(IE)、商业投资环境(BE)、制度环境(SE)和金融环境(FE),一级指标细化分解成 26 个二级指标,基本覆盖了中国企业对金砖国家直接投资的过程周期及内容,具体测算指标见表 6-1。

表 6-1　金砖国家投资便利化水平测算二级指标说明

一级指标	二级指标	二级指标说明
基础设施环境(IE)	公路服务及质量	衡量一国公路建设状况和服务效率
	铁路服务及质量	衡量一国铁路建设状况和服务效率
	航空服务及质量	衡量一国机场建设状况和服务效率
	港口服务及质量	衡量一国港口建设状况和服务效率
	电力供应及质量	衡量一国电力供应质量情况
	互联网使用人数	衡量一国互联网发展状况
	移动电话使用人数	衡量一国移动电话使用情况

续表

一级指标	二级指标	二级指标说明
商业投资环境(BE)	办理施工许可证程序	衡量企业在东道国办理施工许可证所需手续个数
	办理施工许可证时间	衡量企业在东道国办理施工许可证所花费的时间
	投资创业审批程序	衡量一国行政部门审批程序的繁琐程度
	投资创业审批时间	衡量一国行政部门审批的效率
	总税率(占利润比)	衡量一国的税负水平
	通货膨胀率	衡量一国通货膨胀程度
	工资和生产效率	衡量一国工资水平和生产状况
	劳资合作关系	衡量一国劳动力质量和劳资关系
制度环境(SE)	司法独立性	衡量一国司法制度体系是否健全独立
	政府管制的负担	衡量企业或个人遵守法律或政策所花费的成本
	法律解决争端的效率	衡量一国法律体系的完善程度及实施效率
	投资者保护力度	衡量一国对投资者的保护程度
	产权	衡量一国产权制度的完善程度
	知识产权	衡量一国在知识产权上的保护力度
金融环境(FE)	金融部门提供的国内信贷(占 GDP 比)	衡量一国企业或个人获得贷款的难易程度
	银行的稳健性	衡量一国金融体系是否完善和稳定
	风险资本的可用性	衡量一国风险投资的管理
	市场融资的难易程度	衡量一国是否能够提供充足的资金支持
	国际资本流动	衡量一国国际资本流动的畅通程度

基础设施包含 7 个二级指标,分别是公路服务及质量、铁路服务及质量、航空服务及质量、港口服务及质量、电力供应及质量、互联网使用人数、移动电话使用人数。基础设施是东道国吸引外商投资的硬性条件,是企业开展生产经营活动的物质保障,直接关乎外资企业投资的区位选择。高质量、有效率的基础设施可以促进劳动力、商品、资本等要素的流动和聚集,恶劣的基础设施

状况则会对外资企业投资行为产生抑制作用。基础设施对国际投资转移成本费用产生较大影响,其中完善的交通运输体系能够大幅降低物流运输成本,稳定充足的电力供应可以保障生产正常运转以减少停产损失和财务负担,信息工具的广泛应用则会减少投资过程的信息获取成本与沟通成本。

商业投资环境包括 8 个二级指标,分别是办理施工许可证程序、办理施工许可证时间、投资创业审批程序、投资创业审批时间、总税率(占利润比)、通货膨胀率、工资和生产效率、劳资合作关系。商业投资环境主要衡量一国投资审批效率和投资吸引力,可以影响甚至决定外资企业在东道国开办企业、扩大规模或追加投资的愿意。办理施工许可证和投资创业所需审批程序及时间会对投资企业的创建成本产生重要影响,便捷高效的投资审批程序可以直接为外资企业节省时间和成本。通货膨胀率和税率与企业运营成本的高低密切关联,合理可控的物价水平有利于企业平稳运行,较低的税率会降低财务费用,提高企业在东道国的投资收益和产品竞争力。劳动力工资和素质是影响外资企业成本核算及生产效率的主要因素,也是考察东道国区位优势的常用指标。

制度环境包括 6 个二级指标,分别是司法独立性、政府管制的负担、法律解决争端的效率、投资者保护力度、产权、知识产权。制度环境能够一定程度上反映东道国的公共服务水平和质量,并对外商投资企业产生相应的助力或制约作用。完善公正的制度环境可以为投资企业提供必要的政策法规支持,更好地维护企业合法权益,减少投资企业后顾之忧,推进企业投资活动持续健康发展。制度供给中的争端处理效率、管制负担、投资者保护力度及知识产权保护等都会影响投资企业的运行成本和投资进程。

金融环境包括 5 个二级指标,分别是金融部门提供的国内信贷(占 GDP 比)、银行的稳健性、风险资本的可用性、市场融资的难易程度、国际资本流动。金融环境可以衡量东道国金融市场的服务能力与效率。金融服务贯穿于投资活动全部过程,健全规范的银行信贷、证券市场融资、风险投资和资本流动体系,能够为外资企业投资活动提供安全有效的金融保障,帮助企业降低融资成本，提升风险抵御能力，促进企业稳健经营并不断扩大对东道国投资。

（二）指标数据的来源

投资便利化测评体系包括 4 个一级指标以及 26 个二级指标，指标数据来源于 2010—2019 年世界经济论坛发布的《全球竞争力报告》、世界银行发布的《营商环境报告》以及联合国贸易和发展会议（UNCTAD）发布的《世界投资报告》（见表 6-2），时间跨度为 10 年，其中正指标得分越高越有利于国际直接投资，负指标则相反。

表 6-2 投资便利化测评指标数据来源

一级指标	二级指标	指标来源	指标属性
基础设施环境（IE）	公路服务及质量（I1）	全球竞争力报告	正指标
	铁路服务及质量（I2）	全球竞争力报告	正指标
	航空服务及质量（I3）	全球竞争力报告	正指标
	港口服务及质量（I4）	全球竞争力报告	正指标
	电力供应及质量（I5）	全球竞争力报告	正指标
	互联网使用人数（I6）	全球竞争力报告	正指标
	移动电话使用人数（I7）	全球竞争力报告	正指标
商业投资环境（BE）	办理施工许可证程序（B1）	营商环境报告	负指标
	办理施工许可证时间（B2）	营商环境报告	负指标
	投资创业审批程序（B3）	营商环境报告	负指标
	投资创业审批时间（B4）	营商环境报告	负指标
	总税率（占利润比）（B5）	营商环境报告	负指标
	通货膨胀率（B6）	全球竞争力报告	负指标
	工资和生产效率（B7）	全球竞争力报告	正指标
	劳资合作关系（B8）	全球竞争力报告	正指标

续表

一级指标	二级指标	指标来源	指标属性
制度环境（SE）	司法独立性（S1）	全球竞争力报告	正指标
	政府管制的负担（S2）	全球竞争力报告	正指标
	法律解决争端的效率（S3）	全球竞争力报告	正指标
	投资者保护力度（S4）	全球竞争力报告	正指标
	产权（S5）	全球竞争力报告	正指标
	知识产权（S6）	全球竞争力报告	正指标
金融环境（FE）	金融部门提供的国内信贷（占 GDP 比）（F1）	全球竞争力报告	正指标
	银行的稳健性（F2）	全球竞争力报告	正指标
	风险资本的可用性（F3）	全球竞争力报告	正指标
	市场融资的难易程度（F4）	全球竞争力报告	正指标
	国际资本流动（F5）	世界投资报告	正指标

二、投资便利化水平测算

（一）测算方法

为避免样本数量小的缺点并规避主观因素带来的影响，本书采用熵值法作为测算方法。熵值法是一种客观赋权法，其根据各项指标观测值所提供的信息大小来确定指标权重。设有 m 个待评方案，n 项评价指标，形成原始指标数据矩阵 $X=(x_{ij})_{m\times n}$，对于某项指标，指标值的差距越大，则该指标在综合评价中所起的作用越大，如果某项指标的指标值全部相等，则该指标在综合评价中不起作用。根据熵的特性，可以通过计算熵值来判断单个方案的随机性及无序程度，也可以用熵值来判断某个指标的离散程度，指标的离散程度越大，该指标对综合评价的影响越大，其权重也应该越大。因此，可以根据各项指标的变异程度，利用信息熵工具计算出各个指标的权重，为多指标综合评价提供依据。

熵值法的具体运算过程如下:

1. 原始数据的收集与整理

假定需要评价 n 个对象的 m 个指标,将指标的原始数据代入便可形成评价系统的初始数据矩阵:

$$X = \begin{pmatrix} x_{11} & \cdots & x_{1n} \\ \vdots & \ddots & \vdots \\ x_{m1} & \cdots & x_{mn} \end{pmatrix} \tag{6-1}$$

其中,x_{ij} 表示第 i 个样本第 j 个指标的数值。

2. 数据的标准化处理

由于二级指标中存在正负指标之分,因此采取不同的公式进行非负数化处理。

$$\text{正向指标}: x'_{ij} = \frac{x_j - x_{\min}}{x_{\max} - x_{\min}} \tag{6-2}$$

$$\text{负向指标}: x'_{ij} = \frac{x_{\max} - x_j}{x_{\max} - x_{\min}}; \tag{6-3}$$

其中,x_j 为第 j 项指标值,$x_{\max}$ 为第 j 项指标的最大值,$x_{\min}$ 为第 j 项指标的最小值。

经过上述计算,会出现为 0 的数值,由于熵值法赋权要求数据不能为 0,否则不能直接进行比重,所以在此进行标准化处理,公式为:

$$y_{ij} = \frac{x'_{ij} - \bar{x}'_j}{s'_j} \tag{6-4}$$

其中,$\bar{x}'_j$ 为第 j 项指标均值,s'_j 为第 j 项指标的标准差。

3. 数据的平移

为了消除极端值和负数的影响,还要进行平移,平移量 c, 公式为:

$$c = -int[min(y_{ij})] \tag{6-5}$$

平移后可得到 $y'_{ij} = c + y_{ij}$。

4. 计算第 j 项的熵值 e_j

$$e_j = -k \sum p_{ij} \ln p_{ij} \text{，其中 } p_{ij} = \frac{y'_{ij}}{\sum y'_{ij}} \text{，} k = \frac{1}{lnm}。 \tag{6-6}$$

5. 计算第 j 项指标的差异系数 g_j

$$g_j = 1 - e_j。 \tag{6-7}$$

6. 计算各项指标的权重 w_j

$$w_j = \frac{g_j}{\sum g_j}。 \tag{6-8}$$

7. 各对象加权得分

$$s = \sum w_j y'_{ij}。 \tag{6-9}$$

（二）指标权重的确定

根据投资便利化测评体系中的 4 个一级指标和 26 个二级指标，将搜集到的金砖国家 2010—2019 年的原始数据整理后，按照上述熵值法步骤，计算得到 2010—2019 年二级指标的权重，运算结果见表 6-3。

表 6-3　2010—2019 年投资便利化二级指标权重

二级指标 \ 年份	2010	2011	2012	2013	2014	2015	2016	2017	2018	2019
I1	0. 03846	0. 03846	0. 03846	0. 03846	0. 03846	0. 03846	0. 03846	0. 03846	0. 03846	0. 03847
I2	0. 03848	0. 03848	0. 03848	0. 03847	0. 03848	0. 03848	0. 03848	0. 03847	0. 03847	0. 03846
I3	0. 03845	0. 03845	0. 03846	0. 03845	0. 03845	0. 03845	0. 03845	0. 03845	0. 03845	0. 03845
I4	0. 03846	0. 03847	0. 03847	0. 03848	0. 03848	0. 03848	0. 03848	0. 03848	0. 0385	0. 0385
I5	0. 03846	0. 03846	0. 03846	0. 03846	0. 03846	0. 03846	0. 03847	0. 03847	0. 03846	0. 03846
I6	0. 03846	0. 03846	0. 03846	0. 03848	0. 03849	0. 03848	0. 03847	0. 03846	0. 03847	0. 03846
I7	0. 03845	0. 03845	0. 03845	0. 03845	0. 03846	0. 03847	0. 03846	0. 03845	0. 03846	0. 03846

续表

二级指标＼年份	2010	2011	2012	2013	2014	2015	2016	2017	2018	2019
B1	0. 03846	0. 03846	0. 03846	0. 03846	0. 03846	0. 03847	0. 03849	0. 03848	0. 03845	0. 03845
B2	0. 03847	0. 03846	0. 03846	0. 03846	0. 03846	0. 03847	0. 03847	0. 03848	0. 03849	0. 03849
B3	0. 03845	0. 03845	0. 03845	0. 03845	0. 03845	0. 03845	0. 03845	0. 03845	0. 03846	0. 03846
B4	0. 0385	0. 0385	0. 03849	0. 03849	0. 0385	0. 03849	0. 03847	0. 03847	0. 03848	0. 03848
B5	0. 03845	0. 03845	0. 03845	0. 03845	0. 03845	0. 03845	0. 03845	0. 03845	0. 03845	0. 03845
B6	0. 03845	0. 03848	0. 03846	0. 03847	0. 03846	0. 03845	0. 03847	0. 03845	0. 03845	0. 03846
B7	0. 03846	0. 03847	0. 03847	0. 03847	0. 03846	0. 03846	0. 03846	0. 03845	0. 03846	0. 03846
B8	0. 03846	0. 03846	0. 03847	0. 03849	0. 03849	0. 03848	0. 03848	0. 03847	0. 03847	0. 03847
S1	0. 03847	0. 03847	0. 03846	0. 03846	0. 03846	0. 03845	0. 03845	0. 03846	0. 03846	0. 03846
S2	0. 03846	0. 03845	0. 03845	0. 03845	0. 03847	0. 03847	0. 03847	0. 03847	0. 03847	0. 03847
S3	0. 03846	0. 03846	0. 03846	0. 03845	0. 03845	0. 03846	0. 03846	0. 03846	0. 03847	0. 03847
S4	0. 03845	0. 03845	0. 03845	0. 03845	0. 03845	0. 03846	0. 03847	0. 03847	0. 03845	0. 03845
S5	0. 03847	0. 03848	0. 03848	0. 03847	0. 03845	0. 03845	0. 03845	0. 03848	0. 03845	0. 03846
S6	0. 03845	0. 03846	0. 03845	0. 03845	0. 03845	0. 03846	0. 03845	0. 03847	0. 03846	0. 03846
F1	0. 03845	0. 03845	0. 03845	0. 03844	0. 03845	0. 03845	0. 03844	0. 03844	0. 03844	0. 03844
F2	0. 03848	0. 03847	0. 03847	0. 03846	0. 03846	0. 03845	0. 03846	0. 03846	0. 03846	0. 03846
F3	0. 03847	0. 03846	0. 03846	0. 03846	0. 03846	0. 03846	0. 03845	0. 03845	0. 03845	0. 03845
F4	0. 03847	0. 03847	0. 03846	0. 03845	0. 03845	0. 03845	0. 03845	0. 03846	0. 03845	0. 03845
F5	0. 03845	0. 03845	0. 03845	0. 03845	0. 03845	0. 03845	0. 03844	0. 03844	0. 03844	0. 03845

再将表 6-3 中一级指标项下二级指标权重相加,可得到相应的一级指标权重,加总后的计算结果见表 6-4。

表 6-4　2010—2019 年投资便利化一级指标权重

一级指标＼年份	2010	2011	2012	2013	2014	2015	2016	2017	2018	2019
基础设施环境	0. 2692	0. 2692	0. 2692	0. 2693	0. 2693	0. 2693	0. 2693	0. 2692	0. 2693	0. 2693

续表

一级指标＼年份	2010	2011	2012	2013	2014	2015	2016	2017	2018	2019
商业投资环境	0.3077	0.3077	0.3077	0.3077	0.3077	0.3077	0.3077	0.3077	0.3077	0.3077
制度环境	0.2308	0.2308	0.2308	0.2307	0.2307	0.2308	0.2307	0.2308	0.2308	0.2308
金融环境	0.1923	0.1923	0.1923	0.1923	0.1923	0.1923	0.1922	0.1922	0.1923	0.1923

从权重结果可以看出,商业投资环境和基础设施环境权重在各年都明显占先,制度环境和金融环境则一直处于相对较低的位置。权重较大(0.03848及以上)的二级指标都集中在基础设施环境和商业投资环境两大一级指标中。其中,在基础设施环境中,铁路服务及质量和港口服务及质量两个二级指标在较多年份权重都比较大;在商业投资环境中,投资创业审批时间二级指标在较多年份权重都比较大。权重较小(0.03845及以下)的二级指标较多集中在制度环境和金融环境两大一级指标中。在制度环境中,投资者保护力度和知识产权权重较小;在金融环境中,金融部门提供的国内信贷、市场融资的难易程度以及国际资本流动在较多年份权重都较小。除此之外,航空服务及质量、投资创业审批程序以及总税率(占利润比)在绝大多数年份的权重都较小。

三、投资便利化测算结果

根据投资便利化测评体系中的全部指标数据及指标权重,计算得出2010—2019年金砖国家投资便利化指数得分,最终得分及排名见表6-5(括号内为当年排名)。

表 6-5　2010—2019 年金砖国家投资便利化测评得分及排名

年份＼国别	巴西	俄罗斯	印度	中国	南非
2010	1. 5716(4)	1. 4286(5)	2. 0019(3)	2. 4498(2)	2. 5480(1)
2011	1. 5962(4)	1. 4486(5)	1. 9322(3)	2. 4719(2)	2. 5512(1)
2012	1. 5866(4)	1. 4492(5)	1. 9230(3)	2. 4112(2)	2. 6301(1)
2013	1. 4916(5)	1. 6412(4)	1. 8208(3)	2. 4129(2)	2. 6336(1)
2014	1. 3723(5)	1. 7485(3)	1. 7204(4)	2. 4727(2)	2. 6861(1)
2015	1. 3227(5)	1. 8078(4)	1. 8811(3)	2. 3858(2)	2. 6025(1)
2016	1. 3069(5)	1. 8252(4)	1. 9988(3)	2. 3302(2)	2. 5389(1)
2017	1. 2918(5)	1. 8491(4)	2. 0797(3)	2. 4943(1)	2. 2851(2)
2018	1. 1977(5)	1. 9257(4)	2. 4633(1)	2. 4596(2)	1. 9538(3)
2019	1. 2047(5)	1. 9748(4)	2. 2604(2)	2. 5428(1)	2. 0173(3)
平均分值	1. 3942(5)	1. 7099(4)	2. 0082(3)	2. 4431(2)	2. 5509(1)

从得分及排名表可以看出，金砖国家 10 年间投资便利化水平平均得分从高到低依次为南非、中国、印度、俄罗斯、巴西，南非和中国投资便利化水平处于领先地位，俄罗斯、巴西处于明显落后位置，印度处于中间水平。从 10 年跨度的时序变化来看，中国、印度和俄罗斯的投资便利化水平总体呈上升态势，印度先下降后上升，变动幅度较大，投资便利化水平在五国中一直处于中等位置。俄罗斯上升趋势非常明显，便利化水平逐渐改善，与南非和印度的差距不断缩小。南非和巴西投资便利化水平逐年下降，其中巴西得分与其他各国差距显著，便利化水平亟待改善。2010—2016 年，南非的投资便利化程度均为第一，中国则紧随其后位居第二。2019 年，南非排名退居第三的位置，中国位居第一。

为了更详细的了解金砖国家投资便利化 4 个一级指标的得分情况，将一级指标对应的二级指标权重与标准化数值乘积进行简单加总，得到金砖各国 2010—2019 年投资便利化一级指标指数得分，见表 6-6。

表 6-6　2010—2019 年金砖国家投资便利化一级指标得分

国别	年份	基础设施环境	商业投资环境	制度环境	金融环境
巴西	2010	0. 42390	0. 49524	0. 30057	0. 35190
	2011	0. 38963	0. 48719	0. 35131	0. 36803
	2012	0. 38580	0. 47459	0. 36326	0. 36295
	2013	0. 37420	0. 44427	0. 33974	0. 33338
	2014	0. 33856	0. 42973	0. 28109	0. 32290
	2015	0. 33746	0. 37315	0. 30229	0. 30984
	2016	0. 31699	0. 38258	0. 30447	0. 30282
	2017	0. 29510	0. 33722	0. 32049	0. 33901
	2018	0. 32655	0. 32233	0. 22255	0. 32625
	2019	0. 32494	0. 32974	0. 18569	0. 36434
	平均值	0. 35131	0. 40760	0. 29715	0. 33814
俄罗斯	2010	0. 56888	0. 50793	0. 18448	0. 16733
	2011	0. 57541	0. 53158	0. 16464	0. 17694
	2012	0. 58254	0. 52313	0. 16723	0. 17629
	2013	0. 58405	0. 63126	0. 20009	0. 22577
	2014	0. 60732	0. 67001	0. 23948	0. 23170
	2015	0. 60020	0. 73158	0. 24859	0. 22739
	2016	0. 61856	0. 72151	0. 26841	0. 21677
	2017	0. 65540	0. 77573	0. 22317	0. 19480
	2018	0. 66142	0. 79376	0. 25391	0. 21657
	2019	0. 68363	0. 82550	0. 25924	0. 20640
	平均值	0. 61374	0. 67120	0. 22092	0. 20399

续表

国别	年份	基础设施环境	商业投资环境	制度环境	金融环境
印度	2010	0.41457	0.64144	0.52097	0.42495
	2011	0.42462	0.61832	0.48143	0.40785
	2012	0.41985	0.62113	0.48911	0.39290
	2013	0.41534	0.57013	0.47741	0.35795
	2014	0.37574	0.53574	0.49057	0.31837
	2015	0.41254	0.55501	0.55209	0.36151
	2016	0.46890	0.59898	0.54509	0.38583
	2017	0.48643	0.60063	0.59967	0.39294
	2018	0.55554	0.72469	0.74410	0.43895
	2019	0.54831	0.66674	0.62064	0.42469
	平均值	0.45218	0.61328	0.55211	0.39059
中国	2010	0.64108	0.70540	0.55302	0.55031
	2011	0.68091	0.67822	0.56752	0.54523
	2012	0.66123	0.66450	0.54151	0.54393
	2013	0.65090	0.69946	0.51780	0.54469
	2014	0.67532	0.70181	0.50707	0.58848
	2015	0.67423	0.69173	0.45858	0.56127
	2016	0.62908	0.70084	0.44006	0.56025
	2017	0.63854	0.74223	0.51328	0.60028
	2018	0.51526	0.76831	0.57149	0.60449
	2019	0.51203	0.82630	0.60479	0.59968
	平均值	0.62786	0.71788	0.52751	0.56986

续表

国别	年份	基础设施环境	商业投资环境	制度环境	金融环境
南非	2010	0.64373	0.72717	0.74848	0.42864
	2011	0.62163	0.76198	0.74262	0.42494
	2012	0.64302	0.79379	0.74645	0.44681
	2013	0.66813	0.73226	0.77227	0.46090
	2014	0.69582	0.74001	0.78909	0.46118
	2015	0.66830	0.72575	0.74595	0.46254
	2016	0.65907	0.67359	0.74942	0.45679
	2017	0.61695	0.62115	0.65153	0.39545
	2018	0.63387	0.46795	0.51569	0.33631
	2019	0.62366	0.42893	0.63731	0.32744
	平均值	0.64742	0.66726	0.70988	0.42010
总平均		0.53850	0.61544	0.46151	0.38454

从金砖国家投资便利化一级指标平均得分来看，金砖各国的投资便利化水平差距很大。巴西的4个一级指标分数全都远远低于金砖国家的平均水平，而且基础设施环境和商业投资环境在五国中最差，整体便利化水平很低。俄罗斯的商业投资环境排名第二，基础设施环境位居第三，制度环境、金融环境2个一级指标排在最后，且这2个指标得分未能达到金砖国家平均分数，表明其商业投资环境和基础设施环境明显优于制度环境和金融环境，与中国、南非、印度差距不大，但是制度环境和金融环境则明显落后于三国，甚至得分低于巴西，可见俄罗斯要想提高投资便利化程度还需在制度环境以及金融环境上多下工夫。印度的基础设施环境和商业投资环境均位列第四，两项指标得分都低于金砖国家平均水平，其中基础设施环境较差，得分仅略高于排名最后的巴西，而制度环境排名第二，金融环境位于第三。中国4项一级指标得分均超过五国平均值，金融环境与商业投资环境排在第一，基础设施环境位于第

二,制度环境居于第三,相比多年总评分多次占据第一的南非来说,中国在金融环境上占显著优势,但是制度环境还有一定差距。南非4项一级指标得分也都超过五国平均值,基础设施环境和制度环境在金砖国家中排名居首,金融环境排名第二,商业投资环境排名第三。中国和南非的4项一级指标平均分数均高于金砖国家平均水平,投资便利化水平明显具有优势,印度、俄罗斯和巴西未来需要付出更多改善投资便利化的努力。

从金砖国家一级指标得分变化动态进一步可以看出,近十年来,巴西除金融环境数据较为平稳外,其他3项一级指标均呈明显下降趋势,与其总评得分连年位居末尾相一致,投资便利化状态整体堪忧。俄罗斯4个一级指标全都处于上升趋势,其中营商投资环境2019年得分为0.8255,比2010年上升了62.5%,改善程度非常明显。印度的基础设施环境较差、得分较低,但与制度环境得分一样,也都处于上升趋势,而商业投资环境和金融环境表现较为平稳。中国4个一级指标中,除基础设施环境外,商业投资环境、制度环境、金融环境得分均平稳上升,呈现持续改善态势。南非4个一级指标都表现不俗,投资便利化水平领先,但从得分走势来看,多数指标处于退步状态,除基础设施环境表现较为平稳,其他3个指标都有恶化趋势,尤其是商业投资环境得分从2012年开始连年下降,2019年该项得分只有2010年的60%,趋势表现并不乐观。

第三节　金砖国家投资便利化水平对直接投资影响分析

一、分析方法

因素分析法是依据分析指标与其影响因素的关系,从数量上确定各因素对分析指标影响方向和影响程度的一种方法,既可以全面分析各因素对某一经济指标的影响，又可以单独分析某个因素对经济指标的影响。影响因素分析方法有很多种，常用的包括 PCA 主成分分析、灰色关联分析以及 AHP 层次分析方法等，本书采用灰色关联分析法，对金砖国家便利化水平与中国对其他金砖国家直接投资的影响关系进行实证分析。

灰色关联分析法是根据因素之间发展趋势的相似或相异程度，亦即"灰色关联度"，作为衡量因素间关联程度的一种方法。在系统发展过程中，若两个因素变化的趋势具有一致性，即同步变化程度较高，就可以表明二者关联程度较高，反之则较低。灰色关联度分析对于一个系统发展变化态势提供了量化的度量，能够对动态指标实现动态分析，较为适合动态历程分析，是一种实用可靠的实证方法。灰色关联分析法需要确定参考序列和比较序列，以影响因素的分析序列作为依据，用数学方法对参考序列与比较序列进行相似度对比分析，测算出的关联度系数越大，说明比较序列对参考序列的影响程度越高。

灰色关联分析法的计算方式如下：

第一，确定分析数列。

进行关联分析之前，必须先确定参考序列和比较序列，参考序列是反映系统行为的数列，可看作母序列，在本次实证研究中指中国对金砖国家的直接投资数额，记作 X_0 。比较序列是影响系统行为的数列，也可看作子序列，记作 X_i 。

即参考序列为：$X_0 = \{X_0(k) \mid k = 1,2,\cdots,n\}$ (6-10)

比较序列为：$X_i = \{X_i(k) \mid k = 1,2,\cdots,n\}$ ，$i = 1,2,\cdots,m$ (6-11)

需要注意的是，k 的含义不同，$X_i(k)$ 所代表的意义也会随之变化。如果 k 代表时间序号，那么 $X_i(k)$ 则表示 X_i 在 k 时刻的数值；如果 k 代表研究对象序号，那么 $X_i(k)$ 就表示为 X_i 关于第 k 个研究对象的观测数值。

第二，指标数据的无量纲化。

由于系统中各因素列中的数据可能因量纲不同，不便于比较或者在比较时难以得出正确的结论,因此在进行灰色关联度分析时,要对数据进行无量纲化处理。

本书在对变量进行无纲量化时使用初值化变换,即所有的数据均除以数列的第一个数据,从而得到新的数列,为:

$$X'_0 = \{X'_0(k) \mid k = 1,2,\cdots,n\} \tag{6-12}$$

$$X'_i = \{X'_i(k) \mid k = 1,2,\cdots,n\}\ ,\ i = 1,2,\cdots,m \tag{6-13}$$

第三,计算关联系数。

差序列为:$\Delta_{0i}(k) = \mid X'_0(k) - X'_i(k) \mid$ (6-14)

最大值:$x_{\max} = \max\limits_i \max\limits_k \mid X'_0(k) - X'_i(k) \mid$ (6-15)

最小值:$x_{\min} = \min\limits_i \min\limits_k \mid X'_0(k) - X'_i(k) \mid$ (6-16)

关联系数:$\varepsilon_{0i}(k) = \dfrac{x_{\min} + \rho x_{\max}}{\Delta_{0i}(k) + \rho x_{\max}}$ (6-17)

ρ 称为分辨系数,用来调节 $\varepsilon_{0i}(k)$ 的变化区间,分辨率过低就不能得到明显的分辨效果,分辨率过高趋于无穷时,则 $\varepsilon_{0i}(k)$ 会无限趋近于 1,变成一个点,所以在作灰色关联分析时,一般情况取 $\rho = 0.5$。

第四,计算灰色关联度。

因为关联系数是比较序列与参考序列在各个时刻的关联程度值,所以它的数不止一个,而信息过于分散不便于整体比较,因此有必要将各个时刻的关联系数集中为一个值,一般取其平均值,作为比较序列和参考序列间关联程度的数量表示,可以得到关联度如下:

$$\gamma_{0i} = \frac{1}{n}\sum_{k=1}^{n} \varepsilon_{0i}(k) \tag{6-18}$$

第五,关联度排序。

关联度按大小排序,如果 $\gamma_{01} < \gamma_{02}$,则说明参考数列 X_0 与比较数列 X_2 更相似。

二、灰色关联分析结论

（一）中国对金砖国家直接投资与各国投资便利化水平灰色关联分析

以2010—2018年中国对金砖国家的直接投资规模（单位：万美元）作为参考序列，以金砖国家投资便利化水平作为比较序列（见表6-7）。

表6-7　2010—2018年中国对金砖国家投资额与投资便利化水平分析序列

年份	2010	2011	2012	2013	2014	2015	2016	2017	2018
中对巴投资	48746	12640	19410	31093	73000	-6328	12477	42627	42772
巴西IFI	1.57161	1.59616	1.58660	1.49159	1.37229	1.32275	1.30685	1.29182	1.19768
中对俄投资	56772	71581	78462	102225	63356	296086	129307	154842	72524
俄罗斯IFI	1.42863	1.44857	1.44918	1.64117	1.74851	1.80776	1.82525	1.84910	1.92566
中对印投资	4761	18008	27681	14857	31718	70525	9293	28998	20620
印度IFI	2.00192	1.93221	1.92299	1.82083	1.72041	1.88114	1.99881	2.07968	2.46327
中对南投资	41117	-1417	-81491	-8919	4209	23317	84322	31736	64206
南非IFI	2.54801	2.55118	2.63007	2.63356	2.68610	2.60253	2.53887	2.28508	1.95383

采用灰色关联分析方法得到结果，见表6-8。

表6-8　2010—2017年金砖国家投资便利化与中国对其直接投资的灰色关联度

国家	关联度系数序列									关联度
巴西	1.00000	0.90169	0.91901	0.95706	0.91742	0.87716	0.92338	0.99249	0.98364	0.94132
印度	1.00000	0.96563	0.94966	0.91410	0.98468	0.63717	0.87400	0.82877	0.98995	0.90489
俄罗斯	1.00000	0.71117	0.58834	0.75830	0.54451	0.33333	0.87916	0.57861	0.69109	0.67606
南非	1.00000	0.87009	0.69710	0.84726	0.87934	0.93853	0.86806	0.98230	0.89721	0.88665

关联度越大的指标变量在中国对金砖各国直接投资当中的促进作用更加

明显,反之,关联度越小的指标变量在扩大中国直接投资规模当中的作用就会相对较弱。金砖国家的投资便利化程度与中国对其直接投资的灰色关联度都高于0.5,说明金砖国家的投资便利化水平与中国对其直接投资规模关联程度较高,投资便利化对直接投资额的影响较大,表明金砖国家投资便利化程度的提升对中国对其直接投资具有显著的促进作用,改善金砖各国投资便利化水平,可以显著提高中国对其直接投资规模。巴西、印度和南非的投资便利化程度与中国对其直接投资的灰色关联度较高,说明三国如果想吸引更多的中国直接投资,提高其投资便利化程度便可以很好地实现这一目标。相比巴西、印度、南非,俄罗斯投资便利化水平与中国对其直接投资的灰色关联度相对较低,其通过提高投资便利化程度以达到吸引更多中国投资的难度略大。

(二) 中国对金砖国家直接投资额与一级指标灰色关联度分析

以2010—2018年中国对金砖国家的直接投资规模(单位:万美元)作为参考序列,以基础设施环境、商业投资环境、制度环境和金融环境4个投资便利化一级指标得分作为比较序列(表6-9、表6-10、表6-11、表6-12),分析金砖国家一级指标水平与中国对其直接投资的影响程度。

表6-9 2010—2018年中国对巴西直接投资额与IFI一级指标分析序列

年份	2010	2011	2012	2013	2014	2015	2016	2017	2018
中对巴投资	48746	12640	19410	31093	73000	-6328	12477	42627	42772
基础设施环境	0.42390	0.38963	0.38580	0.37420	0.33856	0.33746	0.31699	0.29510	0.32655
商业投资环境	0.49524	0.48719	0.47459	0.44427	0.42973	0.37315	0.38258	0.33722	0.32233
制度环境	0.30057	0.35131	0.36326	0.33974	0.28109	0.30229	0.30447	0.32049	0.22255
金融环境	0.35190	0.36803	0.36295	0.33338	0.32290	0.30984	0.30282	0.33901	0.32625

表 6-10　2010—2018 年中国对俄罗斯直接投资额与 IFI 一级指标分析序列

年份	2010	2011	2012	2013	2014	2015	2016	2017	2018
中对俄投资	56772	71581	78462	102225	63356	296086	129307	154842	72524
基础设施环境	0. 56888	0. 57541	0. 58254	0. 58405	0. 60732	0. 60020	0. 61856	0. 65540	0. 66142
商业投资环境	0. 50793	0. 53158	0. 52313	0. 63126	0. 67001	0. 73158	0. 72151	0. 77573	0. 79376
制度环境	0. 18448	0. 16464	0. 16723	0. 20009	0. 23948	0. 24859	0. 26841	0. 22317	0. 25391
金融环境	0. 16733	0. 17694	0. 17629	0. 22577	0. 23170	0. 22739	0. 21677	0. 19480	0. 21657

表 6-11　2010—2018 年中国对印度直接投资额与 IFI 一级指标分析序列

年份	2010	2011	2012	2013	2014	2015	2016	2017	2018
中对印投资	4761	18008	27681	14857	31718	70525	9293	28998	20620
基础设施环境	0. 41457	0. 42462	0. 41985	0. 41534	0. 37574	0. 41254	0. 46890	0. 48643	0. 55554
商业投资环境	0. 64144	0. 61832	0. 62113	0. 57013	0. 53574	0. 55501	0. 59898	0. 60063	0. 72469
制度环境	0. 52097	0. 48143	0. 48911	0. 47741	0. 49057	0. 55209	0. 54509	0. 59967	0. 74410
金融环境	0. 42495	0. 40785	0. 39290	0. 35795	0. 31837	0. 36151	0. 38583	0. 39294	0. 43895

表 6-12　2010—2018 年中国对南非直接投资额与 IFI 一级指标分析序列

年份	2010	2011	2012	2013	2014	2015	2016	2017	2018
中对南投资	41117	-1417	-81491	-8919	4209	23317	84322	31736	64206
基础设施环境	0. 64373	0. 62163	0. 64302	0. 66813	0. 69582	0. 66830	0. 65907	0. 61695	0. 63387
商业投资环境	0. 72717	0. 76198	0. 79379	0. 73226	0. 74001	0. 72575	0. 67359	0. 62115	0. 46795
制度环境	0. 74848	0. 74262	0. 74645	0. 77227	0. 78909	0. 74595	0. 74942	0. 65153	0. 51569
金融环境	0. 42864	0. 42494	0. 44681	0. 46090	0. 46118	0. 46254	0. 45679	0. 39545	0. 33631

采用灰色关联分析方法经过计算得到中国对金砖国家直接投资额与投资便利化一级指标的灰色关联度结果，见表 6-13。

表 6-13　2010—2018 年中国对金砖国家直接投资额与投资便利化一级指标的灰色关联度

国家	一级指标	关联度序数序列									关联度
巴西	基础设施环境	1.00000	0.90169	0.91901	0.95706	0.91742	0.87716	0.92338	0.99249	0.98364	0.62817
	商业投资环境	1.00000	0.96563	0.94966	0.91410	0.98468	0.63717	0.87400	0.82877	0.98995	0.60876
	制度环境	1.00000	0.71117	0.58834	0.75830	0.54451	0.33333	0.87916	0.57861	0.69109	0.57213
	金融环境	1.00000	0.87009	0.69710	0.84726	0.87934	0.93853	0.86806	0.98230	0.89721	0.62913
俄罗斯	基础设施环境	1.00000	0.89295	0.85315	0.72883	0.97726	0.33333	0.63604	0.56905	0.94770	0.77092
	商业投资环境	1.00000	0.90660	0.85523	0.78854	0.91104	0.35527	0.70818	0.63412	0.87940	0.78204
	制度环境	1.00000	0.84955	0.81392	0.74393	0.91949	0.34972	0.71659	0.57817	0.95462	0.76955
	金融环境	1.00000	0.91091	0.86359	0.82168	0.88562	0.35039	0.67925	0.57093	0.99200	0.78604
印度	基础设施环境	1.00000	0.71680	0.59250	0.76717	0.54811	0.33565	0.89479	0.58672	0.70007	0.68242
	商业投资环境	1.00000	0.71239	0.59028	0.75776	0.54506	0.33356	0.87273	0.57527	0.68561	0.67474
	制度环境	1.00000	0.70951	0.58881	0.76003	0.54963	0.33669	0.88518	0.58563	0.70632	0.68020
	金融环境	1.00000	0.71209	0.58810	0.75396	0.54143	0.33333	0.86992	0.57471	0.67915	0.67252
南非	基础设施环境	1.00000	0.60577	0.34017	0.55050	0.61096	0.76538	0.59943	0.89175	0.72708	0.67678
	商业投资环境	1.00000	0.58675	0.33333	0.55666	0.62673	0.78099	0.57746	0.94913	0.62603	0.67079
	制度环境	1.00000	0.59950	0.34030	0.55171	0.61751	0.78155	0.59420	0.93970	0.63784	0.67359
	金融环境	1.00000	0.59969	0.33693	0.54323	0.61218	0.75010	0.60937	0.91068	0.66420	0.66960

根据投资便利化一级指标的灰色关联度计算结果可以看出,巴西、俄罗斯、印度和南非投资便利化 4 个一级指标与中国对其直接投资额的关联度数值均大于 0.5,说明通过提高各一级指标水平来促进中国对各国投资的方法是可行的。

巴西各一级指标与中国对其直接投资的相关性都低于其余国家,4 个指标中的金融环境和基础设施环境 2 个指标的关联度较高,表明金融环境和基础设施环境对扩大中国对其直接投资规模影响最大,比其他 2 个指标的影响效果更明显。俄罗斯的各一级指标与中国对其直接投资的相关性都高于其余三国,其中商业投资环境和金融环境的改善可以更加显著地提高中国对其直接投资水平。印度各一级指标水平与中国对其投资额的相关性差别不大,通过提高任何一个指标水平来吸引中国投资的效果几近相同,其中基础设施关联度最高,其次为制度环境,说明优化基础设施环境和制度环境对于吸引中国对其直接投资的效果会略高一些。南非 4 个一级指标中基础设施关联度最高,其次为制度环境和商业投资环境,3 个指标关联度数值都大于 0.67 且非常接近,表明提升基础设施环境、改善制度环境和商业投资环境对于吸引中国投资有较大作用。

(三)中国对金砖国家直接投资额与二级指标灰色关联度分析

为了更加清晰地了解金砖各国投资便利化影响中国对其直接投资的细化因素,以 2010—2018 年中国对金砖国家的直接投资规模(单位:万美元)作为参考序列,以金砖国家投资便利化 26 个二级指标得分作为比较序列,进一步分析金砖国家二级指标水平与中国对其直接投资的关联程度,计算结果见表 6-14。

表 6-14　2010—2018 年中国对金砖国家直接投资额与投资便利化二级指标的灰色关联度

排名	巴西		俄罗斯		印度		南非	
	指标	关联度	指标	关联度	指标	关联度	指标	关联度
1	B5	0.99348	F3	0.87502	I5	0.70867	B8	0.74905
2	I3	0.99288	S2	0.86197	I1	0.70179	S2	0.73255
3	I5	0.99236	S1	0.86033	S4	0.69995	F1	0.72499
4	I1	0.99219	B8	0.85943	B7	0.69923	F3	0.72034
5	I6	0.99211	S3	0.85920	S2	0.69712	S4	0.71702
6	I4	0.99192	I3	0.85903	I4	0.69638	I1	0.71608
7	F5	0.99189	F2	0.85743	B6	0.69452	I3	0.71557
8	F4	0.99177	B4	0.85585	S6	0.69233	B7	0.71404

续表

排名	巴西		俄罗斯		印度		南非	
	指标	关联度	指标	关联度	指标	关联度	指标	关联度
9	B1	0.99171	I5	0.85543	S3	0.68882	I4	0.71393
10	B2	0.99148	B3	0.85194	F3	0.68690	I7	0.71156
11	F3	0.99146	F1	0.85074	F5	0.68523	B3	0.70618
12	B6	0.99120	I4	0.85003	I3	0.68428	S3	0.70593
13	I7	0.99098	I2	0.84801	B5	0.68397	B5	0.70494
14	B7	0.99096	I1	0.84400	B4	0.68381	S6	0.70326
15	F2	0.99063	I6	0.83974	S5	0.68361	I5	0.70173
16	B8	0.99051	S4	0.83732	B2	0.68262	I2	0.69973
17	S2	0.99038	B7	0.83548	F1	0.68229	F2	0.69773
18	S1	0.99016	B5	0.83065	I2	0.67949	B6	0.69711
19	I2	0.99015	F4	0.83005	B8	0.67892	F5	0.69699
20	S3	0.99008	F5	0.82537	F4	0.67671	B1	0.69643
21	F1	0.98999	I7	0.82278	I7	0.67648	S5	0.69096
22	S5	0.98990	B6	0.81046	S1	0.67407	B2	0.68793
23	S4	0.98802	S6	0.80977	F2	0.67345	B4	0.68596
24	S6	0.98765	S5	0.79191	B3	0.67251	S1	0.68525
25	B3	0.98612	B1	0.76620	B1	0.66781	F4	0.67818
26	B4	0.86966	B2	0.54473	I6	0.65717	I6	0.64109

从二级指标灰色关联度计算结果可以得出以下结论:

全部26个二级指标与中国对金砖各国直接投资额的关联度数值均大于0.5,说明提高各国二级指标水平都有利于促进中国对各国的直接投资,但各国指标数值差别较大,对吸引和利用中国直接投资的影响程度不同。

2010—2018年,巴西各二级指标与中国对其直接投资的关联度几乎均高于其他国家的关联度,即使是排名最后的投资创业审批时间,其与中国直接投资的关联度也高达0.86966,意味着巴西的任意一个二级指标的改善对吸引中国对其投资的影响都是很大的。其中,关联度排名前六的二级指标中,有5

项属于基础设施环境，分别是航空服务及质量、电力供应及质量、公路服务及质量、互联网使用人数、港口服务及质量，可见巴西基础设施环境对于吸引中国投资极为重要。而制度环境的6项二级指标均排在后十位，商业投资环境的投资创业审批程序和投资创业审批时间排名最后两位，说明相较于其他一级指标，制度环境对中国对巴西直接投资额的影响较小，而投资创业审批程序和投资创业审批时间对中国直接投资额的影响弱于其他二级指标。

2010—2018年，俄罗斯的各二级指标，除了办理施工许可证时间，其余指标与中国对其投资额的关联度均大于印度和南非的各二级指标关联度。26个二级指标中，产权、办理施工许可证程序、办理施工许可证时间3个二级指标关联度略低，其余指标的关联度值都大于0.8。可见，俄罗斯通过改善绝大部分指标的情况，都能较明显地提升中国对其投资额。关联度排名前五的指标分别是风险资本的可用性、政府管制的负担、司法独立性、劳资合作关系、法律解决争端的效率，其中有3个来自制度环境一级指标，表明俄罗斯的制度环境与中国对其投资额关系较为紧密。值得注意的是，办理施工许可证时间与中国对其投资的关联度排名末位，其数值仅为0.54473，对中国直接投资规模影响程度相对较低。

2010—2018年，四个国家关联度排名中，处于同一位次的二级指标的最后一名基本都来自印度，可见四个国家中，印度投资便利化二级指标对中国投资额影响相对较小。印度各二级指标对中国直接投资额的影响差别并不大，排名最高的电力供应及质量与排名最低的互联网使用人数的相关度仅差了0.05。虽然每个二级指标的表现差距不明显，但总体来看，其一级指标的表现还是存在差异。排名前十的二级指标当中，有4个来自制度环境，3个来自基础设施环境，表明制度环境和基础设施环境对直接投资的促进作用最为显著，特别是电力供应及质量、公路服务及质量、投资者保护力度的改善，更有助于吸引中国对其投资。

2010—2018年，南非各二级指标与中国直接投资的关联度高于印度，低于巴西和俄罗斯。关联度排名前十的二级指标中,4 个来自制度环境,2 个来自基础设施环境,2 个来自商业投资环境,2 个来自金融环境。排名前五的二级指标分别是劳资合作关系、政府管制的负担、金融部门提供的国内信贷(占 GDP 比重)、风险资本的可用性和投资者保护力度,主要集中在制度环境和金融环境,对于吸引中国直接投资的影响最为明显。

第七章　中国与金砖国家产能合作差异化选择

金砖国家在资源禀赋、经济活力、产业结构、人力资本和市场供给等方面体现出非均衡性特征，具有多层次、多领域的互补性，为投资合作提供了极为有利的基本条件。中国已经成为全球第二大对外投资国，在工业制造业领域拥有一定的技术、管理和规模优势，与此同时，其他金砖国家伴随经济快速发展以及消费市场空间的不断扩大，亟须与之配套的生产供给和基础设施保障，在基本建设和农业、加工制造业等领域，普遍存在较大的投资缺口。因此，无论是从目前金砖各国经济增长水平与产业发展能力考虑，还是从过去10年来金砖国家之间贸易大幅增长的现实经验判断，未来中国与金砖国家产能合作还有很大的潜力。

2017年8月1日，金砖国家第七次经贸部长会议在上海举行，各国部长一致通过了全球首份投资便利化专门文件——《金砖国家投资便利化纲要》，明确提出增强投资政策框架透明度、提高投资有关的行政程序效率、提升和投资相关服务能力合作水平等投资便利化的核心要素。2017年9月，金砖国家领导人在厦门会晤期间共同签署了《金砖国家经贸合作行动纲领》，就贸易和投资便利化、服务贸易、电子商务、知识产权、经济技术合作以及支持多边贸易体制和反对保护主义等方面达成了有针对性的行动方案。2019年金砖国家领导人第十一次会晤巴西利亚宣言进一步明确提出“将在适当框架下探索促进和便利对生产部门、电子商务、中小微企业、基础设施和互联互通进行投资的方式,促进经济增长、贸易和就业”。无疑,随着各项政策的陆续推出和实施,为金砖国家扩大经贸合作提供了更加有利的支撑。

但是也应该看到,由于各国在发展条件、区位优势和政策诉求等方面存在着很大差异,中国对金砖国家直接投资当中面临诸多问题和挑战,投资活动和项目进展并非一帆风顺。金砖国家直接投资发展不理想的原因是多方面的,2018 年中国 GDP 约为 13.6 万亿美元,占金砖国家 GDP 总量的 67.35%,巴西、俄罗斯、印度和南非四个国家的国内生产总值合计只相当于中国的 1/3,经济实力的差异,使金砖国家投资行为主要表现为中国对其他四个国家大量投资,而逆向投资总量很低,相互之间直接投资规模落差极大。金砖各国在基础设施、产业政策、市场准入等方面存在不同程度的投资约束,对外资流入带来相应的抑制作用,降低了中国产业资本和金融资本的投资预期。此外,投资企业对东道国市场要素供给状况和产业互补条件缺乏清晰认识,内外部信息资源链接路径不通畅,企业在选择投资合作对象、类型和领域过程中存在较多的主观性和盲目性,难以真正保障准确有效的供需对接,也是影响金砖国家投资合作进展不畅的一个主要原因。

国际生产折中理论认为,在企业具有了所有权特定优势和内部化优势这两个必要前提下,又在某一东道国具有区位优势时,该企业就具备了对该国直接投资的条件,对外投资就成为企业的最佳选项。中国制造业已经具备了较大的所有权优势和内部化优势,金砖各国的区位优势将直接影响中国对其投资的规模和流向。金砖国家在投资环境、产业技术、要素供给和劳动力成本等方面的特征差异,决定了产能合作的模式、路径和领域会有所不同。有鉴于此,中国与其他金砖国家在深化产能合作过程中,要针对不同国家的供给条件和政策需求,结合各自产业优势和市场特色,找准切入点,有所区别地进行投资选择,注重合作的精准性和有效性,以达成范围更广、效率更高、质量更好的合作目标。

第一节　投资合作产业类型

按照要素密集度通常可以将产业划分为资源密集型、劳动密集型、资本密集型、技术密集型等不同类型。中国在与金砖国家合作中应该根据互补性和梯度差异，选择合适的产业类型。根据本书第四章和第五章的分析，在产业互补性方面，中国与巴西、俄罗斯和南非互补性很强，与印度互补性相对较弱。在经济发展阶段方面，同为发展中国家，中国与巴西和俄罗斯梯度差异不明显，与南非有一定的梯度差异，与印度梯度差异较为显著。在产业技术水平方面，中国对四国整体上均有一定的梯度优势。在资源禀赋和要素供给方面，俄罗斯科学技术较为发达而劳动力不足，印度资源缺乏，制造业薄弱，但在劳动力成本及软件、制药行业优势明显，巴西和南非则相对均衡。因此，在合作的产业类型适用性选择上，中国与巴西、南非可以在各个产业类型上全面合作，对俄罗斯应该侧重资源密集型、资本密集型和技术密集型产业，对印度则应侧重劳动密集型、资本密集型和技术密集型（表 7-1），有利于发挥各自的比较优势，规避劣势，实现互补发展。在此基础上结合各国产业承接条件和区位优势进一步细化筛选行业类型。

表 7-1　中国与金砖国家梯度互补与重点合作产业类型

国家	互补性	梯度差异	合作产业类型
中—巴	很强	不明显	资源密集型、劳动密集型、资本密集型、技术密集型
中—俄	很强	不明显	资源密集型、资本密集型、技术密集型
中—印	一般	很明显	劳动密集型、资本密集型、技术密集型
中—南	很强	明显	资源密集型、劳动密集型、资本密集型、技术密集型

一、产业转移与承接

传统国际产业转移理论描述了从高收入国家向低收入国家转移产业的动

机和路径，为中国投资金砖国家并进行产业甄选提供了参考，但无论是雁行理论、边际扩张理论还是产品生命周期理论，都是基于以发达国家为主导的经验判断和实践验证，而中国和其他金砖成员都是发展中国家，与传统产业转移理论的出发点和服务对象存在很大程度的偏离。

针对发展中国家如何能够发展自己的经济，林毅夫在比较各国经济发展历史、分析不同发展中国家的经验教训尤其是东亚产业转移模式基础上，提出了增长甄别因势利导的“两轨六步法”框架①，帮助发展中国家基于比较优势进行产业升级，实现经济持续增长，缩小与发达国家收入差距，该理论框架对于理解和推动金砖国家产能合作具有较高的借鉴价值。

第一步，选择正确的目标，找出与自身产业结构类似，人均收入水平高出本国水平100%，或者20年前人均收入与本国相同且始终保持经济增长的国家作为参照模型。进一步分析找出参照国在过去20年增长迅速且可交易的产业，“因为对模仿对象来说，这些成熟产品和服务最终将转移到国外，本国需要为此做好承接产业转移的准备。当我们把中国作为发展中国家的目标对象，进而选择中国产业向外转移的国家和产业时，只需要反向而行”②。

第二步，消除约束，进一步缩小第一步中筛选出来的产业清单，识别造成先行企业无法良性发展或者阻碍后来者进人该产业的障碍，并采取措施消除。

第三步，引诱与吸引全球投资者，如果参照国没有民营企业进入上述已经在被参照国发展迅速的产业，政策制定者可以采取措施从被参照国吸引外资进入这些产业。由此看来，中国与金砖国家产业投资项目选择，实际上就是中国优势产能与投资对象国的需求匹配问题。正处于工业化中后期阶段的中国，可以为发展程度更低的发展中国家提供即时、新鲜的发展经验，特别是可

① 林毅夫：《繁荣的求索：发展中经济如何崛起》，张建华译，北京大学出版社2012年版，第183—195页。

② 钟飞腾：《“一带一路”产能合作的国际政治经济学分析》，《山东社会科学》2015年第8期。

以转移一部分优质产能给周边国家，中国作为一个发展中大国，也有经济能力、组织能力和雄厚的人力为发展中国家解决一部分这种需求。①

第四步，壮大自我发现的规模，除了培育在参照国发展迅速的产业外，由于技术进步很快，新产业不断涌现，政府也应该注意识别本国企业家在新产业中的成功创新，支持其发展壮大。

第五步，工业园的力量与奇迹，在基础设施落后、商业环境不够友好的国家，出口加工区和工业园可以用来消除企业进入和经营的障碍，鼓励产业集群，吸引本国和外国投资。对于金砖国家产能合作来说，工业园区也是一个重要选项。

第六步，向正确的产业提供有限的激励，政府应当为已经识别的上述先驱企业提供限定期限的税收优惠、直接信贷投资和外汇支持。

根据世界银行基于购买力评价（PPP）计算的人均 GDP（现价国际元），1998 年中国只有 2464 元，2018 年达到 18210 元，1998 年 GDP 增速为 7.8%。（见表 7-2）按照 20 年标准（100%差距）并结合经济持续增长因素来选择对象国，产业转移可以重点选择 2018 年人均 GDP 在 3000—8000 元的国家，印度符合标准。考虑到中国和印度保持较高增长，而巴西、俄罗斯和南非维持较低增长速度的现实，可以适当扩大产业转移的选择范围，把 2018 年人均 GDP 在 8000—16000 元的国家也列入选项中，巴西和南非仍然具有承接中国制造业转移的可能，从人均 GDP 指标上可以排除俄罗斯，但还需要从制造业发展水平进一步分析。

表 7-2　2018 年金砖国家发展差距在 20 年左右的国家

国别	人均 GDP（国际元）	经济增长速度（%）
巴西	16068	1.1
俄罗斯	27147	2.3

① 钟飞腾：《“一带一路”产能合作的国际政治经济学分析》，《山东社会科学》2015 年第 8 期。

续表

国别	人均 GDP(国际元)	经济增长速度(%)
印度	7761	7.0
中国	18210	6.6
南非	13661	0.6
世界	17971	3.0

资料来源:世界银行数据库。

从金砖各国的制造业能力相关指标来看(见表 7-3),俄罗斯、巴西、中国和南非虽然均属于中高收入国家,但俄罗斯、巴西和南非制造业水平都弱于中国,有的甚至差距很大。在 6 项指标中,巴西、俄罗斯和南非均低于世界平均水平,印度除制造业占 GDP 比重外的 5 项指标也均低于世界平均水平,中国有 3 项指标低于世界平均水平,主要是中高技术产品出口占比,但已经接近实际世界平均值。从制造业占 GDP 比重和中高技术产品占比指标来看,中国制造业水平优势明显,巴西、俄罗斯、南非和印度产业等级远低于中国,巴西、俄罗斯和南非制造业占 GDP 比重分别为 10.79%、12.81%和 12.46%,俄罗斯和南非中高技术占制造业比重只有 25.60%和 24.43%,俄罗斯制造业出口占总出口比重仅为 45%,远低于其他金砖国家和世界平均水平。

因此按照六步法可以初步概括出一个结论:对于其他金砖国家来说,中国大体上符合目标国条件,金砖各国处于不同的工业化阶段,与中国制造业存在明显梯度级差,各国对资本、技术和管理有各自的发展规划和诉求,具备承接中国产业转移的供给和需求基础。近三十年来,包括对外产能合作 12 大重点行业在内的中国工业制造业整体快速发展并已经非常成熟,与其他金砖国家存在广泛的交易机会,具体合作的行业类型需要充分结合交易成本高低来进行筛选和培育,当然各国必须减少或消除相关限制因素。

表 7-3　金砖国家的制造业能力比较

国别	制造业人均增加值（2010 年不变价美元）	制造业人均出口额（美元现价）	中高技术制造业占制造业比重（%）	制造业占 GDP 比重（%）	中高技术占制造业出口比重（%）	制造业出口占总出口比重（%）
巴西	1203	540	35. 16	10. 79	41. 46	58. 77
俄罗斯	1437	1091	25. 60	12. 81	27. 96	45. 51
印度	298	168	37. 91	16. 9	33. 89	83. 27
中国	2048	1601	41. 38	32. 15	58. 80	96. 57
南非	952	877	24. 43	12. 46	49. 09	68. 59
世界	1638	2003	44. 7	16. 1	59. 9	87. 7

资料来源：UNIDO，Industrial Development Report 2018，Annex B。

工业化国家的产业发展路径一般是从劳动密集型工业向资本密集型再向技术密集型演进。产业结构升级与人均 GDP 提高有较强的相关性，高技术产业的份额从人均 GDP 为 1000 美元时的 5%持续增加到人均 GDP 为 4 万美元时的 54%。① 发达国家不仅出口额高，在全球制造业出口中的占比达到 70%，而且所出口商品的技术含量更高。

工资是构成制造业企业经营成本的一个大项，收入水平差距将有助于引发产业转移。尤其是对于一般劳动密集型和低技术产业而言。低收入国家和中等偏下收入国家工资较低，有机会创造大量制造业工作岗位，在纺织品和服装等劳动密集型产业具有相对优势。当国家发展为中等收入国家时，其不断上升的技能和资本积累通常带来资本密集度更高的资源处理产业，如基本金属和化工产业。当国家进一步发展并步入中等偏上收入国家和高收入国家之列时，劳动密集型产业通常开始减少，而发展资本密集型和技术密集型产业的机会开始增加。②

联合国工业发展组织将制造业产业划分为高、中、低技术三类（见表

① 联合国工业发展组织：《2013 年工业发展报告概述》，2013 年，第 12—13 页。

② 联合国工业发展组织：《2016 年工业发展报告》，2016 年，第 3 页。

7-4):低技术产业中,发展中国家纺织品、皮革和制鞋产业均出现增长,其中能源、资本投资和劳动力发挥了作用。中等技术产业中,生产力是高收入国家橡胶和塑料以及非金属矿物产业增长的最大来源,而对于发展中国家这些产业而言,尤其是非金属矿物产业,其增长的主要贡献来自自然资源与能源。高技术产业中,高收入国家在高技术产业具有优势,而且相比低技术产业或中等技术产业,高收入国家显然有可能在这些产业实现更快的增长,不同的是发展中国家高技术产业发展伴随能源、资本投资和劳动力的增加。①

表 7-4　按技术类别划分的制造业产业分类

技术类别	国际标准行业分类代码	行业分类名称
低技术产业	15	食品和饮料
	16	烟草
	17	纺织品
	18/19	服装
	20	木材制品
	21	纸
	22	印刷及出版
	36	家具(未另分类)
中等技术产业	23	焦炭和精炼石油
	25	橡胶及塑胶
	26	非金属矿物
	27	基本金属
	28	金属制品

① 联合国工业发展组织:《2016 年工业发展报告》,2016 年,第 6—7 页。

续表

技术类别	国际标准行业分类代码	行业分类名称
高技术产业	24	化学品
	29/30	机械和设备
	31/32	电气机械及设备
	33	精密仪器
	34/35	汽车

资料来源:联合国工业发展组织:《2016 年工业发展报告》。

金砖各国发展阶段存在差异,俄罗斯、巴西、中国和南非已经进入中等收入偏上国家行列,印度仍然处于中等收入偏下水平。俄罗斯和南非的生产率数值达到中等收入偏上国家水平,印度最低,落后于大部分的中低收入国家。在工资水平方面,印度劳动力成本(2015 年)只有 1.7 美元/每小时,处于世界最低水平。①

考虑到上述讨论的经济增长、工资就业及制造业水平,各国具备承接中国产业转移的条件,但产业选择上会有所不同。劳动密集型低技术产业仍然是印度产业发展不可或缺的部门,适合承接纺织、服装、食品、家具等低技术产业以及中等技术产业中的劳动密集型产业的转移。巴西、俄罗斯和南非更适合承接非金属矿物产业、石油、橡胶、基本金属产业和金属制品产业的承接,包括钢铁、建材、橡塑制品等行业。由于金砖各国均拥有一定的产业体系和工业基础,汽车、电气机械、化学品等高技术产业承接与分工合作也有较大的空间,精密仪器和其他技术含量较高的生物制药、信息通信、航空航天等行业,可以基于俄罗斯、印度和巴西各自的优势加以选择。

二、区位优势与多样化选择

“在适当条件下,工业品消费可以促进包括创造收入、需求多样化以及消

① 《德勤 2016 全球制造业竞争力指数》,第 51 页。

费大众化在内的工业发展的良性循环”①。“随着各国变得更加富裕，消费者偏好会呈现多样化，将从较低端的国内商品消费转向进口产品消费，并且国内生产的产品越来越多地利用从国外采购的投入品和零部件”②。多样化的需求与居民收入、替代品和预期密切相关，而经济基础条件和发展水平是影响消费的根本因素，从区位优势上进一步来看，金砖国家在自然资源丰裕程度、劳动力成本、经济技术发展水平和市场需求潜力等方面存在不同的优势，为产业合作提供了多样化的选择。

自然资源禀赋与产业选择：金砖国家有着丰裕的自然资源，特别是俄罗斯、巴西和南非，能源及矿产资源储量十分丰富，根据2017年世界银行的统计数据，俄罗斯自然资源占GDP的比重超过了10%，南非和巴西分别为5.1%和3.5%，印度为2.1%，中国最低只有1.5%，远低于2.2%的世界平均水平。俄罗斯、南非和巴西具有自然资源丰富的区位比较优势，而中国和印度则表现为自然资源区位劣势。能源矿产等资源密集型产业是俄罗斯、南非和巴西的重要经济支柱，中国的资源企业拥有雄厚的资金和先进的技术管理水平，与当地丰饶的资源储备相互补充，既可以解决中国能源缺乏问题，又可以促进东道国的经济增长和产业升级，提高当地居民生活水平，实现优势互补。

经济发展梯度与产业选择：金砖国家中，俄罗斯、巴西、中国和南非均为中等偏上收入国家，印度处于中等收入偏下水平。一般来说，人均收入越高，研发投入和技术能力也会越高，而经济发展水平不高，其产业发展的基础条件和水平也不会太高。中国与巴西和俄罗斯梯度差距并不明显，而与印度具有较为明显的梯度差异，因此在梯度转移合作上，中印两国之间在包括一般消费品、中间品及资本品在内的劳动密集型、资本密集型和技术密集型产业具有更多的选择余地。

---

① 联合国工业发展组织：《2018年工业发展报告概述》，2018年，第1页。

② 联合国工业发展组织：《2018年工业发展报告概述》，2018年，第13页。

劳动力资源与产业选择:丰富而低廉的劳动力是主要的区位优势之一,尤其是对于劳动力密集型产业来说。根据国际劳工组织《2018/2019 全球工资报告:性别薪酬差距的背后原因是什么?》,近年来,中国和印度工资增长率远高于巴西、俄罗斯和南非,但是从实际工资水平来看,按照 2019 年 6 月 9 日汇率换算成人民币,南非为 9299 元,在金砖国家中最高,中国为 6193 元,俄罗斯和巴西分别为 4221 和 3792 元,印度最低,只有 1157 元。俄罗斯劳动力人口短缺,缺口达 1000 万人,特别是在石油、天然气和木材等资源开发领域,劳动力短缺近 50%①,劳动力长期供给不足使得俄罗斯劳动密集型产业发展受到很大制约。而印度人口密度较高,劳动力资源相对丰富,工资水平大大低于其他金砖国家,因此在劳动密集型产品生产上具有非常明显的比较优势。中国与俄罗斯劳动密集型产业转移合作不具备条件,与南非、巴西也要慎重选择,而与印度则是合作的优先选项,这也有助于印度改善就业水平。

市场潜力与产业选择:通常情况下,东道国市场规模越大越有利于企业实现规模经济和开展国际合作,一国总支出的能力及结构变化决定了市场规模和增长潜力,支出能力越强、增长越快,则市场规模和增长潜力越大,跨国公司为了规避贸易壁垒和降低生产成本而选择在当地进行投资的可能性越大。根据 GDP 和 GDP 增长率来衡量市场规模和增长潜力,金砖各国均为区域大国,中国、印度、巴西和俄罗斯的市场规模处于世界前列,南非则是非洲最大的市场,各国的市场需求十分广阔。相对而言,俄罗斯、巴西、南非的市场结构较为稳定,而印度经济增长速度较快,未来市场具有更大的成长空间,其不断升级的消费支出和结构变化,会寻求更加丰富的国际化替代产品,在劳动密集型、资本密集型及技术密集型产业上,对于众多中国消费品和工业品生产企业来说,围绕技术研发、商品迭代与服务体验的合作机会尤为广泛。

区位优势也包括产业政策和各种保护性措施,对于选择产业合作类型领

① 商务部:《国际贸易经济合作研究院对外投资合作国别(地区)指南》(俄罗斯 2019 年版)。

域的影响很大,在中国与金砖各国投资现状当中已经有所体现,尤其是印度和巴西的政策变动,使不少具备合作条件的项目进展艰难,中国企业今后进行合作项目选择时需要仔细甄别并合理把握,尽可能避免投资冲动性和盲目性。当然,这些困扰恰恰是未来各国如何摆脱投资约束、扩大合作规模必须要面对和解决的问题,其中不乏有一些新的合作点。

第二节　产能合作路径

第二次世界大战以来,发达国家在全球产业转移的过程中,将劳动密集型产业和资本密集型产业整体转移到低梯度的发展中国家,发达国家只剩下高技术产业以及研发设计、品牌管理等价值链高端环节,出于技术保护和占据世界科技高地的战略需要,发达国家无意将这些高技术产业或高附加值环节再进行对外转移,甚至一些发达国家面对产业“空心化”,有了制造业回归的动机。发达国家已经不具备向发展中国家进行大规模跨梯度产业转移的能力,一般制造业的生产转移将主要由发展较快的新兴工业化国家推动,中低收入的发展中国家、较高收入的新兴市场国家、低发展水平的发达国家及其企业成为产能合作的参与主体。

新兴发展中国家的快速发展,改变了以往国际产业转移均由发达国家主导的格局,新一轮“国际产业转移合作是在以中国为代表的发展中国家崛起,并拥有产业转移的规模、技术、标准、体系等能力基础上,在企业市场化走出去的动力中,逐渐形成的一次浪潮,是第一次转出国与转入国均以发展中国家为主的产业转移浪潮”①。发展中国家之间开始出现平行转移,新兴工业化国家和发展中国家日益成为国际产业转移的重要力量,传统的由发达国家向发展中国家转移形成的垂直分工格局不再是主流,跨国公司和中小企业共同成为

① 刘勇、黄子恒、杜帅等:《国际产能合作:规律、趋势与政策》,《上海经济研究》2018年第2期。

产业转移的主体,产业分工越来越细化,离岸外包迅速发展,发展中国家能够有更多的机会发挥各自比较优势,更广泛地参与到国际分工体系当中。

当然,对于广大发展中国家来说,现代国际产业投资合作既有普遍性机会,也有其特殊的适用性。由于受到诸多条件的限制,产能合作在时间顺序、空间维度和产品布局上具有明显的动态性、层次性和阶段性特征,产业转移的方式、规模、流向和绩效等均会有明显的主体差异,不同国家或地区存在不同的互补条件、梯度落差和区位优势,会引发不同的转移路径,带来不同的投资机会。

根据科斯交易成本理论,企业自组生产还是外部采购取决于对内部和外部成本的权衡,如果内部成本低于外部成本,企业就会选择自制,反之,企业就会选择从市场购买。外部成本包括市场购买成本和市场交易成本,伴随现代交通和信息技术发展带来的外部交易成本不断下降,越来越多的企业将原来在企业内部的生产活动外包出去。实际上跨国公司对外投资与其生产方式及行业特性有很大关系,某一生产环节投资的固定成本越低,跨国公司越倾向于将其转移到低成本国家;成品的交易成本越高,跨国公司越倾向于采取本地组装的生产模式;中间品交易成本越高,跨国公司越倾向水平一体化的生产模式,将中间品和组装放在一起,分散在多国生产。① 全球化使跨国公司海外业务已经不再简单拘泥于某个单元的生产成本或特定路径,开始向研发、制造和售后服务各个环节拓展,运作方式也从早期的水平型和垂直型逐渐向贸易平台型和投资复合型演变,对传统投资转移理论提出了挑战。

金砖国家生产要素相对充沛,各国均有各自的强势产业,经济结构各有特色。中国对印度和南非具有较强的生产转移梯度优势,而对俄罗斯和巴西整体上并不具有梯度优势,中国与俄罗斯、巴西和南非互补性极强,与印度在部分产业上具有互补性条件,中国与金砖各国既可以相互利用彼此有相对优势

---

①　朱彤、孙启俊:《跨国公司全球化生产模式的理论分析——基于行业的视角》,《当代经济科学》2008 年第 1 期。

的人力、技术、资金、资源,来发展自己缺乏或有比较劣势的经济部门,也可以充分共享国际产业分工带来的机会,加强产业链各个环节协作交流,通过贸易投资及线上线下等多种路径开展产能合作,使市场经济要素在合作中得到相互补充与平衡。

因此,有必要从更加开放的视角,进一步梳理中国与其他金砖国家产能合作的路径,为及时动态调整产能转移政策和规划提供依据。通过针对性地选择投资合作路径和方式,供给和需求充分结合,垂直型与水平型各有侧重,不断提高产业对接的有效性和精准性,推进有需求、有潜力、有优势、有收益的产业投资行为,以规避投资风险和提高合作效益。从传统产业理论到现代分工合作实践,要素禀赋都是重要基础,成本和效率也是投资活动不能忽视的因素,根据中国现阶段产能基本状况和其他国家发展需要,考虑到各国资源丰裕程度和比较优势,中国与金砖各国的产能合作可以按照以下路径展开(图7-1)。

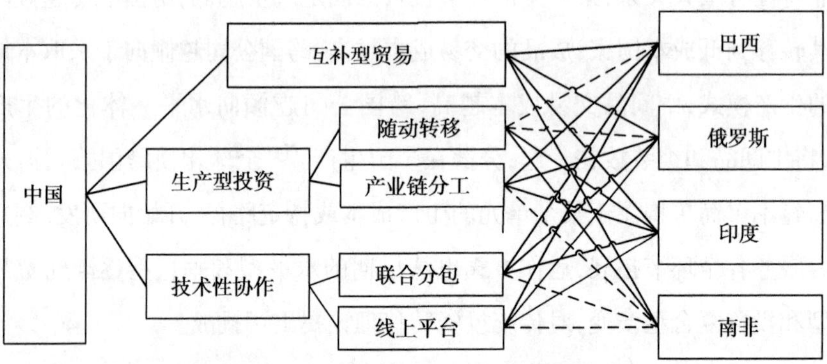

图7-1　中国与金砖国家产能合作路径选择

注:实线表示重点适用,虚线表示一般适用。

一、市场型贸易对接

产品输出是产能合作的一个基本形式,通过商品贸易将优势和特色产能直接进行空间转移,使各国市场供需结构得到有效改善。在许多行业的跨国投资活动当中，产品输出也常被用来作为投资组合方式内容或者生产输出的先导阶段。金砖国家具有庞大的消费市场，随着工业化发展和基础设施建设加快，会带来更多的商品需求。中国在工业制造业领域拥有世界最大的产能，商品品类丰富齐全，与金砖各国具有很强的商品互补性，继续扩大贸易合作，既有利于满足各国的消费需求，也有利于中国产业结构的不断优化和升级。中国与金砖国家双边贸易额正在不断创出新高，无论是贸易潜力，还是未来各国市场空间容量，都决定了商品贸易方式仍然具有广泛的适用性和成长性。

在强调产能合作的过程中，应该充分利用现代技术手段，搭建更多的商品信息和交易平台，畅通信息和物流渠道，改善贸易便利条件，提供更好的贸易服务，积极扩大不具备对外投资转移条件的中小企业生产的一般消费品和中间商品出口，鼓励具备对外投资实力的企业在投资条件尚不成熟的情况下通过产品贸易启动市场，提升品牌知名度。在消费者、生产商和政府采购等各个层次的市场需求领域，使中国的产能供给优势与各国的市场需求充分对接，不断扩大贸易规模。

二、优势型随动转移

市场经济的基本规律是经济要素会不断从高成本区域向低成本区域转移，由高梯度地区向低梯度地区流动。中国与其他金砖国家在一些制造业领域，存在供需结构和生产技术方面的双重梯度落差，中国制造产业向外转移既符合市场规律，也是实现产业价值的一种有效方式。对于互补性较强的传统产业，例如钢铁、纺织，建材、玻璃、电解铝、工程机械等行业大多属于中国的优势产业，具有较强的生产优势、技术优势、人才优势、管理优势、资本优势和供应链优势，但对其他金砖国家则是欠缺的资源，当地市场需求很大。如果转入国不具有配套生产能力或配套能力不足，可以根据当地市场条件，利用优势型转移方式向产业发展技术差别较大的低梯度国家整体随动转移，亦即零部件配套企业跟随龙头企业在当地进行投资生产，建立独立的生产供应配套体系，有利于保障产品生产标准的一致性,帮助解决东道国供给能力不足和就业问题,也有助于减少贸易摩擦,降低政策带来的成品和中间品交易成本,提高边际收益。

巴西、俄罗斯、印度和南非的工业结构并不相同,巴西产业体系相对完善,俄罗斯和印度制造业存在明显的短板,南非经过“去工业化”,制造业整体实力进一步弱化,中国拥有完整的工业体系,通过优势产业随动转移合作,可以充分弥补其他金砖国家产业体系的不足,对于配套能力较弱的印度和南非更为适用。

三、竞争型产业链分工

经济学理论已经表明,内部和外部成本的权衡,决定企业选择自制还是外包。对于互补性较弱而竞争性较强的产业,如化工、机械、家用电器、汽车、电子通信等一些已经进入成熟期的行业,中国具有规模优势,但是与其他金砖国家之间整体技术梯度差异并不明显,可以根据各国成本因素与市场成长性,充分考虑当地供给和需求差异,尤其是产业匹配程度和生产承接配套能力,在研发、制造和服务等环节进行产业链分工,或者将一部分适合的产品生产加工组装环节外包转移,提高产品国际竞争力,降低关税和非关税壁垒的影响,应对国际贸易壁垒的挑战。

对于拥有世界级品牌优势的家用电器、手机等行业的中国企业,可以采取委托加工、品牌授权、重组兼并等方式实施产能合作,逐步培育建立特定区域的代工生产体系和市场渠道,扩大销售网络。俄罗斯、巴西和印度在部分行业具有一定的生产保障能力,加之市场富有潜力及当地产业政策支持,与中国的产业链分工合作有着广泛的成长空间。

四、高端型分包协作

对于智力和技术密集型高端产业,如航空航天、生物医药、人工智能、信息技术及软件开发等行业，各国分别具有各自的特定优势，可以充分发挥当地人才和技术优势，扩大智力型协作，采取联动开发、标准共建、模块互包、分布外包与虚拟共享等方式进行合作，建立人才交流、技术互换、参股控股与股权激励等多种机制，联合开展新技术、新材料、新工艺的探索与创新。基于开放视野和互利互惠原则，在高新技术领域开展协同合作，通过"强强联合"，分享技术红利，进一步做大做强高端优势产业，有效提高金砖国家在全球市场的竞争潜能和科技主导能力，共同应对国际贸易变革和全球价值链重构带来的挑战，既符合各国的现实需要，也是深化金砖国家合作层次、推动并引领世界经济发展的新的着力点。

中国不仅具有独一无二的全产业链配套能力，在大数据应用方面已经走在世界前列，俄罗斯拥有高素质的人才，特别是数学、物理、化学等学科智力储备雄厚，在航空航天与核能领域世界领先，巴西在新能源开发和飞机制造等行业优势明显，印度的软件和制药行业具有世界先进水平。中国与俄罗斯、印度在信息软件行业进行开源合作，中国与巴西在飞行器领域开展分工配套，都会给参与各方带来技术溢出和增值效应。当然，各国对于技术敏感行业或战略性产业会有相应的投资限制，需要政府部门发挥作用进行必要的沟通协调，优先选择一些政策相对宽松的基础性、通用性或者面临技术瓶颈、相互需求迫切的高端项目开展合作。

传统产业转移由发达国家跨国公司主导，高技术产业和高附加值环节大都被这些跨国公司独自掌控，发展中国家企业较少有机会参与分享。在产能合作当中，主体和目标有很大变化，特别是现代通信技术发展使网络虚拟空间替代了成本高昂的现实物理距离，发展中国家诸多中小企业和创客群体有了平等参与机会。金砖国家都是人口大国，具有得天独厚的人力资本优势，特别是中国、印度、俄罗斯和巴西民间创新力量较为充沛，以在线方式进行技术研发与创意构思的交流、交换和交易，也是一条必不可少的合作路径，只是相比一般商品贸易来说，线上技术协作难度更大，需要各国提供并创造良好的激励氛围和更多的互动平台。

上述几种路径是从贸易、投资和技术三个层面进行探讨，主要适用于工业制造业领域产能合作。对于基础设施建设和综合工程类项目，现阶段依然选择的是复合型承包路径，对金砖各国普遍适用。例如工程总承包（EPC）方式在产能合作中被较多采用，内容包含工程设计、专业设备和建筑材料采购以及施工安装和技术服务，带动装备出口和人员劳务、技术标准“走出去”。

此外，按照驱动因素还可以采取资源导向型、成本导向型、市场导向型、创新导向型四种合作路径（见图 7–2）。资源导向型着重于资源互补，增强企业可持续发展能力，在传统自然资源与新型能源等方面进行整合，与资源丰裕的俄罗斯、巴西和南非具有较多的合作机会。成本导向型着重降低企业生产成本和交易成本，增强合作企业价格竞争优势，主要结合投资目标国的劳动力价格、资源保障、基础设施等条件，印度和巴西劳动力成本优势较为明显，尤其是印度更加适合成本控制要求较高的产能合作。市场导向型着重于市场容量、市场饱和度及市场成长空间，综合考虑人口结构、购买力水平、消费偏好和市场辐射范围，印度、巴西与南非潜力较大，更为适用倚重规模效应的大众消费品的生产合作。创新导向型着重于技术研发与应用，体现在新技术、新材料、新工艺等方面的专利技术和创新能力，通过技术融合提升产业结构高度，推动

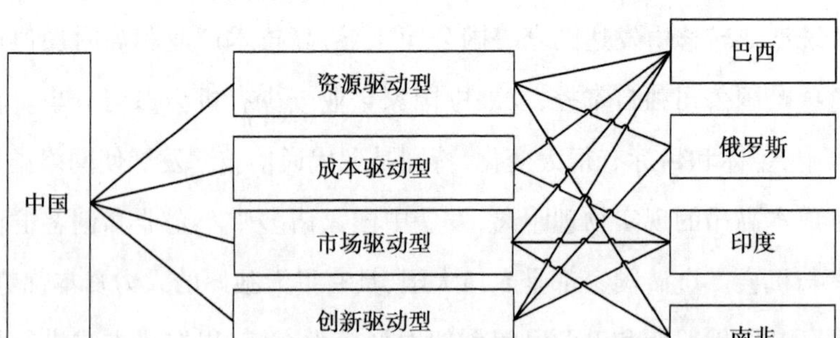

图 7–2　中国与金砖国家产能合作路径选择之二

价值链分工地位上移，俄罗斯、巴西、印度各有强势产业，在一些特定领域存在合作机会。

第三节 细分行业商品出口贸易波士顿矩阵分析与取舍

波士顿矩阵法（BCG Matrix）最早由美国波士顿咨询集团公司于20世纪70年代初创立，主要基于市场引力和企业实力两个决定产品结构的基本因素，分别用市场增长率和相对市场份额作为代表性指标组成矩阵，并依此进行业务分析与取舍。如图7-3所示，纵坐标（市场增长率）表示某类业务销售量年（或某一时间跨度）增长率，一般用数字0—20%表示，并以10%为纵坐标的标准线，将市场增长率分为高、低两个区域；横坐标（相对市场份额）表示该业务相对于最大竞争对手的市场份额，一般用数字0.1—10倍表示，并以0.5（或1）为横坐标的标准线，将相对市场份额分为高、低两个区域；业务的销售额大小分别用圆圈面积大小表示。由此组合成四个象限，每一个象限对应一种业务类型，分别为明星类、现金牛类、问题类和瘦狗类。

明星类产品处于高增长率、高市场占有率象限内，应扩大投资以支持其迅速发展。现金牛类产品处于低增长率、高市场占有率象限内，已进入成熟期，宜采取维护措施保持优势。问题类产品处于高增长率、低市场占有率象限内，市场前景虽好，但是在市场运营方面存在问题，应采取选择性投资战略，加以改进与扶持。瘦狗类产品处在低增长率、低市场占有率象限内，已经无法带来收益，应采用整顿合并或撤出战略。

波士顿矩阵法简明实用，不仅在企业产品取舍和业务组合管理中得到了广泛应用，同时也被扩展到企业以外的其他部门和领域，例如作为行业组合、贸易商品结构的选择分析工具。本书根据研究对象的实际特点，对波士顿矩阵的横、纵坐标进行重新定义，据此来对中国与其他金砖国家出口商品结构进

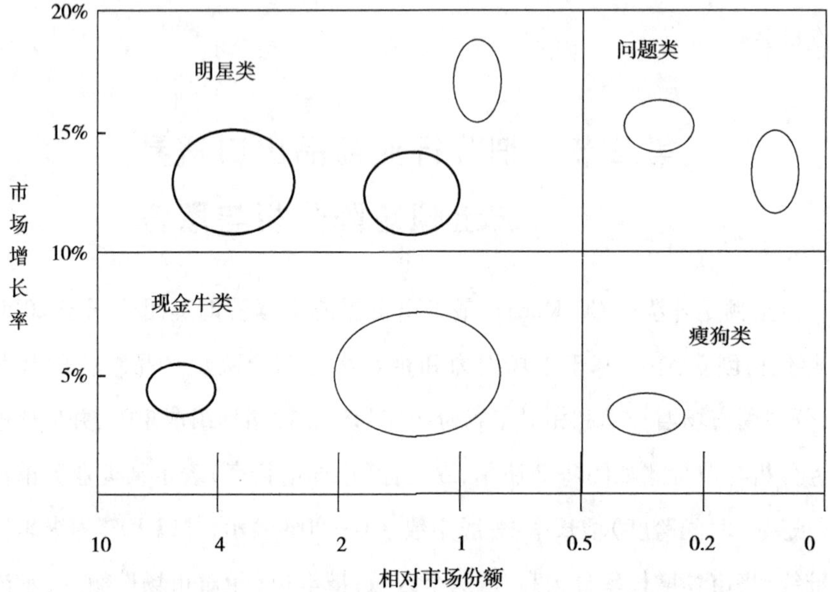

图 7-3　波士顿矩阵

注:坐标轴数字范围可以根据不同行业产品实际情况进行修改。

行分析并作出战略选择。考虑到贸易出口行业当年的增长会出现较大波动,故选用近 5 年的平均增长率为纵坐标,作为衡量中国与金砖国家贸易产品的平均增长指标,若某产业的出口增长速度高于这一平均指标,就说明该产业出口增速相对较高;若低于平均值,则说明该产业出口相对缓慢。横坐标采用当年中国对金砖国家出口额占对世界出口额的比重(或当地进口额占比)作为平均值,主要考虑到如果某一产业占金砖国家市场的份额高于平均值,就可以认为它是高市场份额且具有市场优势,反之则认为是低市场份额且具有市场劣势。

具体来说,以 2018 年 SITC2 位数产品中国对金砖各国的出口相对于对世界出口的份额为横坐标,并以 2018 年中国所有产品在金砖各国进口中所占的份额 19.16%、21.74%、14.50%、18.45%(依次为巴西、俄罗斯、印度、南非)作为横坐标的标准线,从而将市场份额分为高、低两个区域。纵坐标用 2013—

2018 年中国对金砖各国 SITC2 位数产品的年均增长率来表示，并用 2013—2018 年金砖各国从中国进口所有产品的年均增长率 0. 23%、0. 14%、5. 25%、2. 64%（依次为巴西、俄罗斯、印度、南非）作为纵坐标的标准线，从而将市场增长率也分为高、低两个区域。通过横纵坐标的两条标准线，将整个坐标系分成四个部分，从而把所有出口行业商品分成“明星类”“现金牛类”“问题类”和“瘦狗类”四大类。

明星类代表的是出口增速快于平均速度、市场规模占有优势的产业，既“双高产业”；现金牛类代表的是出口增速低于平均速度、市场规模占有优势的产业；问题类代表的是出口增速快于平均速度、市场规模占有水平较低的产业；瘦狗类代表的是出口增速低于平均速度、市场规模占有水平较低的产业，既“双低产业”。

鉴于中国对金砖国家出口中转出口（re-export）易造成统计数据差异扭曲，本书采用金砖国家进口数据来代替中国对金砖国家的出口数据，与坐标标准线口径一致。考虑到可比性和分析的简化，选择 2008—2018 年基本都有进口数据并且进口额超过百万美元的 2 位数商品，共 23 个 2 位数商品，基于 Lall（2000）出口商品分类法进行分类，其中低技术产品（LT）11 种，中技术产品（MT）6 种，高技术产品（HT）6 种，数据来源于联合国统计司 Comtrade 数据库并据此计算，分别得出中国与金砖各国分类商品波士顿矩阵，根据所处不同象限位置类型，对贸易商品行业领域提出相应的取舍策略。

一、中国对巴西出口商品的波士顿矩阵分析

从中国对巴西出口商品的波士顿矩阵计算结果（见图 7-4）可以看出处于不同象限的产业类型分别为：

明星类产业：94，家具。

现金牛类产业：42，皮革制品；44，木材制品；63，纺织品；84，核反应堆及机械设备；85，电气机械及设备。

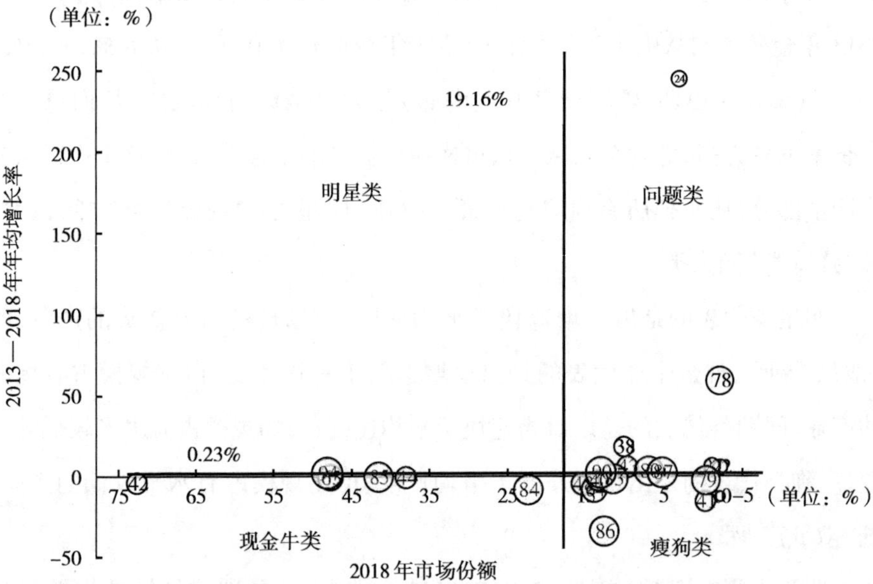

图 7-4　中国对巴西出口商品的波士顿矩阵

问题类产业:22,饮料;27,矿物燃料、矿物油及其蒸馏产品;24,烟草;38,化学品及化学制品;43,服装;78,铅及制品;80,锡及制品;87,汽车、挂车和半挂车以及其他运输设备;90,医疗器械、精密仪器和光学仪器。

瘦狗类产业:10,谷物;41,生皮及皮革;79,锌及制品;48,纸和纸制品;64,鞋类;83,金属制品;86,铁道及电车道机车和零件等;40,橡胶及塑胶。

在23种出口产品中,问题类占比最多,有9种,约占40%,其次是瘦狗类,有8种,约占35%。在问题类产业中,低技术产品有3种,中等技术产品有3种,高技术产品也是3种;瘦狗类产业中,低技术产品有4种,中等技术产品有3种,高技术产品有1种;现金牛类产品共有5种,其中低技术产品3种,高技术产品2种;明星类出口产品中只有低技术产品家具1种。中国对巴西家具行业的出口不仅具有较高的市场份额,而且出口量的年均增长率也较高,即"双高"产品。中国对巴西出口问题产品较多,这类产品虽然市场份额占比较低,但拥有较高的销售增长率,如果能够长期保持这种发展势头,势必会提高该类产品的市场占有率,很有可能发展成为明星类产品和现金牛类产品,但是如果市场策略处理不当,也有可能转换为瘦狗类产品,从而带来负担,需要进一步挖掘潜力,争取扩大市场份额。中国对巴西出口的瘦狗类产品也较多,大都集中在中低技术产业,这类产品不仅市场占有率低,而且增长缓慢或停滞,几乎没有盈利能力,需要对该类产品进行针对性分析,对于确实无望的行业产品应减少或放弃投资。

中国与巴西优先发展的贸易产品包括家具、皮革制品、木材制品、纺织品、核反应堆及机械设备、电气机械及设备。具有潜力的贸易产品包括饮料、矿物燃料及其蒸馏产品、烟草、化学品及化学制品、服装、铅及制品、锡及制品、汽车及其他运输设备、医疗器械、精密仪器和光学仪器。潜力较小但可能存在转换机会的贸易产品包括谷物、生皮及皮革、锌及制品、纸和纸制品、鞋类、金属制品、铁道及电车道机车和零件等、橡胶及塑胶。

二、中国对俄罗斯出口商品的波士顿矩阵分析

从中国对俄罗斯出口商品的波士顿矩阵计算结果(见图 7-5)可以看出处于不同象限的产业类型分别为:

明星类产业:85,电气机械及设备。

现金牛类产业:42,皮革制品;43,服装;63,纺织品;64,鞋类;83,金属制品;84,核反应堆及机械设备等;94,家具。

问类题产业:22,饮料;78,铅及制品;79,锌及制品;80,锡及制品;38,化学品及化学制品;48,纸和纸制品;90,医疗器械、精密仪器和光学仪器。

瘦狗类产业:44,木材制品;24,烟草;10,谷物;86,铁道及电车道机车和零件等;40,橡胶及塑胶;27,矿物燃料、矿物油及其蒸馏产品;41,生皮及皮革;87,汽车、挂车和半挂车以及其他运输设备。

在 23 种产品出口中,瘦狗类最多,有 8 种,其中低技术产品有 4 种,中等技术产品有 2 种,高技术产品有 2 种;现金牛类有 7 种,其中低技术产品有 5

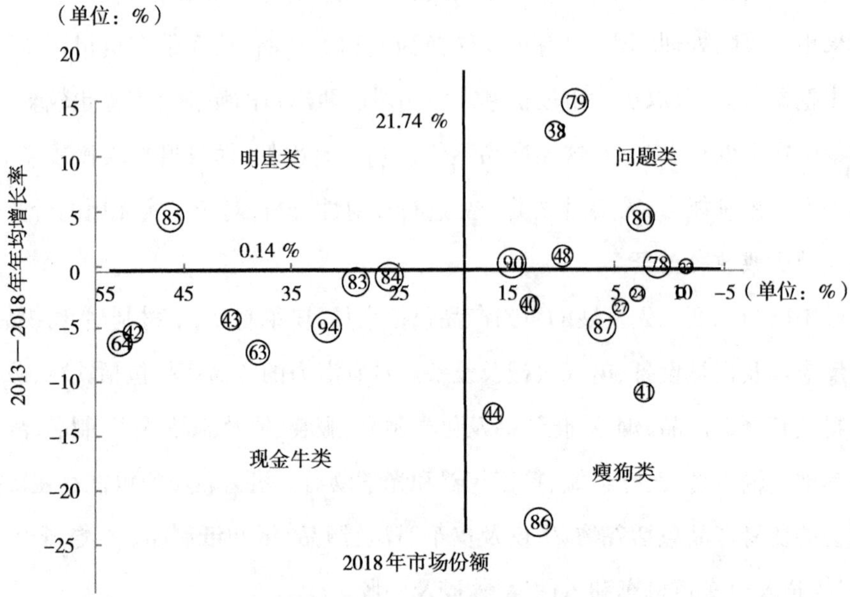

图 7-5　中国对俄罗斯出口商品的波士顿矩阵

种,中等技术产品有 1 种,高技术产品有 1 种;问题类也有 7 种,其中低技术产品有 2 种,中等技术产品有 3 种,高技术产品有 2 种;明星类只有高技术产品电气机械及设备行业。中国对俄罗斯出口产品的波士顿矩阵中,属于"双低"产品的瘦狗种类最多,其中低技术产品出口中,现金牛产品与瘦狗产品居多,市场增长率较低。仅有电气机械及设备属于"双高"明星产品,不仅市场份额较高,而且出口年均增长率也较高。

中国与俄罗斯优先发展的贸易产品包括电气机械及设备、皮革制品、服装纺织品、鞋类、金属制品、核反应堆及机械设备、家具。具有潜力的贸易产品包括饮料、铅及制品、锌及制品、锡及制品、化学品及化学制品、纸和纸制品、医疗器械、精密仪器和光学仪器。潜力较小但可能存在转换机会的贸易产品包括木材制品、烟草、谷物、铁道及电车道机车和零件、橡胶及塑胶、矿物燃料、矿物油及其蒸馏产品、生皮及皮革、汽车、挂车和半挂车以及其他运输设备。

三、中国对印度出口商品的波士顿矩阵分析

从中国对印度出口商品的波士顿矩阵计算结果（见图 7-6）可以看出，处于不同象限的产业类型分别为：

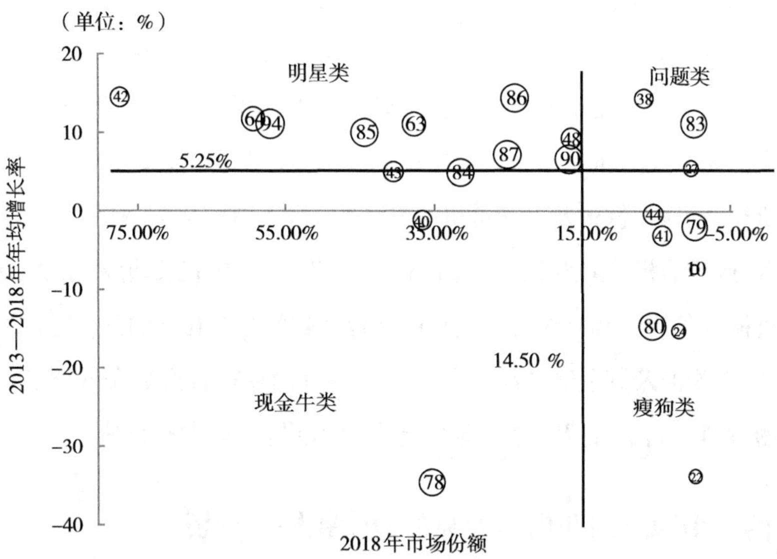

图 7-6　中国对印度出口商品的波士顿矩阵

明星类产业：42，皮革制品；64，鞋类；94，家具；63，纺织品；48，纸和纸制品；85，电气机械及设备；86，铁道及电车道机车和零件等；87，汽车、挂车和半挂车以及其他运输设备；90，医疗器械、精密仪器和光学仪器。

现金牛类产业：78，铅及制品；40，橡胶及塑胶；43，服装；84，核反应堆及机械设备等。

问题类产业：38，化学品及化学制品；83，金属制品；27，矿物燃料、矿物油及其蒸馏产品。

瘦狗类产业：10，谷物；22，饮料；24，烟草；79，锌及制品；80，锡及制品；41，生皮及皮革；44，木材制品。

在23种产品中,明星类产品最多,共有9种,包括低技术产品5种,高技术产品4种;瘦狗类占7种,其中除锌、锡及其制品外,皆是低技术产品;现金牛类占4种,高技术行业为核反应堆及机械设备;问题类产品有3种,其中高技术1种,中等技术2种。从中国对印度出口产品的波士顿矩阵图来看,高技术产品出口中,明星产业居多;低技术产品出口中,瘦狗产业居多;中等技术产品出口中,问题产业居多。中、高技术产品具有明显的市场优势和潜力。

中国产品在印度市场具有较大的成长空间,特别是中、高技术产业。中国与印度优先发展的贸易产品包括皮革制品、鞋类、家具、纺织品、纸和纸制品、电气机械及设备、铁道及电车道机车和零件、汽车、挂车和半挂车以及其他运输设备、医疗器械、精密仪器和光学仪器、铅及制品、橡胶及塑胶、服装、核反应堆及机械设备等。具有潜力的贸易产品包括化学品及化学制品、金属制品、矿物燃料、矿物油及其蒸馏产品。潜力较小但可能存在转换机会的贸易产品包括谷物、饮料、烟草、锌及制品、锡及制品、生皮及皮革、木材制品。

四、中国对南非出口商品的波士顿矩阵分析

从中国对南非出口商品的波士顿矩阵计算结果(见图7-7)可以看出,处于不同象限的产业类型分别为:

明星类产业:85,电气机械及设备;43,服装。

现金类牛产业:42,皮革制品;64,鞋类;94,家具;63,纺织品;86,铁道及电车道机车和零件等;84,核反应堆及机械设备等;40,橡胶及塑胶;83,金属制品。

问题类产业:22,饮料;27,矿物燃料、矿物油及其蒸馏产品;38,化学品及化学制品;90,医疗器械、精密仪器和光学仪器。

瘦狗类产业:44,木材制品;48,纸和纸制品;78,铅及制品;79,锌及制品;24,烟草;10,谷物;80,锡及制品;41,生皮及皮革;87,汽车、挂车和半挂车以及其他运输设备。

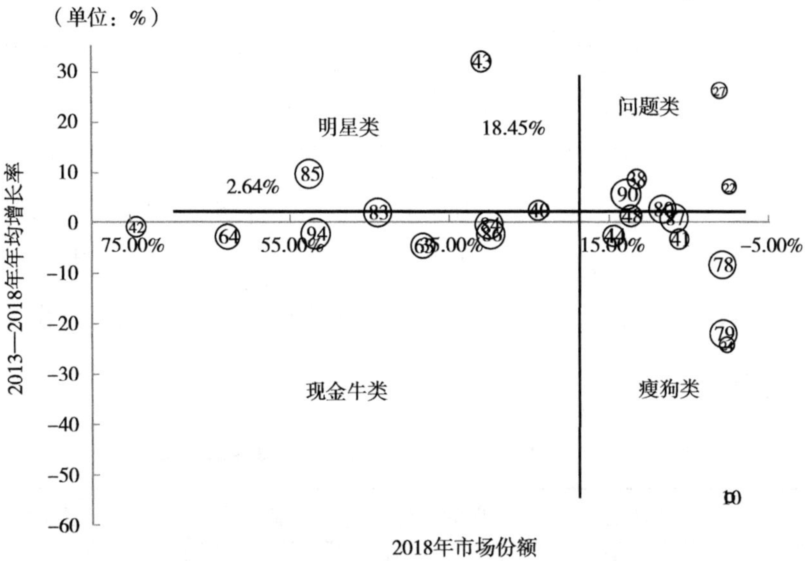

图 7-7　中国对南非出口商品的波士顿矩阵

在 23 种产品当中，瘦狗类产品的种类最多，有 9 种，其中低技术产品有 5 种，中等技术产品有 3 种，高技术产品有 1 种；现金牛类产品有 8 种，其中低技术产品 4 种，中等技术产品 1 种，高技术产品有 3 种；问题类产品有 4 种，其中低技术产品有 1 种，中等技术产品 1 种，高技术产品有 2 种；明星类产品有 2 种，分别为电气机械及设备产品和服装产品。从中国对南非出口产品的波士顿矩阵结果来看，高技术产品出口中，现金牛类产业居多，低技术产品出口中，瘦狗类产业较多。整体上中国高技术产品具有明显的市场优势。

中国与南非优先发展的贸易产品包括电气机械及设备、服装、皮革制品、鞋类、家具、纺织品、铁道及电车道机车和零件、核反应堆及机械设备等、橡胶及塑胶、金属制品。具有潜力的贸易产品包括饮料、矿物燃料、矿物油及其蒸馏产品、化学品及化学制品、医疗器械、精密仪器和光学仪器。潜力较小但可能存在转换机会的贸易产品包括木材制品、纸和纸制品、铅及制品、锌及制品、烟草、谷物、锡及制品、生皮及皮革、汽车、挂车和半挂车以及其他运输设备。

总体来看,中国对金砖国家出口产品仍具有较大的潜力,但也存在一定差异。对印度明星类与瘦狗类较多,对巴西问题类和瘦狗类较多,对俄罗斯瘦狗类、现金牛和问题类较多,对南非瘦狗类和现金牛类较多。四种类型当中,明星类印度最多,现金牛类俄罗斯最多,问题类巴西最多,瘦狗类南非最多(见表7-5)。瘦狗类主要集中在低技术产业,明星类和现金牛类主要集中在低、高技术产业,问题类主要集中在中、高技术产业,由此也表明中国在中、高技术产业领域对金砖国家出口具有更大的优势和潜力,可以作为优先发展选项。

表7-5　中国对金砖国家出口产品波士顿矩阵技术类型数量

国别	明星类			现金牛类			问题类			瘦狗类		
	低	中	高	低	中	高	低	中	高	低	中	高
巴西	1	0	0	3	0	2	3	3	3	4	3	1
俄罗斯	0	0	1	5	1	1	2	3	2	4	2	2
印度	5	0	4	1	2	1	0	2	1	5	2	0
南非	1	0	1	4	1	3	1	1	2	5	3	1

不同行业产品类型差异也较大,服装产品只有巴西为问题类产品,纺织服装在其他各国大都为现金牛类产品。医疗器械、精密仪器和光学仪器在印度为明星类产品,在其他国家为问题类产品。汽车挂车及其他运输设备在印度为明星类产品,在巴西为问题类产品,在俄罗斯和南非为瘦狗类产品,考虑到中国汽车产业的品牌技术发展状况和各国汽车市场潜力,后续应有较大的贸易和投资机会,可以适当增加市场投入促进类型转换。核反应堆及机械设备在四国均为现金牛类产品,且销售增长率接近所有产品的年均增长率(也即上述标准线),很大可能会转换成明星类产品,应加大市场投入。电气机械及设备产品除巴西已转换为现金牛类产品外,对其他金砖国家出口类型均为明星类产品,应该继续保持优势。化学品及化学制品在对其他金砖国家出口类

型中均为问题类产品，发展潜力在于具有较高的销售增长率，适当增加市场投资开发力度，有可能成为明星类产品或现金牛类产品。木材制品除巴西为现金牛类之外，在其他国家均为瘦狗类产品。烟草行业处于产品生命周期中的衰退阶段，只有对巴西出口是问题类产品，对其他金砖国家均已转换成为瘦狗类产品，盈利空间十分有限。谷物、生皮及皮革产品在四国均为瘦狗类产品，不仅市场占有率低，而且销售增长缓慢甚至停滞，几乎无任何盈利能力，需减少投入或者对这类产品进行升级换代并重新整合，使其成为新产品。

第四节　产能合作重点投资领域

2015 年 5 月，国务院发布了《关于推进国际产能和装备制造合作的指导意见》，明确提出 12 个“制造能力强、技术水平高、国际竞争优势明显、国际市场有需求”的国际产能合作重点行业，分别为钢铁、有色、建材、铁路、电力、化工、轻纺、汽车、通信、工程机械、航空航天、船舶和海洋工程，上述 12 个行业可以分为四大类：第一类是基础设施，比如铁路、电力；第二类是生产材料，比如水泥、钢铁；第三类是终端消费品，比如纺织、汽车；第四类是科技制造业，比如通信、航天航空。除纺织属于低技术产业，其他均属于中等和高技术产业。中国在钢铁、有色、建材、电力、化工、铁路、轻纺、工程机械、汽车、船舶和通信领域拥有世界最大的产能，实际上生产优势不仅限于上述行业，在家用电器、节能环保及其他通用机械设备、电子仪器仪表等领域的生产技术和管理标准也已经达到世界先进水平，具备对外投资合作的动力和条件。

中国对金砖国家直接投资总体上起步较晚，投资流量和流向有一定差异，投资领域主要集中在资源密集型和劳动密集型行业，如能源、矿产、基础设施建设和一些有比较优势的传统加工制造业。随着中国供给侧结构性改革逐步深入推进，产业结构持续转型优化，加之金砖国家投资需求规模和范围也在不断扩大，新技术与新需求叠加孕育出更多新机会，产能合作领域开始从传统资源型行业向先进制造业延伸,未来将会有越来越多的优势行业加入到对外投资合作进程当中。

中国作为全球制造大国,最具竞争力的产业当属加工制造业,机械及运输设备和按原料分类的制成品两个产业部门具有显著优势,其他金砖国家经济增长及制造业升级也对此产生更多投资需求。与此同时,中国经济快速发展对资源和能源产品的消费与日俱增,恰好与其他金砖国家资源禀赋优势相对应,形成制造业和资源产业的"双匹配",即中国制造业优势与他国制造业互补互需,他国资源产业优势与中国资源产业互补互需。因此,中国与金砖国家产能合作领域十分广阔,尤其是在工业制成品和资源能源产业的投资合作方面具有很大潜力。

中国与金砖各国在行业产品类型方面的竞争性与互补性有所不同,基于中国重点行业的国际竞争力和供给情况,结合考虑各国产业互补性、区位条件、技术优势和市场结构,在选择产能转移对象国和重点合作领域过程中,既要满足各国日渐增长的改善基础设施建设的共同需求,也要适应各国消费市场的普遍性和特殊性偏好,还要兼顾到各国有关鼓励投资政策所纳入的行业范围。中国对印度可以侧重基础设施和消费类产品生产转移,对俄罗斯和巴西可以侧重资源、消费类产品与技术性产业领域合作,对南非可以侧重基础设施、资源和消费类产品产能合作。以下按照国别进一步说明具体产能合作的重点投资领域。

一、中—巴产能合作重点投资领域

巴西经济实力居于拉美国家之首,工业体系比较完整,产业对接能力较强。近年来由于经济持续低迷,需要新动力和吸引投资来重振停滞的经济,改善基础设施成为历届政府执政目标的重中之重。2010 年,巴西政府宣布启动一项总额 8780 亿美元的投资计划以升级巴西的基础设施,推动航空、公路及铁路系统的现代化进程。2012 年,政府推出第一轮为期 5 年的改善交通基础设施计划,预期吸引总额为790亿雷亚尔的资金,但是,由于回报率低,企业参与不积极,导致部分项目招标延迟甚至失败。[①] 2015年,巴西政府第二次推出改善交通基础设施的投资计划,其中铁路所占投资比例最大,约为864亿雷亚尔,包括连接太平洋和大西洋的"两洋铁路"巴西段工程,本轮计划吸取上一次投资计划实施当中的一些教训,拟给予参与新一轮项目开发的企业更高的回报率,并延长特许经营权、放宽投资限制。

巴西丰富的矿产资源、不断改善的市场经济环境以及政府积极的引资态度,都为中国进一步扩大对巴西直接投资提供了良好的条件。随着巴西政府经济加速发展计划和基础设施投资规划的推出和实施,在基本建设、农产品深加工和制造业领域投资需求较大。巴西水电资源极为充沛,目前只有不到1/3得到开发,在未来的能源开发计划上仍将保持优先发展水电的策略,中国水电建设方面有着较多的经验,与巴西在水电开发利用方面有着广阔的合作空间。此外,中国与巴西能源矿产领域合作已经形成不少成果,在此基础上,应加强开展资源型产品的深加工合作,延长产业链,提升附加值。

中国与巴西产能合作的领域十分广阔,除了基础设施建设工程所需材料和传统贸易产品输出,在农业机械、家电产品、汽车摩托车整车与零部件、工业设备生产、铁路交通等领域投资转移潜力较大。在采矿、生物工程、飞机配套件、自动化信息技术、通信网络、风电水电工程技术以及新能源和新材料等领域,两国可以着重扩大产品内分工,加强产业链合作,共享双方的生产技术优势。

二、中—俄产能合作重点投资领域

俄罗斯处于经济结构转型阶段,近年来政府推出了一系列政策举措和规划,以改善经济和民生,在基础设施、农业和居民家居用品等领域需求十分广

① 丁刚、索泓依:《巴西实施新一轮基建投资计划》,《人民日报》2015年6月11日。

泛。根据俄罗斯政府实施的 2020 发展战略,优先发展农业、机械、住房建设、能源等行业。2019 年 2 月 11 日,俄罗斯政府推出《国家项目:任务指标与基本目标》发展规划,确定了国家优先发展方向的具体项目预算,未来五年内将投资 25.7 万亿卢布(约合 3848 亿美元),在医疗、教育、生态、人口、文化、交通干线基础设施升级改造等领域实施多个国家项目,旨在保障俄罗斯科学技术和社会经济跨越式发展,提高国民生活水平,以及为每位俄罗斯人提供实现自我价值、发掘自身潜力的条件与机会。

对于俄罗斯远东地区的开发,2018 年 1 月,《中俄在俄罗斯远东地区合作发展规划(2018—2024 年)》正式获批,规划重点归纳了俄罗斯远东地区在地理位置、能矿资源、农林水产、交通运输、航空船舶制造等方面对于中国投资者的合作优势;详细介绍了远东地区支持外国投资者的国家政策,以及为中国投资者提供的机遇,涉及税收优惠、重点引资的地域和领域、基础设施和资金配套支持政策、电子签证等内容;通过事实和数据阐释远东地区对华经贸合作情况;推介在俄罗斯远东地区开展中俄经贸合作的七个优先领域,包括天然气与石油化工业、固体矿产、运输与物流、农业、林业、水产养殖和旅游等。

俄罗斯是中国的近邻,特殊的地缘优势、良好的政治关系和明确的产业政策,为中国与俄罗斯扩大产能合作提供了充分的条件。

中俄两国在农业领域具有较强的互补性,俄罗斯拥有丰富的农业资源,人均耕地面积是中国的 8 倍,多数地区土壤肥沃,但耕地利用率不高,劳动力极为匮乏,缺少外资投入。加大对俄罗斯农业领域的投资,对中国涉农企业"走出去"以及促进俄罗斯农业发展都具有重要意义。因此,应着力搭建农业投资合作平台,引导鼓励中国企业对俄罗斯农业开展多元化投资,在种植、养殖、渔业、食品和农产品加工等领域不断扩大投资合作规模,使两国农业合作项目更加规范有序。

能源和资源产业是俄罗斯的经济支柱,也是中俄产业合作的重要支点,俄罗斯于 2012 年加入世界贸易组织,其产业保护和投资壁垒大为下降。中国企业与俄罗斯在石油勘探、煤炭、核能等方面已经开展了一些大的投资合作项目，在石油产业领域，中俄原油管道计划已于 2010 年建成投产，2011—2030 年，俄方通过管道每年向中方供油 1500 万吨，石油总计 3 亿吨。在煤炭领域，中国企业已陆续向俄罗斯煤炭工业投资逾 10 亿美元。在核能方面，2018 年中核集团与俄罗斯国家原子能集团签署了田湾核电站、徐大堡核电站及示范快堆设备供应及服务采购框架合同，一揽子项目总造价超过千亿人民币，成为中俄最大的核能合作项目，有助于提升两国产业合作的科技含量。未来中俄两国在油气资源、煤炭矿产、能源利用等领域仍有诸多投资合作机会，其中包括开展二次加工、技术改造和产业升级等方面的深度协作。

俄罗斯经济结构失衡，产业结构“偏重少轻”，在继续深化能源、矿产和农业互补性合作的同时，中国与俄罗斯可以着重围绕消费产品开展多层次合作，在食品生产、纺织服装、农业原料、通用机械、家用电器、电子通信、汽车与交通设备、化工生产等领域加强生产转移。此外，在俄罗斯智力优势占先的产业，如航空航天、核能、激光、生物工程、新型复合材料等领域广泛进行技术性合作，也是一个重要的选择。当前中俄两国在能源及农业等资源产业的合作项目较多，应该逐步扩大投资合作领域，尤其是充分发挥俄罗斯高端人力资本优势，着重在技术水平较高的行业进行互动，联合建立前沿技术研发和实验部门，打造一批高新技术产业示范合作项目，提高双方产业合作层次和深度，通过技术资源共建共享，争取在关键技术领域有所突破。

三、中—印产能合作重点投资领域

作为同属亚洲的两个发展中大国，中国和印度发展路径与经济结构较为相似，在资源禀赋、商品品类和生产分工等方面既有互补性也存在竞争关系。21 世纪以来，为了吸引更多的外商投资，印度政府采取了一系列措施，加快国内市场开放，降低外资准入门槛，在一些鼓励投资的行业（主要包括基础设施、具有出口潜力的项目、能大量雇用劳动力的项目等），给予投资者相应关税和税收的优惠政策,积极鼓励外资进入。但是多年来,印度对来自中国的投资时常心存芥蒂,并以"国家安全"为由,对包括中国在内的特定国家直接投资实施限制。多重因素导致中国对印度的直接投资一直处于较低水平,在金砖国家中远远低于对俄罗斯和南非的投资额。当然,印度的人口基数庞大,经济增长较快,综合考虑印度的经济环境和市场潜力,中国对印度投资规模和领域,未来应该具有较大的拓展空间。

中国与印度之间开展产能合作,要充分结合印度的现实发展和经济特点。印度处于工业化和城市化从早期向中期过渡阶段,需要大量工业制造业项目和基础设施建设,基本建设和制造业等诸多领域的投资需求巨大。工业化和城市化是未来印度经济发展绕不开的两个重要途径,中国对印度的投资也应与此密切相关。

一方面,中国企业应积极参与印度城市化进程,大力推动对印度基础设施领域的投资。城市化是社会经济发展的重要表现和必然出现的结果,城市发展与工业化进程的关系尤为密切。经济越发达,城市化水平就越高,反之就越低。发达国家城市化水平多在80%以上,而社会经济发展水平较低的发展中国家的城市化水平在50%左右。

印度仍然是一个农业国家,大约一半的人口仍然直接或间接依靠农业维生,城市化发展相对缓慢。联合国经济和社会事务部(UN DESA)公布的《2018年世界城市化趋势》报告显示:2018年全球城市化平均水平为55%,北美洲82%,亚洲54%,非洲43%,印度只有33%。世界银行(World Bank)和国际货币基金组织(IMF)研究认为,印度城市生产率与农村生产率之比较低,没有实现制造业部门的蓬勃发展,大部分劳动力仍从事生产率低下的农业活动,农村劳动者迁移至城市的意愿并不强烈。① 印度城市化水平低,既有历史原因也有现实原因,其中基础设施建设落后是一个不容忽视的制约因素,交通工

① YUKON HUANG, Urbanization is Key to Why India is So Far in China's Wake, FINANCIAL TIMES, JUNE 8, 2015.

具、配套保障、城市服务等设施功能的缺乏，严重阻碍了印度的城市化进程。印度的物流与运输成本高昂，占 GDP 的 14.4%，而其他新兴国家不到 8%。①改善交通网络、电力供应等设施需要大量的投资，根据印度国家"十二五"发展计划，2012—2030 年，至少将 GDP 的 10%投入到基础设施建设上，伴随大规模投资增长，基本建设和房地产业进入蓬勃发展时期，居民家庭收入提高，中产阶级群体扩大，城市化进程将加快，预计到 2030 年城市化水平会上升到 40%。

印度正处于城镇化进程的关键时期，面对不断增长的基础设施投资需求，出现了一些新的融资方式，如 BOT（建设—拥有—转让）、BOOT（建设—拥有—经营—转让）、BOLT（建设—拥有—租赁—转让），与此同时，政府允许私营企业参与基础设施的建设，给予承担基础设施建设的企业为期 5 年的免税期，这给工程机械设备和相关行业发展带来了机遇。印度本地工程建设和机械制造行业发展较弱，远远满足不了当地市场需要，而中国在基建领域具有较大的比较优势，物美价廉的中国工程机械设备有很强的国际竞争力，考虑到印度基础设施建设是一个长期化进程，中国与印度在这一领域的产能合作前景可期。

另一方面，中国企业应积极参与印度的工业化进程并加强产业链分工合作。

印度宏观基本面长期向好，劳动力丰富但素质相对较低，工业制造业发展迟滞。近年来，印度政府提出"印度制造"战略，全面加快制造业发展步伐，为投资印度的国内外企业提供一站式服务，并放宽了石油天然气、电信和国防等领域的外资准入限制，拥有巨大产能优势的中国制造业无法被排除在外。

中印产业合作领域较广，在劳动密集型产业和资本密集型产业领域具有诸多合作机会。印度劳动力资源富余，劳动力成本较低，中国一些具有优势的

① 德勤：《2016 全球制造业竞争力指数》，第 52 页。

劳动密集型产业和资本密集型行业应增加对印度的整体投资转移,在农产品深加工、农用机械设备、建筑材料、铁路、交通设施等装备制造业领域可以加大产能合作力度。印度属于能源与资源相对匮乏的国家,电力、能源与节能环保领域合作机会也较多。在纺织服装、家用电器、汽车与摩托车制造等竞争性较强的行业领域,应该注重错位投资,建立优势互补的生产分工体系,密切产业链分工,减少两国的产业重合。此外,印度软件外包行业具备较强的国际竞争优势,但是过度依赖欧美市场大大制约了其行业发展空间。中印双方通过资金、人才和技术多维链接,加强在软件、现代信息、生物制药等高端产业领域的技术型合作,对提高两国高新技术产业的国际竞争力大有裨益。

四、中—南产能合作重点投资领域

20 世纪 80 年代,南非曾经是非洲的经济和工业强国,拥有门类较多的制造业部门,发电量一度占非洲的 60%。之后,由于内部原因和外部环境变化等多重因素所致,工业结构出现失衡,生产明显回落,伴随去工业化过程,制造业对国内生产总值的贡献度大幅下滑,工业制造业整体竞争力受到了一定冲击。近年来,受全球经济疲弱影响,南非国内储蓄率和投资率不足,经济增长持续低迷。

全面实现工业化是当前南非经济发展的主要目标之一,南非政府制定了《国家发展规划》,提出 2030 年发展目标,采取多种应对措施并推出一系列配套计划,加快了基础设施建设和工业化发展步伐。为了改善营商环境,政府特别成立了“投资南非”部门,以吸引更多的外国投资。南非市场化程度很高,对来自中国的投资限制较少,同时非常希望中国企业对其制造业、铁路、电网及基础设施领域加大投资,为南非制造业带来急需的技术、资本和工作机会。

中国与南非经济互补性很强,存在一定的梯度差异,中国的优势产业相对较多,南非在能源、海水养殖和交通设施、钢铁、化工、制药、汽车零部件、农产品加工等制造业领域有很大的需求和潜力。中国与南非在海洋运输装备、农业机械、纺织服装、风力发电、太阳能和水力发电等可再生资源领域具有产业转移条件。此外,考虑到南非对周边地区巨大的市场辐射作用,在钢铁、水泥、玻璃和建筑材料、医疗器械生产、家用电器、铁路交通、工程机械设备、汽车摩托车整车及零部件、通信,智能制造、航空航天等领域也具有广泛的合作空间。

目前,南非是中国在非洲大陆最大的投资国,中国在南非投资合作的大型企业已超过 100 家,主要涉及矿业、钢铁、水泥、建材、光伏、汽车、家电等重点行业。中南双方近年来产能合作发展十分迅速,加快了南非的工业化进程,未来应继续以能源、资源产业为依托,深化制造业多领域合作,提升对南非直接投资层次。具体来说,一是依托南非资源禀赋,深化矿产资源合作。南非自然资源极为丰富,具有很强的国际竞争力,采矿业也是南非重要的支柱产业,中国企业应以并购、股权等多种形式,扩大与南非矿产资源领域的投资合作。二是南非近年来对基础设施建设投入持续增加,相关中国企业应根据当地公路、铁路和其他工程建设的实际需求,采取共建、承包、合包、设备租赁等方式,积极开展对南非基础设施领域的投资。三是完善服务渠道,打造中国优势品牌。与发达国家相比,中国产品的知名度、美誉度和品牌价值还较低,但是随着中国制造业不断发展,在一些消费品领域也出现了世界级的品牌,如家用电器和通信行业。因此,具有较强国际竞争力的中国家电企业应积极在南非设立生产基地,注重技术创新和产品更新换代,维护中国品牌的良好形象。国际竞争优势较弱的中国汽车企业,应抓住南非汽车工业基础较好、市场消费及辐射潜力大的有利条件,立足自身的特定强项,建立健全生产配套环节,密切产业分工,完善营销渠道,大力改进售后服务水平,树立和提升品牌形象。四是华为、中兴、腾讯、阿里等高新技术企业应发挥现有技术优势,积极开发南非市场,不断拓展高科技领域的投资合作。

第五节　现代信息技术背景下产能合作领域拓展

一、金砖国家电子商务发展概况

世界经济正在进入数字化转型时期,金砖国家也加快了信息化建设和数字经济发展的步伐,2016年巴西发布了“智慧巴西”国家宽带发展计划,俄罗斯推出了“俄罗斯联邦2014—2020年信息技术产业发展战略和2025年前景展望”及“数字经济发展规划(2018—2025年)”,印度2015年提出了“数字印度”的国家战略,南非2015年出台了“全民互联网”计划,争取在5年内将宽带普及率提高到100%,中国2018年明确提出要建设“数字中国”,以信息化培育新发展动能。网络数字经济建设受到各国的普遍重视,也逐渐成为金砖国家信息化合作的重要议题。2016年在印度举行的“数字金砖闭门会议”上,参会专家正式提出了“数字金砖”概念。2017年金砖国家领导人厦门会晤期间核准了《金砖国家电子商务合作倡议》,电子商务领域的合作全面启动。建立有效的合作机制,促进互联网信息技术和电商交流协作,有利于金砖各国产业升级、科技创新、经济增长和社会进步,也有利于扩大彼此经贸往来,共同实现跨越式发展。

电子商务是现代数字经济的重要组成部分和最活跃的表现形式之一,随着互联网和智能手机的大量普及应用,金砖国家电子商务市场发展非常迅速。2010年以来,金砖国家电子商务平均增长速度在20%左右,远远超出世界平均水平。根据阿里研究院发布的《金砖国家电子商务发展报告》(2018更新版),2017年金砖五国网民总数达到14.5亿人,占世界总网民数量比重41.9%。网络购物用户人数为8.4亿,占世界网购总人数比重为50.8%,预计2022年这一比重将高达61%。网络零售已经成为国际零售市场的强劲拉动力和新增长点，2017 年金砖国家网络零售总额为 11851 亿美元，占全球网络零售总额比重为 51.8%，预计 2022 年占比将进一步提高到 59%。2017 年金砖国家跨境网络零售总额为 1296 亿美元，占世界比重 24.5%，预计 2022 年占比将达到 41%。（见表 7-6）。无论是网购交易还是跨境零售的比重，均高于同期 GDP 和贸易额的世界占比，这也表明金砖国家电子商务作为拉动经济增长的新引擎，正处于快速成长期。

表 7-6　金砖国家电子商务状况

指标 \ 年份	2015	2016	2017	2022
网民数量（亿人）	—	14.6	14.5	—
网民数量世界占比（%）	—	42.7	41.9	—
网购用户（亿户）	6.0	7.2	8.4	13.5
网购用户世界占比（%）	—	47.2	50.8	61
网络零售交易额（亿美元）	6983	8761	11851	30061
网络零售交易额世界占比（%）	—	47	51.8	59
跨境网络零售总额（亿美元）	540	920	1296	5536
跨境网络零售交易额世界占比（%）	—	23	24.5	41

资料来源：阿里研究院：《金砖国家电子商务发展报告》（2017、2018）。

金砖国家互联网应用及电子商务发展较快，对于加速自身经济转型、提高劳动生产率、培育新经济增长点都有着重要的作用，但是各国发展进程和水平存在差异，整体上与美国、日本、新加坡等“数字强国”还有一定差距。巴西是拉丁美洲最大的电子商务市场，同时也是世界第四大智能手机市场，固定电话、移动电话和宽带用户数分别为 4046 万、2.36 亿和 2969 万户。① 印度是世界第二大人口国，同时也是世界上第二大互联网市场，24 岁以下的人口占总人口比重为 47.9%，这一年龄段人群是电子商务潜力最大的客户群体，无线

① 商务部：《国际贸易经济合作研究院对外投资合作国别（地区）指南》（巴西 2019 年版），第 41 页。

网络用户总数为 11.8 亿户，占全国电话用户的比例为 94.4%，互联网用户总数为 5.66 亿户，超过 80%的上网行为都是通过手机产生。① 俄罗斯是欧洲第四大电子商务市场，也是中国跨境出口十大目的国之一，移动通信用户为 2.56 亿户，移动通信普及率达 179%，16 周岁以上网民人数约 9000 万人，互联网普及率达到 75.4%，2018 年电子商务市场交易总额为 135.4 亿美元。② 目前中国已经成为世界最大的电子商务市场，同时也是最大的智能手机市场。南非是非洲最大的 B2C 电子商务市场，互联网用户主要是以移动互联网用户为主，跨境电商发展起步时间较早，但由于缺乏配套支撑条件，目前电商行业规模较小。

根据 eMarketer 发布的《2019 年全球电子商务报告》显示：2018 年巴西互联网普及率达 73%，略低于俄罗斯，南非普及率为 43%，印度互联网普及率虽然不断上升，2018 年只有 37%。从市场交易规模来看，2018 年中国位列全球电商零售市场首位，印度和俄罗斯分别位居第 9 名和第 10 名，巴西和南非未进入前十，巴西 2018 年电子商务交易额 228 亿美元，增速为-16.3%，南非电子商务交易额只有 40.76 亿美元。除中国之外的金砖各国电商规模大都小于主要发达国家，但是中国、印度、俄罗斯和南非的增速均高于美国、英国、日本和德国等发达经济体，说明金砖国家电子商务市场还处在成长阶段。

二、中国与金砖国家电子商务合作进展

互联网时代的国际贸易主体、贸易方式和贸易秩序正在发生巨大变化，跨境电商零售已经成为国际贸易的重要组成部分。由于跨境电子商务可以有效降低信息及交易成本，因而对传统贸易格局和生产分工产生深刻影响，并将引

① 商务部：《国际贸易经济合作研究院对外投资合作国别（地区）指南》（印度 2019 年版），第 32 页。

② 商务部：《国际贸易经济合作研究院对外投资合作国别（地区）指南》（俄罗斯 2019 年版），第 29 页。

发投资生产活动出现相应革新。金砖国家需要抓住全球互联网经济飞速发展的机遇，加快数字网络基础建设，增进跨境电商领域的合作，以适应这种时代潮流。

根据阿里研究院编制的跨境电商连接 ECI 指数表明，中国与其他金砖四国的跨境电商连接程度在二十国集团中属于中等水平，跨境电商有较多贸易往来，在进出口某一个方面连接较强，但进口指数和出口指数不均衡，与美日欧等强连接程度国家相比，连接紧密度仍有较大提升空间。从目前电商合作现实来看，中国与俄罗斯政府层面的双边合作交流最多，其次是巴西。在企业层面中国与其他金砖四国合作比较密切，其中与俄罗斯、巴西双边企业合作较多，在南非电商领域投资合作较少。中国对印度单边投资较多，仅在 2015—2016 年，中国互联网企业和资本在印度市场进行了 18 笔交易，金额超过 40 亿美元。① 整体上中国与其他金砖国家在电子商务领域的合作尚处于起步阶段，围绕政策机制、企业衔接和学术交流等方面开展了一些沟通互动，取得了多项合作成果，主要体现在政府和企业两个层面。

（一）政府层面的合作

巴西是南美洲人口最多的国家，电子商务市场是其国内增长最为活跃的经济领域之一，巴西也是中国在拉美地区最大的贸易伙伴，对与中国开展电商合作采取了积极开放的态度。2017 年 8 月 1 日，金砖国家第七次经贸部长会议期间，中巴签署了《中华人民共和国商务部与巴西工业外贸和服务部关于服务贸易合作的谅解备忘录（两年行动计划）》，明确将加强电子商务建设，致力于推动双方电子商务等的服务贸易合作，推进中巴经贸关系发展。随后 2017 年 9 月 1 日，中巴两国正式签署了《中华人民共和国商务部和巴西联邦共和国工业外贸和服务部关于电子商务合作的谅解备忘录》，宣布中巴将建

① 竺道：《2017 印度互联网发展白皮书》，2017 年。

立电子商务合作机制，进一步推动两国电子商务合作。

俄罗斯是中国的重要贸易伙伴，电商市场和跨境交易都呈持续增长态势。近年来，中俄跨境贸易飞速发展，2017 年俄罗斯跨境交易额达到 3743 亿卢布，其中 90%的订单来自中国，物美价廉的中国商品对俄罗斯消费者具有很大的吸引力，这也为中俄双方进一步开展线上线下贸易合作提供了有利条件。2014 年 4 月，中俄两国海关部门在杭州举办了电子商务研讨会，开始着手研究中俄两国跨境电商试点工作。2015 年 10 月，中国海关参加在俄罗斯举办的第十六届国际海关跨境电子商务国际会议，对跨境电商发展态势和监管问题进行了交流。2016 年 4 月，中俄海关合作分委会第七次会议上，双方强调要加强两国海关、邮政和铁路部门之间的合作，研究建立三方联系配合机制。2017 年 1 月 1 日，中俄电子商务促进会在北京成立，在政府和企业之间发挥纽带作用，为中国与俄罗斯两国从事电子商务的单位和个人营造良好的应用发展环境，促进电子商务发展。2018 年 6 月 8 日，中俄在北京签署了《中华人民共和国商务部和俄罗斯联邦经济发展部关于电子商务合作的谅解备忘录》，提高贸易便利化水平，支持两国通过跨境电商进行优质特色产品贸易，为中小企业提供更多机会，共同推进“丝路电商”合作与经贸关系发展。2019 年 7 月 11 日，中俄电子商务合作常设工作组在北京举行第一次会议，针对合作对接、信息分享、联合研究等议题进行了深入讨论，就推动落实《电子商务合作谅解备忘录》达成共识并签署了《中俄电子商务合作常设工作组第一次会议纪要》。

2015 年俄罗斯乌法金砖国家领导人峰会提出了《金砖国家电子商务合作框架》，2016 年印度《果阿宣言》也提到加强金砖国家电子商务合作的主张。2017 年 9 月，金砖国家领导人厦门会晤核准通过了《金砖国家电子商务合作倡议》，成立金砖国家电子商务工作组，加强各国电商产业界互动以及开展电商联合研究，全面推动电商合作机制建设。同年 9 月，金砖国家海关总署代表在广州共同签署了《金砖国家海关合作战略框架》，明确提出金砖国家海关将共同建立数字海关，提升信息技术共享和应用水平，通过无缝通关流程支持跨境电商等新兴商业模式发展。2018 年南非第十届金砖峰会《约翰内斯堡宣言》提出要进一步加强电子商务、标准和技术规则以及示范电子口岸等合作。此外，中国和其他金砖国家还参与了亚太经合组织、世贸组织、二十国集团等多边贸易机制及区域贸易安排框架下有关电子商务与无纸贸易议题的磋商，在跨境电子商务创新、发展与合作方面取得积极进展。2019 年 1 月 25 日，中国与巴西和俄罗斯等 75 个世贸组织成员在瑞士达沃斯共同签署了《关于电子商务的联合声明》，确认在世贸组织现有协定和框架基础上，启动与贸易有关的电子商务议题谈判，印度和南非未加入声明。

由此可以看出，中国与金砖国家电子商务合作在政府层面上已经达成一些成果，主要表现在五国多边以及中巴、中俄双边合作框架和机制安排方面，巴西和俄罗斯表现相对积极，中国与印度和南非尚未签订双边电子商务合作协议。金砖各国制定了不同的电商发展政策，彼此之间参与合作互动的意愿和程度存在差异，合作机制仍需完善。

（二）企业层面的合作

目前中国与金砖国家企业之间的电商合作主要是以投资、联合开发、成立合资公司、收购及合作购销产品等方式进行，涉及零售、支付结算、仓储物流、平台建设和价值链整合等多个业务领域，合作已经初具规模，其中中国电商企业在俄罗斯、巴西和印度的投资活动较为活跃。

巴西拥有拉丁美洲最大的在线零售市场，消费者喜欢网购国外商品。早在 2010 年，阿里巴巴集团就开始与巴西 Ludatrade 公司确立了合作伙伴关系，正式登陆巴西市场，为当地客商提供服务，Ludatrade 同时承诺在 10 年之内将巴西 60%—80%的出口企业信息输入阿里巴巴的数据库。2014 年阿里巴巴集团、支付宝和巴西邮政签署了合作备忘录，将进行 B2B、B2C、跨境支付和物流等方面的合作。2016 年，阿里巴巴与巴西小微企业服务局（Sebrae）签署了合作协议,推动实施“全球电子自贸区”计划,为中小企业间实现贸易平衡提供平台。2018 年 11 月 6 日在中国首届进口博览会现场,巴西出口投资促进局与阿里巴巴集团签署了电商平台合作协议,这意味着将来会有 500 家巴西企业通过电子商务平台进入中国市场。博览会期间,长春新区与中国(巴西)投资开发贸易中心签署了合作框架协议,成立中国巴西跨境电商产业园项目。除了上述企业之外,2016 年中国邮政与巴西签署业务合作协议,涉及新产品开发、国际费率结算和发展跨境电商等,明确提出拓展跟踪小包、提升寄递质量的业务发展方向。

中国与俄罗斯两国电商企业合作较为密切。2015 年中俄联合推出了电子商务平台 TradeEase,俄罗斯以及其他中欧国家的买家可以通过此平台顺利买到中国产品。2016 年俄罗斯远东地区发展基金会和中国乐视集团(LeEco)俄罗斯分公司达成合作意向,创办 LeLive 电商平台,该平台面向中国出售俄罗斯企业生产的糖果、谷物、坚果、罐头、饮料等食品。2019 年 9 月,俄罗斯电商平台 SPUTNIK 与 28 个中国制造商和供应商(包括服装、家居和体育用品及电子产品制造商)签署协议,为俄罗斯消费者提供多样化、高质量的商品。实际上中国电商巨头与俄罗斯的合作更为紧密,早在 2012 年,阿里巴巴就与俄罗斯最大的支付工具 Qiwi wallet 签署了战略合作协议,阿里速卖通开始进入俄罗斯市场。2015 年阿里巴巴与俄罗斯邮政签订了合作协议。2018 年 9 月 11 日,阿里巴巴与俄罗斯电信公司 MegaFon、俄罗斯直接投资基金和 Mail.ru 集团宣布成立合资企业,正式确立了合作伙伴关系,对俄罗斯电商平台和互联网消费者进行整合,其中阿里巴巴拥有 48%股份。此外,京东集团 2015 年同俄罗斯两家支付公司 Yandex 和 QIWI 钱包签订了伙伴协议并与俄罗斯 SPSR 快递签订了合作协议。2019 年 6 月,俄罗斯电商平台 Yandex.Market 与京东达成战略合作协议,Yandex.Market 将通过其电商平台在俄罗斯销售京东的商品。通过广泛的电商合作,俄罗斯的在线进口量大幅度增加,中国商品占其跨境网购市场的绝大部分份额,同时俄罗斯商品也源源不断进入中国市场。

印度拥有基数庞大的互联网用户和智能手机使用量，电子商务市场潜力巨大，涉及纺织、食品、药妆、建筑、家居、电子信息、工程技术等众多行业领域，但一直主要由 Amazon India、Flipkart 和 Snapdeal 三大综合电商平台主导。2014 年小米公司开始投资印度市场，主要是通过与印度电商合作打开印度线上销售渠道，截至 2017 年底，小米已经入股了 6 家印度互联网公司。2015 年阿里巴巴向印度最大的移动支付和商务平台 Paytm 注资约 6 亿美元，获得其 40%的股份，2017 年阿里巴巴向印度电商 Paytm E-Commerce Pyt Ltd 投资 1.77 亿美元，获得该平台的控股权。2018 年阿里巴巴投资印度最大网上生鲜杂货商 Bigbasket，获得 25%的股份成为其最大股东，之后拟斥资 1 亿美元投资印度物流公司 XpressBees。其他中国互联网和电商巨头也非常看好印度市场，2017 年 4 月，腾讯公司向印度互联网公司 Flipkart 投资 7 亿美元，京东也拟投资印度物流公司 Shadowfax。在电商市场迅猛发展的同时，印度政府加大了规范和监管力度，2019 年先后推出了《国家电子商务政策草案》和《2019 年消费者保护（电子商务）条例》，新规定着重强调电商平台的限制、数据本地化和隐私保护等措施，电商行业的波动与整合力度将会进一步加大，中国电商企业在一些细分领域面临更多的合作机会。例如相比 B2C，印度 B2B 发展相对较慢，政府允许该领域 100%外国直接投资，以吸引全球电商巨头，其中蕴藏诸多商机。

南非是非洲经济最发达的国家，互联网与智能手机的快速普及带动了电子商务市场的发展，消费者海淘非常普遍，吸引了诸多国际电商企业前往投资。南非网购服务形式较为单一，跨境电商占电子商务业务的比重很低，超过 60%以上的电商业务通过国内网站完成，其中两大电商平台 Gumtree.co.za 和 Olx.co.za 大约占 1/3 的市场份额。中国与南非企业电商合作起步相对较晚，合作规模和领域还十分有限。2015 年，腾讯公司与南非标准银行合作，微信钱包在南非正式上线。2016 年 8 月，蚂蚁金服旗下支付宝移动支付业务正式进入南非商家。2018 年 11 月，南非中国跨境电商协会与北京新发地农产品电子商务中心有限公司签署合作协议,南非农产品有望从2019年开始进入北京居民的"菜篮子"。随着南非网络通信等基础设施的逐步完善,新型商业模式越发受到企业和消费者欢迎,中国与南非电商合作仍有提升潜力。

三、构建跨境电商物流体系,促进金砖国家电子商务合作

巴西国内的电商市场规模本就十分庞大,电子商务已经广泛运用到居民消费和政府部门,伴随经济逐渐走出低谷,网络购买力也重新开始增强。俄罗斯电商行业开放度较高,政府积极鼓励电商行业发展来提振经济。印度经济处于快速增长时期,对于跨境消费的需求与日俱增。中国电商行业已经走在世界前列。南非随着本土中产阶层扩大和购物习惯改变,消费者越来越倾向于通过移动设备进行网购。金砖国家拥有全球2/5的人口,巨大的人口红利和良好的经济发展蕴含着庞大的消费空间,在电子商务领域拥有明显的市场优势和必要的技术储备,开展电商合作将给未来各国经贸往来注入新动能。

由于跨境电商涉及物流、仓储配送、第三方平台、跨境支付、海关商检、保险等一系列环节,业务生成过程极为复杂,而金砖国家对跨境电商的界定和标准尚未统一,配套法律法规不健全,利益诉求各不相同,申报流程繁冗复杂,货物自由流动受到很大制约,阻碍了跨境电商发展。物流是跨境电商业务链条的关键节点,也是金砖国家电商合作必须要破解的难题。巴西、印度和南非物流基础设施建设较为薄弱,商品流通大都以陆路卡车运输为主,货物交付时效长、运输成本高。因此中国与其他金砖国家可以基于安全性和前瞻性原则,围绕跨境电商开展多方面合作,尤其是电商基础设施供给能力建设和服务保障体系协同重构。

首先,加大基础设施建设合作力度。要加强各国的口岸、道路和ICT基础设施建设与联通,打造直达或速达的立体交通网络,完善物流中转配送模式和仓储分拨体系,压缩境内外货物运输周转时间。支持企业参与跨境电商示范园区和单品直供基地建设,可以根据当地消费习惯和需要,在其他金砖国家建

立国际分拨中心和海外仓。通过海外仓模式，企业直接将产品批量运输到国外储备仓库，接到订单后直接把货物配送至消费者终端。相比海外直邮和海外拼邮等远程寄送方式，海外仓库能够省去海关环节和国内运输，避免跨境物流周期长的缺陷，大大减少了投递时间，也能更好地为客户提供退换货服务。

其次，搭建高效率的对接机制和平台。跨境电商市场普遍存在清关难、关税高、效率低等限制因素，金砖各国应该松绑制度约束，建立有效协调的电商产业合作机制，对电商物流业出台相应的鼓励政策并进行必要的政策衔接，为行业发展营造良好的政策环境。要加大力度推动各国电商领域相关流程、标准、规范及规则的便利化和统一化。加强金砖国家电子商务平台合作，既要政策配套，减少贸易壁垒，提高监管和流通效率，也要做好软硬件设施的衔接，同时还要鼓励消费者跨境消费，利用大数据和网络平台吸引客户跨国商品体验，扩大线上线下合作及代购代销代产，让更多的生产者、消费者和中小零售商有机会直接参与进来，提高商品覆盖度和客户价值，为在线消费和实体零售创造协同效应。

再次，提升技术保障能力和服务水平。技术创新与合作对于电子商务发展极为重要。金砖国家已经签署并开始实施《金砖国家科技创新框架计划》，每年资助领域有所不同，应增加有关电子商务技术的专题或课题，发挥各国资金和人才智力优势，在信息链接、数据处理、识别定位、移动支付、流程再造、冷链配送、物联网等关键领域，联合开展技术创新和难题攻关，为跨境电商提供技术支持。同时鼓励金砖国家企业加大对电子商务和物流前沿技术的协作研究，推动金砖国家之间信息产业与电商物流领域融合创新，加快“互联网+电商”“互联网+物流”“物联网+配送”等模式的应用拓展，实现平台多种语言自动切换功能，解决环节不顺畅、信息不对称、技术不匹配的问题，改善中小企业网络接入能力和接入质量，提高电商行业云端化、数据化、智能化水平。

最后，有序推进物流配送体系整合。应逐步建立以大数据为中心的制度化的金砖国家跨境电商物流体系，将各国的跨境电商企业和物流企业纳入进去,统一移动支付结算系统,在物流业务链条中的运输、装卸、包装、存储、配送及工具和管理等模块实行统一规制和统一标准,搭建贸易往来通关子平台加以辅助,运用更多的信息技术处理物流业务,促进金砖国家物流业科学化、制度化和标准化发展。从具体区位优势和发展基础来看,中国与俄罗斯、印度地理位置相邻,各国在信息处理和软件技术方面具有各自的领先优势,拥有国际水平的专业技术人才,积累了丰富的运营管理经验。建立中俄印物流体系以及金砖国家电商物流网络,合理组合现有资源,分享技术和经验,细化电子商务领域合作,形成物流一体化格局,已经具有很好的对接条件和发展空间。可以先从推进中俄、中印高层次的双边物流合作着手,有序扩展建立中印俄三方包容性电商物流系统,同时积极推动中巴和中南跨境物流网络建设,逐步形成高效率的金砖国家多边物流体系,为金砖各国企业和消费者带来更多的实惠与便利。

第八章　中国与金砖国家产能合作模式

第一节　国际产业转移模式变迁与借鉴

产业转移是常见的生产要素跨区域配置的经济现象,也是产能合作的重要实现方式。全球经过数次大规模产业转移,形成了一些比较有影响的典型模式,为进一步研究产能合作提供了基础。通常来说,产业转移模式指不同国家或区域间发生的产业动态转移路径和制度约定①,主要表现为企业进行产业转移时的主体、资本、技术等参与形态或者资源配置方式。目前对于国际产业转移模式的类型划分并没有统一界定,国内外学者从不同的维度做了细致研究,从中可以得出一些启示。

一、传统产业转移模式类型划分

按照生产要素投入关系和产业转移组织结构视角,自 20 世纪 50 年代以来,国际产业转移已经从单一的国际贸易发展到国际直接投资、服务外包和战略联盟等多种模式,这一发展对国际产业转移的进程发挥了积极的推动作

① 苏华、张莹:《关于产业转移模式理论与实践分析》,《合作经济与科技》2014 年 6 月号上(总第 490 期)。

用。① 跨国公司较多采用直接投资形式,将资金、技术、管理转移到投资标的国家或地区,通过新建和并购,按照参与程度或资本投入比例,拥有相应的企业控制权。服务外包是企业以价值管理为基础的跨国生产组织模式,通过签订合同将非核心业务跨区域发包、分包或转包给本企业之外的服务商,以降低企业的生产运营成本,提高要素和资源配置效率。战略联盟则是一种优势互补、风险共担、利益分享的松散型模式,跨国企业之间为达到共同占领市场、共同使用资源的战略目标,借助于协议或契约而结成长期合作关系。投资控股、业务外包和共生联盟已经成为过去几十年国际产业转移的常见模式,主要基于企业战略和交易成本,由跨国公司直接主导并推动。实际上这三种模式分别体现了跨国公司从拥有绝对优势到相对优势、从优势寡占到优势分享的不同竞争状态和角色定位,分工形式也随之由垂直向水平转换。

按照产业进化和参与产业链分工视角,国际产业转移经历了完整产业链转移模式、工序型产业转移模式、网络型产业转移模式和模块化产业转移模式②,伴随国际产业转移的演进,产业整体生产单元不断被拆分细化,依照价值重新组织生产分工活动。传统生产方式下,一个国家制造某一种产品,往往需要生产几乎所有的零部件,拥有全部生产过程和环节。20 世纪 50 年代美国等发达国家开始进行产业结构调整升级,将一些劳动密集型和低技术含量产业的产品链或生产环节整体陆续转移到低梯度国家和地区。随着全球化生产分工格局的形成,不同国家企业在不同工序环节优势逐渐显现,单一垂直型生产模式开始瓦解,出现了企业间按照工序进行分工协作的产业链联动生产方式。20 世纪 80 年代之后,国际产业转移客体逐步向生产工序和价值链融合拓展,发达国家基于价值链将研发销售和关键零部件等高附加值环节保留,而将加工组装和一般零部件生产向新兴发展中国家转移,不同梯度的多个国

① 王建平、刘彬:《国际产业转移的模式与效应分析》,《管理现代化》2013 年第 3 期。

② 胡玫:《经济全球化视野下的国际产业转移研究》,对外经济贸易大学出版社 2016 年版,第 43—52 页。

家参与价值链并形成了复杂的分工网络，工序型产业转移模式开始向网络型模式演变。网络型国际产业转移模式的特殊性主要表现在其内部的两条联系纽带，即产品的价值链及跨国公司全球一体化生产体系方面。网络型国际产业转移模式实际上是一种复合型产业转移模式，包含垂直顺梯度工序型、水平工序型、逆梯度工序型国际产业转移模式，三种模式尽管仍分别带有传统国际产业转移模式的痕迹，但已实现局部突破和发展。① 20 世纪 90 年代以来，信息技术的广泛应用，使产业分工越来越精细化和专业化，以模块为价值单元的产业转移模式大量涌现，参与主体和形态更加多元。

按照传统产业转移动机理论演绎视角，产业转移是一个渐进的发展过程，期间产生了一些有较强解释力的经典理论和有代表性的产业转移模式。一是雁行发展模式，日本学者赤松要在考察日本出口产品发展的生命周期时发现，日本的产业通常经历了进口—当地生产—开拓出口—出口增长四个阶段，这一路径在图上表示呈倒“V”形，如同三只大雁展翅。二是产业循环发展模式，美国学者弗农认为产品的循环顺序是新产品开发—国内市场形成—资本和技术出口—进口—新产品再开发，产品经过这一顺序不断循环转移，带动了产业结构由劳动密集型向资金及技术密集型演进升级。三是边际产业扩张模式，日本学者小岛清依据日本国情，认为对外产业转移应该从本国已经处于或即将处于比较劣势的边际产业开始。四是中心—外围模式，阿根廷学者普雷维什将世界划分为“中心”与“外围”两个群体，“中心”为生产结构同质性和多样化的西方发达国家，掌握先进技术并获得其带来的高额利润，“外围”代表众多发展中国家，生产结构具有异质性和专业化，作为资源与劳动力提供者为“中心”服务，处于工业化边缘。“中心”与“外围”虽然是一个动态统一的整体，但在生产结构上存在很大差异性，在地位上也不平等。五是 OIL 模式，英国学者邓宁解释了产业转移发生的原因和条件，认为具备了所有权优势、内部

① 赵张耀、汪斌：《网络型国际产业转移模式研究》，《中国工业经济》2005 年第 10 期。

化优势和区位优势,企业将进行国际直接投资,产业转移得以实现。六是梯度转移模式,产业和技术从高梯度地区向低梯度地区转移扩散。

以往传统理论与实践模式体现了产业由发达国家向欠发达国家、从低层次行业向高层次行业的转移演变进程,转出国与转入国之间存在着显著的经济发展与产业层级的差距。产业转移顺序先是劳动密集型产业转移至有劳动力成本优势的国家,然后部分资本密集型产业开始向外转移,最后是技术密集型产业向有条件的国家转移①,产业始终是从经济发展水平较高的国家向发展水平较低的国家梯次转移。美国承接了第一次工业革命的诸多技术成果,成为英国之后新的工业帝国,开始主导第二次工业革命,对本国产业结构进行重大战略调整,采取资本、技术输出方式,将纺织、钢铁等传统劳动密集型产业和重化工产业转移出去,保留机械、电子、汽车等资本和技术密集型产业。日本、德国承接了美国的转移产业,工业化进程大大加快,迅速发展成世界工业强国。以计算机信息技术应用为主要标志的第三次工业革命,极大地提高了工业自动化水平和生产效率,发达国家和发展中国家之间的经济技术差距进一步扩大,日本、德国产业开始向东亚地区转移劳动密集型产业和一般制造业,亚洲"四小龙"脱颖而出,其加工出口产业竞争力显著提高。在此之后,发达国家和经济技术发展较快的发展中国家进一步把劳动密集型产业、资本密集型产业和部分低附加值的技术密集型产业转移到新兴工业化国家,包括中国和东南亚国家。

产业转移经过不断演进,推动了国际生产网络的形成和工业化进程,世界各国获得了相应的收益。伴随着资金、技术、人才和管理的空间移动,国际产业转移使产业转出国获得更高收益,也为产业承接国带来了发展机遇,形成要素聚集效应、结构改进效应和技术外溢效应。低梯度的发展中国家既可以利用国际资本流入,分享国际技术人才红利,提高国内的投资水平,调整和优化

① 吴涧生:《国际产能合作的思路、重点和对策研究》,经济科学出版社 2017 年版,第 38 页。

产业结构，有更多劳动力从农业部门进入工业部门，产业技术能力从原有基础向更高层次递进，同时还可以发挥产业联动效应，带动相关行业发展，弥补“储蓄缺口”“外汇缺口”和“技术缺口”，实现较快的经济增长。

二、传统产业转移模式的负面影响

不容回避的是传统产业转移模式也存在一些负面影响，从较长时间周期考察传统产业转移，无论是美国主导的优势产业转移模式还是日本主导的边际产业转移模式，也无论是要素配置模式还是产业链分工模式，一个显著特征就是后发国家的产业发展取决于对发达国家的产业承接，而发达国家始终占据高附加值环节，形成以发达国家跨国公司为核心的垂直型价值链条，合作各方在资源控制权方面具有显著落差，极易导致利益分配和发展空间出现非对称性结果。“发达国家的先发优势使得国际产业转移必然是由发达国家主导的，为了缓解利润率的下降，发达国家向发展中国家出口过剩的产品和资本，逐渐将其低技术含量的劳动密集型制造业进行对外转移”①，使得不同发展程度国家之间的技术鸿沟不仅难于弥合反而愈发加宽。跨国公司会倾向于在产业转移中始终保持技术垄断优势，发达国家将高技术或高附加值产业保留在本国，而将边际产业或低附加值产业转移出去，接受产业转移的发展中国家被锁定在低技术产业，与发达国家技术差距逐渐拉大，对于技术吸收能力不足、劳动力素质不高的发展中国家来说尤为明显，在国际产业分工和价值链中处于不利地位。跨国公司技术保护加之产业承接国缺乏学习、吸收、消化和创新的能力，会导致承接产业转移的国家陷入“低端产业陷阱”，主要体现在结构固化、低技术锁定、污染转移三个方面。而如果吸引的国际投资持续大规模进入某一产业，极易造成承接国长期囿于单一结构，行业规模过于集中，阻碍产业结构优化，甚至引发局部产能过剩和整体经济失衡的问题。

① 常卉颉、杨继国：《新常态下产业转移的马克思经济学分析》，《经济学家》2017 年第 2 期。

与此同时,几十年来国际产业转移通常伴有污染转移,一些高污染、高能耗甚至有害产业的生产,从发达国家转移到不发达或欠发达国家及地区,产生严重的负外部性,加剧了生态环境恶化,这也是传统产业转移动机所决定的固然结果。例如中国承接国际产业转移后,已经成为"世界工厂",这保证了经济快速增长和区域福利持续改善,但环境污染、生态破坏造成的负外部性却带来了日趋严重的环境福利负效应。①

三、传统国际产业转移模式借鉴与警示

传统国际产业转移模式引发的正面和负面效应,为当前开展的国际产能合作提供了必要的借鉴和警示。21 世纪以来,全球产业生态发生了深刻变革,数字网络技术广泛应用,同时可持续发展成为世界各国普遍关注的焦点议题,其中既包含对经济增长数量和质量"双增长"的预期,也包含对资源日渐枯竭和生态环境不断恶化的担忧。显而易见的是,减少不平衡式发展和不可持续的经济活动,均离不开企业生产环节的支持,国际产业合作已经不再是跨国公司单方面的经济利益选项,纯粹追求经济价值最大化的战略已经实不可取,而需要综合考量包括经济发展、社会进步和环境改善在内的多重因素的共同作用,这也是未来国际产能合作模式选择必须要面对的重要背景。

传统产业转移在实际操作层面已经积累形成了一些有参考价值且较为成熟的投资合作模式。发达国家在对发展中国家纵向的梯度产业转移当中较多采用了绿地投资方式,通过合资合作在当地新建企业进行生产组装。与此同时,委托加工、代工生产模式也被广泛采用。而随着大量劳动密集型和低附加值产业陆续转出,对于资本密集型和技术密集型产业,跨国公司开始更多地运用横向收购和并购方式,整合全球资源,以降低行业壁垒,拓展产业链宽度和长度。现代信息技术的发展,进一步降低了交易成本,模块化外包模式逐渐成

① 孙浩进:《东亚国际产业转移中的区域福利效应比较研究》,《世界经济与政治论坛》2013 年第 6 期。

为众多跨国企业采用的投资合作方式。从组织形态上，欧美跨国公司普遍采取独立投资方式，而日本企业则更多地运用了组团模式，如日本综合商社模式，将小规模分散化的对外投资活动，转变为多功能、随动型、集团化的投资活动，降低了投资风险，提高了综合竞争实力。在新一轮国际产能合作开展当中，发展中国家成为主要参与者和推动者，以往发达国家主导的既有模式依然会继续发挥其应有的作用，而随着时间的推移，产能合作模式会根据国际投资环境变化、全球生态保护进程和各国产业政策调整而不断创新，将更具互惠性、包容性和多样性。

第二节 中国与金砖国家产能合作模式实践

国际产能合作与传统产业转移内涵不同，但从历史脉络来看依然是对原有分工转移模式的延续和拓展。21 世纪以来，国际生产格局发生了重大变化，新兴工业化国家在国际产业分工中的地位日益凸显，以中国为主要推动力量、以发展中国家平等参与为鲜明特征、以产能合作为实现方式的新一轮产业转移浪潮开始涌现，其中金砖国家间的产能合作取得了快速进展，中国与巴西、俄罗斯、印度和南非在多个产业领域开展了多层次的广泛合作，在吸收借鉴传统产业转移模式基础上，形成一批具有现实意义的产能合作模式案例。

传统意义上的产业转移一般包括整体迁移型、商品输出型、市场拓展型、资本输出型、产业关联型和人才联合型六种模式①，涉及区域空间、生产要素和产业组织，本书在研究过程中，基于空间结构、实体创建和要素分工三种形态，对中国与金砖国家产能合作实践当中形成的一些模式进行归纳讨论。

一、空间结构形态

由于各种产业活动存在经济技术差异，在地理空间上会表现出不一样的

① 曹荣庆：《浅谈区域产业转移和结构优化的模式》，《中州学刊》2001 年第 6 期。

分布特征,并带来不同的收益和结果。相互强化国际竞争力的产业会出现地理集中性,通常是因为一个国家的竞争体系中,各个关键要素都具有地理集中性,客户、竞争者和供应商的集中可以提升效率和促进专业化,充分发挥各种要素功能,之后又进一步加强了创新和进步的影响力。① 农业、工业和服务业表现为不同的点、线、面形态,其中工业产业的集中效应最为明显,这些具有不同特质的产业生产节点,依据其内在联系和空间位置关系,相互集聚在一起,形成了具有特定功能的区域空间形态。

迈克尔·波特将产业集聚定义为一定区域中的关联企业和专业化提供商所构成的集合,在空间中具有集中特性并且在集合内存在竞争与合作。一国之内的优势产业以组群的方式,借助各式各样的环节而联系在一起,而不是平均分布在经济体中,集群内产业之间形成互助关系。② 专业化中小企业通常被视为集群构建的主要力量,而跨国公司在产业集群形成与发展中同样具有举足轻重的作用,从某种程度上来说,开放条件下跨国公司主导并推动建立起专业化的分工协作关系,并决定了产业聚集的路径、形态、模式及分工格局。

产业空间聚集有多种组织形式,可以概括为产业集群模式、经济特区模式、经贸合作区模式、产业园区模式、产业示范区模式和开发区模式等。中国与其他金砖国家开展的产能合作当中,以中资企业为依托、以园区为载体的合作模式,在促进资源协调和产业融合方面发挥了重要作用,主要包括龙头配套模式、多企组团模式、综合平台模式三种。

龙头配套模式是指以一家大型龙头企业为核心,集合供应链内相关原材料及零部件企业,形成紧密的垂直协同架构和较为完整的生产配套能力,专门生产经营自有品牌产品,适合于资金、技术、品牌实力很强,供应链管控效率较高的制造业领域的跨国公司采用。

多企组团模式是指多家相关行业的企业及其支持机构共同进入,相互协

① 迈克尔·波特:《国家竞争优势》(上),中信出版社 2012 年版,第 139—141 页。

② 迈克尔·波特:《国家竞争优势》(上),中信出版社 2012 年版,第 132—138 页。

同互助,形成规模优势,主要有横向和纵向两种类型,横向组合是以某一主导产业为核心的企业或特定领域的关联企业聚合起来,满足集群建设的特色化需求。纵向组合即包括从原材料部件供应、加工生产到市场经营管理等上下游各环节的企业进行专业化和一体化分工协作。

综合平台模式是指园区提供多种公共服务功能,广泛吸引各个行业的商家入驻,开展生产、贸易和服务活动,可以限定也可以不限定行业领域,规模较大的平台通常对多个行业领域的各类型企业开放。

从中国与金砖国家产能合作实践来看,上述龙头配套模式、多企组团模式和综合平台模式均有所体现,较为典型的有以下几个工业园和工贸合作园区。

(一)巴西徐工工业园

以工程机械行业的龙头企业徐工集团为依托,在当地开展生产经营活动。2011 年 5 月 17 日,徐工集团工程机械股份有限公司在巴西米纳斯吉拉斯州投资兴建徐工巴西工程机械工业园项目签约仪式在包索市举行,作为徐工集团第一个海外生产成套工程机械制造基地,也是中国首个以工程机械为主的境外经贸合作区,工业园投资 2 亿美元,占地 80 万平方米,产品含盖汽车起重机、压路机、装载机、挖掘机及平地机等,预计项目投产后年产值将达到 6 亿美元。[①] 园区专注于徐工品牌系列工程机械生产,集研发设计、加工制造、市场销售、融资租赁、备件服务等上下游环节于一体。2014 年首批针对巴西市场进行本土化设计后的装载机产品在工业园 G40 装配分厂装载机装配工段成功下线,已通过巴西开发银行(BNDES)认证的 XS122PDBR 压路机、GR180 平地机、XE215BR 挖掘机三种产品也陆续装配下线,从加工组装到主要传动件、液压件供应均实现了当地化生产配套。

经过几年努力,工业园已经推出四大产品线 20 余款系列机型,起重机当

---

① 《徐工投 2 亿美元建巴西工业园》,《新华日报》2011 年 5 月 25 日。

地市场占有率达到70%，挖掘机、装载机、筑路机械也形成整体配套优势。获得巴西本地化（FINAME）资质的产品有17款，获批南美原产地证明的有28款，已完成经销商网络布局和直销团队建设，30余家经销商和销售网点遍布巴西20个州，基本实现巴西境内销售全覆盖，发挥基地优势和本土化制造优势，成功进入主流市场，成为当地工程机械的强势品牌之一，以"整顿、签约、覆盖"三阶段方略，稳固住整个南美市场。①

（二）中俄托木斯克木材工贸合作区

集合多家林业企业组团入住，开展深加工生产贸易业务。中俄托木斯克木材工贸合作区是中俄两国在林业领域最大的合作项目（见表8-1），以木材深加工为支柱，融工贸商为一体，包括森林资源开发、采伐加工、型材生产、物流运输、销售服务以及园区建设和企业招商，拥有先进的原木采伐机械、木材加工生产线和较为完整的基础配套设施，主要生产各类板材、家具和纸浆等产品。合作区项目开工以来，已经建成年产20万立方米的锯材生产线、年产10万立方米的旋切单板生产线、年产0.7万立方米的胶合板生产线和年产20万立方米的密度板生产线，累计产值3.75亿美元，引进企业19家，发运集装箱数量超过6000个。② 合作区为企业提供从登记开户、原材料保障、公共产品到劳务培训和贷款融资等全方位服务，已有阿西诺木业有限责任公司、大连维美公司等多家中外企业入区。

表8-1　中俄托木斯克木材工贸合作区概况

合作区实施企业	中航林业有限公司，由中国航空技术国际控股有限公司、烟台西北林业有限公司和烟台经济技术开发区经销中心合资组建

① 《中国制造"走出去"徐工样板——徐工巴西》，新华网，见 http://www.xinhuanet.com/energy/2017-10/30/c_1121850538.htm。

② 《中俄托木斯克木材工贸合作区快速发展》，中国新闻网，见 http://www.chinanews.com/cj/2018/05-22/8519944.shtml。

续表

合作区建区企业	中俄托木斯克工贸合作区开发投资股份有限公司
合作区位置	俄罗斯托木斯克州阿西诺地区和捷古里杰特地区及克麦罗沃州马林斯克地区
合作区面积	规划面积6.95平方公里,已开发1.68平方公里
合作区建区投资	计划一期投资5.3亿美元,实际已投资1.77亿美元
合作区主导产业	森林抚育采伐业、木材深加工业、商贸物流业

资料来源:商务部网站境外经济贸易合作区简介,见 http://www.mofcom.gov.cn/article/zt_jwjjmyhzq/subjecto/201010/20101007197343.shtml。

(三)印度中国工业园

搭建平台,吸纳优质跨国公司入园,形成跨行业、规模化、多功能的综合性工业集群。印度中国工业园位于古吉拉特邦艾哈迈达巴德市,规划面积5平方公里,周边商业环境成熟,交通十分便利,紧邻高速公路,距离艾哈国际机场不到50公里,到最近的港口只有一小时车程,相邻的萨南德(Sanand)国际工业园是印度著名的大型综合性工业园,进驻园区的企业包括福特、雀巢、博世、日立、阿尔斯通等世界500强企业。

印度中国工业园含有生产加工、商品展示交易、仓储物流、综合配套服务四大功能,其中生产加工占地面积310万平方米,重点以建材、汽车配件、数码电子、装备制造、纺织服装、家用电器为核心产业。商品展示交易模块作为工业园企业的产品展示与销售平台,通过组织举办各种博览会、论坛,以"市场+展会"模式带动商业运营。仓储物流规划占地面积30万平方米,为园区生产企业和流通企业提供仓储物流配套服务。古吉拉特邦政府高度重视和支持印度中国工业园建设,成立了一个由15个政府部门组成的特别审批委员会,建立绿色通道,为园区企业提供快捷高效的"一站式服务"。印度中国工业园于2016年下半年启动开工建设,计划分3年完成,意向入园企业已达

100 多家。① 按照规划,未来印度中国工业园将打造成为具有国际一流水准的示范工业园区,成为印度重要的产业基地和中国企业赴印度投资首选平台。在此基础上,中印双方已经就为中国企业专门设立多个工业园区签订了备忘录,将共建 5 个工业园。②

四、南非海信工业园

利用海信品牌技术和管理优势,在当地生产制造系列家电产品。2013 年,海信集团和中非发展基金共同投资 3.5 亿兰特于开普敦市亚特兰蒂斯区建立海信南非工业园,园区占地 10 万平方米,建筑面积 2.7 万平方米,是南非 40 年来中资企业投资额最大的家用电器制造工厂。工业园以"产业+园区"方式,引导产业链上下游企业组团入园,建立完善的配套保障设施,由海信主控产品工艺、质量和生产培训等关键环节,聘用当地员工参与其他过程管理,合作成本相对较低。

7 年来,海信南非工业园年产能达到 100 万台彩电和 50 万台冰箱的生产水平,为当地提供了超过 750 个直接工作岗位、4700 多个间接就业岗位。海信已在南非开普敦设立总部,并在约翰内斯堡、德班设有分部,销售产品包括电视、冰箱、冷柜、洗衣机、手机等品类,覆盖南非 18 家全国大型连锁店旗下的 5112 家分店。③ 海信集团坚持强化技术培训和技能转移机制,加强与亚特兰蒂斯工业园区周边多行业供应商的合作,同时不断提升产品性能,调整产品结构,以南非为依托,拓展面向非洲出口业务。2018 年工业园出口业务销售收入已超 4100 万美元,在南非工厂生产的电视和冰箱产品已销往南部非洲共同

① 《一带一路又结硕果印度中国工业园正式启动建设》,中国网,见 http://finance.china.com.cn/roll/20160622/3777431.shtml。

② 《中印将共建 5 个工业园莫迪访华或推动中企"走出去"》,见 http://world.people.com.cn/n/2015/0515/c1002-27006990.html。

③ 《首届中非博览会海信抢眼已成南非家电明星品牌》,中国新闻网,见 https://baijiahao.baidu.com/s? id=1637485082383824715&wfr=spider&for=pc。

体国家的赞比亚、博茨瓦纳、纳米比亚、毛里求斯和莫桑比克等 10 余个国家。2018 年,海信冰箱在南非市场的占有率蝉联第一,电视机市场占有率连续三年保持第一。①

二、实体创建形态

一国投资者在向另一个国家输出生产资本进行直接投资的过程中,按照是否采取创建新企业,可以划分为绿地投资模式和褐地投资模式,这也是目前国际直接投资中两种常见的主要投资方式。

绿地投资模式又称新建投资,是指跨国公司在东道国境内依照当地法律创设新企业并拥有相应资产所有权。由于创建新企业直接导致东道国生产能力和就业增长,为东道国带来先进的技术和管理经验,形成新的经济增长点,发展中国家一般都会采取各种鼓励性政策,吸引外国资本在本国投资建设新企业。当然,绿地投资方式建设周期和经营适应期较长,过程风险较大,对跨国公司资金、技术、管理和人才等综合实力的要求会更高。绿地投资主要有两种形式:一是建立境外分(子)公司形式的独资企业,二是建立股权式或契约式合资企业。实施绿地投资通常要求存在产业技术梯度,即东道国经济发展水平和工业化程度较低,而跨国公司拥有所有权优势和内部化优势,具有东道国不具备但急需的先进技术和其他垄断性资源。

褐地投资模式既并购方式,按照联合国贸发会议的定义,跨国并购包括两种:一种是外国企业与境内企业合并,另一种是收购境内企业的股权达 10%以上,使境内企业的资产和经营的控制权转移到外国企业。企业通过购买另一企业全部或部分资产或者产权,从而控制并影响被并购企业,只是实现资产产权的转移,并不实质上增加东道国的资产总量。由于跨国公司在技术、资金及管理上具有垄断优势,实施企业并购可能对当地幼稚产业、

---

①　王磊:《南非贸工部部长参访海信南非工业园:海信南非增资技改创造可持续就业岗位》,人民网,见 http://world.people.com.cn/n1/2019/0319/c1002-30982254.html。

市场秩序和竞争格局产生较大影响,因而会面临东道国较多的政策法律约束。

相对而言,采用新设投资方式大都和一个低级的经济环境相联系,而随着市场环境的逐步完善以及制度的日益明确、透明,企业发展也将渐趋标准,并具有一定的国际规范水平,跨国并购投资方式得以运用,以更多地反映投资的效率要求,更适合于现代开放经济下的资本配置。① 市场经济环境越完善,基于控制权的跨国并购交易也越活跃,近些年在一些成熟市场的跨国并购数量规模已经开始出现较快的增长趋势。

从金砖国家的实际直接投资情况来看,根据联合国贸发会议发布的数据,1990—2018 年,金砖国家跨国并购收购方净额累计为 9409.14 亿美元,出售方净额累计为 7820.71 亿美元。② 金融时报投资数据显示,2003—2018 年,金砖国家绿地投资项目吸引外国资金累计为 30052.03 亿美元,金砖国家对外绿地投资项目金额累计为 12984.22 亿美元。③ 作为发展中国家,金砖国家吸纳的外商投资明显大于对外投资,其中无论是接收还是流出,绿地投资金额都远高于并购金额,整体上绿地投资仍是金砖各国现阶段最重要的直接投资方式,特别是在制造业领域开展的投资合作中,大多采取了当地建厂模式,例如中国的汽车、家用电器、通信、电力设备、工程机械等行业企业分别在金砖各国采取创建投资方式(绿地模式实例较多,前文有关章节已列举,此处不再重新赘述),整体新建生产企业,成为当地新的经济增长动力。

近年来,随着对外投资合作领域的不断扩大,中国对外投资方式创新显现,主要包括绿地投资、收购并购、联合投资、实物投资、股权置换、返程投资等形式,跨境并购成为中国对外直接投资的主要手段④,中国对金砖国家投资并

① 蔡向辉:《"绿地"与"褐地"投资:孰优孰劣?》,《国际经济合作》2002 第 8 期。

② 资料来源:联合国贸发会议(UNCTAD)跨国并购数据库,见 www.unctad.org/fdistatistics。

③ 资料来源:金融时报(Financial Times)外国直接投资市场,见 www.fDimarkets.com。

④ 中华人民共和国商务部:《中国对外投资发展报告 2018》,第 22 页。

购案例也开始逐渐增多。中国在其他金砖国家开展的收并购项目主要集中在资源、矿产、农业和基础设施等行业（见表 8-2）。不过按照国别区分，中国公司在各国的收并购情况有所不同，中国已经是巴西最大的外资投资国之一，成为巴西并购投资主要来源国，中资企业对俄罗斯和南非的并购案例也较多，而印度 2018 年并购规模虽然超过了中国，但是中国企业参与印度并购的成功案例相对较少。

表 8-2　近年来中国对其他金砖国家部分并购项目

国别	项目名称	中资企业	经营业务	股权比例	年份
巴西	CPFL 电力项目	中国国家电网	电力	54.64	2017
	CONCREMAT 公司	中国交建	工程设计咨询	80	2017
	TCP 港口	招商局	港口	90	2017
	Belagricola 农业项目	大康农业	农产品	53.99	2017
	圣诺伦索供水系统全部股权	葛洲坝集团	供水	100	2018
俄罗斯	SIBUR 石化项目	中石化、丝绸之路基金	石化	20	2016
	高新星天然气项目	北京天然气集团有限公司	天然气	20	2017
	克鲁奇金矿开采项目	中国黄金集团	矿产	70	2018
	北极 LNG2 天然气项目	中国海洋石油	天然气	10	2019
	俄罗斯算法公司 Vokord	华为公司	信息技术	100	2019
印度	LNVT 装备	中材国际	水泥工程技术装备	68	2015
	Gland Pharma	复星医药集团	医药药品制造	74	2017
	保险产品综合平台	腾讯公司	保险	10	2019
	Salcomp Plc 公司	广东领益智造股份有限公司	电器元件制造	100	2019

续表

国别	项目名称	中资企业	经营业务	股权比例	年份
南非	南非第一黄金公司	白银有色、中非发展基金、中信锦绣	能源及矿产	89.17	2011
	南非爱力特和特迈克公司	浙江万邦德制药集团	医疗器械	100	2016
	阿伯代尔集团项目	亨通光电	电力电缆线缆	100	2016
	PMC 矿业公司	河北宣工	能源及矿产	80	2017
	雪佛龙（Chevron）南非炼油厂加油站和润滑油厂项目	中国石化	能源炼油	75	2017

资料来源：根据中国商务部网站和相关上市公司网站整理所得。

三、要素分工形态

中国与金砖各国基于自然资源条件和生产要素优势进行跨国分工投资合作，形成了包括资源互补型、生产互助型和技术互动型三种主要模式。

（一）资源互补型模式

是指不同国家或地区基于自然资源丰裕程度和互补性而开展的区域合作，这一合作模式适用于合作一方有较强的资源丰裕度，而另一方区域的产业特点表现为以资源开发性产业或资源消耗型产业为主导，合作双方资源供求关系明显。① 金砖国家都是自然资源大国，特别是俄罗斯、巴西和南非，能源矿产资源非常丰富，中国既是资源大国也是资源需求大国，与金砖各国资源互补优势明显，通过资源领域的合作可以弥补各自短缺，为彼此经济发展提供动力和保障。

资源互补型模式一般采用商品贸易输出、联合开发、控股等方式开展。俄

① 刘总理、陈璇：《我国有色金属产业参与“一带一路”多边经济战略合作模式研究》，《西安财经学院学报》2017 年第 3 期。

罗斯在石油、天然气和煤炭等领域储量丰裕，能源生产远大于消费，产能富余，而中国恰好与之相反，能源消耗大而产量不足，根据英国石油公司（BP）《世界能源统计年鉴》发布的数据，俄罗斯年均石油产量占世界石油产量的 12.7%，消费量仅仅占 3.5%；中国年均石油产量只占世界石油产量的 5.0%，消费量却占 12.4%。俄罗斯年均天然气产量占世界天然气产量的 16.7%，消费量占 12.0%；中国年均天然气产量仅占世界天然气产量的 3.9%，消费量却占 5.4%。俄罗斯年均煤炭产量占世界煤炭产量的 4.3%，消费量仅占 2.2%，中国年均煤炭产量占世界煤炭产量的 46.9%，消费量却占 50.6%。[①] 由此可见，中俄两国在能源领域互补关系极强，加之地理位置相邻，有广阔的合作前景。能源贸易合作模式是中俄能源产业合作的主要方式，中国从俄罗斯进口石油、天然气、煤炭等能源产品，与俄罗斯形成能源贸易伙伴，解决了中国国内的能源供给不足问题，确保中国国内相关产业部门正常运行，同时也为俄罗斯能源产业发展和经济建设提供了必要的支撑，两国互利双赢的效果非常明显。

与此同时，中国与其他金砖国家之间也开展了资源联合开发合作，中国与俄罗斯两国于 2009 年签订了《关于天然气领域合作的谅解备忘录》，之后中俄两国成立首家天然气合资公司，开启了中俄联合开发合作模式，此外在电站和煤炭领域也采取了联合开发或联合开采的合作模式。中俄两国在能源产业领域取长补短，将中国的技术、资本和人才优势与俄罗斯能源资源优势充分结合，通过合作开发满足彼此国家的内部需求。巴西水能资源较为丰富，水力发电约占总发电量的 60%，中国三峡集团同葡萄牙电力公司合作，依托该公司在巴西已有水电项目，联合开发巴西水电市场，短短几年时间里，三峡集团发展成为巴西电力市场上的第二大私营发电企业[②]，立足互补协作，实现资源、技术和资金的合理配置。南非拥有优质矿产资源，金川集团股份有限公司是

① 英国石油公司：《世界能源统计年鉴（2015）》，第 8—33 页。

② 吴珺：《中国投资助力葡萄牙经济复苏》，新华网，见 http://www.xinhuanet.com//world/2016-12/08/c_129395119.htm。

特大型深加工联合企业，作业装备、工艺技术、施工能力均达到国际领先水平，勘察、采掘、加工和建设经验丰富，2011 年金川公司开始与南非合作开发矿产资源，已经控股或全资拥有了南非思威铂业公司铂矿和南非梅特瑞斯公司铜钴矿矿山，其中梅特瑞斯公司 5 座矿山分别处于生产、建设、可行性研究和勘探阶段，形成了资源跨国重配、业务优势互补、本土运管结合的发展格局。

（二）生产互助型模式

指不同国家生产企业基于产业链各个环节的不同优势和市场需求而采用的合作生产方式，如整体生产转移模式、供应链分工模式等，通常涉及消费商品和产业用品相关的行业，从初级加工到零部件生产和整机组装，范围非常广泛，是中国与金砖国家产能合作的主要方式。例如汽车、家电、手机、建材、通用机械等行业的中资企业，将优质富余产能转移到其他国家，为东道国融入必要的资金、技术和管理，建设生产加工基地，发挥当地劳动力资源和市场优势，有助于提高当地生产能力和市场竞争力，合理规避贸易壁垒，也有利于增强“中国制造”和“中国品牌”的国际影响力。这方面的合作案例较多，主要表现为中资企业在当地投资建设生产组装工厂，根据产品特性并结合东道国不同的承接配套能力，选择相应的零部件供应和管理经营方式。

2017 年，中国家电知名品牌美的在印度启动了“绿地”项目，进一步扩大美的空调、冰箱、洗衣机和其他家用电器在印度的本地化布局，2018 年 11 月，美的集团投资 135 亿印度卢比（约合 12.7 亿人民币）的美的科技园，在印度马哈拉施特拉邦苏巴帕勒（Supa Parner）奠基，科技园占地约 27 万平方米，由 3 大生产制造工厂组成，冰箱、洗衣机、净水器、热水器等家用电器，以及暖通空调、空调压缩机等产品全部在当地生产，可为当地提供约 2000 个就业机会。① 印度家电市场渗透率很低，行业集中度不高，大都以中低端产品为主，

① 《美的 12.7 亿元在印度建科技园建三个新工厂》，搜狐网，见 http://www.sohu.com/a/273760331_458812。

新增需求和产品升级的空间非常可观，美的协助当地家电行业形成新的优质产能，使市场优势和生产优势得到充分发挥。除了美的之外，海尔、格力、小米、联想、三一重工、奇瑞、长城等多家中国制造企业先后在金砖各国投资建厂，采取从组装生产到配套一体化方式，当地生产、当地销售，帮助东道国提升产业水平。由于各国关联制造业体系存在不同程度的缺失，配套生产能力强弱各异，用工和本土化政策复杂，投资建设周期较长的生产分工互助模式开展得并不均衡。

（三）技术互动型模式

是指一国利用他国技术对本国原有产业技术进行改造升级，或者不同国家对新技术、新材料、新工艺进行共同合作开发和应用，以提升技术水平和竞争实力。技术合作是更高层次的产业合作，主要包括技术互换模式、技术贸易模式和技术联合研发模式等。

不同于一般合作，技术合作具有特殊性，尤其是高新技术领域的合作，会面临更多和更复杂的问题，合作深度广度较难把握。金砖国家在技术领域有各自的特色和优势，开展技术合作具有一定的基础条件，随着各国技术水平的不断提升，未来技术领域合作潜力可期。目前，中国与其他金砖国家在传统产业和高新技术领域已经进行了一些技术合作。比如，在传统产业领域，针对传统石油开采过程存在的设备老化、技术陈旧、效率低下等问题，中俄两国在石油行业开展了广泛的技术合作，不断改进能源开发技术，提高能源开采效率。2009 年 10 月，中农发集团国际农业合作开发有限公司南非渔业技术合作项目开工，2011 年竣工后，南非政府划拨配套资金，完成了电气安装改造等工作，2013 年通过了南非政府组织的项目终验，工程移交之后进入为期 3 年的技术合作阶段，中国派出技术管理专家并继续投资维持运营管理，与南非共同协作，形成一个集研究、培训和推广于一体的现代化渔业技术示范中心，为南非发展淡水养鱼产业提供支持。2018 年 9 月 14 日，中国—南非矿产资源开发利用联合研究中心在南非约翰内斯堡揭牌,9 月 21 日,联合研究中心中国中心在北京正式启动。联合研究中心依托中国矿冶集团,以及南非科学与工业研究院(CSIR)、开普敦大学(UCT)和林波波大学(UL)的科技资源,在采矿、选矿和环保等资源开发利用领域进行联合研究,解决关键技术难题,共同推动科研成果转化应用与合作。

在高新技术领域,已经有了一些实质性项目,但合作规模还相对有限。2001 年,大连海辉科技股份有限公司与印度班加罗尔技术创新集团签订了国际软件开发合作协议,班加罗尔技术创新集团是具有较强实力的软件企业集合体,海辉公司与其组成合作联盟,共同参与国际市场的竞标、投标和承包软件开发项目。2018 年 12 月,山东罗欣药业股份有限公司与印度阿拉宾度制药有限公司(Aurobindo Pharma)签订战略合作协议,双方共同设立合资公司,联合投资技术和生产体系。阿拉宾度制药是印度 DMFs 备案和 ANDAs 申报最多的仿制药企业,已经跻身全球前五大仿制药公司行列,具备丰富的产品线和很强的产品供应能力。

2012 年,中国纳米技术研究中心与巴西国家纳米实验室启动了纳米技术合作计划,在环境、节能减排和新材料上开展长期联合研究,共同探讨纳米技术在农业和气象上的应用。中国和巴西航天部门合作已有近 30 年历史,两国多个单位共同参与分工,联合研制并成功发射 6 颗地球资源卫星,提供 50 余万景遥感卫星数据,协力打造中巴地球资源卫星国际品牌,开创了发展中国家航天领域互动合作的成功先例。

2008 年常州方圆制药有限公司与俄罗斯益姆基公司签署了中俄生物诊断试剂合资项目和中俄生物芯片合作研究所合同书,中方负责出资,俄方以技术专利入股,方圆公司利用益姆基公司现有的技术,生产免疫酶检测诊断系统试剂,并通过合作进一步开发世界领先的检测诊断系统试剂及生物芯片。近年来,俄罗斯技术集团与中国电子科技集团、中国商用飞机公司等多家中方企业签订了合作协议,中俄双方依据协议成立工作组,实施相关项目,其中包括双方共同研制远程宽体客机和重型民用直升机。① 2019 年 11 月 13 日，中国软件行业协会与俄罗斯软件协会签署战略合作协议，发挥各自统筹优势，推动建立中俄跨国软件产业生态。

除了上述按照空间结构形态、实体创建形态和要素分工形态划分的三种模式，依据产品类型分类，中国与其他金砖国家在资源品、资本品、消费品和技术服务品等不同领域开展了多种方式的合作，代表企业主要为大型跨国公司，合作方式各有侧重，其中部分企业在合作当中并未限于单一模式，而是根据不同标的项目，将建厂、并购、贸易、技术等方式进行组合选择（见表 8-3），形成了复合型模式，可以有效提高合作的针对性。此外，中国与金砖各国在行业、资本、技术及市场多要素结合方面也进行了产能合化模式的探索与创新，较为典型的如“3×3”模式，这是根据巴西和拉美地区国家发展状况及现实需要，为中拉产能合作量身定制的新型模式，一是契合拉美国家需求，共同建设物流、电力、信息三大通道，实现南美大陆互联互通；二是遵循市场经济规律，实现企业、社会、政府三者良性互动；三是围绕中拉合作项目，拓展基金、信贷、保险三条融资渠道。② “3×3”模式为中国与巴西等拉美地区国家深入开展产能合作提供了新的思路，对于中国与其他金砖国家开展产能合作也具有重要的借鉴价值。

表 8-3　中国与金砖国家产能合作重点领域组合模式

分类	重点行业	主要模式	代表企业
资源品	石油、天然气、煤炭、钢铁、有色金属、化工	并购海外资源类生产设施	中国石化、中海油、三峡集团、中国化工、中国五矿
		绿地投资建设生产及深加工基地	
		租赁、贸易等方式输出生产设备	
		联合开发相关资源产品	

① 《专访：我们与中国科技研发合作紧密——访俄罗斯技术集团国际合作与地区政策部主任克拉多夫》，新华网，见 16http://www.xinhuanet.com/2019-07/06/c_1124718335.htm。

② 岳云霞：《“3×3”新模式升级中拉产能合作》，人民网，见 http://opinion.people.com.cn/n/2015/0521/c1003-27037124.html。

续表

分类	重点行业	主要模式	代表企业
资本品	机械、运输设备、工程设备、船舶、港口、电力	绿地投资建设生产配套基地	三一重工、徐工集团、中国交建、葛洲坝集团、招商局、中国机械进出口集团、中兴通讯
		并购海外相关企业资产	
		租赁、贸易等方式输出相关设备及零部件	
		以园区方式生产相关设备及配套产品	
		以 PPP、BOT、EPC 等方式参与基础设施建设	
消费品	食品、纺织、服装、家电、汽车、电子、通信	绿地投资建设生产加工组装基地	海尔、格力、海信、华为、小米、奇瑞、北汽、长城
		并购海外消费品生产企业	
		以园区方式生产消费品和配套零部件	
		以贸易方式输出终端消费产品	
技术服务品	研发、咨询、电子商务	联合建立产品研发机构	阿里、腾讯、百度
		建设互联网和数据中心	
		收购并购相关企业业务	
		整合平台资源	

资料来源:根据经贸部网站相关信息整理。

金砖国家都是拥有一定资源优势、市场优势和产业优势的国家,中国企业具有较高的生产技术水平和丰富的管理经验,通过产能输出与合作,将中国的优质富余产能转化为各国的产业竞争力,产生双向溢出效应,有利于各国产业发展。目前,中国与金砖国家产能合作正在不断深化并形成了一些合作模式,主要呈现以下几个特点:一是合作领域主要集中在资源产品和一般消费品,高新技术领域的合作模式仍有待开发。二是产业链分工合作模式较为零散,缺少高水平深层次的合作。三是由于投资合作时间起步较晚,合作模式有较大弹性。四是合作模式总体上以传统单一模式为主,复合型模式较少。

当然,随着内外部条件变化,产能合作模式的内容和客体也呈现出一些新的动态:从产品输出向产能输出转变,从价值链低端向中高端转变,从需求拉动向供需平衡转变，从传统产业向新兴产业转变，从单一形式向多元化转变，从单向链向双向链转变。这些变动趋势并不必然同步或均衡，与各国的政策机制、技术进步、投资环境、供需结构的演化密切相关，可以肯定的是，伴随金砖国家合作进入新的黄金十年，未来会有更多适用模式出现。

第三节　中国与金砖国家产能合作模式的创新与拓展

国际产能合作超越了传统单一的经济合作模式，参与主体、路径、领域和方式具有多层次和多元性特征。国际产能合作没有标准定式，从以往历次国际产业转移和中国与金砖国家产能合作的实践来看，已经形成了新建投资、并购投资、园区聚集和要素分工等若干种合作模式，对于推动金砖国家经贸合作发挥了积极作用。但是也应该看到，现有模式大都基于传统产业分工转移理论和实践，难以充分满足新形势下环境变化和金砖国家发展诉求，而对新一轮发展中国家主导的产能合作模式的探索整体上仍处于初始阶段，还有较大的发展空间。因此需要结合金砖国家产能合作的现实特点和发展预期，深入开展学术理论研究，进一步拓展和构建更多可行模式，不断提高合作水平。

中国与金砖国家产能合作模式的拓展要把握以下几个基本原则：第一，合作模式应体现平等、包容、互惠的新型协作关系。第二，模式的选择要与各国发展诉求相适应，结合各国国情、资源条件、技术水平和市场需求等因素，能够充分发挥各方优势并符合各方利益。第三，模式构建既要顺应全球产业链分工细化的新趋势，增强产业链全方位合作，也要着眼于未来，把握现代科学技术发展潮流，共同促进科技进步。第四，重视能力建设与环保效应，提高产业基础能力，以保护自然生态环境为前提，进行可持续发展的绿色合作。第五，注重合作模式的适用性与效率性相结合、特殊性与普遍性相结合。

产能合作模式的选择与构建并无统一路径，这里按照谁来做—做什么—

怎么做的逻辑思路进行拓展,一是“与谁合作”,明确合作关联主体的能力和意愿;二是“合作什么”,基于合作功能和价值主张,提供合作产品领域;三是“怎么合作”,为合作各方创建价值体系,包括资源配置、合作路径和方式(见图 8-1)。基于本书前面章节得出的相关结论并结合各国区位优势和基础条件,着重从主体、功能、机制、结构角度对中国与金砖国家开展产能合作的模式进行拓展。

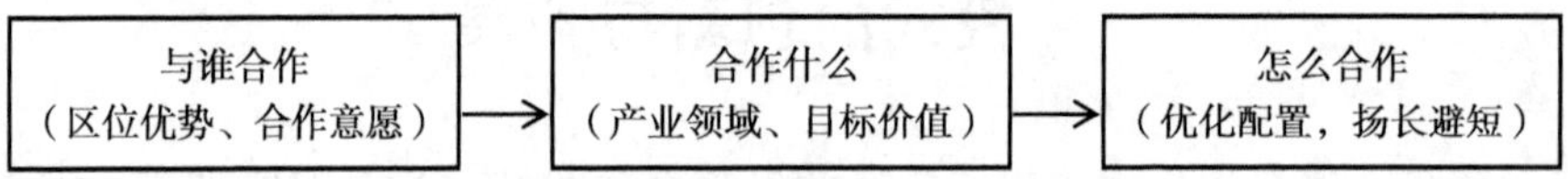

图 8-1　产能合作模式构建思路示意

毋庸置疑,中国与金砖各国之间都有很强的合作意愿,是开展产能合作的内在前提保障,但是合作条件和能力上存在较为明显的差异,直接关系到合作领域、方式的选择。产能合作模式构建需要合作伙伴之间具有相互匹配的资源条件和对接能力,包括供需结构、劳动力资源、产业基础、市场潜力、投资环境和相关政策等,各种构成要素经过重新配置组合生成新的作用形态。

一般来说,合作伙伴基础条件较差的应该更多地采用园区模式,金融支撑较差的应该多采用多重融资模式,商业环境较差的应该多采用并购模式,制度建设较差的应该多采用联合模式,劳动力资本丰富的应该侧重选择绿地投资模式,生产能力强的宜侧重选择供应链分工模式。基础设施建设领域的合作与资源型国际产能合作类似,往往依赖于各国政府间的对接,所合作方多为东道国的政府机构或大型企业,且在当地市场拓展销售网络的情况较小,也往往不采取新增投资的形式,因此基础建设合作对营商环境的要求相对偏低①,营商环境较差并不会过于影响基础设施领域的投资合作。与基础设施和资源产业合作有所不同,消费产品、技术产品和中间产品对营商环境、生产要素和金

① 吴涧生:《国际产能合作的思路重点及对策研究》,经济科学出版社 2017 年版,第 61 页。

融支持等都有更高的要求，这些产品大多集中在加工制造业领域，没有良好的营商环境保障，合作难度会大为增加。

根据前文相关结论，金砖各国的投资便利化水平差异较大。在基础设施环境方面，南非表现最好，俄罗斯的基础设施环境分数上升幅度最大，巴西基础设施最为落后且改善不明显。在商业投资环境方面，俄罗斯改善最为明显，巴西表现最差。在制度环境方面，俄罗斯和巴西较差，南非排名最高。在金融环境方面，排名靠前的国家为南非，俄罗斯表现最差。俄罗斯虽然投资便利化水平不高，但在投资便利化方面改善最为明显，南非投资便利化水平整体领先，而商业投资环境、制度环境和金融环境等多数指标处于明显退步状态。

从投资影响因素来看，对中国对巴西直接投资规模影响较大的是公路服务及质量、航空服务与质量、电力供应及质量、互联网使用人数和市场融资难易程度等因素，属于基础设施环境和金融环境范围。对中国对俄罗斯直接投资规模影响较显著因素的前六项是风险资本可用性、政府管制的负担、司法独立性、劳资合作关系、法律解决争端的效率和航空服务及质量，属于制度环境、金融环境和基础设施环境范围。对中国对印度直接投资规模影响较大的因素包括电力供应及质量、公路服务及质量、投资者保护力度的改善、工资和生产效率、政府管制的负担等，主要属于基础设环境和制度环境范围。对中国对南非直接投资规模影响较大的是劳资合作关系、政府管制的负担、金融部门提供的国内信贷、风险资本的可用性和投资者保护力度这五个因素，属于制度环境和金融环境范围。

综上所述，中国和巴西适宜采用“资源+基础设施+制造业+并购+多元融资+联合+园区”模式，中国和俄罗斯适宜采用“资源+基础设施+制造业+联合+多元融资”模式，中国和印度适宜采用“基础设施+制造业+物联网+并购+绿地+园区+多元融资”模式，中国和南非适宜采用“资源+基础设施+制造业+并购+多元融资+联合投资”模式。中国与其他金砖国家产能合作模式从国别选择上具有一定的特殊性和针对性，符合因地制宜、量力而行的科学规律。

事实上金砖各国都是资源大国,均具备一定的工业基础,在合作模式上虽然有一定的差异和侧重,但是在实际操作层面并不必然要严格区分开来,多数情况下存在交叉选择或共同选择,会有一些中国与金砖各国普遍适用的通用产能合作模式,比如各国均追求产业结构升级和技术进步,都有改善基础设施建设的需求,因此开展基础设施、产业链和技术创新等方面的合作普遍适用于金砖各国,只是具体合作模式的内容细节会因各国不同国情而稍有不同。以下分别从技术创新、产业链共生、人力资本和多元融资四个视角尝试构建或拓展中国与金砖国家新型产能合作模式。

一、新型合作模式之一:基于新技术革命的模式拓展

2018 年 7 月在南非约翰内斯堡举行的金砖国家领导人第十次会晤期间,中国携手南非提出的金砖国家新工业革命伙伴关系倡议获得正式核可,“建设金砖国家新工业革命伙伴关系”写入了《金砖国家领导人第十次会晤约翰内斯堡宣言》。[①] 21 世纪以来,人工智能、物联网、大数据、基因工程等新技术快速发展,推动形成了新一轮技术革命,给世界经济与社会发展带来一系列颠覆性变革。不同以往,本轮技术革命表现出“共享”和“海量”两个鲜明特征,打破了原有的产业边界、生产形态和分工方式,大数据的广泛应用和信息的互联互通可以让更多的发展中国家企业包括中小企业有了更多的分享和参与机会。中国与金砖国家技术合作模式应该结合新技术及其新特点、新要求,从合作领域与合作机制方面进行拓展,着力构建专项开源合作和定向孵化合作两种模式。

一是公共科技专项开源合作模式。金砖国家应该在更广、更高、更新的技术领域开放合作,争取在未来新技术革命浪潮中占据有利的位置。新一轮工

---

① 《提升金砖竞争力建设新工业革命伙伴关系》,《人民日报》2018 年 7 月 31 日,见 http://cpc.people.com.cn/n1/2018/0731/c64387-30179407. html。

业革命基于网络物理系统的出现，将通信数字技术与软件、传感器和纳米技术相结合，在信息、生物、能源、机器人和诸多制造业领域深度融合并形成突破。得益于量子信息技术、自主学习机器人和云计算等强力支撑，高度智能化的技术架构大大节省了时间，进一步降低运营成本并提高生产和组织效率。

在国际经济秩序和科技环境不断变化的情况下，金砖国家有必要日益强化科技规划，在新工业技术研发和应用中占据主动。从金砖国家新近出台的科技规划来看，着重发展的科技领域都是紧紧围绕国家整体利益和国家竞争力提升，如国家信息安全、健康与环保、战略性产业等，代表了各国的诉求和政策方向，与新工业革命的发展息息相关。金砖各国优先发展的行业各有侧重，也包含一些共同的领域。环保材料、信息技术、清洁能源、先进制造、生物医药和纳米技术等行业的科学研究，大多属于前沿技术和未来技术，既是提高各国科技竞争力的体现，也是世界科技发展的核心节点。

现代新技术发展绝非一个人或者一个团队所能完成，而是需要众多参与者齐心合力，投入广泛的智力资本和创新思维共同实现。互联网信息技术的飞速发展改变了信息不对称格局，降低了知识和智力集合成本，以分享经济、开源合作为代表的以开放式、宽协作、小型化为特征的新型社会资源组织形式，代替了传统的有地理限制的公司制或集中制，对原本依托于信息独占而存在的封闭科研方式产生了极大冲击，也改变了固有经济技术发展模式和游戏规则。

作为一种由技术驱动的开放工作模式，开源早期出现在软件领域，围绕数据库和操作系统建设而开放源代码，之后电子商务、金融科技、网络教育等多个行业开始发展开源软件。随着增值效应显现，开源硬件应运而生，通过开源软件和开源结构件来驱动硬件，使用编程实现设计功能，在机器人、无人机、智能家居、激光探测、物联网工程等领域已有诸多应用成果。

开源模式的内涵主要体现在开放、创新、分享，不仅是软、硬件系统的开放，还在于对设计者和工程师的开放，为开发个性化嵌入式产品提供了成本很低且可重复设计的便捷途径。任何地方的任何人都能以某种形式自主参与到一个大的目标项目中，运用智慧分享经验并获得经济增值。

开源合作是由基于目标导向、高度协作而结构松散的大众参与者所构成，借助互联网信息技术整合海量且分散的资源，以对等互动为核心来产生具有经济技术价值的产品或服务，伴随着平台商业模式和众包模式的兴起，越来越多的传统层级生产企业借助互联网技术打开了“开源合作化”之路。[①] 开源合作方式已被谷歌、微软、脸书、索尼、阿里巴巴、华为等全球主流跨国公司和遍布世界各地的中小企业以及高等院校广泛采用。2016 年欧盟颁布《科研基础设施开放共享章程》，明确了科研基础设施开放共享的服务模式、条件和程序，在推动建设世界级公共科技创新共享平台体系、促进科技进步方面也取得了明显成效。

金砖国家可以围绕新技术变革，在技术产业领域开展包容合作，建设公共科技创新服务专项开源平台，并将其纳入金砖国家多边科技合作架构当中，构建重点合作项目分类清单，联合确定发布科技开源专项课题。通过开源平台，把与经济发展和民生改善密切相关的部分公共科技问题开放出来，集合包括金砖国家在内的全球各方智慧协作寻求解决方案，提高科技资源管理使用效率，产生更多科技创新叠加成果，引导金砖国家更好地实现跨越式发展和包容性增长。

产能合作是全球价值链重构的一部分，必须融入到现代新技术、新业态和新经济当中。金砖国家应结合现阶段自身技术水平和未来发展需要，精选开放项目，不仅要注重能源、资源、基础设施和传统制造业的技术改造升级，还要向云计算、大数据、互联网技术和数字经济等创新领域拓展，重点在人工智能、信息通信、航空航天技术、生物医药、清洁能源等领域确定优先合作方向及迫切需要解决的公共科技难题，确定相应的目标和条件，有序组织开放、开源和

① 张佳佳、王新新：《开源合作生产：研究述评与展望》，《外国经济与管理》2018 年第 5 期。

共享。

物流是数据、信息和智能等多种现代高新技术的结合体，作为一种基础设施，既有经营属性，也具有某种准公共产品属性，直接影响企业生产成本和外部交易成本，是当前金砖国家经济发展与产业合作的主要制约瓶颈之一，因此可以先从跨境电商和物流领域寻找突破口，基于电子商务和大数据，在平台对接、信息转换、程序操作、系统组织、物料控制和远程服务等基础开发技术环节，指定薄弱技术节点进行开源合作，吸纳世界各国相关科研人员、工程师和民间科技爱好者合力攻关，共同破解技术难题，提高金砖国家商贸物资流通速度和效率。

打造金砖国家技术攻关开源开放平台，无论是由政府还是企业出资建设，都需要做好顶层设计，合理平衡保护和放开知识产权，组建专业服务队伍，配备高素质的数据专家、法律顾问、用户管理员和技术经纪人，满足不同领域、不同国别、不同类型技术合作者的差异化服务需求。

二是技术平台定向孵化合作模式。进行组织机制拓展，汇集金砖各国多方资源和研究力量，合作解决当前和未来科学技术层面的重点难题，推动关键领域、关键技术的发展，共同提高技术创新水平。可以采取技术平台定向孵化“1+3+5”合作模式，即 1 个定向技术孵化平台+3 个参与单元+5 个金砖国家（见图 8-2），金砖国家合作建立 1 个平台并共同参与孵化，3 个单元包括相关行业领域的企业、院校、研究机构和技术团体作为参与主体单元，金融、法律、中介及风控机构作为支持部门单元，政府部门作为政策保障单元。金砖各国参与机构和部门按照一定的条件和标准加入平台，形成信息流、资金流、技术流、人才流、知识流的内部循环互动机制，协同进行联合研发活动。

技术合作定向孵化平台由金砖国家政府和行业部门主导组建，企业、产业管理部门、科技主管机构在多种新技术构成的矩阵列表中，围绕特定技术路线，共同筛选并发布科技委托联合攻关项目，进行模块化定向打包，委托方提供项目资助，风险控制等支持单元部门可以跟包，面向金砖各国进行征集招标，各国具备资格条件的个人、单位、团体通过协议或合同约定，根据能力和需求选择适合的技术单元与合作路径，采取项目总包、交叉分包等方式，承担研发工作。项目实行闭环分工协作，优化配置结构，多个部门共同参与研发、提供服务和保障支持，集合金砖各国资金、人才、技术、信息和政策、服务等资源，在相对稳定的组织框架下持续开展科研攻关活动。知识产权、利益分配、研发路径和研发周期等由授权方、出资方、承担方签订协议，平台做好必要的风险管理和保障协调。

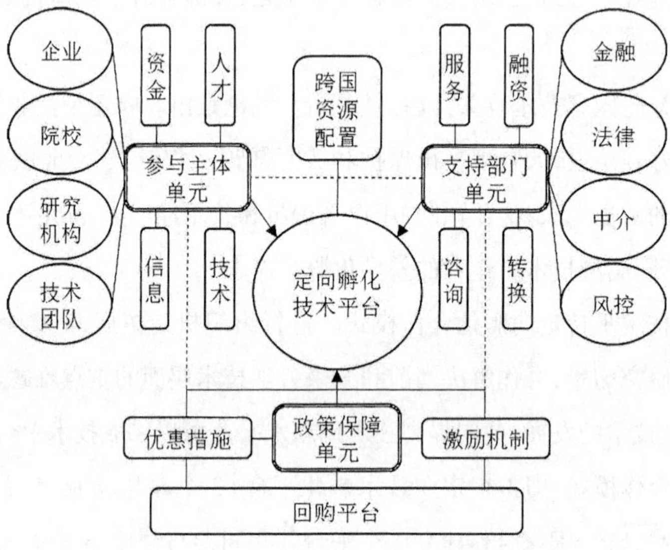

图 8–2 “1+3+5”联合技术组织研发模式

近些年金砖国家加强了双边科技合作，但是由于国家间的复杂关系，导致多边技术合作还比较少，合作的领域也不够宽。① 2016 年，金砖国家签署了《金砖国家科技创新框架计划》及其《实施方案》，决定在该框架下联合征集多边研发项目，以支持、促进金砖国家科技合作。经征集、受理、评审、磋商和立项等一系列环节，2017 年度金砖国家政府间重点专项合作项目正式启动实

① 欧阳峣、罗会华：《金砖国家科技合作模式及平台构建研究》，《中国软科学》2011 年第 8 期。

施，领域涉及自然灾害管理、地理空间技术及应用、新能源可再生能源及能效、信息技术与高性能计算、光电学等，资助总额度为1500万元，来自金砖五国38个科研机构、企业的190余名研究人员参与了该批合作项目。[①] 该项目是在金砖国家政府间科技创新框架计划（BRICS STI Framework Programme）下，由中国科学技术部（MOST）和国家自然科学基金委员会（NSFC）、巴西国家科学技术发展委员会（CNPq）、俄罗斯科学与教育部（MON）和基础研究基金会（RFBR）及小型创新企业支持基金会（FASIE）、印度科学技术部（DST）、南非科学技术部（DST）和国家研究基金会（NRF）等科研机构共同资助各国科学家，联合开展项目研究。

金砖国家多边研发合作框架计划项目的实施，对推进科技创新领域务实合作、共同应对全球性挑战具有重要意义。由于项目刚刚启动，主要采取政府资助、科研院校承接的课题申报式合作方式，参与主体和研究领域存在一定局限。随着项目机制逐渐完善，各国可以开展更深层次的技术合作，在现有科技合作框架基础上，基于技术研发定向孵化模式，扩大合作参与主体，吸纳更多的科技企业和民间研究团体参与进来，也包括必要的风险投资、金融服务和中介转化机构，不断孵化出有技术含量、有应用价值、有转化潜力的项目。

在技术平台定向孵化合作模式建立过程当中，政府的作用举足轻重。一是要发挥政府的组织作用，调动协调五国科技资源，包括推动难以直接联系的合作部门之间进行有效对接；二是还要配套出台必要的政策法规，给予相应的税收优惠、激励和其他便利条件，引导鼓励支持跨国合作研发与创新；三是可以尝试建设专门的金砖国家政府科技产品采购推广专项平台，对接定向孵化合作平台，将合作产生的科技成果导入回购应用程序。对于形成最终商品的科技成果，纳入政府部门专项采购系统，给予优先采购或推广支持；对于不能形成终端产品的基础性研究纳入系统后，根据阶段进展给予再研立项和资金

① 《2017年度国家重点研发计划政府间重点专项——金砖国家合作项目启动实施》，科技部网站，见 http://www.most.gov.cn/kjbgz/201711/t20171122_136373.htm。

支持;对于有发展前景而确需进一步深入研究孵化的成果,协助提供后续配套资金。让参与合作的各方有目标、有动力、有资金、有保障,集中发挥金砖国家的人才、技术资源优势,协同攻关克难,力争在一些重点行业领域实现科技创新突破,以点带面,推动金砖国家技术进步和创新发展。

二、新型合作模式之二:基于共生理论的产业分工模式拓展

传统产业转移模式推动形成了国际生产分工格局,发展中国家有了参与、学习和发展的机会,但长期落差式的转移合作也导致了不平衡增长结果。新一轮产业分工伴随着信息化和智能化而出现越来越多的平行合作机会,金砖国家作为新兴经济体的代表,在全球价值链重塑过程中应该充分发挥各自优势,顺应并引领时代潮流,打造金砖国家产业互利共生新型合作模式,在增强自身实力的同时,为广大发展中国家树立典范。

共生理论较早出现在生物学领域,经济学视角下的产业共生则是近年来模仿自然生态系统提出的新概念。“共生理论的本质是互依、互惠、协同、合作与发展,共生体内的各共生单元之间互惠互利,在合作中得到优化、进化和发展。”①共生并不排除竞争,共生更强调从竞争中产生新的、创造性的合作关系,合作和竞争并存更有利于提高竞争效率②,对于开展国际经济合作具有良好的兼容性和适用性。

一般认为产业共生是指通过不同企业间的合作,共同提高企业的生存能力和获利能力,同时实现对资源的节约和环境保护。③ 产业共生是一种兼有经济性和生态性的特殊而复杂的组织创新模式,是现代企业模仿生物种群交

① 弓志刚:《基于共生理论的休闲产业发展理论框架分析》,《商业经济研究》2010年第22期。

② 王珍珍、鲍星华:《产业共生理论发展现状及应用研究》,《华东经济管理》2012年第10期。

③ 宋帅官:《产业共生网络——新产业园区生态工业的实现途径》,《经营与管理》2008年第12期。

互共生，在关联企业之间建立起的生存链条和价值网络，包含合作、竞争和优胜劣汰多种竞合关系，体现为信息流、融资流、创新流、物质流和能量流在更大空间的全方位合作。产业共生系统中，各产业的企业之间，因同类资源共享或异类资源互补形成共生体，促进了内部或外部、直接或间接的资源配置效率的改进，共同提高企业经济效益与生态效益，推动产业的发展。①

不同于单元独立进化，随着产业共生的组建和运行，形成若干横向或纵向链条结构，为共生单元提供了理想的进化路径，企业单元之间相互激励、竞争与合作，充分协调各个组成单元的行为和共存关系，开展研发、生产、经营等多方面分工协作，通过对信息、物质、能量等共生介质的有效生产、交换与配置而产生共生能量，使各类资源在共生群体内外得以合理有效的配置和利用，增强企业共生单元经营获利能力和抵御冲击能力。

任何一种共生关系都离不开主体、资源以及约束条件三个基本要素，资源是不同经济体之间建立共生关系的基础，共同利益是维持区域经济共生关系的决定性因素，经济上的共同利益则是维持共生关系的根本所在。②产业共生涉及不同区域、不同行业之间的产业互补、互动、竞争与替代，需要具备一定的内、外部条件才能形成共生关系。共生理论认为质参量兼容决定共生关系形成的可能性，共生单元之间至少具有一组质参量兼容，必须通过共生界面进行交流，为形成共生关系提供渠道。从内部条件来看，各产业共生单元之间必须具备功能上的兼容和互补，要有各自的分工，还要有共生单元交流联系机制。从外部条件来看，产业单元之间的共生关系需要一定的外部共生环境保障，包括市场、政策、合作意愿及国际环境等多重因素。

金砖各国在资源、劳动力、技术以及资本等方面存在较强互补性，满足

① 鲍丽洁：《产业共生的特征和模式分析》，《当代经济》2011 年 16 期。

② 欧定余、彭思倩：《逆全球化背景下东亚区域经济共生发展研究》，《东北亚论坛》2019 年第 4 期。

共生关系形成的基础条件,在当前复杂多变的国际政治、经济环境下存在诸多共同利益诉求,增进合作的政策指向明确,并且已经建立起多层次的合作机制,深化金砖各国的产能合作,改善经济结构,会给各国带来丰厚的经济利益回报。因此,建立金砖国家产业共生关系具有良好的内外部条件和特殊优势。

以工业为核心的产业共生可分为物质型共生、能源型共生和混合型共生三种类型①,这主要是基于工业的特殊性和复杂性而言。现代产业的关联性、交互性和延展性已经大大超过以往,产业间、产业内和产品内形成了更为复杂的物质能量传递与价值交织,由此按照系统产业的相互关联及共生单元之间的利益关系,产业共生模式可以分为以下五种类型(见表8-4)②。

表8-4　产业共生模式类型

类型	结构形态	主要特征
互利型产业共生	成员通过优势互补互利协作,将竞争和冲突转化为利益及风险的共享共担联盟	系统中没有明显的主动、被动之分,产业地位平等,共同生存,产业间链接稳定,各个单元均能在与对方物质流交换中获得利益
寄生型产业共生	寄生产业依附于寄主产业,寄居在寄主产业的区域系统之内,与寄主组成一个有机关联体	寄主产业和寄生产业地位不平等,寄主产业在资源使用、产品设计、生产工艺、流程管理等方面具有十分明显的优势,价值或物质从寄主产业单向流向寄生产业,产业之间寄生关系比较稳定
偏利型产业共生	共生体系中一方有利,而另一方既没有因此而受害也没直接获利或获利很少	产生新的价值,但一般只向共生关系中的某一企业转移,具有偏利性,存在双向的物质流、信息流和价值活动。在封闭体系中,共生关系对非获利方企业的进化既无害也无益,而对获利方企业进化则有促进作用。在开放体系中,如果环境具有一种对非获利方的补偿机制,则非获利方也会得到进化

① 肖忠东、顾元勋、孙林岩:《工业产业共生体系理论研究》,《科技进步与对策》2009年第17期。

② 陈凤先、夏训峰:《浅析"产业共生"》,《工业技术经济》2007年第1期。

续表

类型	结构形态	主要特征
附生型产业共生	通过一连串前后关联的产业构成一个连续“链状”的稳定模式,通常由核心企业和附属企业组成,企业间实现动态联盟与合作	系统形状多样,共生关系相对不稳定。系统较脆弱,当某一关键环节出现断裂缺失或过大落差,整个生态系统面临崩溃,因此造成了共生成本过高,产业生态系统效率下降。企业之间利益关联较小,即在无附主条件下,附属企业也可独自存活,核心企业可自由选择附属企业,后者也可自由转移附主
混合型产业共生	由以上几种基本结构形态组合成复杂的生态系统	在一个大型区域循环经济系统中,成员企业间可以是互利共生、寄生或附生关系,也可以是上述几种模式并存的混合形式

资料来源:陈凤先、夏训峰:《浅析“产业共生”》,《工业技术经济》2007 年第 1 期。

由于经济活动共生主体和共生界面的复杂性,上述五种模式在国际产业合作中并非完全适用。进一步来看,区域经济合作的共生模式主要有寄生条件下的点共生模式、偏利共生条件下的间歇共生模式和对称互惠共生条件下的一体共生模式三种类型①,而国际合资企业通常可以划分为对称依赖共生和非对称依赖共生两种类型②。虽然一定条件下共生模式会发生转换,但考虑到产业合作互动过程中的核心问题在于参与主体或企业之间的利益分配关系,只要沟通界面稳定,合作各方存在获利机会或者补偿预期,非对称互惠共生和对称互惠共生是较为适宜的产业共生形态,理论上这也是国际产业共生合作的两种主要选择模式。

从目前国际产业共生实践来看,受政策机制、经济结构和国际环境等多种因素影响,各参与国之间尚未形成较合理的经济利益分配关系,大都处于非对称互惠共生模式阶段,具有偏利特征,如东亚合作共生系统。③ 此外,中俄双

① 冷志明、张合平:《基于共生理论的区域经济合作机理》,《经济纵横》2007 年第 4 期。

② 王宇露、李元旭:《国际合资企业的共生模型及其稳定性分析》,《上海管理科学》2008 年第 4 期。

③ 欧定余、彭思倩:《逆全球化背景下东亚区域经济共生发展研究》,《东北亚论坛》2019 年第 4 期。

边产业合作关系短期内也为非对称性关系,从长远来看,双边在产业合作方面必然会呈现出对称性的互补共生状态。①

总体上看,中国与发展中国家双边制造业具有较好的共生基础②,在产业结构、保障机制和关联资源等方面,中国与其他金砖国家之间拥有更为有利的产业互惠共生条件。金砖各国产业体系相对完整,各自具备一定工业实力,互补性较强。金砖国家已经签署多项产业合作协议和备忘录,产业合作意愿强烈,合作机制稳定。这些都有助于中国与其他金砖国家相关制造产业或上下游企业之间兼容并存,开展对称型产业互利共生合作(见图 8-3)。当然,这种对称型合作并非是利益在全周期的绝对平均分配,而是根据各国现实和发

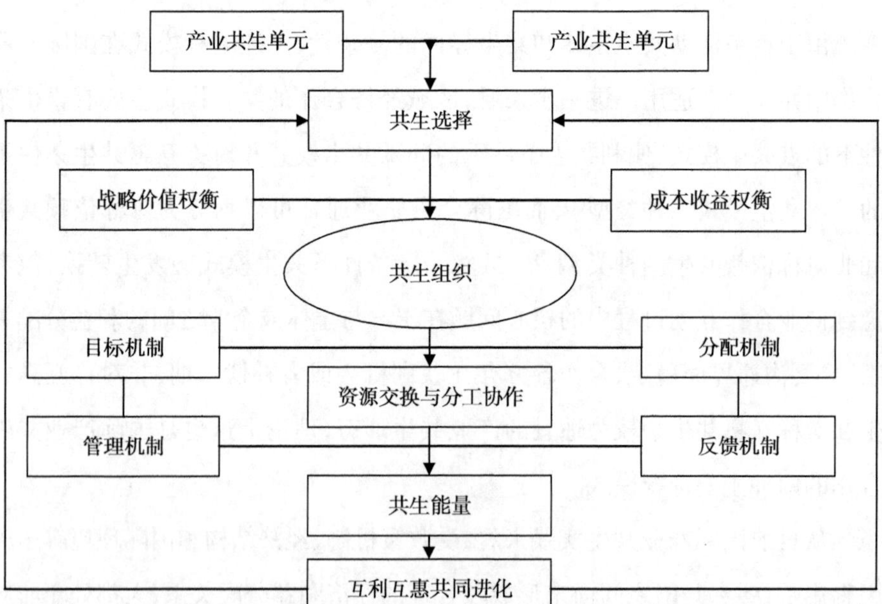

图 8-3　产业互利共生合作模式框架

① 王金亮:《互补与共生视域下的中俄产业合作对策研究》,《沈阳工业大学学报(社会科学版)》2018 年第 6 期。

② 潘雨晨、张宏:《中国与"一带一路"沿线国家制造业共生水平与贸易效率研究》,《当代财经》2019 年第 3 期。

展需要，在公平、合理、有效的互惠协作当中，动态平衡，各有所获。与此同时，无须刻意追求共生规模数量，应根据市场缺口和共生产业缺口的大小，确定适合的领域、路径和规模，着重保障共生合作质量。对称互利共生模式的建构和实现绝非一日之功，而是一个复杂的演进过程，其间可能会出现偏利与对称交替直至达到稳定的对称互利共生，需要在施行当中不断调整与完善。

建立产业互利共生体系一般包含筛选识别产业和企业单元、扩展交流渠道、资源交换并形成共生关系、从非对称互利向对称互利转化的阶段过程。按照不同的要素资源交换路径与分工形态，中国与金砖国家产业对称互利共生模式可以有三种链型模式：一是金砖制造+产业链共生模式，二是金砖制造+供应链共生模式，三是金砖制造+技术链共生模式。在广泛参与国际生产分工的大格局下，立足金砖各国制造业的优势潜力和产业发展规划，以价值创造为基础，按照横向、纵向或横纵结合方式分拆价值段，通过产业链、供应链和技术链各个环节协作互融，在广度、深度和高度三个方面开展多方位产能合作（见图 8-4），将中国制造与巴西制造、俄罗斯制造、印度制造和南非制造对接起来，在某些产业领域形成专业化的“金砖制造”网络结构和特色化的金砖产

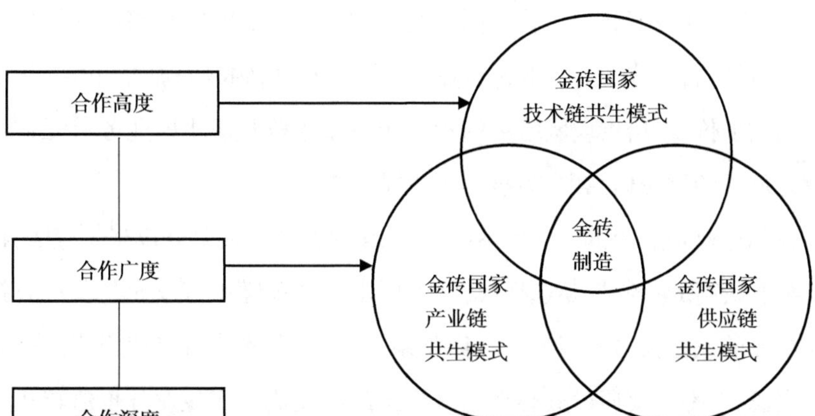

图 8-4　金砖国家三维产业互利共生合作模式

品,实现 1+1>2 的效果,推动金砖国家工业制造业整体实力进一步提升。

第一种模式是金砖制造+产业链共生模式。产业链是一个主体异质性的复杂共生系统,其主体包括技术部门、生产模块、组装单元、物流配送和市场服务机构,这些多元主体按照特定的共生行为而构成共生互利关系。产业链具有结构和价值两维属性,上中下游关联企业围绕研发设计、生产加工、营销服务等环节,相互输送产品、服务和资源,进行物质、能量和信息的价值交换。产业共生系统中的企业使用不同的资源,分别集中到某一业务模块中从事专业化生产经营,产生规模收益,实现利润目标,提高产业资源配置效率。

"在全球产业链中,一个国家的竞争力由经济总量和贸易总额向参与全球产业链不同环节增加值含量转变的趋势越来越明显。"①中国与金砖国家在工业制造业领域建设产业链互利共生模式,基于各自互补优势,合理分配价值段或业务单元,广泛开展上下游产业间、产业内和产品内多层次、模块化的产业链协同分工,这也是深化国际产能合作、推动金砖国家新工业革命伙伴关系发展不可或缺的重要环节。

第二种模式是金砖制造+供应链共生模式。供应链从原材料采购、中间产品生产到最终产品组装,将不同层级的供应商、制造商、分销商和零售商等连成网链结构,围绕核心企业进行业务分工与集合,物料因加工、包装、运输等过程而增加价值,给供应网络中的相关企业带来收益。不同业务单元在封闭或者开放式的供应体系中,为核心业务提供资源。

在制造业企业的供应共生系统内,无论是封闭型还是开放型供应链,核心企业都有较高的控制权和选择权,技术要求高的关键供应单元与非核心技术供应单元的地位大多表现为非对称关系,不同业务模块可以使用相同资源或不同资源,但都需要通过核心企业最终产品的完成来实现业务价值转化和增值。目前,全球高端供应环节主要由西方发达国家跨国公司占据,全球化采购

① 李宛聪:《全球产业链、价值链、创新链中的中国供给侧结构性改革》,《科学发展》2018年第12期。

模式也正在成为国际型企业的一个主要选择方式，但这并不妨碍金砖各国建设供应链共生模式。金砖各国具有较好的工业共生基础，在全球供应链中占据重要地位，聚集各国产业优势，合力打造金砖制造品牌，既有利于金砖国家不断扩大参与全球供应链的深度和高度，也有利于进一步完善全球供应链体系。例如，中国与金砖国家在汽车、家电和通信等供应链较长的制造业领域，可以按照一定的生产成本和技术标准，以模块嵌入、平台采购、订单生产和定制管理等方式开展供应链协作分工，形成优势互补、能量增值、利益同享的共生生态。

第三种模式是金砖制造+技术链共生模式。技术是提升核心竞争力的关键要素。从现代企业技术竞争实践来看，本质上就是技术资源协整能力和技术链发展水平的较量。目前金砖国家整体技术水平与发达国家还存在着较大的差距，技术创新能力和技术应用水平比较低，大多数企业只能被锁定在价值链中低端环节。因此，金砖国家发挥后发优势，进行企业技术链共生合作，共同提高产业技术地位，对于金砖各国实现跨越发展具有特殊意义。

企业技术链是指存在于产业内和产业间的互相对接和互相依存的技术组成的链条，它贯穿于产品从研发到最终市场销售的全过程。按重要程度由低到高顺序，企业技术链可以分为组装技术、一般元件技术、核心元件技术和系统技术四类。① 技术链中包含多个相关技术，各种单元之间存在单向、双向或多向的链接关系，在共同的技术框架或协议下，目标一致的若干子技术相互衔接、相互兼容，多数情况下各技术单元价值最终通过末端产品的功能和品质所体现出来。对于一些缺少替代性的关键技术而言，任何一个技术单元出现问题，都会导致技术链整体受到损失，甚至延误研发活动进程。由此也表明，技术链合作更加复杂严苛。

按照金砖国家工业制造业现实技术水平，可以采取由易到难的顺序，以专

---

① 余琨岳、赵长轶：《后发企业技术链升级研究——基于知识网络演化视角》，《软科学》2017 年第 2 期。

利、技术标准和技术协议为工具，首先在组装技术、一般元件技术领域建立产业技术共生模式，而在尚不具备全面共生条件的关键技术和系统技术领域，可以寻找共同节点进行专业化协作共生。在操作层面上，一是以龙头企业为核心牵头组建国际产业技术联盟，面向大规模商业化需求的科技创新任务，以技术协议或契约形式组织整合金砖国家技术链上的相关环节进行集成创新。二是企业将创新主体外部化，通过收购、参股或控股金砖国家中小型科技公司以及技术成果的方式形成创新体系，完成产业技术创新目标。三是围绕产业技术标准，金砖各国进行技术研发流程与标准对接，共建或共享技术成果，产生更多的创新能量。

产业共生单元具有自组织特性，不同区域相关主体合作共生，在一定的经济、社会和自然等共生环境下，会趋向形成利益共生体。但在现实活动中，除非存在非常有效的体制，不然这种共生的形势是不太可能建立的，就算建立起来，如果没有高效的管理模式，这种共生体系也不可能维持长久。① 有鉴于此，中国与金砖国家构建产业互利共生模式，首先需要创造良好稳定的共生环境，增强共生主体相互之间的信任和共识，在建立产业共生合作组织的同时，明确产业合作共生目标，制作可行的产业共生合作路径框架。其次需要进一步强化管理机制建设，建立产业合作共生利益分配机制、风险管理机制和共生协调机制，不断优化产业合作共生生态，形成持续性、常态化的共生合作体系。最后还需要处理好“金砖链”与“全球链”的关系。经济行为的区域化与全球化并不矛盾，金砖国家产业共生链与全球价值链也不存在冲突，实际上金砖国家产业链、供应链和技术链是国际生产网络的组成部分，绝非完全封闭的区域性孤立体系，具有形式开放、内涵包容的本质特征，链内企业形成紧密的利益共同体，但不排斥链外企业，其他发达国家、发展中国家的企业都可以按照共生条件选择参与，通过链内、链外企业多维互动和能量积聚，使全球价值链更

① 肖忠东、顾元勋、孙林岩：《工业产业共生体系理论研究》，《科技进步与对策》2009 年第 17 期。

加完善。

三、新型合作模式之三：基于人力资本的模式拓展

人力资本是生产活动和经济往来的重要载体，是经济增长的关键要素，也是创造财富的根本源泉。从生产功能看，人力资本作为特殊的投入要素，有助于提高人力资本自身和其他生产要素的生产效率，人力资本结构高级化对不同技术水平行业全球价值链地位的升级都有一定促进作用，尤其是对资金密集型和技术密集型行业的促进作用更大。① 人力资本的状况直接决定了各国的技术吸收能力②，也是外商进行区位投资选择的重要考虑因素。

国际产能合作涉及不同国家的多个产业部门，具有高度的复杂性、综合性和专业性特点，决定它们的开展更需要有大批与之相适应的受过良好教育与特殊训练的劳动者及高层次科技、经营和管理人才。根据中国贸促会于2012年4月发布的《中国企业海外投资及经营状况调查报告》，中国企业海外经营状况整体欠佳，并购成功率较低，50%以上的企业对海外利润增长率和市场份额增长率不满意，40%的企业认为国际化人才储备比较完备，中国企业只有不到33%的海外投资项目能够达到预期目标，与发达国家企业有较大差距。全球化智库（CCG）企业全球化研究课题组发布的《2018年中国企业对外投资调查分析报告》在对影响企业全球化经营与发展因素的调查中显示，国际化人才的欠缺成为中国企业海外经营的最大掣肘因素。在制约中国企业海外投资的关键要素或障碍中，人力资源一直高居首位，其中国际化复合型人才匮乏是主要短板，中国国际化人才数量只占人才总数的5%，作为跨国企业国际产能

---

① 耿晔强、白力芳：《人力资本结构高级化！研发强度与制造业全球价值链升级》，《世界经济研究》2019年第8期。

② 陈开军、赵春明：《贸易开放对我国人力资本积累的影响——动态面板数据模型的经验研究》，《国际贸易问题》2014年第3期。

合作中的核心资产,人力资源直接关系着海外投资的成败。① 中国企业海外投资快速增长过程中普遍面临自身人才数量质量跟不上的窘境,事实上,员工素质直接决定着企业素质和发展水平,国际合作经验也一再表明,包括东道国员工在内的企业所有人员的综合素养对于项目进程都会有重要影响。

工业制造行业呈现不同层次的技术结构和创新要求,对应的人力资本技术水平也可分为三个层次:上层为学术型尖端技术研究人才,中间层为工程型应用人才,下层为基础型生产操作技能人才。② 从目前金砖国家人力资本结构和应用状况来看,俄罗斯高端人才较为丰裕而一般劳动力极为短缺,印度拥有世界水平的软件精英人才,但基数庞大的劳动力素质普遍较低。金砖国家研发人员投入强度普遍不足,总体呈现数量优势与质量参差并存的现象。一方面人力资源开发不足造成许多劳动者素质提升缓慢,另一方面各国劳动用工和就业制度对外来人员有诸多限制,使得现有人力资源难以得到有效整合。在产业人力资本合作当中存在方式较少、规模较小、层次较低的特点,大多采用劳务输出、专家派出或研修生方式,人力资本本地化合作方式较少,一些投资合作企业针对合作项目会进行相关的临时性、局部性培训。产能合作当中企业常常会面临员工专业知识和技能欠缺、语言沟通协调能力不足等问题。

产能合作领域非常广泛,其中 12 个重点行业包含基础设施、生产材料、终端消费品和科技制造业等,涵盖了低、中、高技术产业,有迫切而庞大的各类人才需求。能力建设和培养是产能合作的核心内容,长远来看,金砖国家开展包容性产能合作,既需要高水平的技术研发人员和经营管理人员,也需要大量高素质的现场操作人员;既需要外来人力资本参与生产技术管理,更需要大批本地人力资源在其中各个环节发挥作用。实际条件下,金砖国家人力资源合作

① 曾芬钰、李格格、王惠洲:《我国电力企业国际产能合作面临的人力资源风险及应对》,《对外经贸实务》2019 年第 1 期。

② 杨青、周晓琛:《我国制造业人力资本的技术结构与技术创新》,《中国集体经济》2008 年第 6 期。

的约束与机会并存,金砖各国语言、文化、习俗及劳动力素养差异很大,往往导致企业项目沟通理解难度增加,合作效率降低。与此同时,金砖各国在人力资源供给结构方面具有较强的互补性,发挥各自优势,增强人力资本合作,共同开发人力资源,提高研发强度和适用人才储备,具有很大的发展潜力和现实意义。

针对金砖各国人力资本的不同层次结构,结合产业方向不同需求,可以从通用人才、专业人才和项目人才三个方面拓展金砖国家人力资本合作培养的"三H模式"(H为互设、互动、互换的汉语拼音首字母)(见图8-5),既通用型互设模式、专业型互换模式和项目制互动模式,建立紧密、真实、便捷的金砖国家人力资源信息网络和人力资源库,及时做好互换、互动和互派人力资源相关信息的汇集、整理、记录和发布工作,提高人力资源对接、培养及使用效率。

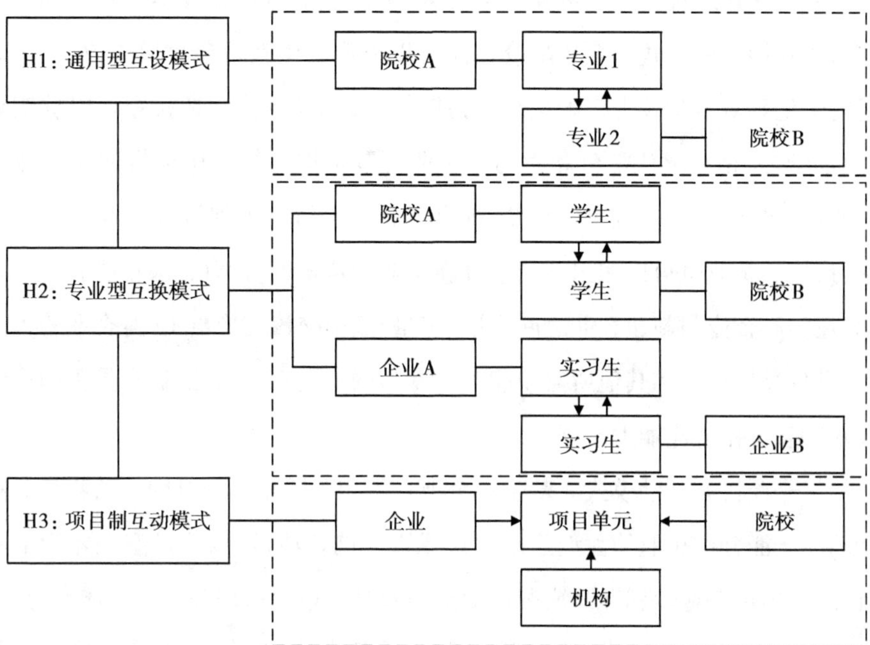

图8-5 金砖国家人力资本合作3H模式

一是通用型互设模式。一国院校与其他国家院校互设专业。通常职业技术教育与产业发展紧密相关，以应用型高等院校和职业院校为核心，将通用型人才作为培养目标，根据产能合作的领域和一般需要，结合各国现实基础和优势特色，互设通用职业专业，如语言、软件、财务、建筑工程、机械制造和电子商务等基础知识和通用工具设备操作专业。中国与巴西、俄罗斯、印度和南非的相关院校互设或增设所需专业，开展学科或专业共建，学校之间可以共同制定相应的课程目标及培养方案，联合选编教材，互派教师或利用线上网络教学，扩大教师互访和学生交流，增加职业教育资源的合作互动，推动通用职业教育合作向制度化、常态化、国际化发展，提升合作办学的规模、水平和质量，为金砖国家产业合作打造普遍适用的劳动和技术人才储备。

二是专业型互换模式。一国院校、企业与其他国家院校、企业互换学员。两个或多个国家之间合作单位根据各自需要，以专业型人才为培养目标，围绕相关专业学科工种进行人员互换学习或实习，主要包括在校学生互换和企业实习生互换两种形式。合作院校之间可以采取学生互换项目模式，相互选派优秀学生到对方学校进行相关专业为期一年以上（具体学期长短可以据实调整）的学习，相互承认学分和学历。企业可以根据产能合作项目建设专业进度所需，建立“实习生互换”模式，新建企业派出新员工到核心企业接受实训学习，核心企业也可以派出老员工赴新企业示范培训，针对一般技能和特殊技术，在核心企业与新建企业之间定期、定量、定岗交流交换员工，对企业管理流程、设备操作运转和其他所需职能进行专门的上岗实习训练，提高员工岗位专业水平和工作适应能力。

三是项目制互动模式。基于一个项目的相关国家多个机构互动联培。围绕国际产能合作企业的大型建设项目或重大储备项目，以项目型人才为培养目标，由项目企业、高等院校、劳动力部门及社会培训机构等多个主体参与，在加大企业内部岗位制度培训力度的同时，委托高校和培训机构合作培养专业基础知识和国际项目管理技能，通过学校、企业、社会联合互动，对员工进行必要的业务培养和岗位训练。企业与高等院校及社会培训机构合作建立国际化人才项目培养互动机制，按照项目所属行业特性和技术标准，结合院校和培训机构的学科强度，将专业基础、操作规程、项目运营、财会管理、法律以及外国语等纳入主干课程，把项目所需的知识技能拆分为若干单元，对目标员工进行分批分层培训，记录员工学习过程并纳入岗位资格和企业绩效考核体系当中。

四、新型合作模式之四：基于金融支持的多元模式拓展

国际产能合作涉及许多大型项目，主要集中在基础设施建设、能源矿产和装备制造业领域，具有资金需求大、建设周期长、经营风险高的特点，从项目初始推进到投产运营各个阶段，能否得到融资支持将直接影响企业的风险回报和投资决策。此外，企业开展国际产能合作的方式越来越多样化，除了传统的贸易和对外直接投资以外，技术转移、工程承包和劳务输出、专业服务提供等形式日益增多，对外直接投资中，跨国并购的规模也呈逐年增长的趋势，进而提高了对融资方式的多样化需求。①

处在工业化不同发展阶段的金砖各国，经济增长与社会进步既需要工业制造业的不断优化升级，也离不开大量的通信、电力、交通等公共基础设施建设，这些项目的启动运营需要庞大的资金支持。金砖国家各自拥有相对成熟的金融体系，应鼓励金砖各国金融机构共同参与产能合作项目投融资。根据企业运营阶段和资金需求，支持企业机构在境内外通过发行股票、债券等方式募集项目资金，以合作项目资产、股权等展开抵押贷款，充分发挥包括东道国资本市场在内的各层次融资渠道优势，拓宽企业境外项目融资来源。同时尤其要注重发挥国际资本市场的作用，其中既包括欧美发达国家证券市场，也包括金砖国家证券市场，开展多种形式的股权融资，为产能合作项目提供资金解决方案。除了中国之外，其他金砖各国的证券市场发展大都有近百年的历史，印度证券行业发展最早，孟买证券交易所成立于 1875 年，是亚洲最古老的证

① 张继栋：《融资支撑助力国际产能合作的对策研究》，《全球化》2017 年第 7 期。

券交易所。俄罗斯圣彼得堡于1900年出现了第一个证券交易所,以能源类股票为主。巴西圣保罗证券交易所成立于1890年,是拉美地区最早的证券交易所之一,金融类资产市值比重最大。南非约翰内斯堡证券交易所始建于1887年,是非洲最早出现也是目前最大的证券交易所。中国上海和深圳证券交易所成立至今只有三十多年,也已具有一定的国际影响力。证券市场在金砖各国金融体系和国民经济中均占有重要位置,发挥金砖各国证券市场的投融资功能,为产能合作企业提供持续性和多元化的股权及债权融资服务,有助于合作项目保持长期平稳运作,更好地分散风险和保障投资收益。

资本是企业进行生产经营活动的必要条件,是开展产业合作的基本要素,融资活动几乎贯穿项目发展的全部过程,紧随相伴的是各种开办和运营风险。海外投资保险保证制度是世界各资本输出国的通行制度,与直接融资共同保障了对外投资的开展。中国与金砖国家扩大产能合作,也需要建立必要的国家保险机制,为企业海外投资提供风险保障和补偿,减少因汇兑、征收、战乱等不确定性带来的投资损失。同时要加快与金砖各国开展产能合作抵押担保协定谈判,为企业投融资活动提供规范和便利条件。鼓励各类商业保险公司开设多种形式的保险品种,改进项目担保和融资服务,吸引多边框架下的主权财富基金和产业投资基金、银行、证券和保险等机构共同参与支持产能合作项目建设,探索打造国际性"共同出资+共享收益+共担风险"的融资和风控模式,提高企业抗风险能力,促进产业供给国、产能需求国、产能配套国的福利提升。①

中国与金砖国家开展产能合作,对于一些资金需求较大的生产建设或工程类项目,可以采取项目打包+保险支持+资本融合的多元融资模式(见图8-6),为合作项目提供直接或间接融资。与企业作为主体开展经营性融资不同,项目融资主要是针对具体项目成立项目公司,以未来项目建成后的现金

① 乔晓楠、张晓宁:《国际产能合作、金融支持与共赢的经济逻辑》,《产业经济评论》2017年第2期。

流作为信用担保进行融资活动。项目融资的关键在于融资方案设计中，如何让金融机构或出资方确认项目信用而无须严格采用资产抵押或其他担保。因此，应基于专业化和市场化原则，搭建联合项目分级评估机制，精准筛选产业项目，特别是精选未来预期能够产生稳定现金流的项目，将金融支持链条向产业高附加值环节延伸，重点支持工程建设、生产保障和技术合作共建，围绕基础设施以及产业链、供应链和技术链上的单一项目或集群项目，组建专门的项目公司，根据项目属性和评级选择信贷融资、股权融资或货物融资，采用产品支付、收益支付、资产置换或商誉减值补偿等多种方式开展资金融通活动。引入战略投资者和财务投资者，广泛拓展基金、信贷、保险、证券等融资渠道，使投资者、银行、保险机构和企业成为利益共同体，开展项目为载体、资金为纽带、效益为目标的多元合作。

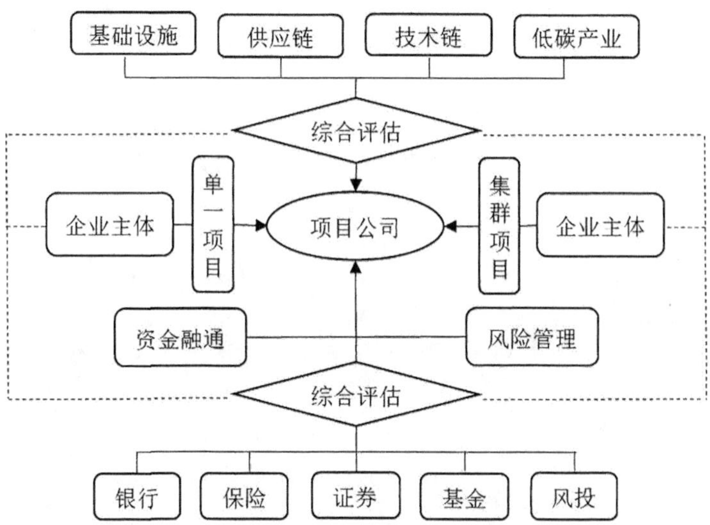

图 8-6　金砖国家项目+保险+资本多元融资模式

具体来说，围绕中国与金砖国家产能合作当中的基础设施、供应链、技术链和低碳产业四个重点领域的项目，各方参与主体共同开展多渠道专业化的综合评估、资金融通和风险管控，构建金砖国家项目、保险、资本多元融合模式。主要包括以下四种：一是基础设施项目+保险+银行+证券交互融合模式，以信贷融资与股权融资相结合方式，为金砖各国基础设施建设合作项目提供融资便利。二是供应链项目+保险+银行+证券交互融合模式，以信贷融资为主，鼓励货物融资和股权融资，给产能合作生产项目持续提供资金帮助。三是科技项目+保险+银行+证券交互融合模式，以股权融资和风险投资为主，结合信贷融资方式，立足新工业革命，推动金砖国家高新技术产业项目联合研发、生产和市场应用。四是低碳产业项目+保险+银行+证券交互融合模式，对于具有环保属性的节能、健康、绿色产品项目给予重点支持，以信贷融资与股权融资相结合，促进金砖国家低碳产业和循环经济领域合作项目发展。

第九章　中国与金砖国家产能合作的保障措施

国际形势变化和新一轮国际产业分工转移客观上给新兴工业化国家带来了诸多机遇，发展中国家日益成为全球产业转移的重要推动力量，个性化、精细化分工和现代信息数字经济为广大发展中国家企业提供了更多参与国际合作的机会。金砖国家合作已经步入新一轮“黄金十年”，稳定的机制、良好的预期，加上国际形势的助推，可以预见的是，以金砖国家为代表的新兴发展中国家之间经贸合作将会更加紧密。① 金砖国家内部之间互补性很强，具有实现国家强盛的内在动力和抱负，面对有利的内、外部条件，中国与金砖国家开展互惠共生产能合作，增强经贸互动，进一步深化合作的广度和深度，多方位拓展合作模式，自然也就有了可靠而坚实的基础。当然，从前面章节的分析可以看到，中国与金砖国家产能合作开展当中还存在不少问题，对个别国家的投资规模和领域十分有限，部分项目进展迟缓、困难重重。究其原因，其中既包括中国企业作为产能合作的重要主导力量，本身仍存在明显不足，尚未形成全面的所有权优势和内部化优势，也包括金砖各国战略选择、经济制度、标准规制具有多样性和复杂性，以及政策导向、便利化水平等投资环境约束带来的影

① 徐永利：《金砖国家深化产能合作的三大机遇》，光明网—理论频道，见 https://share.gmw.cn/theory/2019-08/12/content_33072484.htm。

响，各种不利因素垫高了企业交易成本，增大了投资风险，一定程度上制约了产能合作的顺利开展。因此，在充分抓住机遇、发挥各自优势的同时，中国企业要增强自身参与国际合作的综合实力，各国也要共同创造条件，增强区位优势，不断减少和消除各种制约因素与障碍，搭建更加稳定高效的产能合作保障支撑体系。

第一节　提升中国企业自身综合实力

经济学理论早已解释了所有权优势是企业参与国际合作的基本条件，亦即企业必须具备掌控某种财产权和无形资产的能力，主要表现为拥有专利、技术、知识产权等无形资产以及规模经济带来的生产研发成本优势。实际上企业的竞争实力包含硬实力和软实力，广义上来说，资金、生产能力、产品规模等物化形态属于硬实力，而品牌、技术、管理理念、企业文化等非物质要素属于软实力范畴。软实力与硬实力必须同步发展并相互匹配，内化为强大的所有权优势，企业才能更好地形成长久的市场生存和扩张能力。

中国制造业具有明显的整体规模优势，在全球产业分工中占据非常重要的位置，有利于开展产能输出合作。但是由于中国企业国际化起步相对较晚，海外市场渠道宽度和深度不足，高素质的国际化人才储备不够充分，企业品牌和形象缺乏国际影响力，品牌溢价能力和市场把控能力不强，与欧美日等发达国家和地区跨国公司相比尚有较大差距。此外，不少中国企业长期处于产业链中低端环节，以低成本竞争、低端制造和低附加值出口模式开展国际业务，与金砖国家开展本土化合作当中，在一些竞争性行业无法形成明显的梯度优势，产能合作的效率和效果常常受到很大影响。整体上来看，中国企业具有较强的硬实力，而软实力相对较弱，软硬实力没有同步，在生产管理、技术研发、标准规范、系统优化和品牌价值等方面与国际先进水平还有一定的距离，产能优势并未完全转化为竞争优势。因此，中国制造业应该不断提高行业整体素质，强化自身系统化建设，尤其是要加快提升软实力，将中国制造业从拥有价格优势和生产优势，逐渐向拥有创新优势和品牌优势延伸，软硬实力兼备，才能够更加有效地增强全球竞争实力，在国际产能合作中提高产能合作绩效，实现由粗放式投资到集约式投资、由规模数量型合作到质量效益型合作的格局转变。

一是树立国际品牌意识，提升自主品牌价值。品牌是现代企业生存和竞争的灵魂，也是企业产品服务信用在全球价值链地位的综合反映，在高速信息化和产品个性化的国际环境下，品牌日益成为全球企业的核心竞争焦点。从某种意义上来说，品牌影响力直接关乎企业的持续发展，品牌经营已经成为企业从初级规模型经营向高级价值型经营阶段进化的必由之路。中国企业品牌化经营长期滞后，普遍缺乏品牌影响力，这往往让中国企业在参与国际市场竞争及产业合作中处于被动地位，在业务沟通谈判中无法真正掌握话语权和主动权，难以打开市场、深耕市场并获得预期收益。因此，中国企业要注重国际品牌的树立和培育，强化品牌理念，打造品牌形象，持续做好品牌定位、品牌传播、品牌管理和品牌维护工作。保证可信赖的产品质量和服务质量，无论是中低端产品还是高端产品，都要严格做好品质控制，提高产品制造精度和稳定性，以高质量的核心、形式和延伸产品实现客户价值最大化，让世界上更多的消费者接受、认可、信任并喜爱中国品牌。

二是加大力度激励企业开展技术升级和技术创新活动。产品竞争力是企业竞争力的最直接体现，而产品竞争力是由技术竞争力所决定的，如果缺乏核心技术支撑或没有持续的技术创新，高质量产品和国际化品牌维系就很难实现，产品技术竞争力不足，企业在参与国际竞争合作中便会丧失定价权或削弱议价能力并成为弱势方。应加快完善各项创新激励政策，细化措施落实，推动企业将经济资产与科技资产紧密结合，在新技术、新材料、新工艺及新产品、新设备等方面有更多实质性突破，把中国制造转变为中国智造、中国创造，让中国产品成为创新、品质和信誉的代名词，形成技术创新、产业升级与产能合作相互促进的长效机制。要鼓励制造业企业不断加大产品技术研发和质量管理方面的投入,强化企业技术开发综合能力建设,提高生产技术和管理水平,努力实现工艺标准化、设计智能化、生产流程化和管理信息化,向国际一流生产技术标准靠拢。强调并保持产业链的完整性和先进性,通过企业广泛而密集的技术创新与整合,产业链上下游协同互动,从中低端向高端产业链拓展当中牢牢把握核心技术脉络,巩固和提升在国际生产分工中的地位,逐步构建高度技术化、品质化、实心化的全产业链格局。

三是培养高素质的产能合作从业人员,提高国际化经营管理水平。国际经验已经证明,人力资本是保持产业竞争力增长的主要动力,也是开展各种经济技术活动的先决条件。产能合作的复杂性要求企业必须拥有兼具国际视野的各类专业型和复合型人才,即需要有精通专业技术的科技人员,也要有熟悉现代企业运营制度的管理人员,还要有懂法律、会外语、善沟通的业务人员。企业要重视员工的技能培训和产能合作人员队伍的综合素质建设,完善国际合作人才的聘用、培训、考核、激励和成长机制,采取内训、外训、联训等多种方式培养人才。同时,充分发挥高等院校和职业院校在人才培养当中的主渠道作用,建立健全常态化立体培养机制,形成高标准的复合型人才教学培养体系,做好国际化人才梯队储备管理,从根本上改变产能合作人才资源结构性失衡现象。

四是积极拓展国际市场渠道。与国际知名跨国公司长期全球市场深耕相比,中国企业“走出去”的时间不长,普遍缺乏国际市场营销和服务渠道网络,产品知名度和服务便利性供给不足,非常不利于当地消费者选择和使用中国品牌产品,严重制约中国企业在东道国市场的进一步拓展。因此,构建完善便捷的本土化营销渠道和服务网络是中国制造业企业拓展国际市场的不二之选,要充分了解东道国的行业标准、市场准入条件和相关法律法规,按照细分市场及产品属性采取新建、扩建方式或优选当地已有成熟渠道的合格伙伴共建服务网络,做好渠道规划、建设、延伸及管理,逐步形成生产、销售、零部件供应、售后网络和信息反馈一体化多维营销服务体系，提供全方位的优质客户体验与客户服务，不断提高当地消费者对中国产品的好感度与依赖度。

第二节　改善产能合作互利共生环境

在国际产能合作中，共生模式的进化可以提高各种资源在市场上的配置效率，产生更多的共生能量，使产能合作关系更为稳定和高效。① 面对国际形势变化带来的诸多不确定因素，金砖国家要不断改善和优化产能合作共生环境，积极推动产能合作朝着互惠共赢的方向发展。从金砖国家营商环境来看，各国差异较大，世界银行发布的《2020 年全球营商环境报告》显示，俄罗斯排名第 28 位，中国位列第 31 位，印度、南非、巴西分别排在第 63 位、第 84 位、第 124 位，中、印、俄三国均有上升，中国同比大幅上升了 15 位，南非和巴西有不同程度的下降。金砖国家 12 个商业指标整体处于发展中国家中上水平，相比发达国家还有一定差距，仍有较大的改善空间。在投资贸易便利化方面，各国同样存在一些相同或不同的约束条件，不利于扩大贸易投资合作。因此，中国与金砖各国应进一步加强政治互信，扩大人文交流，改善投资贸易便利化水平，共同营造良好的合作氛围。

一是促进人文交流，推动民间往来，建立相应的交流互动机制，扩大教育、文化、体育、媒体、旅游、智库等领域的相互交往，提升人文交流能力，构建相互理解、相互包容、相互尊重的人文格局，为深化经贸合作创造更加扎实的社会环境。鼓励金砖国家高等院校开展多层次专业学术交流，如智库交流、学术沙龙、教师互访、学生互换。同时还要加大各国高中和初中学校交流合作力度，如开展中国和巴西中小学生足球夏令营、中国和印度中小学生历史文化夏令营、中国和俄罗斯中小学生航空航天夏令营、中国和南非中小学生认识自然夏

① 张洪、梁松：《共生理论视角下国际产能合作的模式探析与机制构建——以中哈产能合作为例》，《宏观经济研究》2015 年第 12 期。

令营以及金砖国家中小学生绿色环保、语言人文知识竞赛等主题活动,让各国更多的年轻学生增进交往,深入了解彼此国家的自然、历史和文化风貌,增强相互认知认同。再有要搭建金砖国家媒体交流合作平台,设置金砖国家观众互动栏目,根据实际条件互设语言频道、文化频道或专题频道等,鼓励金砖国家媒体加深了解,扩大交流,共享资源,为金砖各国民众提供更多及时、客观的正能量信息。此外,要鼓励各国民间团体广泛开展多种形式的文化、艺术、体育、商贸等交流,定期或不定期组织举办金砖国家艺术展、电影周、音乐节、时装秀及专项特色体育赛事等活动,形成良好的全方位民间互动新局面,让金砖国家合作更加深入民心。

二是建立健全金砖国家改善贸易投资便利化工作联络机制,探讨成立必要的双边或多边专门工作组或委员会,针对金砖国家产能合作当中存在的一些制约因素,建立问题库或负面清单,制定解决问题路径图和时间表。同时对贸易和投资便利化改善进程建立特别反馈通道,实时跟进反馈信息,对市场反映出来的一些新的问题及时整理备案并加以解决。在基础设施、贸易往来、直接投资、海关程序等不同领域,共同协商建立统一规范的分类制度安排,提高工作效率,最大限度地减少企业投资审批流程,简化通关手续,降低贸易与投资合作的时间成本,创造良好的营商环境,为开展产能合作提供便利。各国不同的限制和保护政策,对于企业开展投资合作影响很大,特别是印度,针对中国企业直接投资的行业领域及审批路径采取了一些差别化限制手段,不利于通过吸引投资促进当地就业和经济增长,需要作出更多的便利化安排。

三是基础设施建设和互联互通是产能合作的重要保障,也是改善投资贸易便利化水平的一个主要环节,考察金砖各国投资便利化指标,在基础设施方面都有一些明显的短板,其中巴西、俄罗斯、印度和南非普遍存在道路、交通、电力、通信等公共设施供给保障不足现象,对于各国自身社会经济发展和国际产能合作均为不利,应该加大这一领域的合作开发力度,尽快加以改善。目前,中国已与多个"一带一路"沿线国家签署了交通运输协定合作文件,在共商、共建、共享原则的基础上开展物流战略协作，打通港口、铁路、公路和航空交通通道，其中包括亚欧大陆桥物流通道、中蒙俄物流通道和孟中印缅物流通道等。中国与俄罗斯及印度地理位置相邻，具有开展陆上交通互联的天然优势，建设繁荣稳定的经济大通道，对于中、印、俄三国开展产能合作以及世界经济的稳定发展都具有极为重要的意义。交通运输网络的对接建设需要相关各国政府协力推进，通过政府层面的定期沟通推动机制，协调各方利益诉求，做好交通规划与标准对接，重点加快涉及通路、通关、通商的各类基础设施建设，贯通陆上物流运输通道，合理配置交通资源，使人员与货物的流动输送过程更加省时高效、便捷通畅。

第三节　建立更加紧密的产能合作对接机制

目前，金砖国家之间的经贸合作依然存在一些不确定性，贸易壁垒和保护时有发生，由传统商品贸易向相互投资转变能快速有效地减缓贸易商品的竞争性，减少贸易摩擦。[①] 从国内外长期实践来看，产业深度融合是化解贸易纠纷的最好方式之一，也是增强产业国际竞争合力的有效途径。金砖国家开展产能合作实质上就是产业不断深度融合的过程，需要相关各方共同努力，建设良好的保障体系，创造便利条件，尤其是在各个层面建立更加紧密的对接机制，降低产能合作的信息成本与时间成本，让更多的企业得以参与进来，成为国际产能高效率合作的典范。

一是建立国家层面的产能合作指导委员会对接机制，从宏观视角对金砖国家产能合作的方向进行把握、引导和调控，协调供需各方合作目标和权益诉求，扎扎实实地推动金砖国家相关标准互认衔接及各项合作文件、协议、协定的落实。作为一种新的合作方式，产能合作出现的时间较短，缺乏成熟的理论

① 张杨：《金砖国家实现贸易互利共赢发展的机理及实证研究》，上海人民出版社2019年版，第171—172页。

支撑和管理经验,其中不乏有了一些成功的实践案例,但大体上仍然处于不断探索的进程当中,迫切需要政府政策的指导支持。中国与金砖各国已经签署了一系列产能合作文件,共同推动建设新工业革命伙伴关系,形成了多层次合作机制,要进一步完善产能合作协商管理体系,建立制度落实反馈机制、投资者保护磋商和争端解决机制,形成制度化的高层次产能合作信息发布和沟通安排。以政策沟通、设施联通、贸易畅通、资金融通、民心相通“五通”作为实施产能合作的指导原则,对接各国政策规划,协商编制金砖国家总体投资框架和专项投资合作规划,联合构建项目分级管理清单,实时跟踪产能合作进度与难点,及时整合发布相关信息,为搭建行业衔接平台及开放性的“金砖+”产业合作平台疏通渠道,使中国与金砖各国产能合作更加深入有序、平稳高效。

二是建立行业层面的信息对接机制,内容主要包括金砖各国产业政策信息、市场供求信息、金融资本信息、人员劳务信息和其他投资相关资讯。在开展国际产能合作过程当中,信息不对称容易导致需求和供给双方无法及时了解掌握所需信息资源,进而出现沟通不畅、项目进展迟缓现象甚至产生误会及摩擦,直接影响合作进程和结果。因此,需要完善金砖国家国际产能合作相关数据库建设,利用云计算、大数据等先进技术,围绕资金、人力、技术、信用、市场和产业政策等环节,整合汇集关联行业的供需信息,提高信息挖掘、处理、分析和反馈的速度,为提升产能合作资源配置效率提供有力的技术支撑。行业协会在产业合作开展中具有不可替代的作用,目前金砖国家缺乏行业协会之间的专业合作,难以围绕特定产业的经贸往来和对外投资业务向企业提供全面、准确、及时的专业化服务。应推动金砖各国相关行业协会组织共同参与,成立针对具体行业的金砖国家行业合作协会,如金砖国家汽车工业合作协会、家电行业合作协会,纺织工业合作协会、能源电力行业合作协会、钢铁工业合作协会、建材工业合作协会和电子商务行业合作协会等,由各个专业合作协会整合本行业内相关资源信息,建设行业专属服务平台并相互链接,充分利用行业协会专业平台优势,为参与跨国经营的企业提供必要的政策咨询、信息检索、上下游互通、业务指导、风险预警及配套服务，协助各国企业之间开展项目接洽、考察调研和交流培训活动。

三是建立微观层面的企业对接机制，由跨国公司自主或行业协会牵头推动，组织相关企业进行针对性、系统性的信息沟通、资源互动和员工实训。国际产能合作当中，项目具体实施的主体是各类具有独立法人地位并享有相应权益的企业，建立直接而通畅的信息与沟通渠道，增进彼此了解，有助于企业之间更好地开展项目合作。因此，应充分发挥政策引导和市场机制的作用，鼓励金砖各国企业积极参与行业合作平台板块建设并充分利用平台资源，在人员、技术、服务等方面进行企业间多维度对接交流。建立合作企业互换、互派、互认、互助制度，企业人员到合作对方顶岗实习和培训，岗位资格相互承认，提高合作企业员工的上岗效率和配合能力。根据项目需要，扩大上下游及周边企业直接对接，让更多的企业有机会参与洽谈过程，形成多元协同关系。同时，对于一些大型合作项目，尽可能吸纳符合条件的当地金融、中介、法律等机构参与合作，明示各自的职责、权益和分工，发挥各个参与单元在所从事专业领域的本土优势，协调处理项目进程中遇到的各种困难障碍，共同维护并推动项目实施。

第四节　为更多中小企业创造合作条件

中小企业在促进国民经济建设、推动科技创新和增强市场活力方面有着难以取代的重要作用，随着经济全球化的不断深入发展，中小企业已经成为世界各国开展对外投资与贸易合作的一个主要力量。以网络化、数字化、智能化为代表的新工业革命创造了新的供给与需求，也给广大中小企业带来前所未有的平等参与机会。中小企业具有市场适应能力强和组织机制灵活的优势，在市场需求个性化、多样化、即时化的趋势下，可以比追求规模经济的大型企业更容易及时调整生产经营策略，参与全球产业价值链分工合作，专业生产规模小且种类多样的零部件、消费品和定制商品,填补市场空隙。

深化金砖国家产能合作,不仅需要大型跨国公司作为主导,更离不开众多中小企业的广泛参与。中国与金砖国家经贸合作已经开始出现由传统贸易为主向多元化产能合作方式转变、由基础设施建设和资源产业为主向产业链多环节多领域延伸转变、由单一大型项目为主向组团项目转变的趋势,中小企业合作具有了广阔的市场空间。金砖国家各类中小企业数量繁多,产品品类十分丰富,分别具有各自的特定优势,其中中国的中小企业竞争能力较强,在全球产业链分工中占有一定地位。鼓励支持中国与金砖各国中小企业深度参与产能合作,有利于发挥市场机制作用,合理配置资源,改善供需结构,增加更多的受益群体。

世界各国虽然对中小企业有不同的划分标准,但一个共同特征是中小企业在所属行业内都不占支配地位。相比大型跨国公司,中小型企业由于自身资金实力、技术水平、管理经验等方面较为欠缺,开展产能合作面临不少的困难。“中小企业在利益和市场的驱动下从事国际化经营,存在着很大的自发性和盲目性。”①中小企业大多以劳动密集型产品为主,产业科技含量和附加值相对较低,缺乏严格规范的经营管理体系,信息获取能力和渠道有限,适用的国际化复合型专业人才极为匮乏,面临国际合作当中复杂的法律、政策和社会环境变化,风险防范和抵御能力非常脆弱,一定程度上加大了参与合作的难度。

各国由于经济发展阶段和水平存在差异,中小企业技术水平参差不齐,对产业合作的诉求和动机也不尽相同。通常来说,中小企业参与产业链分工根本上取决于对单位成本收益的比较与权衡,如果参与后的单位成本收益高于参与前,企业会选择参与分工;反之,企业将放弃参与。因此,促进中小企业开展产能合作,必须尽可能地帮助企业降低各项财务成本费用,提高收益预期,

① 岳文霞:《中拉产能合作:中小企业参与现状、挑战与方向》,《商业观察》2017年第4期。

在信息沟通、运营管理、风险防范等方面，为中小企业提供必要的服务支持。

一是建设项目统筹促动机制。目前产能合作大多集中在基础设施和传统制造业领域的大型项目方面，规模企业参与较多，中小企业直接参与的较少，随着产能合作的持续深化，产业链不断延伸，合作项目的范围、层次和模式越来越多样化，小型企业发挥作用的机会愈发凸显。应建立中小企业产能合作项目统筹协作机制，借助行业合作平台和中小企业协会力量，引导更多的中小企业在技术服务、零部件和设备生产以及定制化商品等方面广泛参与其中，使分散的中小企业围绕业务链条结成战略合作体系，避免企业之间无序竞争，推动中小企业相对集中的纺织、食品、机械、电子等领域开展不同规模的国际产业合作。

二是建立中小企业信息联盟机制，充分利用现代互联网和通信技术发展带来的便利，发挥不同区域行业协会、商会等产业组织的作用，携手信息、通信、金融、保险等部门，设立专门的金砖国家中小企业信息对接板块，嵌入相关行业合作平台，将中小企业资源信息、供给信息和需求信息纳入其中，多平台多渠道细化合作项目，加快市场供需信息的互通互联和对接，扭转中小企业信息接收不对称、不完整的被动局面，为中小企业参与国际合作提供全方位准确及时的信息数据服务，减少企业投资选择的盲动性。鼓励并推进中小企业增强自身数字化、网络化和云端化基础能力建设，充分利用现代信息技术手段，优化研发设计和生产运营流程，依托工业互联网平台广泛开展信息资讯交流共享。

三是构建企业集群团组机制。集群企业与非集群企业相比在技术溢出、协同联动、资源互补、信用互换和风险防范等方面更加具有优势，尤其是对于势单力薄的中小企业来说，远离产业集中区而单独从事跨国经营，会面临巨大的成本和风险叠加。因此，应搭建大型企业国际投资集群或项目组团框架机制，发挥龙头企业的组织带动作用，将相互关联的中小企业纳入进去，经过专业化的评估筛选和流程确认，符合条件的各型企业进行集中经营或随动生产。

通过集群效应，引导上下游、大中小企业在零配件供应、生产加工、销售服务等环节协调联动，形成完整的生产运营配套体系，有效提高资源使用效率和产业协同能力，降低生产、运输、管理及配合成本，也有助于企业共同防范和抵御在国际投资活动中可能面临东道国政治、社会及政策变动等引发的系统性风险。

四是完善中小企业金融支持服务体系。融资是中小企业的短板，尤其是在开展国际产业合作当中，普遍面临融资渠道少、担保难、成本高等问题。应发挥金融机构资本配置、资金融通和资源撬动的作用，协调好政策性金融、开发性金融和商业性金融的关系，强化对企业境外投资提供全方位融资配套支持，为产能合作项目提供“跟进式”过程服务，满足项目前期启动阶段和后期运营过程中产生的建设生产、并购搭桥、现金管理和结算汇兑等一系列金融服务需求。充分调动专业性金融单位、中介组织、保险公司和各类担保部门的积极性，探索新型国际产能合作金融服务担保模式，共同建立金砖国家中小企业产能合作信用评级和担保体系，探索搭建金砖国家产能合作项目多边联保机制，对参与国际产能合作的中小企业进行信用评价和综合授信，提供中长期买方信贷保险和短期信用保险等业务，丰富抵押担保品种，如产权、债券、股权和项目预期收益等。不断创新融资产品和融资方式，拓宽中小企业融资渠道，支持组建金砖国家中小企业产能合作风险投资基金，吸收更多的民间资本参与，降低项目运营管理风险。此外可以采取项目打包模式，对参与合作项目的大中小企业统一提供信贷，由核心企业负责项目整体运作和资源分配，合格中小企业以“搭便车”的方式进入项目，大大节省企业参与项目建设经营的时间成本和融资成本。

第五节　主动把握新工业技术革命发展趋势

18 世纪以来，世界经历了几次大的技术变革，从过去的三次工业革命进程来看，无论是蒸汽时代、电气时代还是信息时代，均由西方发达国家主导并牢固占据了技术创新高地和产业链高附加值环节，广大发展中国家在产业分工中整体上始终处于被动和从属地位，发达经济体与发展中国家经济技术差距逐渐拉大。不同以往的是，新一轮工业革命中现代数字技术和人工智能的大量应用，极大地缩短了地理空间和时间距离，一定程度上降低了科学技术的研发、转换与应用成本，让更多国家有了机会参与其中，包括新兴经济体在内的广大发展中国家与发达经济体站在同一起跑线上。新工业革命强调转变经济发展方式，在技术、制度、组织和物质资本投入等因素的共同作用之下，提高资源利用效率，实现社会生态和谐发展，符合世界各国的共同利益，也是金砖国家提升综合国力的难得机遇。金砖国家构建新工业革命伙伴关系，需要凝聚共识，加快行动步伐，增强彼此在物联网、大数据、人工智能、生物制药等新兴产业领域的深度合作，提升各国科技创新能力，拓展新经济增长点，引领产能合作迈入更高阶段。

一是密切金砖国家技术创新合作机制，构建多元化、网络化的金砖国家创新合作平台，整合线上线下创新资源，发挥各国的才智力量，围绕新技术、新材料、新工艺成立相关的联合研究机构，鼓励各国企业、院校及科研部门联动研发与协同攻关，在教育、研究、开发和应用领域，形成多层次紧密互动关系。金砖国家拥有众多的技术开发区和创新创业孵化园区，建立良好的对接互动机制，有助于叠加产生出更多的创新机会和创新成果，应加大力度鼓励金砖各国技术创新园区、技术开发区或具备条件的创客空间之间进行广泛对接，有针对性地开展平台合作。例如，印度班加罗尔科技园与中国中关村高新技术开发区进行合作，发挥双方在软件和互联网产业中积累的人才与技术优势，通过多层次的人才交流与项目协作，形成优势互补的技术合作新路径。金砖国家庞大的创客群体是不容忽视的重要创新力量，探索共建金砖国家创客联盟，集聚各国程序员、创客和众多创新个体的智慧，分享创新理念、思维和创意，促进创新成果形成与转化。与此同时，探索“金砖+”技术合作机制建设，在与包括金砖国家在内的世界各国围绕先进技术开展多层次衔接的同时，让更多具备条件的发展中国家参与进来，利用各自局部优势，挖掘合作潜能，共同推进新工业革命发展进程。

二是金砖国家开展产能合作，并非是建立独立于全球产业链之外的封闭的结构体系，而是国际生产分工网络不可分割的一部分。随着新工业革命发展和全球价值链重塑，金砖国家不可能永远停留在产业链的低端环节，必然会不断提高技术创新能力，向产业链高端环节发展，进一步丰富和完善全球价值链。在此过程中，既离不开与现有全球产业链的交织融合，也需要金砖国家形成较为一致的产业协同理念，共同提升价值链地位。因此，金砖国家要充分把握世界分工变化趋势，在争取扩大与发达国家高端产业合作的同时，采取必要的激励措施，培育多层次产业技术合作体系，发挥各自技术人才优势，深化金砖各国之间产业链中高端协作，尤其是鼓励各国企业在信息技术、现代医药和高端装备制造业领域开展更多的产业链协力拓展，围绕基础原料、新材料、生产工艺、标准应用等环节，加大核心技术与关键零部件合作开发力度。

三是注重新技术的应用与示范合作。金砖各国新兴产业发展重点与扶持力度有所不同，但是在新能源、新材料、新技术应用当中有诸多的共同点，如清洁能源、环保材料、信息技术、现代生物等都是各国着力发展的新兴产业，存在广泛的技术开发与投资合作机会。技术应用合作本身存在标准化和市场化的多重风险，融资渠道选择难度较大，有些还会涉及知识产权保护，而一些国家对技术领域国际合作存在或多或少的限制，使跨国技术合作困难重重。因此，金砖国家应加大力度改善技术市场合作环境，减少技术领域投资限制和行业壁垒，拓宽投资渠道，在某些基础性和通用性较强的技术行业进行重点合作，力求有所突破，形成以点带面的格局。例如，探索大数据、5G、云计算和电商技术在国际产能合作项目中的应用模式，组建金砖国家专门的大数据应用技术研究合作机构与重点实验室，共同打造技术应用示范团队，培养一批熟练掌握电商技术并能够将大数据、云计算等应用于国际产能合作的复合型人才，制定统一的电商行业标准，协调支付、结算、清算和应用等共用模式场景。此外，加强低碳环保和新能源产业的技术应用合作,建立一批新技术应用示范型项目,在金砖国家合作打造更多的太阳能社区、绿色园区和低碳生态城市,这既符合未来世界科技进步的趋势,也有助于金砖国家实现可持续发展的共同目标。

第六节　发挥新型产能合作智库的智囊作用

企业在参与国际产能合作当中会面临诸多选择性问题,由于本身条件和资源制约,往往不知如何抉择、或盲目选择,从而导致合作陷入困境甚至失败。从产能合作开展的实践来看,虽然有不少中介服务机构和各类智库可以提供宏观策略、行业分析以及东道国信息,然而由于各自职能所限、专业所限、资源所限,普遍缺乏权威性和全面性。专门针对企业开展国际产能合作提供咨询的智库机构并不多,能够为企业提供科学可行的决策咨询的部门尤为少见,智库咨询供给能力和服务管理水平远远滞后于政府、社会和企业对产能合作的实际决策需求。现有智库主要由政府部门、高校和科研院所组建,有较强的科研优势和政策背景,大都缺少实体企业人员参与。传统智库有着长期的积累,强于经验分析和政策把握,但是普遍缺乏来自产业一线的经验,对产业发展动向感知不足。①

国际产能合作是一个高度复杂的综合性系统工程,多重不确定因素带来的风险挑战对合作单位决策水平和决策能力都提出了更高要求,需要多学科、跨行业的专家群体发挥决策咨询作用,将宏观与微观、理论与实践、现实与发展有机结合起来,帮助企业和有关部门进行正确抉择。从一些国际知名智库的成功法则来看,大都体现出定位准确、特色鲜明、专业独立、全球视野的共性特征,同时高端研究人才及多途径国际合作必不可少。因此,有必要借鉴国际

① 贺德方、周华东:《关于科技企业智库建设的思考与建议》,《智库理论与实践》2019 年第 3 期。

经验,建设高水平的新型智库,为开展金砖国家产能合作提供智力支持。

一是建立以市场为导向的新型产能合作智库。智库的主要职能通常包括基础性研究、应用性研究和对策性研究。新型产能合作智库从研究属性上来说,是一个应用对策型研究机构,需要根据市场供需动态变化提出有使用价值的解决方案。也就是说,新型产能合作智库不仅要为国家和社会提供必要的决策咨询,也要为企业开展国际经贸合作提供可靠的智力支撑。因此,新型智库必须跳出单纯政策导向或学术导向框架,职能定位应倾向于问题导向和专业导向,围绕中国企业参与国际产能合作的真实境况,针对一些突出的矛盾困惑和问题难点进行系统的凝练研究,及时提供建言献策、信息反馈、科学诊断和分析预测等服务,在组织结构和业务开展方面形成目标清晰、分工明确、决策专业的特色。

建设新型智库,可以由基础条件好、学科能力强的高等院校牵头组织,着重支持三类高校组建产能合作智库。第一类是一些涉及产能合作重点行业的高校,例如钢铁、建材、能源、交通、电力、汽车等行业相关专业实力较强的高等院校,依托专门人才和专业视野,组建行业特征明显的专业咨询平台,为相关行业企业提供智库服务;第二类是处于对外开展产能合作有利地理位置的高校,如新疆、黑龙江、四川、云南等省份的骨干大学,利用天然的地域文化优势,打造面向周边地区的国际合作研究智囊,为地方企业和区域经济发展提供智力帮助;第三类是部分学术地位显赫、综合实力雄厚的一流重点高校,结合学界声望,建立具有世界影响力的产能合作高端智库,围绕不同国别进行交叉学科研究,为中国企业和相关部门提供高层次的资政建言。

新型智库成员单位除了牵头高校之外,应纳入企业、金融机构、中介组织、行业协会和政府相关部门。人员结构上,选择经济学家、科学家、企业家和管理精英等各个相关领域的专家共同参与,既包括高校和科研院所的教授学者,也包括银行、保险、证券、风投、财政、法律、外事等部门和相关行业管理机构的专业人士,还包括企业一线的工程师、经济师、会计师、职业经理和国际经贸合作经验丰富的其他业内人员，将熟悉政策、精通业务、富于实践的多方面专家集合起来，更准确地把握国际产业前沿脉络和产能合作发展动态。

新型智库要坚持市场导向，紧密围绕国际产能合作当中存在的一系列现实与潜在问题，开展深入细致的调研，注重数据采集的真实准确、研究方法的严谨可靠，通过专业化手段来切实提升咨询研究能力和服务效率，提供既有宏观策略意义也有微观指导价值，具有较高实用性、专业性、科学性和前瞻性的咨询成果和建言服务，确保智库成果与决策需求有效接轨。

二是加强新型智库的国际合作。产能合作涉及国际间经贸往来，各国的国情、政策和基础条件差异很大，市场供需变化频繁，需要各方畅通渠道，及时传递交换信息，其中智库间交往尤为重要。应促进金砖国家新型智库对接，包括智库与智库、智库与政府、智库与企业、智库与民间，鼓励更多来自不同国家的智库紧密协作，为产能合作保驾护航。智库对接合作途径主要有会议论坛、人员交流、学术出版和机制建设四个方面。

首先，在金砖各国指定城市定期轮流举办开放型金砖国家产能合作高端智库论坛，不定期举办多种层次的专题型金砖国家智库产能合作会议，邀请世界范围的资深专家学者广泛参与，让各国相关专业人士有机会开展直接对话和研讨，增进信息沟通与经验分享，共同发现问题、提出问题、分析问题和解决问题。

其次，除了加强中国与其他金砖各国智库之间的会议交流之外，鼓励新型智库团队人员互派互访，让中国智库"走出去"，也要让其他金砖国家的智库"走进来"，促进智库人员交往互动，同时针对产能合作的具体项目进程，开展广泛而细致的实地调研考察，提高新型智库决策咨询适用性水平。

再次，由于金砖各国的智库对本国当地情况更为熟知，应鼓励金砖各国智库聚焦产能合作中的关键难点和重要议题进行双边或多边学术合作，开展有针对性的研究和评估，联合撰写年度报告、统计综述或学术论著，例如共同编写《金砖国家产能合作报告》《金砖国家市场调研报告》《金砖国家行业供求分析报告》《金砖国家投资指南》及《金砖国家经济展望》等，研究成果由各个参与国家的智库联合发布出版并共享。

最后，要尽快完善金砖国家智库交流合作机制，确定相应的行动工作方案，建设金砖国家智库合作联盟，打造多语种自动切换的金砖国家智库合作网络平台，便于各国智库人员通过网站及时查阅交流信息、上传最新智库报告和研究成果，相关部门和企业也可以随时查询或在线提出专题咨询申请。

相对而言，规范、专业、权威的智库大都具有较高的影响力和一定的公信力，更容易被社会公众所接受。金砖国家新型智库间多维而密切的往来协作，既有利于发挥各国智力对产能合作的支撑作用，以高水平的智库成果提升产能合作经济效率，也有助于更加理性客观地引导各国舆论，进一步增信释疑，产生积极的社会影响，推动金砖国家经贸合作稳步迈入更高阶段。

结语与展望

全球治理结构正在发生深刻变化，贸易保护主义、产业链重构、世界贸易组织改革与新技术革命等多维交织，广大发展中国家面临更为复杂的外部环境。经过历次国际产业转移，一些发达国家将中低端产业链转至梯度层次较低的发展中国家，只保留下高端产业以及高附加值环节，已经不再具备向外进行大规模产业转移的能力和条件。近年来，贸易保护主义和“逆全球化”开始抬头，部分发达国家采取增加关税、技术管制和投资限制等手段，强化工业再造和对全球产业链控制，吸引国际资本及生产要素回流，对全球贸易和投资活动产生深刻影响。完全依赖发达国家技术与资金的产业转移模式已经难以为继。21 世纪以来，以金砖国家为代表的新兴发展中国家快速崛起，并逐渐积累了必要的技术、资金和管理能力，形成一次转出国与转入国均以发展中国家为主的产能合作浪潮，改变了以往国际产业转移均由发达国家主导的格局，新兴工业化国家和发展中国家日益成为全球产业转移的重要推动力量。

技术创新是微观效率提升和规模报酬递增的主要原因，也是驱动产业链分工及产能合作的内生动力。世界已经进入数字化时代，信息处理、大数据和人工智能的叠加运用，使供需信息对接匹配更为精准，有效降低企业外部成本，提高市场交易效率，国际产业分工也由此更加扁平化、精细化和多样化，广大发展中国家有了更多参与机会，根据各自特长，专注优势业务，共享产业链协作商机。

新工业革命更加倚重合作、互惠和共赢。金砖国家处于全球产业链的重要节点位置,经济增长的内部动能依然强劲,特殊的人口红利和巨大的市场潜力,为参与新工业革命伙伴建设,加快自身转型发展,提供了充分的保障。中国供给侧结构性改革不断深入,产能过剩与结构性矛盾已经得到缓解,传统产业经营效益有所改善,新技术、新业态、新模式持续涌现,互联网、大数据、人工智能、新型能源以及电子商务等开始逐渐成为新的主导产业,对进一步开展产能合作提供了更为有力的支撑。与此同时,其他金砖各国也推出了各自的中长期发展规划,普遍加快了基础设施建设和制造业的升级步伐,表现出通过加强国际合作实现经济发展与社会进步的共同意愿。

不同于传统国际产业转移,中国与金砖国家产能合作是一种互惠性、包容性的能力共建,基于分享与合作,从宏观上改善国家可持续发展能力,中观上优化行业供给结构,微观上提高企业市场竞争实力。

金砖国家均为资源供给大国,在资源禀赋和经济结构方面互补性很强,产能合作基础条件扎实。各国对外开放程度与经营环境总体上持续改善,对于外商投资有不同的准入条件和限制,但大都持鼓励和开放态度。金砖各国经济增长水平、产业结构、人口与劳动力素质存在明显差异,围绕基础建设和制造业升级先后推出并开始实施一系列计划措施,其中蕴含诸多投资合作机会。

中国与其他金砖国家产能合作开展以来已经取得了长足的进步,贸易额持续大幅度增长,成为彼此重要的贸易伙伴,投资规模和范围也在不断扩大,工程承包领域内综合型大项目不断增多。国别投资体现出不同的特征,投资潜力仍有待挖掘。作为典型案例,中国与其他金砖国家在汽车产业合作当中面临不少约束和风险,中国汽车企业在技术、品牌和网络服务等方面均亟待提升,这也为其他行业开展国际产能合作提供了启示。

金砖国家在产业竞争力、互补性及分工地位方面有各自的特点,中国与其他金砖国家在出口产品和细分行业具有互补性,中国在创新竞争力、研发支出与投入强度、专利申请量、跨国公司全球地位和品牌价值排名上占有显著优势，在中高技术行业全球价值链分工地位的优势逐渐增强。总体上中国在产业高度、技术创新和生产规模上具有相对优势，与各国互补性较强，产能合作潜力巨大。

中国与其他金砖国家投资环境和便利化水平不尽相同，存在多重影响因素，主要体现在基础设施条件和制度环境的约束较为明显，需要不断加以改善。

中国与其他金砖国家产能合作类型、路径和领域应根据各国产业承接能力和区位优势采取差异化选择，注重提高合作效率。出口贸易商品合理组合，强化重点领域投资合作，尤其要根据现代信息技术发展趋势，加快向电商物流领域拓展。

中国与金砖国家产能合作需要借鉴传统产业转移理论和实践经验，在巩固现有成功模式的基础上，不断拓展创新。在新技术合作方面，拓展专项开源、定向孵化合作模式；在产业链合作方面，拓展金砖制造+产业链、供应链、技术链三种产业互利共生合作模式；在人力资本合作方面，拓展通用型互设模式、专业型互换模式和项目制互动模式；在金融合作方面，围绕基础设施、供应链、科技和低碳产业，拓展项目+保险+银行+证券多元交互融合模式。

为了保障产能合作顺利实施，金砖国家要主动把握新工业技术革命发展趋势，发挥新型产能合作智库的作用，改善互利共生环境，建立更加紧密的合作对接机制，为更多中小企业创造合作条件，特别是中国企业要加快自身综合实力提升。

不容忽视的是，金砖国家面临严峻的外部和内部压力，国际政治经济格局持续动荡，各国内部经济增长出现不稳定性和分化态势，战略诉求平衡难度加大，个别国家政治信任基础摇摆难料，都给金砖国家经贸合作带来了不同程度的干扰和挑战。但是从长远和大局来看，一些阶段性扰动不会根本改变合作的主流趋势，金砖国家在资源、劳动力和市场等方面的潜能和优势并没有改变,追求自身进步的强烈愿望并没有改变,加强经贸合作促进互利共赢的预期并没有改变。作为新兴发展中国家的代表,金砖国家长期发展及产能合作前景依然看好。

未来金砖国家产能合作将会呈现更多的新动态,主要表现为以下几个方面:一是机制常态化。经过十几年合作发展,金砖国家已经形成从政府到行业和民间的多层次交流沟通机制,新工业伙伴关系的建立将会使得经济联系机制更为紧密,逐渐形成制度化和常态化,经贸往来和企业对接渠道更为通畅。二是产业差异化。各国需求既有相同点,也有不同点,基础设施合作发展到相对稳定阶段,工业制造业合作将进入更广泛的领域,会出现更多的个性化和差异化的产品合作项目,产业合作的结果也会继续出现分化。三是价值高端化。伴随金砖各国产业升级,金砖国家围绕产业链的合作将逐渐从中低端环节向中高端覆盖,技术密集型产业合作更具潜力。四是主体多元化。除了大品牌的跨国公司仍然主导产能合作之外,更多的中小企业将参与到产能合作当中来,提供精细化和个性化的服务。五是运营本土化。与东道国当地各种资源充分融合,是产能合作长期顺利开展的必然趋势,在越来越多的制造业产能合作当中会表现得尤为明显。六是模式创新化。新形势、新技术、新业态的出现会对产能合作提出新的要求,产能合作路径、模式会随着合作的持续深入而涌现更多的创新。

伴随诸多新变化和新特征,国际产能合作的理论内涵、合作机理、动力机制、路径模式、政策保障等都需要进一步诠释和拓展,此外金砖国家如何减少经济互动约束、区域经济合作与全球化分工协调、新兴经济体与发达国家产业共生等相关议题也有待深入讨论,还要进行更加细致的学术研究。本书书稿收笔之际,新冠肺炎疫情暴发并蔓延全球,对国际生产分工和全球产业链都带来了较大影响和冲击,其强度和持续时间还存在不确定性,后疫情时期的产业链分工以及区域经济合作模式是否会发生一些变化或调整,需要及时关注。

新的优势正在酝酿,新的动能正在积聚,金砖国家面对复杂多变的世界格局，应该以更大的勇气和开放心态，排除外部干扰，增加政治互信，加大内部改革力度，不断完善投资环境，释放更多活力，发挥各自比较优势，进一步细化分工协作，挖掘更多的利益共同点和经济合作点，提高能力共建水平及合作深度，协力推动金砖国家新工业革命伙伴关系和产能合作进入更高层次，为世界经济的繁荣稳定发挥应有的作用。

参考文献

1. [英]奥尼尔:《高盛眼中的世界》,机械工业出版社 2012 年版。

2. Д.А.伊扎托夫、臧颖、D.A.Izatov 等:《俄罗斯远东与中国近 30 年经济合作探究与瞻望》,《黑河学院学报》2015 年第 6 期。

3. 白洁、商海岩:《金砖国家产业互补性与中国产业结构升级研究》,《经济问题探索》2012 年第 7 期。

4. 白永秀、王泽润、王颂吉:《丝绸之路经济带工业产能合作研究》,《经济纵横》2015 年第 11 期。

5. 鲍洋:《“金砖国家”引进 FDI 的经济增长效应比较研究》,《国际商务(对外经济贸易大学学报)》2013 年第 2 期。

6. 蔡春林:《金砖四国经贸合作机制研究》,中国财政经济出版社 2009 年版。

7. 蔡春林:《刘美香金砖国家贸易投资合作现状和机制创新方向》,《亚太经济》2017 年第 3 期。

8. 常冉、杨来科:《全球价值链下金砖国家制造业出口结构分解及竞争力测算》,《重庆交通大学学报(社会科学版)》2018 年第 6 期。

9. 常亚青、宋来:《中国工业在“金砖四国”与“展望五国”中的地位研究》,《亚太经济》2008 年第 6 期。

10. 陈利君、杨凯:《“一带一路”背景下的中印产能合作》,《学术探索》2016 年第 10 期。

11. 谌华侨:《“一带一路”倡议下的中巴合作基金对接作用研究》,《徐州工程学院学报(社会科学版)》2018 年第 3 期。

12. 程极明:《五大国经济与社会发展比较研究》,经济科学出版社 2006 年版。

13. 程伟、殷红:《俄罗斯产业结构演变研究》,《俄罗斯东欧中亚研究》2009 年第 1 期。

14. 崔宇明、李玫、赵亚辉:《金砖国家贸易竞争与互补性研究——基于指数模型的比较分析》,《山东社会科学》2015 年第 4 期。

15. 董虹蔚、孔庆峰:《区域价值链视角下的金砖国家合作机制研究》,《国际经贸探索》2018 年第 10 期。

16. 樊勇明:《金砖国家合作与亚洲多元发展》,《复旦学报(社会科学版)》2013 年第 6 期。

17. 范黎波、施屹舟、郑伟:《加强对金砖国家直接投资:中国实施"走出去"战略的重要支撑》,《全球化》2013 年第 1 期。

18. 冯帆、邓娟:《中国与金砖国家的贸易关系及其特点》,《学海》2011 年第 3 期。

19. 扶涛、张梅荷:《"金砖四国"经济增长源泉比较研究》,《经济问题探索》2010 年第 4 期。

20. 福建社科院"金砖国家研究"课题组:《"一带一路"倡议与金砖国家自由贸易区建设研究》,《福建论坛(人文社会科学版)》2017 年第 10 期。

21. 耿晔强:《中国与金砖国家双边贸易的动态增长研究》,《经济问题》2015 年第 11 期。

22. 龚秀国、谢向伟:《中国企业对印度直接投资的决定因素研究》,《商业研究》2018 年第 5 期。

23. 谷永芬、温耀庆:《中国与俄罗斯和印度经贸合作研究》,经济管理出版社 2016 年版。

24. 郭晓琼:《中俄经贸合作新进展及未来发展趋势》,《俄罗斯学刊》2016 年第 3 期。

25. 韩宏:《金砖国家框架下中国与俄罗斯经贸合作模式与对策》,《改革与战略》2017 年第 12 期。

26. 郝宇彪、田春生:《中俄能源合作:进展、动因及影响》,《东北亚坛》2014 年第 5 期。

27. 黄薇:《金砖国家合作:基础、动力与进展》,《国际经贸探索》2014 年第 12 期。

28. 黄玉沛:《中国—南非产能合作的行业分布和经验》,《中国投资》2017 年第 8 期。

29. 贾少学:《"一带一路"倡议背景下的俄罗斯能源投资制度分析》,《法学杂志》2016 年第 1 期。

30. 姜振军:《中俄共同建设"一带一路"与双边经贸合作研究》,《俄罗斯东欧中亚研究》2015 年第 4 期。

31. 蒋昭乙:《金砖国家在全球价值链分工体系中的依赖关系》,《现代经济探讨》2018 年第 1 期。

32. 金陈飞、池仁勇、陈衍泰、董睿:《"一带一路"倡议下的中欧非国际产能合作研究——比较优势和合作潜力》,《亚太经济》2018 年第 2 期。

33. 李稻葵、徐翔:《全球治理视野的金砖国家合作机制》,《改革》2015 年第 10 期。

34. 李继宏:《中国与金砖国家双向投资的特征及问题分析》,《对外经贸实务》2015 年第 4 期。

35. 李平、江飞涛、王宏伟等:《中国的经济结构调整与化解过剩产能》,经济管理出版社 2016 年版。

36. 李天国:《逆全球化:金砖国家经济风险与应对策略》,《国际经济合作》2017 年第 8 期。

37. 李天国:《逆全球化:金砖国家经济风险与应对策略》,《国际经济合作》2017 年第 8 期。

38. 李晓玉:《"一带一路"倡议中的国际产能合作发展及深化策略》,《经济研究参考》2016 年第 67 期。

39. 李杨、黄宁:《金砖国家投资合作机制的发展与对策》,《河北学刊》2016 年第 5 期。

40. 连俊:《中拉产能合作开启"3×3"新模式》,《经济日报》2015 年 5 月 28 日。

41. 林伯强:《金砖国家新能源合作需要打破壁垒》,《中国能源报》2017 年 9 月 11 日。

42. 林伯强:《中国与印度能源合作前景广阔》,《中国社会科学报》2017 年 12 月 12 日。

43. 林跃勤:《新兴大国新兴产业发展与合作研究——基于金砖国家的一个比较分析》,《社会科学研究》2012 年第 5 期。

44. 林跃勤:《新兴经济体经济增长方式评价——基于金砖国家的分析》,《经济社会体制比较》2011 年第 5 期。

45. 刘瑞、高峰:《"一带一路"的区位路径选择与化解传统产业产能过剩》,《社会科学研究》2016 年第 1 期。

46. 刘似臣、张诗琪:《金砖国家装备制造业出口增加值比较研究》,《统计研究》2018 年第 1 期。

47. 刘祥和、曹瑜强:《“金砖四国”分工地位的测度研究——基于行业上游度的视角》,《国际经贸探索》2014 年第 6 期。

48. 刘勇、黄子恒、杜帅:《国际产能合作:规律、趋势与政策》,《上海经济研究》2018 年第 2 期。

49. 刘志中:《“一带一路”下中俄双边贸易的竞争性、互补性及发展潜力》,《经济问题探索》2017 年第 7 期。

50. 芦思姮:《生产要素配置视角下拉丁美洲的结构性发展困境——兼论中拉产能合作的对策建议战》,《战略决策研究》2018 年第 1 期。

51. 陆佳琦:《金砖国家产业结构优化与升级合作》,《东北财经大学学报》2018 年第 5 期。

52. 吕宏芬、俞涔:《中国与巴西双边贸易的竞争性与互补性研究》,《国际贸易问题》2012 年第 2 期。

53. 马海燕、刘林青:《“金砖五国”竞争力演化及升级路径选择——产品空间视角》,《经济管理》2017 年第 11 期。

54. 马莉莉:《金砖国家合作机制发展基础与选择》,《国际问题研究》2012 年第 6 期。

55. 梅冠群:《金砖国家投资贸易机制研究》,《国际经济合作》2017 年第 11 期。

56. 牛海彬:《中国巴西关系与金砖国家合作》,《拉丁美洲研究》2014 年第 3 期。

57. 欧阳峣:《新兴大国的增长与转型:“金砖国家”经济研究》,上海人民出版社 2015 年版。

58. 潘家华:《转型发展推动金砖国家环境合作》,《拉丁美洲研究》2017 年第 4 期。

59. 彭蕙、亢升:《“一带一路”建设与中印制造业共赢合作》,《宏观经济研究》2017 年第 7 期。

60. 秦艳、蒋海勇:《推动中国与东盟“全产业链”式产能合作的财税政策研究》,《经济研究参考》2017 年第 17 期。

61. 曲凤杰:《从群马模式中突围,构筑新雁群模式——通过国际产能合作建立中国主导的区域产业分工体系》,《国际贸易》2017 年第 2 期。

62. 曲文轶:《俄罗斯经济增长与资源禀赋及产业结构》,《经济研究参考》2007 年第 7 期。

63. 任佳:《印度产业结构调整机制与产业结构变动》,《南亚研究》2009 年第 3 期。

64. 桑百川、郑伟、谭辉:《金砖国家服务贸易发展比较研究》,《经济学家》2014 年第 3 期。

65. 桑百川、郑伟、徐紫光：《破解中国与其他金砖国家贸易摩擦难题》，《国际贸易》2012 年第 4 期。

66. 沈开艳：《权衡经济发展方式比较研究——中国与印度经济发展比较》，上海社会科学院出版社 2008 年版。

67. 汤碧：《中国与金砖国家农产品贸易：比较优势与合作潜力》，《农业经济问题》2012 年第 10 期。

68. 陶明、邓竞魁：《新兴市场服务贸易比较研究——以"金砖四国"为研究对象》，《国际商务（对外经济贸易大学学报）》2010 年第 2 期。

69. 田丰：《金砖国家经济增长、结构转型与产能合作》，《拉丁美洲研究》2017 年第 4 期。

70. 田慧芳：《金砖国家可持续发展合作的优先领域与政策选择战》，《国际经济合作》2017 年第 8 期。

71. 田泽、刘彩云、张雨辰：《中国与南非双边贸易的竞争性与互补性研究》，《开发研究》2014 年第 4 期。

72. 佟继英：《中国与南非贸易增长因素研究——基于市场需求、市场结构、竞争力的分析》，《商业研究》2017 年第 3 期。

73. 屠新泉、娄承蓉：《逆全球化背景下金砖国家加强投资合作的价值及实现路径》，《东南学术》2017 年第 4 期。

74. 万军：《中拉产能合作的动因、进展与挑战》，《拉丁美洲研究》2016 年第 4 期。

75. 万军：《中拉产能合作与拉美通信基础设施建设》，《拉丁美洲研究》2017 年第 3 期。

76. 汪巍：《金砖国家以经济合作促进共同发展》，《金融经济》2012 年第 7 期。

77. 王飞：《中国制造业出口与拉美国家的合作：机遇与挑战》，《西南科技大学学报（哲学社会科学版）》2016 年第 4 期。

78. 王秋红、侯雯雯：《中国与其他金砖国家的贸易潜力研究》，《开发研究》2015 年第 6 期。

79. 王文、刘英：《金砖国家新全球化的发动机》，新世界出版社 2017 年版。

80. 王永中：《金砖国家经济利益的交汇与分歧》，《亚非纵横》2011 年第 3 期。

81. 王玉华、赵平：《"金砖国家"合作机制的特点、问题及我国的对策》，《当代经济管理》2011 年第 11 期。

82. 文富德：《中印经济关系中的问题、原因与对策》，《南亚研究季刊》2015 年第 3 期。

83. 武敬云:《中国与南非的经贸关系及发展前景——基于贸易互补性和竞争性的实证分析》,《国际经济合作》201 年第 10 期。

84. 武文卿:《中拉产能合作:互利双赢》,《产经纵览》2015 年第 5 期。

85. 武俞辰、赵景峰:《中国与金砖国家服务贸易互补性与竞争性分析》,《广东社会科学》2017 年第 6 期。

86. 夏先良:《构筑"一带一路"国际产能合作体制机制与政策体系》,《国际贸易》2015 年第 11 期。

87. 谢文泽:《拉美地区产业结构的国际比较》,《拉丁美洲研究》2008 年第 3 期。

88. 谢向伟、龚秀国:《"一带一路"背景下中国与印度产能合作探析》,《南亚研究》2018 年第 4 期。

89. 熊勇清、苏燕妮:《国际产能合作实施的战略价值及模拟分析——基于"两种资源、两个市场"统筹利用视角》,《软科学》2017 年第 5 期。

90. 徐坡岭、那振芳:《贸易潜力与中俄经贸合作的天花板及成长空间问题》,《上海大学学报(社会科学版)》2018 年第 4 期。

91. 徐秀军:《逆全球化挑战下金砖国家经济合作的增长点》,《亚太经济》2017 年第 3 期。

92. 徐秀军:《中国与其他金砖国家经贸合作回顾与展望》,《海外投资与出口信贷》2018 年第 1 期。

93. 许小苍:《中印俄巴产业结构转型的特点及比较》,《生产力研究》2008 年第 8 期。

94. 宣国江:《中国与巴西的贸易互补性分析》,《北方经贸》2009 年第 10 期。

95. 杨杰:《中国与其他金砖国家 GVC 分工特征及贸易互补性研究》,《当代经济管理》2019 年第 3 期。

96. 杨洁勉:《金砖国家合作的宗旨、精神和机制建设》,《当代世界》2011 年第 5 期。

97. 杨荣珍:《中印服务贸易竞争力比较》,《产经评论》2006 年第 12 期。

98. 杨涛、胡仁杰:《"一带一路"背景下中国与南非产能合作研究》,《广东外语外贸大学学报》2017 年第 3 期。

99. 杨文兰:《中俄两国产能合作现状与未来的战略布局》,《内蒙古财经大学学报》2017 年第 5 期。

100. 杨文武、邹毅:《印度经济增长模式研究》,《南亚研究季刊》2011 年第 3 期。

101. 杨枝煌:《金砖经贸机制的六大创新方向》,《中国对外贸易》2017 年第 8 期。

102. 杨枝煌:《中俄经贸深度合作的颠覆性创新研究》,《中国市场》2017 年第 8 期。

103. 姚海棠、方晓丽:《金砖五国服务部门竞争力及影响因素实证分析遇与挑战》,《国际贸易问题》2013 年第 2 期。

104. 姚淑梅:《金砖国家经济形势及我国与之合作前景》,《中国经贸导刊》2013 年第 9 期。

105. 叶会华:《浅谈钢铁国际产能合作模式和路径》,《冶金管理》2019 年第 4 期。

106. 于璐瑶、冯宗宪:《金砖国家贸易壁垒和争端解决方案》,《东南学术》2017 年第 4 期。

107. 袁丽梅、朱谷生:《我国开展国际产能合作的动力因素及策略》,《企业经济》2016 年第 5 期。

108. 张彬:《基于价值链视角的中印经贸合作与中国产业升级探析》,《商业研究》2018 年第 6 期。

109. 张桂梅、赵忠秀:《金砖四国在全球价值链中的参与模式和经济利益的比较分析》,《国际经贸探索》2015 年第 7 期。

110. 张洪、梁松:《共生理论视角下国际产能合作的模式探析与机制构建——以中哈产能合作为例》,《宏观经济研究》2015 年第 12 期。

111. 张述存:《境外资源开发与国际产能合作转型升级研究——基于全球产业链的视角》,《山东社会科学》2016 年第 7 期。

112. 张述存:《境外资源开发与国际产能合作转型升级研究——基于全球产业链的视角战》,《山东社会科学》2016 年第 7 期。

113. 张晓涛、王淳:《"一带一路"倡议下投资俄罗斯的产业选择与前景》,《海外投资与出口信贷》2017 年第 1 期。

114. 张晓涛、王淳:《以自贸区为发展方向的金砖国家经贸合作——基于相互贸易关系视角的分析》,《宏观经济研究》2017 年第 4 期。

115. 张旭、段文奇:《当前形势下中国与南非投资合作路径探析》,《海外投资与出口信贷》2017 年第 4 期。

116. 张勇:《拉美价值链和生产一体化的发展与中拉产能合作》,《国际经济合作》2016 年第 11 期。

117. 张雨微、吴航、刘航:《中国对外产能合作不存在"污染避难所"效应——理论与现实依据》,《现代经济探讨》2016 年第 4 期。

118. 张哲:《基于国际贸易理论分析中国与南非贸易互得》,《生产力研究》2011 年第3期。

119. 张志明、熊豪、陈茜茜:《全球价值链合作模式演进及其影响因素研究——基于中国与金砖国家的经验证据》,《产业经济研究》2019年第3期。

120. 赵德宇、刘苏文:《国际产能合作风险防控问题研究》,《国际经济合作》2016年第3期。

121. 赵福昌:《金砖国家经济发展特点与优势》,《中国金融》2011年第5期。

122. 赵捷:《金砖国家合作机制下中国与巴西农产品贸易发展研究——基于贸易特征及趋势、互补性和增长潜力的实证分析》,《世界农业》2017年第4期。

123. 赵玲玲:《2016年供给侧改革 国企面临什么关口?》,《中国企业报》2015年12月29日。

124. 赵鸣文:《浅析金砖国家合作前景》,《和平与发展》2011年第5期。

125. 赵息、褚洪辉、陈妍庆:《"一带一路"视角下金砖五国贸易竞合关系研究及启示》,《经济体制改革》2018年第4期。

126. 中国国际经济交流中心编:《中国经济分析与展望(2015—2016)》,社会科学文献出版社2016年版。

127. 周民良:《"一带一路"跨国产能合作既要注重又要慎重》,《中国发展观察》2015年第12期。

128. 周延丽、韩艳丽:《辽宁参与中俄产能合作的思路与建议》,《对外经贸》2017年第10期。

129. 朱孟楠、侯哲:《金砖国家应急储备管理与潜在福利改进——基于部分风险分散和完全风险分散下的研究》,《厦门大学学报(哲学社会科学版)》2014年第1期。

130. 朱文忠、张燕芳:《中拉产能合作的机遇、挑战与对策建议》,《国际经贸探索》2018年第4期。

131. 祝树金、陈艳、谢锐:《"龙象之争"与"龙象共舞"——基于出口技术结构的中印贸易关系分析》,《统计研究》2009年第4期。

132. 邹蕴涵:《我国产能过剩现状及去产能政策建议》,《发展研究》2016年第7期。

133. Asongu S.A., Akpan U.S., sihak S.R."Determinants of Foreign Direct Investment in Fast-Growing Economies: Evidence from the BRICS and MINT Countries", *Financial Innovation*, Vol.4, No.1, 2018.

134. Dan P., "The Determinants of Foreign Direct Investments Flows in BRICS", *Revistaeconomica*, Vol.69, No.2, 2017.

135. Enderwick, Peter, "Large Emerging Markets(Lems) and International Strategy", *International Marketing Review*, Vol.26, No.1, 2009.

136. Floyd D., "Assessing the Potential of New Emerging Markets. Should the BRICS and Western Markets be the Sole Focus for Business Opportunities?", *Business Strategy*, Vol. 13, No.6, 2012.

137. Garavan T. N., Ardichvili A., Zavyalova E., et al, "Human Capital Development: Comparative Analysis of BRICS", *European Journal of Training and Development*, Vol.36, No. 2/3, 2012.

138. Goldstein A., Pusterla F., "Emerging Economies' Multinationals", *International Journal of Emerging Markets*, Vol.5, No.3/4, 2010.

139. Heinz D.B., Tomenendal M., "The Emerging Market Hype-Putting Market Size and Growth in BRIC Countries into Perspective", *Critical Perspectives on International Business*, Vol.8, No.3, 2012.

140. Heyder M., Theuvsen L., "Strategies and Challenges of Internationalisation in BRIC-Countries: Empirical Results from the German Agribusiness", *Prospects for Trade and Growth*, 23-24 June 2011.

141. Holtbr ÜGge D., Kreppel H., "Determinants of Outward Foreign Direct Investment from BRIC Countries: An Explorative Study", *International Journal of Emerging Markets*, Vol. 7, No.1, 2012.

142. Iapadre P.L., Tajoli L., "Emerging Countries and Trade Regionalization", *Journal of Policy Modeling*, Vol.36, No.1, 2014.

143. Javeria Maryam, Umerjeelaniebanday, Ashok Mittal, "Trade Intensity and Revealed Comparative Advantage: an Analysis of Intra-BRICS Trade", *International Journal of Emerging Markets*, Vol.13, No.5, 2018.

144. Kahn M., "The Rise of the BRICS and Resource Nationalism: Challenge and Opportunity for Africa's Innovation Systems", *African Journal of Science Technology Innovation & Development*, Vol.6, No.5, 2014.

145. LABES, Sebastian-Andrei, "FDI Determinants in BRICS", Ces Working Papers, Vol.7, No.2, 2015.

146. Mlachila M., Takebe M., "FDI from BRICS To Lics; Emerging Growth Driver?", IMF Working Papers, Vol.11, No.178, 2011.

147. Poorsafarh, "Bricing Down? A New Normal for the BRICS", *International Affairs*

Forum, Vol.4, No.1, 2013.

148. Rehman M.U., *Foreign Direct Investment of BRICS Countries*, LAP LAMBERT Academic Publishing, 2017.

149. Sachin Kumar Sharma, Murali Kallummal, " A GTAP Analysis of the Proposed BRICS Free Tradeagreement" Geneva, Switzerland, June 27–29, 2012.

150. Sahins, "Foreign Direct Investment, International Trade and Financial Development in BRICS-Tcountries: A Bootstrap Panel Causality Analysis", *Business & Economics Research Journal*, Vol.9, No.2, 2018.

151. Viviers W., Clus-Rossouw D.L., Loots E. "Is There a Link Between BRIC Foreign Direct Investment and SADC Export Performance?", *Development Southern Africa*, Vol.32, No.6, 2015.

152. Wilson, Jeffreyd, " Resource Powers? Minerals, Energy and the Rise of the BRICS", *Third World Quarterly* Vol.36, No.2, 2015.

责任编辑：江小夏
封面设计：石笑梦

图书在版编目(CIP)数据

中国与其他金砖国家产能合作研究：以供给侧结构性改革为背景/徐永利 著. —北京：人民出版社，2022.5
ISBN 978-7-01-024735-9

Ⅰ.①中… Ⅱ.①徐… Ⅲ.①区域经济合作-国际合作-研究-中国 Ⅳ.①F125.5

中国版本图书馆 CIP 数据核字(2022)第 069746 号

中国与其他金砖国家产能合作研究：以供给侧结构性改革为背景

ZHONGGUO YU QITA JINZHUAN GUOJIA CHANNENG HEZUO YANJIU：
YI GONGJICE JIEGOUXING GAIGE WEI BEIJING

徐永利 著

人民出版社 出版发行
（100706 北京市东城区隆福寺街 99 号）

北京九州迅驰传媒文化有限公司印刷 新华书店经销

2022 年 5 月第 1 版 2022 年 5 月北京第 1 次印刷
开本：710 毫米×1000 毫米 1/16 印张：29.5
字数：400 千字

ISBN 978-7-01-024735-9 定价：99.00 元

邮购地址 100706 北京市东城区隆福寺街 99 号
人民东方图书销售中心 电话（010）65250042 65289539